# チャネル間競争の経済分析

## 流通戦略の理論

*Tatsuhiko Nariu*
成生達彦 ……… 著

名古屋大学出版会

# はしがき

　チャネル間競争についてのミクロ経済理論に依拠した研究は 1980 年頃に始まったが，そこでの研究の多くは，生産者と小売（流通）業者の双方が価格を意思決定変数とする「価格―価格競争」を想定していた．この状況においては，各生産者は出荷価格を限界生産費用以上に設定し，需要が増えると出荷価格を引き上げる．また，両生産者の出荷価格は戦略的補完関係にある．さらに，生産者による小売業者の垂直的分離はチャネル間競争を緩和する．

　しかしながら，流通取引では，生産者が提示した出荷価格のもとで小売業者が注文量を返すというのが常態であり，その上で（需要関数を知る）小売業者は，当該の量を販売できる小売価格を計算し，それを消費者に提示するのである．このことは生産者の意思決定変数が価格で，小売業者の意思決定変数が数量であることを示唆している．また Singh and Vives (1984) が論じたように，企業が戦略変数として価格または数量のいずれかを選択する場合，彼らはともに数量を強支配戦略として選択する．このことは，小売業者の戦略変数が必ずしも価格であるとは限らないことを意味している．そうであるにもかかわらず，チャネル間競争に関する多くの先行研究では，（分析が容易な）価格―価格競争が想定されており，生産者間では価格競争が，小売業者間では数量競争が行われるという「価格―数量競争」については，21 世紀に入ってから検討されるようになったが，この分野の論文数は価格―価格競争と比べると極めて少ない．

　いま，代替財を生産・供給するチャネルの間で価格―数量競争が行われる状況において，生産者が（出荷代金の他に）小売業者から固定的なフランチャイズ料を徴収するものとしよう．このとき，①生産者は出荷価格を限界生産費用以下に設定する．また，②両生産者の出荷価格は戦略的代替関係にあり，③需要が増えるとき各生産者は出荷価格を引き下げる．さらに，④複占チャネルの場合には，生産者による小売業者の垂直的統合はチャネル間競争を緩和する．これらのことは，チャネル間で価格―価格競争が行われる場合とは対照的であり，価格―数量競争に特有のものである．その意味で，そこで働くメカニズムを用いて，さまざまな経済・流通現象にたいして新たな説明を行うことができ

るようになる．

　本書では，チャネル間における価格一数量競争およびそれに関連するトピックスを体系的に論じる．まず第Ⅰ部では，基本モデルを検討することによって価格一数量競争のメカニズムを明らかにした後に，需要関数，生産者数や小売業者数を一般化しても，価格一数量競争のもとでの均衡の基本性質（上記の①～③）が成立することを示す．ここでの経験的含意はまず第1に，同質財を供給するチャネルの間で価格一価格競争が行われる状況では，各々のチャネルの利潤はゼロとなるが，価格一数量競争のもとでは正の利潤を得るということである．第2に，生産者による費用削減投資は，価格一価格競争のもとでは Fudenberg and Tirole (1984) のいう Puppy Dog 戦略であるのにたいして，価格一数量競争のもとでは Top Dog 戦略となり，積極的な投資が行われる．第3に，市場が競争的か否かは，当該市場に財を供給する生産者の数のみならず，小売業者数にも依存しており，第3章補論の実証結果に拠れば，生産者マージンは，生産者の集中度には必ずしも依存しないが，小売業者数が多ければ低くなる．このことは，市場の競争性に関する従来の議論の再考を迫ることになろう．

　第Ⅱ部では，基本モデルを拡張し，生産者や流通業者による費用削減投資を導入する．ここでの主張はまず第1に，投資を考慮したとしても価格一数量競争のもとでの均衡の基本性質が導かれるということである．第2に，流通業者の数が増えると業者あたりの取扱量が減るため，投資水準が低下する．その結果，限界流通費用さらには小売価格が上昇し，生産者利潤や消費者余剰が減少する．その意味で，競争的流通市場が必ずしも効率的であるとは言えないことになる．第3に，生産者による小売業者の垂直的分離が，流通業者のみならず，生産者の投資をも促進する．さらに，アイスクリームやペットボトルの水などは，需要の多い夏期の方が小売価格が安い．このことは，需要が増えると生産者が出荷価格を引き下げると同時に，販売量が増えた流通業者が費用削減投資を積極的に行うために流通費用が下がるというメカニズムによって説明される．製品ライフサイクルの成長期に小売価格が下がるのも，同様のメカニズムが働くからである．

　第Ⅲ部では，チャネル間で価格一数量競争が行われる状況において，再販制，テリトリー制や専売店制（開放経路か閉鎖経路）など，生産者による垂直的取

引制限を検討した上で，価格―価格競争が行われる状況と比較する．価格―数量競争のもとでの垂直的取引制限を論じた先行研究はほとんど無く，その意味で，各章の内容には新奇性がある．ここでの主張は，これらの取引制限が導入可能だとしても，チャネル間で価格―数量競争が行われる状況で，生産者がフランチャイズ料を徴収するのであれば，チャネル間競争を緩和するためにテリトリー制は導入されるが，再販制は採用されないということである．この状況では，各生産者は1人の小売業者を介して財を販売することになり，均衡は第I部で論じた基本モデルのそれと一致する．また，財の市場間輸送にある程度の費用がかかる場合には，テリトリー制の導入によって無駄な輸送が排除される結果，チャネル（または生産者）の利潤が増加すると同時に消費者厚生も向上する．したがって，テリトリー制の導入はパレートの意味での改善となる．

　第IV部では，上流のサプライチェーンや下流の販社など，関連するトピックスについて検討する．第11章では，大規模小売業者と下請生産者の製造委託関係においてみられる販売協賛金について検討し，小売業者が下請生産者に販売協賛金の負担を求めることが消費者厚生や経済厚生を向上させることを明らかにする．第12章では，部品を用いて最終財を生産する組み立て企業が，当該の部品を内製するか，系列のサプライヤーから調達するかの選択について検討し，内製企業と系列調達企業が競争する状況では，後者の方が利潤が多いという意味で競争上優位に立つことを示す．第13章では，生産者による小売企業の株の取得について検討し，均衡では，両生産者がともに小売企業の株式をすべて取得することを導く．第14章では，垂直的取引関係にある小売企業の資本構成が，生産者や小売業者の意思決定や生産企業や小売企業の価値に及ぼす効果について検討する．ここでの主要な結論は，小売業者がリスクのある債券を発行するか否かで彼らや生産者の行動が変わり，生産企業や小売企業の価値も異なるというものである．また，小売業者は自らリスクのある債券を発行しないが，生産者から利得が譲渡される状況では，リスクのある債券を発行する．このような垂直的取引関係を想定したときの企業の資本構成については先行研究がなく，今後の研究課題の1つとなろう．

　このように，本書ではチャネル間の価格―数量競争について包括的に論じている．本書のいくつかの章は既に論文として発表されているが，本書に収録するにあたり，重複を避け，各章の関係を明らかにするために大幅に書き直した．

また，本書は研究書ではあるが，大学で中級程度のミクロ経済学を学んだ学生でも理解ができるように丁寧な説明を加えている．

　本書の出版に際しては，多くの方々からご協力をいただいた．まず第 1 に，本書に結実した研究を進める過程において，倉澤資成名誉教授（横浜国立大学），David Flath 教授（立命館大学），岡村誠教授（広島大学），湯本祐司教授（南山大学），後藤剛史教授（南山大学），李東俊准教授（名古屋商科大学），鈴木浩孝准教授（静岡文化芸術大学），池田剛士准教授（大東文化大学），行本雅助教（京都大学），王海燕，賈蕾（京都大学博士課程）の各氏からは，共同研究者としてのご尽力のみならず，本書の原稿を読んでもらった上で有益なコメントをいただいた．また，最終稿を整理するに際しては，宇高淳郎教授（京都大学），鈴木浩孝准教授，藤沢千栄子（京都大学博士課程）の各氏のお世話になっている．さらに，4 年間にわたる科学研究費助成金（課題番号：22330128）のもとで開催したワークショップでは，参加者諸氏から多くのコメントをいただいたし，日本学術振興会（平成 26 年度科学研究費補助金，研究成果公開促進費（学術図書），課題番号：265159）および京都大学教育研究振興財団からは刊行助成も受けている．最後に，本書の刊行に際しては，名古屋大学出版会の三木信吾氏および神舘健司氏にご尽力いただいた．これら多くの方々とともに，妻郁子と娘淑恵に記して感謝する次第である．

　本書が提供する知見を多くの研究者が共有することで，この分野の議論が喚起され，研究が促進されることを願っている．

2014 年 12 月

著　　者

# 目　次

はしがき　i

## 序　章　チャネルの機能とその管理 …………………………………… 1

1　はじめに　1
2　チャネルの機能と構成員　2
3　二重マージンとそれへの対応　8
4　垂直的取引制限：チャネルの調整　17
5　結　び　26

## I　チャネル間における価格―数量競争の基礎理論

### 第1章　価格―数量競争の基本モデル ………………………………… 30

1　はじめに　30
2　モ デ ル　31
3　フランチャイズ料の役割　38
4　垂直的統合か分離か　41
5　結　び　49

### 補　章　製品差別化 …………………………………………………… 52
　　　　――数量競争，価格競争および経済厚生――

1　はじめに　52
2　需要関数と逆需要関数　52
3　数量競争　54
4　価格競争　57
5　結　び　59

## 第2章　基本モデルの一般化 …………………………………… 61

 1　はじめに　61
 2　小売業者数の選択　62
 3　需要関数の一般化　67
 4　製品差別化　75
 5　結　び　83
 **第2章補論**　系列関係がない場合　83

## 第3章　小売段階の競争と生産者間の競争 ……………………… 89

 1　はじめに　89
 2　生産者および小売業者数が複数のモデル　90
 3　フランチャイズ料を徴収しない場合　95
 4　垂直的統合　99
 5　結　び　103
 **第3章補論**　小売段階の競争と生産者間の競争：実証　104

## II　チャネルにおける費用削減投資

## 第4章　流通業者による費用削減投資 …………………………… 118
    ──規模効果，契約のタイミングとフランチャイズ料──

 1　はじめに　118
 2　モデル1：契約が先行　120
 3　モデル2：投資が先行　128
 4　各モデルの均衡値の比較　132
 5　結　び　136

## 第5章　高需要期の低価格現象 …………………………………… 139
    ──流通費用削減投資──

 1　はじめに　139
 2　予備的考察　141
 3　流通業者投資のモデル　143

4　部分ゲーム完全均衡での投資　144
　　5　垂直的統合　149
　　6　結　び　152

## 第6章　生産者による費用削減投資 …………………………… 154

　　1　はじめに　154
　　2　生産者投資のモデル　155
　　3　部分ゲーム完全均衡での投資　164
　　4　結　び　167

## III　垂直的取引制限と経路選択

## 第7章　価格―価格競争 ……………………………………… 170
　　　　　――垂直的分離と取引制限――

　　1　はじめに　170
　　2　予備的考察：カルテルと垂直的統合　171
　　3　垂直的分離　173
　　4　ゲームの拡張：フランチャイズ料の役割　179
　　5　経路選択　184
　　6　再販制とテリトリー制　192
　　7　結　び　196

## 第8章　上限価格規制（再販制） ……………………………… 197

　　1　はじめに　197
　　2　再販制分析のためのモデル　198
　　3　各取引での部分ゲーム均衡　199
　　4　生産者による取引様式の選択　210
　　5　取引様式に垂直的統合の選択肢を加えた場合　214
　　6　結　び　216

## 第9章　テリトリー制 ・・・・・・・・・・・・・・・・・・・・・・・・・・・・・・・・・・・・・・・・・・・・・・・・・・・・・・・・ 217

1　はじめに　217
2　テリトリー制分析のためのモデル　218
3　フランチャイズ料を徴収する場合　228
4　フランチャイズ料の徴収とテリトリー制の導入の同時選択　234
5　結　び　238
第9章補論　輸送費用と経済厚生　240

## 第10章　経路選択 ・・・・・・・・・・・・・・・・・・・・・・・・・・・・・・・・・・・・・・・・・・・・・・・・・・・・・・・・・・・ 250

1　はじめに　250
2　経路選択分析のためのモデル　252
3　フランチャイズ料を徴収しない場合　253
4　フランチャイズ料を徴収する場合　262
5　フランチャイズ料の徴収および経路の選択　268
6　結　び　274

## IV　チャネル間競争の諸側面

## 第11章　販売協賛金と経済厚生 ・・・・・・・・・・・・・・・・・・・・・・・・・・・・・・・・・・・・ 278

1　はじめに　278
2　販売協賛金分析のためのモデル　279
3　各状況での部分ゲーム均衡　281
4　事後的な協賛金　289
5　協賛金に関する法学的・経済学的議論　292
6　結　び　297

## 第12章　系列調達 vs. 内部調達 ・・・・・・・・・・・・・・・・・・・・・・・・・・・・・・・・・・・ 299
　　　　　――トヨタ vs. GM――

1　はじめに　299
2　組み立て企業分析のためのモデル　301
3　内点解の分析　303

4　端点解と下請法　311
  5　結　び　314

## 第13章　直接販売 vs. 間接販売 …… 316
### ——生産者による小売企業の株の所有——
  1　はじめに　316
  2　株式取得検討のためのモデル　317
  3　両生産者が間接販売を行う場合　325
  4　結　び　330

## 第14章　小売企業の資本構成 …… 332
### ——有限責任効果と統合効果——
  1　はじめに　332
  2　債券発行のモデル　333
  3　部分ゲーム完全均衡　335
  4　小売業者の資本構成：第0段階における選択　345
  5　結　び　348

## 終　章　チャネル間競争のメカニズム …… 349
### ——総括と展望——
  1　チャネル間における価格―数量競争　349
  2　費用削減投資　354
  3　垂直的取引制限　356
  4　チャネル間競争の諸側面　360
  5　今後の研究課題　363

参考文献　367
索　引　378

## 本書で用いる主な記号

| | | | | |
|---|---|---|---|---|
| $a$ | 需要のパラメータ | | $A$ | 非対称な状況 |
| $b$ | 需要のパラメータ | | $B$ | ベルトラン均衡（立体） |
| $c$ | 限界生産費用 | | $C$ | 閉鎖経路，クールノー均衡（立体） |
| $d$ | （微分記号） | | $D$ | 需要 |
| $e$ | （自然底） | | $E$ | 期待値 |
| $f$ | （関数） | | $F$ | フランチャイズ料，二部料金制 |
| $g$ | （関数） | | $G$ | |
| $h$ | 生産者のインデックス | | $H$ | ハーフィンダール指数 |
| $i$ | 生産者のインデックス | | $I$ | 投資 |
| $j$ | 小売業者のインデックス | | $J$ | カルテルの共同利潤 |
| $k$ | 小売業者のインデックス | | $K$ | 固定費用 |
| $l$ | | | $L$ | 線形価格制 |
| $m$ | 市場のインデックス，限界流通費用 | | $M$ | 生産者数，カルテル（立体） |
| $n$ | 市場のインデックス | | $N$ | 小売業者数 |
| $o$ | | | $O$ | 開放経路 |
| $p$ | 小売価格 | | $P$ | |
| $q$ | 数量 | | $Q$ | 市場供給量 |
| $r$ | 上限価格 | | $R$ | 再販制 |
| $s$ | 株の所有比率 | | $S$ | |
| $t$ | 技術のパラメータ，輸送費用 | | $T$ | テリトリー制 |
| $u$ | 効用 | | $U$ | |
| $v$ | 限界調達費用 | | $V$ | 垂直的統合 |
| $w$ | 出荷価格 | | $W$ | |
| $x$ | 投資水準 | | $X$ | 総投資水準 |
| $y$ | 小売業者の利潤 | | $Y$ | 粗利益 |
| $z$ | 共同利潤 | | $Z$ | |
| $CS$ | 消費者余剰＝消費者厚生 | | | |
| $SS$ | 社会的余剰＝総余剰＝経済厚生 | | | |
| $\pi$ | 生産者の利潤 | | | |

# 序　章
# チャネルの機能とその管理

## 1　はじめに

　生産と消費の間には，空間，時間，所有，価値および情報など，さまざまな懸隔が存在する．流通の役割はこれらの懸隔を架橋することである．この役割を遂行するためには，輸送や在庫によって空間的・時間的懸隔を架橋するのみならず，消費者ニーズについての情報（以下では「消費情報」と略す）を収集・分析した上で，彼らのニーズに合った商品を企画・生産する必要がある．また，広告をはじめとする販売促進を行い，適切な価格を設定しなければならない．
　これらのことを効率的に行うためには，通常，多数の主体の協働が必要とされる．実際，生産者が財を消費者に直接販売することは稀で，多くの場合，その過程には卸や小売などの流通業者が介在している．この章では，生産された財が消費者によって購買されるまでの経路である「チャネル」の機能とその運営・管理について検討する．
　まず次節では，効率的なチャネル運営のために必要とされる情報やノウハウについて概述し，なぜ多数の主体の協働が必要となるのかを説明する．多数の主体が参加するチャネルにおいて，各々が自らの利益を最大にするように行動する時，チャネル全体の利益は必ずしも最大とはならない．3節では，このことを二重マージン問題を例にとって説明した後に，この種の非効率性を回避する方策の1つであるフランチャイズ料の徴収について検討する．4節では，生産者によるチャネル管理の観点から，再販制，テリトリー制，専売店制などの垂直的な取引制限について説明する．

## 2 チャネルの機能と構成員

　流通システムが円滑に運営されるためには，さまざまな情報が必要とされる．この種の情報を1人の経済主体がすべて持っていることは稀であり，通常，規模の経済性や専門化の利益などの理由から，複数の主体がその一部ずつを保有している．また後述するように，例えば消費情報など，ある種の情報を市場で取引することは困難であり，情報の保有者は，それを活用して利益を得るために流通プロセスに直接関与する．このようなわけで，チャネルには多数の主体が介在することになる．この節では，チャネルが果たすさまざまな機能とそれを遂行するために必要な情報やノウハウ，さらには多様なチャネル構成員とその役割について概述する．

### チャネルの機能とその遂行のために必要とされる情報

　チャネルの機能は，生産と販売さらには両者を繋ぐ（物流を含む）仲介の三つに大別される（図表0-1を参照のこと）．

　チャネルの生産機能を遂行する主体は，消費者ニーズに合った商品を企画して生産するとともに，生産費用の削減にも努めている．適切な商品を企画するためには，まず第1に，過去の販売実績のみならず，消費者からの苦情の処理や市場調査を行うなどして，消費情報を収集しなければならない．これらの情報から消費者ニーズを知り，それに合った商品を企画する際には，情報の解析のみならず，いかなる品質の商品がどの程度の費用で生産できるかという技術情報など，企画上のノウハウが不可欠である．第2に，商品の販売から多くの利益を得るためには，他の生産者がいかなる関連商品をどのような取引条件で供給しているかという供給動向に関する情報も必要である．第3に，企画された商品を効率的に生産するためには，製造工程に関する技術的ノウハウも重要である[1]．

---

[1] 流通プロセスを円滑に営むためには，適切な在庫水準を維持する必要がある．そのためには販売に応じて生産量を調整する必要があり，フレキシブルな生産システムを構築することも重要である．フレキシブルな生産システムと迅速な物流システムのもとでは，

消費財のチャネルを念頭におけば，その目的は消費者への販売であり，この機能を遂行する主体は，商品の存在のみならず，品質や価格についての情報を消費者に知らせなければならない．それと同時に，消費者の購買意欲を高めるような販売促進活動を行い，彼らの買い物行動を把握した上で，彼らの便宜に叶った品揃えを形成することも重要である．品揃えの形成に際しては，いかなる商

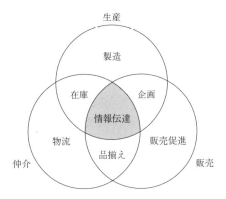

**図表 0-1** チャネルの機能

品が調達可能かという供給動向を踏まえた上で，販売実績や消費情報から顧客のニーズを把握し，予想される需要に応じて商品を取り揃える必要がある．これらの機能を効率的に遂行する上で，多くの情報が必要であることは言うまでもない．また，チャネルの円滑な運営のためには，例えば品質情報が生産主体から販売主体へと，逆に（商品企画に必要な）消費情報が販売主体から生産主体へと伝えられるように，多様な情報がチャネル内で伝達される必要がある．

　生産された商品がそこで直ちに消費されることは稀であり，多くの場合，生産地（時）点と消費地（時）点とは異なっている．このような空間的・時間的懸隔を架橋することもチャネルの重要な機能であり，空間的懸隔は輸送によって，時間的懸隔は在庫によって架橋される．また，生産と販売が異なる主体によって営まれる場合，販売主体は個々の生産主体がいかなる財を生産しているかについての完全な情報を持っているわけではなく，同様に，生産主体は個々の販売主体がいかなる品揃えを形成しようとしているかについて十分に知っているわけでもない．この種の情報的懸隔を架橋する仲介もまたチャネルの重要な機能であり，このことによって小売段階での品揃え形成が円滑に行われるのである．

　このように，チャネルが果たすべき機能は多様であり，それらを効率的に遂

---

チャネルにとって必要な流通在庫は少なくなる．この点については，Womack et al. (1990)，成生・鳥居（1996b），浅沼（1997），Nariu and Torii（2000）などを参照のこと．

行するために必要とされる情報やノウハウもさまざまである．これらの情報を1人の経済主体がすべて持っていることは稀であり，多くの場合，情報の収集・解析における規模（範囲）の経済性や専門化の利益などの理由から，さまざまな主体がこれらの情報の一部ずつを保有している．それゆえ，チャネルが効率的に運営されるためには，多数の主体の参加が必要とされると同時に，彼らの間で協調的な関係が形成され，情報伝達が円滑に行われる必要がある．

### 情報を取引することの難しさ[2]

　情報の収集には費用がかかるが，それを適切に利用すれば多くの利益を得ることができる．情報から利益を得るための1つの方法はそれを売却することであるが，情報に特有の性質のため，このことが常に可能であるとは限らない．多くの場合，情報の真の価値を評価できるのは，その情報を収集して保有する主体（情報の売手）だけであり，情報の買手は事前にその質（内容）を的確に評価できないことがある．この状況では，売手は情報内容を選別して伝えたり，意図的に虚偽の情報を伝えるかも知れない．

　消費情報の収集・取引に際して，いかなる契約が選択されるのか？　内容の如何に関わらず一定の対価を支払うような契約を考えてみよう．不確実性下では，消費情報にもとづいて企画された商品が当たることもあるし，外れることもある．商品の販売が不調な時，その原因が誤った消費情報にあるのか，または不適切な商品企画や販売促進にあるのかを識別することは必ずしも容易ではない．この状況で情報の売手は，多くの費用を負担して正確な情報を収集しようとはしないであろう．このような不正確な消費情報にもとづいて商品を企画したとしても，その生産・販売から多くの利益を得ることは期待できない．

　逆に，提供された消費情報にもとづいて企画された商品の販売額または利益の一定割合を，情報提供の対価とする契約が結ばれたとしよう．この時には，情報の買手は販売額や利益を過小に申告しようとするであろう．この種の買手の機会主義的行動を抑制するには，情報の売手が（商品企画や生産・販売を行う）買手の行動をモニターする必要がある．しかしながら，企画や販売促進上

---

[2] ここでの議論は，倉澤 (1991)，成生 (2001)，倉澤・鳥居・成生 (2002)，Kurasawa, Nariu and Torii (2002) などに拠っている．

のノウハウを持たない情報の売手にとって，このことは必ずしも容易ではない．この種のモニターに多くの費用がかかる場合には，情報の取引は困難になる．

さらに，情報は容易に複製できるから，情報の保有者は複数の経済主体に同じ情報を販売することによって多くの利益を得ることができる．このようにして多くの主体が同じ消費情報を持ち，それにもとづいて類似した商品が企画・生産される時，その販売から得られる利益は少なくなり，極端な場合には損失を被るかも知れない．すなわち消費情報の価値は，それにもとづいて商品を企画・生産する経済主体の数や生産量にも依存し，複製された情報が大量に出回っていると想定される場合には，その価値は著しく低下する．

これらの理由から情報の取引が困難な場合，収集された情報を利益に転換する代替的な方法は，保有者自らが直接利用することである．効率的な転換の方法は情報の種類に依存するが，ある場合には情報の保有者自身が生産・販売プロセスに直接関与する．このようなわけで，チャネルにはさまざまな情報・ノウハウを持つ多数の主体が介在することになる．

### チャネルの構成員

チャネルはさまざまな機能を遂行するが，その中のいくつかの機能は同じ情報やノウハウを用いて遂行される．これらの機能は，一方の機能を遂行するために必要な情報やノウハウを多く持てば，他方の機能も効率的に遂行できるという意味で補完的である．この種の補完的な機能を異なる主体が遂行する場合，各々が必要な情報を別々に収集するか，そうでなければ，ある主体が集めた情報を他の主体に伝える必要がある．前者は情報収集費用の無駄を意味するし，後者においても，ある種の情報の伝達に際しては機会主義的行動が生じるかも知れない．このような理由から，いくつかの補完的な機能は同じ主体によって遂行されることになる．以下では，チャネルが取引（所有権の移転）機能を果たす上での主要な構成員である生産者と小売業者，さらには両者を仲介する卸の役割について概述する．

**生産者**：生産者は製造工程に関する技術的ノウハウを持ち，それを用いて製造機能を遂行する．また商品企画上，技術的ノウハウが重要な場合には，彼らが中心となって商品を企画する．この際には，消費者ニーズを把握するために，

生産者自らが消費動向を調査するとともに，小売業者から直接，あるいは卸を介して間接的に消費情報を集めることになる．また，自らが企画・生産した財の品質に関する多くの情報を持つ生産者は，消費者向けの商品広告などの販売促進機能を分担すると同時に，流通業者にたいしてこの種の情報を提供する．

**小売業者**：小売業者の役割は消費者への販売であり，彼らは顧客についての情報を収集し，それにもとづく販売促進（情報提供）や品揃え形成など，さまざまな機能を遂行する．確かに，消費情報を持つ主体がそれを生産者へ販売することもあるが，この種の情報を取引することが困難な場合には，彼らは小売業者として流通プロセスに直接関与することになる．この時には，情報の取引ではなく，情報を持つ小売業者が生産者から財を購入するという「財の取引」が行われる．

小売業者は，自ら「売手」として名乗り出ることによって，消費者が購入先を探す費用を軽減する．十分な品質情報を持たない消費者にたいして，それを提供することもまた彼らの重要な役割である．品質に関する情報が売手と買手の間で著しく非対称な場合，Akerlof (1970) が指摘したように，市場は必ずしも円滑に機能しない．このような取引上の困難は，Shapiro (1982, 1983) が論じたように，売手の評判によって対処される．ここで評判とは，過去の取引経験にもとづいて形成される「売手が粗悪品を良質品と偽って高い価格で販売するという不正直な取引を行わない」という買手の期待であり，高い評判はそれに応じた品質保証というサービスを買手に提供し，それゆえ（目利き料込みの）高い価格の設定を可能にする．もちろん，評判を確立・維持するために，売手はさまざまな費用を負担する．これらは一種の投資であり，その費用は評判に応じた高い価格設定にもとづく利益によって長期的に回収される．すなわち評判は，それが維持されている限り正の利潤フローをもたらすという意味で，売手にとっての価値ある資産であり，それゆえ一度評判を確立した売手は，この種の資産の喪失をもたらす不正直な取引を行わなくなる．このように，小売業者はさまざまな商品の品質を判別し，自らの責任において品質を保証した上で販売するのである．

小売業者はまた，顧客の買い物行動を考慮した上で，彼らの便宜に叶った品揃えを形成する．消費者が購入前に品目間の比較検討を行う「買回り品」の場

合には，それを容易にするような代替商品を中心とする深い品揃えを形成し，顧客にたいして商品情報を提供する．逆に「最寄り品」の場合には，顧客の買い物費用を削減するために，ワンストップ・ショッピングを可能にするような広い品揃えが選択されよう．

これまで見てきたように，小売業者は総体としての生産者がいかなる商品を供給しているかを消費者に伝える一方で，総体としての消費者がいかなる商品を需要しているかを生産者に伝達するのである．このような小売業者の存在によって，社会的な流通（情報伝達）費用が節約されることは言うまでもない[3]．

**卸売業者**：店舗を基盤とする小売業者の活動は地域的であり，商圏もそれほど広くはない．小規模な生産者と小売業者とが存在する場合，各々の小売業者は個々の生産者がいかなる商品を供給しているかについて十分に知っていることは稀である．このことは生産者についても同様で，彼らは個々の小売業者がいかなる商品を取り揃えようとしているかについて，必ずしも十分な情報を持っているわけではない．このように生産者と小売業者の間での情報懸隔が大きい場合には，卸が介在して両者の間を仲介することになる．この際，卸は生産者から購入した商品を分類・等級付けする．この機能には規模や範囲の経済が働こう．そして彼は，商品の品質を自らの評判にもとづいて保証し，小売業者へ「再販売」する．このようにして，卸は品質情報を生産者から小売業者へと伝達する．それと同時に，販売実績などの消費情報を小売業者から生産者へと伝達し，両者の間での情報を縮

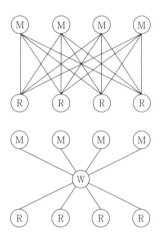

**図表 0-2　取引数単純化の原理**
$M$ 人の生産者（M で示す）が $N$ 人の小売業者（R で示す）の品揃え動向を調べ，小売業者が生産者の供給動向を調べるためには，$MN$ 回の情報伝達が必要である．両者の間に卸（W で示す）が介在すれば，生産者は卸から小売業者の品揃え動向を知り，小売業者も供給動向を知ることができる．この際に必要な情報伝達は $M+N$ 回である．

---

3）チャネルにおける情報の縮約・斉合とそれにもとづく分類・取り揃え費用の節約については，Alderson（1957, 1965）や荒川（1960）などを参照のこと．

約・斉合するのである[4]（図表0-2を参照のこと）．

　生産者が高い評判を持ち，彼がいかなる商品を生産しているかについて多くの小売業者が知っている状況では，生産と小売の間の情報懸隔は小さくなる．同様に，多くの生産者が知っている大規模な小売業者の存在もまた情報懸隔を縮小する．この状況では，仲介業者としての卸は必要とはされないかも知れない．また，消費者が品目間の比較検討をする買回り品の場合には，小売業者の推奨が消費者の商品選択に大きな影響を及ぼすという意味で，販売促進上，重要な役割を演じている．この種の財の生産者は，自社製品を積極的に推奨してもらうために，小売業者との協調的関係を確立・維持しようとする．この理由から，両者の間で直接的な取引関係が形成され，卸が排除されることもある．

## 3　二重マージンとそれへの対応

　前節で述べたように，チャネルの効率的な運営のためにはさまざまな情報やノウハウが必要であり，それらの一部ずつを持つ多くの主体がチャネルに参加することになる．この状況で，各々の主体が自らの利益を最大にするように行動する時，チャネル全体の利益は必ずしも最大にはならない．この節では，この種の例として「二重マージン問題」を取り上げて検討する．

　生産者が少数の（価格支配力を持つ）小売業者を介して財を販売する状況で，各々が自らの利潤を最大にするようにマージンを設定する時，小売価格はチャネルの利潤（＝生産者の利潤＋小売業者の利潤）を最大にする水準よりも高くなり，チャネルの利潤は少なくなる[5]．まずはじめに，ベンチマークとして，生産者が小売部門を垂直的に統合している状況を検討する．

---

　4) Hall (1948) は，このような仲介機能を「取引数単純化の原理」と呼んでいる．成生 (1994)，第1章および第2章を参照のこと．
　5) Spengler (1950), Tirole (1988)，さらには成生 (1994)，第5章などを参照のこと．

## 3-1 垂直的統合

（ある地域の）市場需要が，

$$p = a - Q \tag{1}$$

で与えられるものとする．ここで $p$ は小売価格，$Q$ は供給量（=生産量），$a$（>0）はパラメータである．いま，小売部門を垂直的に統合している生産者を想定すれば，チャネル（または生産者）の利潤 $z$ は，

$$z(Q) = (p-c)Q = (a-Q-c)Q$$

で表される．ここで，$c$ は限界（=平均）生産費用である．上式の極大化条件（$dz/dQ = a - 2Q - c = 0$）より，最適生産量 $Q^V$ は

$$Q^V = \frac{a-c}{2} \tag{2-1}$$

で与えられる．ここで，上付き添え字 $V$ は垂直的統合（Vertical integration）を示す．また，この時の小売価格および利潤は

$$p^V = \frac{a+c}{2} \tag{2-2}$$

$$z^V = \frac{(a-c)^2}{4} \tag{2-3}$$

と計算される．この利潤は，問題の設定より，チャネルにとって達成可能な最大の利潤である．

## 3-2 寡占的小売業者

チャネルが独占的生産者と（外生的に与えられた）$N$ 人の小売業者とから構成されるとしよう．生産者は出荷価格 $w$ のみを設定し，それを受けて小売業者 $j$ ($j=1,...,N$) は，自らの利潤 $y_j$ を最大にするように販売量 $q_j$（=生産者にたいする注文量）を決めるものとする．以下では，この2段階ゲームの部分ゲ

ーム完全均衡を後方帰納法によって求める.

第2段階において，小売業者が直面する意思決定問題は,

$$\max_{q_j} y_j = (p-w)q_j = (a-Q-w)q_j = (a-Q_{-j}-q_j-w)q_j$$

と定式化される．ここで，$Q$（$=\Sigma_j q_j$）はチャネルの総供給量，$Q_{-j}=Q-q_j$ は小売業者 $j$ を除くチャネルの供給量である．上記の最大化問題の極大化条件 ($dy_j/dq_j = a-Q_{-j}-2q_j-w=0$) より，反応関数

$$q_j(Q_{-j},w) = \frac{a-Q_{-j}-w}{2}, \quad j=1,\ldots,N$$

が導かれる．上式は $N$ 個の変数（$q_1,\ldots,q_N$）を含む $N$ 本の連立方程式であり，これを連立して解けば，各小売業者の注文量は

$$q(w) = \frac{a-w}{N+1} \tag{3-1}$$

となる．また，この時の総販売量，小売価格および各小売業者の利潤は

$$Q(w) = Nq(w) = \frac{N(a-w)}{N+1} \tag{3-2}$$

$$p(w) = \frac{a+Nw}{N+1} \tag{3-3}$$

$$y(w) = \frac{(a-w)^2}{(N+1)^2} \tag{3-4}$$

と計算される．

このような小売業者の行動を予想した上で，生産者は第1段落において自らの利潤

$$\pi = (w-c)Q(w) = \frac{(w-c)N(a-w)}{N+1}$$

を最大にする出荷価格 $w$ を設定する．上式の極大化条件より，出荷価格は

$$w^L = \frac{a+c}{2} \tag{4-1}$$

で与えられる．ここで，上付き添え字 $L$ は生産者が出荷価格のみを設定する「線形価格制（Linear pricing）」を示す．また，この時の各小売業者の販売量，チャネルの総販売量，小売価格，小売業者，生産者およびチャネルの利潤は，

$$q^L = \frac{a-c}{2(N+1)} \tag{4-2}$$

$$Q^L = \frac{N(a-c)}{2(N+1)} \tag{4-3}$$

$$p^L = \frac{(N+2)a+Nc}{2(N+1)} = \frac{a+c}{2} + \frac{a-c}{2(N+1)} \tag{4-4}$$

$$y^L = \frac{(a-c)^2}{4(N+1)^2} \tag{4-5}$$

$$\pi^L = \frac{N(a-c)^2}{4(N+1)} \tag{4-6}$$

$$z^L = \frac{N(N+2)(a-c)^2}{4(N+1)^2} \tag{4-7}$$

と計算される．ここで，(2-3)式と(4-7)式を比べれば，$z^V > z^L$ であるから，次の命題が導かれる．

### 【命題 1：二重マージン問題】

　生産者が少数の（価格支配力を持つ）小売業者を介して販売する時，チャネルの利潤は最大とはならない．

この命題は次のように説明される．小売業者の数が少ない場合には，生産者と小売業者の双方がマージンを設定する結果，小売価格が高くなって販売量は少なくなる．そのため，チャネルの利潤も少なくなる．また，出荷価格は小売業者数 $N$ に依存せず，一定である（(4-1)式）．したがって，$N$ が増えれば小売業者間の競争が激しくなり，小売マージン（$p-w=(a-c)/2(N+1)$）や小売価格は低くなる（(4-4)式）．その結果，チャネルの総販売量や生産者利潤は増加する（(4-3)式および(4-6)式）．一方，$N$ が増えれば小売業者あたりの販売量が減り（(4-2)式），小売マージンの低下と相俟って，彼らの利潤も減少する（(4-5)式）．最後に，$N$ が増えれば二重マージンが軽減され，小売価格がチャネルの利潤最大化価格（$(a+c)/2$）に近づくから，チャネルの利潤は増加する

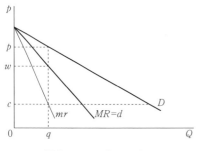

**図表 0-3 二重マージン**

独占的生産者が独占的小売業者を介して財を販売する状況を想定する．この状況で，小売業者が直面する市場需要を $D$ とすれば，彼の限界収入曲線は $MR$ として描かれる．利潤を最大にする小売業者は，限界費用（＝仕入価格 $w$）と限界収入が一致する点で仕入量を設定する．ここで，仕入価格＝出荷価格および仕入量＝出荷量であるから，小売業者の限界収入曲線は生産者にとっての派生需要曲線 $d$ である．したがって，生産者の限界収入曲線は $mr$ で図示される．利潤最大化を行動目的とする彼は，この限界収入と限界生産費用 $c$ が一致する点で出荷価格を設定する．このときの小売業者の仕入量は $q$ で，小売価格は $p$ となる．

((4-7) 式)．実際，$N$ が十分多くなれば，小売価格，総販売量やチャネルの利潤は最適水準に近似し，生産者は達成可能な最大の利潤（$(a-c)^2/4$）に近似する金額を得ることになる．

## 3-3　二重マージン問題への対応

前述した二重マージン問題への対応策として考えられるのは，まず第 1 に，生産者が小売業者を垂直的に統合することである．この時には，3-1 項で論じたように，チャネル（＝生産者）の利潤は最大となる．しかしながら，垂直的な統合には多くの費用がかかるかも知れない．生産者が直営店を開設するのであれば，開設費用（または賃貸料）を負担しなければならない．この種の費用が高ければ，統合は選択されないことになる．

代替的な方策はフランチャイズ料の徴収である[6]．すなわち，地域市場における寡占的な販売権と引き換えに，生産者が小売業者から一定の金額を徴収するのである．この状況における生産者と小売業者の行動を考えてみよう．まず第 1 段階において，生産者が出荷価格 $w$ とフランチャイズ料 $F$ を記した販売契約を $N$ 人の小売業者に提示し，彼らが契約を結ぶか否かを選択する．この状況で各小売業者は，財を販売することからの利潤が外部機会で得られる利潤 $y_0$ を下回らなければ契約を結ぶものとする．第 2 段階では，契約を結んだ $N$ 人の小売業者が注文量を設定する．以下では，このゲームの部分ゲーム完全均

---

[6] フランチャイズ料を徴収する二部料金制については，Mathewson and Winter (1985) や Lafontaine (1992) などを参照のこと．

衡を後方帰納法によって求める．

　フランチャイズ料が（小売業者にとって）固定額であれば，小売業者 $j$ の利潤は，(1)式の逆需要関数のもとで

$$y_j = (p-w)q_j - F = (a - Q_{-j} - q_j - w)q_j - F$$

で表される．このような固定的な支出は，小売業者の注文行動に影響を及ぼさないから，小売市場の均衡は(3)式で与えられる．

　このことを予想する生産者は，第1段階において，小売業者の利潤を外部機会での利潤 $y_0$ 以上にするという参加制約のもとで，自らの利潤を最大にするように出荷価格 $w$ とフランチャイズ料 $F$ を設定する．この状況における生産者の意思決定問題は

$$\max_{w,F} \pi = (w-c)Q(w) + NF,$$
$$\text{s.t.} \quad y(w) = (p(w) - w)q(w) - F \geq y_0 \qquad (5\text{-}1)$$

と定式化される．ここで留意すべきことは，フランチャイズ料 $F$ を増やせば生産者の利潤も増えるから，参加制約を満たすという条件のもとで自らの利潤を最大化する生産者は，小売業者の利潤を $y_0$ にする水準に $F$ を設定するということである（$F = (p(w) - w)q(w) - y_0$）．このことを踏まえて，$Q(w) = Nq(w)$ に留意すれば，上記の最大化問題は，制約条件の付かない

$$\begin{aligned}\max_{w} \pi(w) &= (w-c)Q(w) + N\{(p(w) - w)q(w) - y_0\} \\ &= (w-c)Q(w) + \{(p(w) - w)Q(w)\} - Ny_0 \\ &= (p(w) - c)Q(w) - Ny_0 \qquad (5\text{-}2)\end{aligned}$$

へと変換される．ここで，最後の式はチャネル全体の利潤から固定額（$Ny_0$）を減じたものである．すなわち，フランチャイズ料によって小売業者に生じた利益をすべて回収できる生産者は，チャネルの利潤を最大にするように出荷価格およびフランチャイズ料を設定することになる[7]．

　上式に(3)式を代入すれば，生産者の利潤は

---

7) 小売業者が競争的で外部機会における利得がゼロの時，参加制約は $y(w) \geq 0$ となり，

$$\pi(w) = \frac{N(a-w)\{a+Nw-(N+1)c\}}{(N+1)^2} - Ny_0$$

となるから，この極大化条件より，出荷価格は

$$w^F = \frac{(N-1)a+(N+1)c}{2N} = c + \frac{(N-1)(a-c)}{2N} \qquad (6\text{-}1)$$

となる．ここで，上付き添え字 $F$ は生産者が小売業者からフランチャイズ料を徴収する「二部料金制（Two-pant tariff または Franchize fee system）」を示す．また，この時の各小売業者とチャネルの販売量，小売価格，各小売業者および生産者（＝チャネル）の利潤は

$$q^F = \frac{a-c}{2N} \qquad (6\text{-}2)$$

$$Q^F = \frac{a-c}{2} \qquad (6\text{-}3)$$

$$p^F = \frac{a+c}{2} \qquad (6\text{-}4)$$

$$y^F = y_0 \qquad (6\text{-}5)$$

$$\pi^F = \frac{(a-c)^2}{4} - Ny_0 \qquad (6\text{-}6)$$

と計算される．

ここで留意すべきことは，小売価格は，小売業者数 $N$ にかかわらず，チャネルの利潤を最大にする水準に設定されるということである（(6-4)式）．それゆえ，チャネルの販売量や利潤も最適水準と一致する（(6-3)式および(6-6)式）．一方，$N$ が増えると小売業者あたりの販売量が減り，出荷価格は引き上げられる（(6-2)式および(6-1)式）．前者については，チャネルの総販売量 $Q$ が一定のもとで $N$ が増えれば，$q=Q/N$ が減るのは当然のことである．また，後者は次のように説明される．フランチャイズ料を徴収する生産者は，チャネルの利潤

---

生産者の目的関数は $\pi(w)=(p(w)-c)Q(w)$ となる．この時には，生産者が小売業者に生じた利益をすべて回収することになる．

を最大にするように行動する．この利潤は小売価格のみに依存するから，生産者は小売市場で最適な小売価格が設定されるように出荷価格を調整するのである．したがって，$N$が増えて小売業者間の競争が激しくなり，小売マージンが低くなると，生産者はそれを補正するように出荷価格を引き上げることになる．実際，$N$が十分多くなれば小売マージンはゼロに近似し，小売価格＝出荷価格となるから，生産者は出荷価格を$(a+c)/2$の水準に設定する．逆に$N=1$の場合には，出荷価格は限界生産費用$c$の水準に設定される．すなわち，生産者は小売業者に丸投げするのである．このとき，生産者マージンはゼロであり，二重マージンは解消されている．また，この状況における独占的小売業者の意思決定問題は，垂直的統合時の生産者のそれと一致するから，彼は最適小売価格を設定する．その結果として小売業者に生じる利益の全額をフランチャイズ料によって回収すれば，生産者は達成可能な最大の利潤を得ることができるのである．以上の議論から，次の命題が導かれる．

**【命題2：フランチャイズ料による二重マージンの解消】**
　生産者が少数の（価格支配力を持つ）小売業者を介して財を販売する時，生産者が小売業者の利益を回収するフランチャイズ料を徴収するのであれば，生産者（チャネル）の利潤は最大となる．

## 3-4　フランチャイズ料の役割

　この項では，単純化のために競争的な小売市場を想定し，小売業者が外部機会で得ることができる利得をゼロとする．この状況で生産者は，フランチャイズ料によって小売業者に生じる利益の全額を回収することになる．このとき生産者は，最適小売価格を維持するために，小売マージンが高い（低い）時には低い（高い）出荷価格を設定するなど，小売マージンの変動を出荷価格によって補正する．したがって，生産者マージンと小売マージンの和である流通マージンは小売業者数にかかわらず一定となり（$p-c=(a-c)/2$），二重マージンが解消される．このようなフランチャイズ料の徴収によって，チャネルの利潤が増えると同時に，小売価格が下がるため，消費者厚生や経済厚生は向上する．
　このようなフランチャイズ料はいかなる状況で徴収されるのか？　小売業者

に生じた利益を全額回収するためには，生産者が小売業者の利益を計算できなければならない．この節のモデルに即していえば，生産者は自らが出荷価格 $w$ を設定した時の各小売業者の注文量（(3-1)式）と小売価格（(3-3)式）を計算する必要がある．そしてそのためには，市場の構造（小売業者数 $N$）と逆需要関数の形状（(1)式）を知らなければならない．これらの知識は，フランチャイズ料を徴収しない場合でも，適切な出荷価格を設定するために必要である．したがって，生産者が適切な出荷価格を設定できるのであれば，小売業者の利益を全額回収するフランチャイズ料を設定できることになる．

小売業者の販売活動に費用がかかる場合はどうであろうか？ いま，小売業者が追加的な1単位の財を販売する際に，顧客への商品説明などに $m$ の限界費用がかかるとしよう．この状況でフランチャイズ料を徴収しない場合，この節のモデルを援用すれば，生産者の利潤を最大にする出荷価格は $(a+c+m)/2$ となるから，生産者は $a$ や $c$ の他に限界販売費用 $m$ を知る必要がある．一方，小売業者数が $N$ の状況で，フランチャイズ料を徴収する場合の最適出荷価格は $w^*(N) = c + (N-1)(a-c-m)/2N$，フランチャイズ料は $F^*(N) = (a-c-m)^2/4N^2$ と計算されるから，生産者が $m$ の値を知っていれば，この出荷価格 $w^*(N)$ を設定し，小売業者の利益を全額回収するフランチャイズ料 $F^*(N)$ を徴収することができる．すなわち，フランチャイズ料を徴収しない場合に適切な出荷価格を設定できるのであれば，生産者は小売業者の利益を全額回収するフランチャイズ料を徴収することができることになる．

さらに，小売業者が限界販売費用を削減するために投資を行うとしよう．このような投資の例として広告がある．広告によって消費者が財の品質を知るようになれば，限界販売費用は低下する．いま，限界販売費用を $m$ にするためには $I(m)$ （$dI/dm < 0$）の費用がかかるとしよう．この状況で，投資後の $m$ を観察できれば，生産者はフランチャイズ料を徴収しない場合における適切な出荷価格を設定できる．しかしながら，生産者が小売業者の利益を全額回収するフランチャイズ料を設定するには小売業者の利益を計算する必要があり，そのためには投資費用 $I(m)$ を知っていなければならない．生産者が小売業者を系列化している場合にはいざ知らず，外部の独立した小売業者の場合には，生産者がこのような情報を持っていないかも知れない．この状況では，生産者が小売業者の利益を全額回収するフランチャイズ料を徴収できなくなる．

適切なフランチャイズ料を計算できないために，小売業者の利益を全額回収できない場合でも，生産者は小売業者の利益の一部を回収することはできる．この種のフランチャイズ料が生産者にとっても固定額であれば，生産者はフランチャイズ料を徴収しない場合と同様に，（チャネルの利潤ではなく）自らの利潤を最大にするように行動することになる[8]．

## 4　垂直的取引制限：チャネルの調整

前節で論じたように，多数の主体が参加するチャネルにおいて，各主体が自らの利益を最大にするように行動する時，チャネルの利益は必ずしも最大とはならない．この状況で，チャネルの利潤を増やすためには，各主体の利害を調整する必要がある．そして，調整によって増えた利益を適切に分配すれば，いかなる参加者の利益も減らすことなく，一部の参加者の利益を増やすことができる．この節では，寡占的生産者をリーダーとするチャネルを想定し[9]，チャネルの調整問題について検討する[10]．この際単純化のために，チャネルは生産者と小売業者のみから構成され，かつ生産者による小売業者の垂直的統合には禁止的な費用がかかるものとする[11]．

---

8) 実際，$F = (p(w) - w)q(w) - I(m)$ を計算できないため，(5-1)式の制約付き最大化問題は(5-2)式の最大化問題に変換されない．

9) チャネルリーダーは必ずしも生産者である必要はない．多数の零細な生産者と小売業者が存在する状況では，両者を繋ぐ「仲介」が重要であり，この機能を遂行する卸がリーダーとなる．また，商品企画上，生産技術やノウハウが重要な状況では生産者がリーダーとなるし，例えばプライベートブランド商品のように，消費情報が重要な場合には小売業者がリーダーとなることもある．

10) チャネル構成員の間のインタラクションや利害の調整，さらには，そのことを踏まえたチャネルの効率的運営の諸方策については，Stern and El-Ansary (1977 [1992])，Zusman and Etgar (1981)，Gautschi ed. (1983)，Jeuland and Shugan (1983)，McAlister (1983)，McGuire and Staelin (1983b, 1986)，Pelligrini and Reddy, eds. (1986, 1989)，Sheth, Bucklin and Carman, eds. (1986)，Moorthy (1988)，Moorthy and Fader (1989)，Bergen, Dutta and Walker (1992)，Frazier ed. (1992) および Cachon (2003) などを参照のこと．

11) チャネルの意思決定を統合するか否かの選択，およびその結果としてのチャネル構造については Mathewson and Winter (1983a)，McGuire and Staelin (1983a, b)，Dixon and Wilkinson (1986)，Green (1986)，Moorthy (1988)，Perry (1989) および Gal-Or (1999)

小売業者の意思決定は，主に「何を（取り扱う商品），誰に（顧客），いくらで（小売価格）売るか」に関するものである．垂直的取引制限とは，リーダーとしての生産者が，チャネル（または生産者自身）の利益を増やすために，垂直的取引関係にある小売業者の意思決定に制限を加えることである．このような垂直的取引制限には，小売価格の上限を制限する上限価格規制，下限を制限する再販売価格維持制度（以下では「再販制」と略す）[12]，小売価格を指定する定価制，さらには顧客を制限するテリトリー制や取り扱う商品を制限する専売店制などがある．以下では，これらの垂直的取引制限によって生産者や小売業者の行動がどのように変化し，そのことが消費者厚生や経済厚生にいかなる影響を及ぼすかについて検討する[13]．

## 4-1 垂直的価格制限

なぜ生産者は，小売業者の再販売価格を制限するのか？ このことを説明する（古典的）仮説として，二重マージン仮説，カルテル仮説，小売店舗仮説およびスペシャルサービス仮説の4つがある．

### 二重マージン仮説と上限価格規制

前節で論じた二重マージン問題は，生産者と小売業者の双方が自らの利潤を最大にするようにマージンを設定する結果，小売価格がチャネルの利潤を最大にする水準よりも高くなり，チャネルの利潤が減ってしまうということであった．前節では，この問題への対応策として小売業者の利益を全額回収するフランチャイズ料を検討したが，この種のフランチャイズ料が常に徴収可能である

---

などを参照のこと．
12) 再販制については，Telser (1960), Holahan (1979), Mathewson and Winter (1983b), Overstreet (1983), Marvel and McCafferty (1984), Groff and Perry (1985), Springer and Frech (1986) および湯本 (1992) などを参照のこと．
13) 多様な垂直的取引制限については，Bittlingmayer (1983), Scherer (1983), Mathewson and Winter (1984, 1986), Comanor and Frech (1985), Chard (1986), Rey and Tirole (1986a, b), Klein and Murphy (1988), Flath (1989), Katz (1989), 上田 (1990) および成生・鳥居 (1996a) などを参照のこと．

とは限らない．この状況での代替策として上限価格規制がある．

実際，生産者が商品に標準小売価格やメーカー希望小売価格を記せば，それ以上の価格で販売すれば顧客の反感を買うため，小売業者はその価格以下での販売を余儀なくされよう．このようにして小売価格をコントロールできれば，総販売量が増えてチャネルの利潤も増える．前節のモデルに即して言えば，生産者は出荷価格と上限価格をともに $(a+c)/2$ に設定すればよい．その上で，$N$ 人の小売業者に適量の注文を促すために，$(a-c)/2N$ 以上の注文を行う小売業者に一定の販売報奨金を与えるのである．この状況で各小売業者は，$(a-c)/2N$ の注文を行い[14]，販売報奨金に相当する利潤を得る．この販売報奨金が少額であれば，生産者は達成可能な最大の利潤（(2-3)式）を近似的に得ることができる[15]．

### カルテル仮説と再販制

Telser (1960) が，1920年代の米国における電球の再販制（General Electric 社と Westinghouse 社との間の価格協定）を例にとって論じたように，再販制は生産者間でのカルテル価格を小売業者に遵守させるための手段として導入される．生産者間で価格協定が結ばれたとしても，小売業者間で激しい価格競争が行われる状況では，彼らがそれを遵守するという保証はない．この状況で，生産者は再販制を導入し，違反者にたいして出荷停止などのペナルティを科すことによって，小売業者にたいしてカルテル価格を遵守しようとする誘因を与えるのである．その結果，小売価格は上昇し，消費者厚生は減少する．それゆえ再販制は，独占禁止法上，違法とされているのである．

もっとも，Stigler (1964) が述べているように，小売業者の数が多い場合には，一部の顧客（お得意様）にたいする「秘密の値引き」が探知されることは稀である．この種の値引きを監視するために多くの費用がかかるのであれば，個々の小売業者が「秘密の値引き」を行う結果，再販制は形骸化する．

---

14) 注文量が $(a-c)/2N$ 未満であれば，販売報奨金がもらえないから，小売業者の利潤はゼロである．注文量が $(a-c)/2N$ を上回る場合には，小売価格が出荷価格 $(a+c)/2$ を下回るため，小売業者の利潤は販売報奨金未満となる．
15) Mathewson and Winter (1983a, b) や Bittlingmayer (1983) は小売業者が空間的競争を行う状況での二重マージン問題を検討している．

### 小売店舗仮説

　Gould and Preston (1965) が論じた「小売店舗仮説」では，多くの小売店舗の存在が販売促進上有効であるという意味で，食品や日用雑貨などの最寄り品が念頭に置かれている．これらの商品の販売においては，多数の店舗の存在が消費者の買い物費用を低下させ，市場需要 $Q(p,N)$ を増やす効果を持つが，その効果は逓減的で，小売店舗数 $N$ の増加は（対称的な）1店舗あたりの販売量 $q=Q/N$ や粗利益 $Y=(p-w)q$ を減少させる．この状況で，小売店舗の開設や営業には固定的な費用 $K$ がかかるとしよう．

　生産者が小売業者を垂直的に統合している場合，チャネル利潤の最大化を目的とする生産者の意思決定問題は，

$$\max_{p,N} z = (p-c)Q(p,N) - KN$$

と定式化される．この最大化問題の極大化条件（$\partial z/\partial p=0$ および $\partial z/\partial N=0$）より，最適な小売価格 $p^*$ と業者数 $N^*$ を求めることができる．また，この時のチャネルの販売量は $Q^* = Q(p^*, N^*)$ であり，（対称的な）小売業者あたりの販売量は $q^* = Q^*/N^*$ である．

　次に，生産者が独立した小売業者を介して財を販売する状況を考えてみよう．この状況でも，小売業者数が増えれば業者あたりの販売量が減少すると同時に，彼らの間の競争が激しくなるために小売価格も低下する．その結果，小売業者の利潤も減少する．また小売業者は，固定費用を考慮した利潤が正である限り，市場に参入するものとする．この状況で，市場に参入する小売業者の数 $\hat{N}$ は，ゼロ利潤条件

$$y(N,K,w) = (p(N)-w)q(N) - K = 0 \tag{7}$$

より決まる．もちろん，固定費用 $K$ や出荷価格 $w$ が高（低）ければ，参入する小売業者数は少なく（多く）なる[16]．

　最寄り品の販売促進には多くの小売業者が必要とされるが，固定費用 $K$ に

---

[16] $\partial y/\partial N < 0$ であれば，最適な小売業者数 $N^*$ は一意に決まる．また，$(\partial y/\partial N)dN + (\partial y/\partial K)dK + (\partial y/\partial w)dw = 0$ より，$dN/dK < 0$ かつ $dN/dw < 0$ である．

依存する参入業者数$\hat{N}$が効率的な販売促進に必要な最適業者数$N^*$と一致する保証はない[17]. 固定費用が高い場合には$\hat{N}<N^*$となるから，生産者は効率的な販売促進（小売業者の確保）を行えないことになる．この状況で，再販制にもとづく一定のマージンの保証は，小売業者の参入を促し，生産者にとっての効率的な販売促進を可能にするのである．いま，生産者が小売価格と出荷価格を

$$p^R=p^*, \quad \text{and} \quad w^R=p^*-K/q^* \tag{8}$$

に設定すれば，小売業者のゼロ利潤条件より，自由参入均衡において最適な小売業者数$N^*$を確保することができる．ここで，上付き添え字$R$は再販制（Resale price maintenance）を示す．

実際，(8)式のもとでの小売業者の利潤は

$$y^R(p^R,w^R,N) = \frac{(p^*-p^*+K/q^*)Q(p^*,N)}{N} - K = \frac{(K/q^*)Q(p^*,N)}{N} - K$$

となる．ここで，$N=N^*$とおけば$Q(p^*,N^*)/N^*=q^*$となるから，小売業者の利潤はゼロとなる．また，小売業者の利潤は$N$の減少関数であるから，利潤がゼロとなるのは$N^*$のときのみである．そして，$N<N^*$であれば$y(p^*,w^*,N)>0$であるから参入が生じ，逆の状況では退出が生じる．したがって，自由参入のもとでの小売業者数は$N^*$となる．

このような再販制（下限価格規制）の導入によって，チャネルは達成可能な最大の利潤を実現する．ここで，小

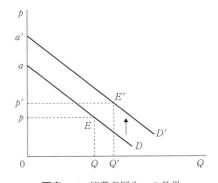

**図表0-4** 消費者厚生への効果

---

17）最適業者数は小売業者を限界的に1人増やすことからの利益とそのための費用の均等という「限界条件」にもとづいて決まるのに対して，参入業者数は小売業者の（平均）利潤がゼロという「平均条件」で決まる．

売業者の利潤がゼロであることに留意すれば，チャネルに生じた利潤はすべて生産者が得ていることになる．

それでは，再販制の導入は消費者厚生にいかなる効果を及ぼすのか？ 再販制の導入によって，小売価格は図表0-4の$p$から$p'$へと上昇しよう．このことは，需要曲線$D$を一定とすれば消費者余剰を減少させる（価格効果）．しかしながら，再販制のもとで小売業者が増えて消費者の利便性が向上すれば，需要曲線は$D$から$D'$へと右上方へシフトする（販売促進効果）．その結果，消費者余剰は三角形$aEp$から三角形$a'E'p'$へと変化する．このように，消費者余剰の増減は価格効果と販売促進効果の相対的な大きさに依存し，それゆえ再販制が消費者厚生に負の効果をもたらすとは一概に言えないことになる．

### スペシャルサービス仮説

Telser (1960) が論じた「スペシャルサービス仮説」では，小売サービスの水平的外部性が焦点となっている．いま，2種類の小売業者が存在し，一方は商品展示や説明などのサービスを提供するが，他方はこの種のサービスを提供せず，サービス提供費用の差に応じて安い小売価格を設定するものとする．この状況で，多くの消費者は前者よりサービスを享受し，後者より商品を購入することになる．すなわち，前者のサービスが後者によって只乗りされるのである．その結果，前者の販売量は減少し，サービス提供費用を補塡できなくなる．つまり，市場取引のもとで当該のサービスは提供されず，生産者は十分な販売促進を行えないことになる[18]．

再販制の導入は，サービスを提供しない小売業者による値引きを禁止することによって，外部効果の発生を防ぐ．再販制のもとで生産者は，小売業者がサービス提供費用を補塡できる水準に小売マージンを設定し，それと出荷価格の和を再販売価格とし，小売業者にたいしてその水準未満での販売を禁止する．したがって再販制のもとでは，すべての小売業者の価格は再販売価格以上となるから，彼らは販売促進のためのサービスを積極的に提供するようになる．それでは，再販制の導入は消費者厚生にいかなる効果を及ぼすのか？ サービス

---

18) さまざまな水平的外部性への対応策としての再販制についてはMarvel and McCafferty (1984), Springer and Frech (1986), Klein and Murphy (1988) などを参照のこと．

費用を補塡するための小売マージンの引き上げは，出荷価格を一定とすれば，小売価格を上昇させるから，消費者厚生を悪化させる．一方，サービス水準の上昇によって需要曲線は上方へシフトするから，このことは消費者厚生を向上させる．さらに，商品説明の結果，消費者が多くの種類の財を知るようになれば，各々の財にたいする需要の価格弾力性が大きくなるから，生産者間での競争が激しくなる．この状況で，各生産者が出荷価格を引き下げるのであれば，このことは小売価格の低下を導くから，消費者厚生を向上させる効果を持つ．このように，再販制の効果は価格効果，サービスの増加にもとづく販売促進効果，さらには出荷価格の引き下げ効果の相対的な大きさに依存し，再販制が消費者厚生を悪化させるとは一概に言えないことになる．

## 4-2 テリトリー制

小売業者の顧客に関する垂直的取引制限の1つにテリトリー制がある．この制度のもとで生産者は，小売業者に一定の地域における独占的販売権を付与するとともに，当該の小売業者が他の地域で販売することを禁止する．このようなテリトリー制は，まず第1に，財の輸送（配送）費用を削減するために導入される．いま，空間的に離れた2つの市場があり，市場内では財の輸送に費用がかからないが，市場間の輸送には一定の費用がかかるとする．この状況では，生産者が各市場に立地する小売業者と取引し，彼らの各々が自らの立地する市場でのみ販売することが，輸送費用の節約という観点からは望ましい．しかしながら，各々の市場で数量競争が行われる時，仮に小売マージンが輸送費用よりも高ければ，一方の市場に立地する小売業者は他方の市場へも財を輸送して販売することができる．このような財の市場間輸送はチャネルにとっての損失となる．この種の非効率性は，Matsumura (2003) が論じたように，テリトリー制の導入によって対処することができる．というのは，販売業者のテリトリーを1つの市場に限定すれば，彼らは割り当てられた市場でのみしか販売できなくなるからである[19]．

---

19) 小売業者が独占となることにもとづく二重マージンの弊害は，前述のようにフランチャイズ料の徴収によって回避できる．また，市場間の輸送を禁止する代替的な方策として

また Rey and Tirole (1986a, b) が論じたように，フランチャイズ料を伴うテリトリー制は，前項で論じた垂直的価格制限と同等の効果を持つ．テリトリー制のもとで独占力を与えられた小売業者は，所与の出荷価格のもとで，自らの利潤を最大にするように小売価格を設定する．この時，小売業者の利潤を最大にする小売価格は出荷価格の増加関数となる．したがって生産者は，出荷価格を適切に設定することによって，チャネル全体の利潤を最大にするような小売価格を小売業者に設定させることができる．その上で生産者は，小売業者に生じる独占的利潤をフランチャイズ料によって回収するのである．

　二重マージン仮説について，前節のモデルに即して言えば，テリトリー制のもとで独占的販売権を与えられた小売業者は，生産者が設定する出荷価格 $w$ のもとで注文量を $q(w)=(a-w)/2$ に設定する（(3-1)式で $N=1$ とした量である）．この状況で，生産者が出荷価格を限界生産費用の水準に設定すれば ($w=c$)，独占的小売業者の販売量はチャネルの利潤を最大にする量 $(a-c)/2$ と一致する．それゆえ，チャネルは達成可能な最大の利潤 $(a-c)^2/4$ を実現する．その上で，小売業者に生じた利益を（独占的販売権と引き換えに）フランチャイズ料によって回収すれば，生産者は達成可能な最大の利潤を得ることができるのである．

　カルテル仮説についても同様で，生産者は出荷価格を適切に設定することによって，（テリトリー内での）独占的小売業者にカルテル価格を選択させることができる．またテリトリー制のもとでは，小売業者が提供するサービスが他の小売業者によって只乗りされることはない．したがって生産者は，出荷価格を限界生産費用の水準に設定すればよい．最後に小売店舗仮説について言えば，テリトリー制のもとでは，小売業者間での価格競争の結果，固定的な小売営業費用を補填できないほど低いマージンが設定されることもない．したがって，テリトリーを適切に設定する（このことは小売店舗数の設定を意味する）ことによって，生産者は効率的な販売促進を行うことが可能となる．そして，テリトリー制のもとで生じる独占的小売業者の利潤をフランチャイズ料によって回収

---

　　　上限価格規制がある．上限価格が規制されて小売マージンが低くなれば，市場間で財を輸送することは割に合わなくなる．この点については成生 (2003, 2005) や Nariu and Flath (2005) を参照のこと．

すれば，生産者は再販制を導入した場合と同様に，達成可能な最大の利潤を得ることができるのである[20]．

## 4-3　専売店制

　小売業者が取り扱う財についての垂直的取引制限の1つに専売店制がある．このもとで生産者は，自らの製品を取り扱う小売業者にたいして，他の生産者の製品を取り扱うことを禁止する．なぜ，専売店制が採用されるのか？　自動車や家電製品等の買回り品を中心とする財の生産者は，効率的な販売促進のために，小売業者にたいしてさまざまな援助を行っている．このような援助の例として，広告，アフターサービスのための技術情報の提供や円滑な部品供給，店舗開設費用の分担，需要情報の提供や経営指導などがあるが，小売業者がこれらの援助された資源を適切に用いるという保証はない．利潤最大化を行動目的とする小売業者は，往々にして，ある生産者から援助された資源を，（自らにとって有利な）他の生産者の財を販売するために用いるかも知れない．すなわち，ある生産者が自らの製品の販売を促進するために小売業者に援助した資源が，他の生産者によって只乗りされるのである．このことを予想すれば，生産者は小売業者への援助を積極的には行わなくなり，チャネルの効率性は低下する．このような小売業者を媒介とした垂直的外部効果に対処するために導入される専売店制は，それによってチャネルの効率が向上するという意味で，社会的厚生の観点からもプラスの効果を持つかも知れない[21]．

　いま，ある生産者は自らが生産する財の販売を促進するために広告を行うが，他の生産者は広告を提供せず，その分だけ安い出荷価格を設定するものとする．広告によって財の存在を知った消費者は，当該の財を販売する小売店舗へと出向くのであるが，小売業者は広告ブランドではなく，出荷価格が低いがゆえに

---

20) 不確実性下では再販制とテリトリー制の同等性は成立しないが，返品制が再販制と類似した機能を果たす．この点については，Flath and Nariu (1989), Nariu (1996), Deneckere, Marvel and Peck (1997), Flath and Nariu (2000), Nariu, Flath and Utaka (2012) を参照のこと．
21) 専売店制については，Marvel (1982), Steuer (1983), Krattenmaker and Salop (1986), Ornstein (1989) および Rasmusen, Ramseyer and Wiley (1991) などを参照のこと．

小売マージンの高い（広告を提供しない）代替ブランドを推奨するかも知れない．このような推奨によって，ブランドに固執する消費者はいざ知らず，そうでない消費者は代替ブランドを購入する可能性がある．つまり，広告の販売促進効果は，小売業者の推奨を介して代替ブランドによって只乗りされるのである．この状況で専売店制は，Marvel (1982) が論じたように，小売業者が扱う財を自社製品のみに限定することによって，彼らが代替ブランドを推奨することを禁止し，垂直的外部効果を排除する効果を持つのである．

　競争的小売市場を想定し，均衡における小売業者の利潤がゼロであるとしよう．市場取引（併売店制）のもとで，代替ブランドを販売することからの小売業者の利益が正である（そうでなければ，代替ブランドを推奨しない）ということは，広告ブランドの販売は彼らに損失をもたらすことになる．すなわち広告ブランドは，集客のために出荷価格を下回る小売価格が設定されるという意味で，ロスリーダー（囮廉売）として扱われるのである．このように小売価格が低く設定されるということは，広告ブランドの販売を促進するから，広告ブランドの生産者にとって有利となる[22]．専売店制のもとでは，垂直的外部性にもとづく負の効果が回避されると同時に，正のロスリーダー効果も失われる．これら2つの効果を比較することによって，生産者は専売店制を導入するか否かを選択するのであるが，この時には成生 (1994, 第4章) が論じたように，生産者の利潤の多い取引様式のもとでは消費者余剰もまた多くなり，両者の利害は一致する．したがって，専売店制が消費者厚生を悪化させるとは一概には言えないことになる．

## 5　結　　び

　この章では，チャネルの機能とその運営・管理について概述した．チャネル

---

22) フランチャイズ料を徴収しない状況では，生産者の利潤は出荷価格に販売量を乗じた額である．販売量は（出荷価格ではなく）小売価格に依存するから，ロスリーダー効果にもとづく広告ブランドの小売価格の低下は，その販売量を増やし，広告ブランドの生産者利潤を増加させる．

が果たす役割は多様であり，それらを効率的に遂行するためにはさまざまな情報やノウハウが必要である．これらの情報やノウハウを1人の主体がすべて持っていることは稀で，通常，多くの主体の各々がその一部を持っている．また，これらの情報の一部は市場で売買することが困難であり，情報の保有者は，情報から利益を得るために，流通過程に直接関与する．このようにして，チャネルにはさまざまな主体が参加することになる．

　この状況で，各主体が自らの利益を最大にするように行動する時，3節で二重マージン問題を例として論じたように，チャネルの利潤は必ずしも最大とはならない．この種の非効率性はフランチャイズ料の徴収によって対処される．このように，チャネルを効率的に運営するためには，チャネルの構成員の利害を調整し，彼らの間で協調的な関係を構築する必要がある．そのため，ある場合には，4節で論じたように，生産者がリーダーとなり，さまざまな方法を用いて小売業者の行動を制限するのである．

# 第Ⅰ部

## チャネル間における
## 価格―数量競争の基礎理論

## 第1章
## 価格—数量競争の基本モデル

## 1 はじめに

　生産者が財を消費者に直接販売することは稀で,多くの場合,その過程には卸や小売をはじめとする流通業者が介在している[1]. この章では,生産者とその系列小売業者から構成されるチャネルの間における価格—数量競争についての基本モデルを検討する[2]. いま,同質財を供給する各生産者が出荷価格を提示し（その意味で,彼らの間では価格を戦略変数として競争が行われている）,それを受けて各小売業者が注文量を設定する（その意味で,小売業者間では数量競争が行われている）ものとする. この状況で,仮に生産者が小売業者からフランチャイズ料を徴収するのであれば,①出荷価格は限界生産費用以下に設定される. また,②需要が増えるとき生産者は出荷価格を引き下げるし,③出荷価格は戦略的に代替的である. さらに,④生産者による小売業者の垂直的な分離はチャネル間競争を激しくする[3].

---

1) 小売業者が介在する理由の1つは,生産者が販売上のノウハウを持っていないからである. 代替的な理由は戦略的分離である. この点については Bonanno and Vickers (1988), Rey and Stiglitz (1988), 成生（1994,第8章）や本書の第7章などを参照のこと.
2) ここで「系列」とは,小売業者が特定の生産者のみと取引関係を結び,その生産者の財のみを販売することを表している.
3) （生産者が出荷価格を,小売業者が小売価格を戦略変数として行動するという意味で）チャネル間で価格—価格競争が行われている状況で,財が同質的であれば,出荷価格および小売価格は限界生産費用に一致する. 一方,財が差別化されている場合には,出荷価格は限界生産費用を上回る水準に設定される. また,需要が増えれば生産者は出荷価格を引き上げるし,出荷価格は戦略的に補完的である. さらに,垂直的な分離はチャネ

この分野の先行研究としてまず第1に挙げられるのはSaggi and Vettas (2002) であり，彼らは限界生産費用をゼロとした上で，差別化された財を供給する複占チャネルの間での価格―数量競争を検討し，各生産者が1人の小売業者とのみ取引し，上述の①～④が導かれると論じている．また成生・鈴木 (2006) は，各生産者の限界生産費用が異なる場合や生産者と小売業者が系列関係にない状況を論じている．

　この章では，同質財を生産する2人の生産者の各々が1人の系列小売業者を介して財を販売するという単純なモデルを分析する．以下の構成は次のとおりである．まず次節では，チャネル間で価格―数量競争が行われる状況で，生産者がフランチャイズ料を徴収するのであれば，前述の①～③が導かれることを示す．3節では生産者がフランチャイズ料を徴収しない場合を検討する．この場合には，需要の増加は出荷価格の上昇を導くし，出荷価格は戦略的に補完的である．4節では生産者が小売業者を垂直的に統合している状況を検討し，2節および3節の結果と比較した後に，生産者による統合か分離かの選択を検討する．ここでの結論は，仮に生産者が，A) 小売業者を垂直的に統合するか，B) フランチャイズ料を徴収して分離するか，C) フランチャイズ料を徴収しないで分離するか，のいずれかを選択するのであれば，両生産者はB) を選択するというものである．また，生産者による小売業者の分離は，フランチャイズ料を徴収する場合にはチャネル間の競争を激しくするし（前述の④），逆にフランチャイズ料を徴収しない場合にはチャネル間競争を緩和する．5節では，簡単な要約の後に，関連するトピックスについて議論する．

## 2　モデル

　同質財を供給する2人の生産者 ($i=1,2$) が存在し，生産者$i$によって生産された財$i$は系列の小売業者$i$を介して消費者に販売されるものとする（図表1-1を参照のこと）．財にたいする市場の逆需要関数は，

---

　ル間競争を緩和する．その意味で，価格―数量競争の状況とは対照的である．

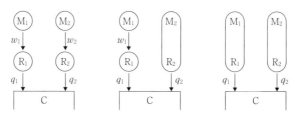

**図表 1-1** チャネル間における価格―数量競争
Mは生産者，Rは小売業者，Cは消費者を表す．

$$p = a - Q = a - (q_1 + q_2) \tag{1}$$

で与えられる．ここで，$p$ は小売価格，$Q$（$=q_1+q_2$）は総供給量，$q_i$ は小売業者 $i$ の販売量，$a$（$>0$）はパラメータである．また，両生産者の限界（＝平均）生産費用を $c$ とする．その上で，均衡での出荷価格を非負とするために，

$$c < a < 6c \tag{2}$$

を仮定する．

　この節では，次のような2段階ゲームを検討する．第1段階において各生産者は，ライバル生産者の出荷価格を所与として，小売業者の利潤を非負にするという制約のもとで，自らの利潤を最大にするように出荷価格とフランチャイズ料を設定する．第2段階では，各小売業者が，ライバル小売業者の販売量を所与として，自らの利潤を最大にするように販売量を設定する．以下では，この2段階ゲームの部分ゲーム完全均衡を後方帰納法によって求める．

### 第2段階：小売業者による注文量の設定

　第2段階において小売業者 $i$ は，生産者 $i$ によって設定された出荷価格 $w_i$ とフランチャイズ料 $F_i$，さらにはライバル小売業者が設定する販売量 $q_h$ を所与として，自らの利潤 $y_i$ を最大にするように販売量（＝生産者 $i$ にたいする注文量）$q_i$ を設定する．この小売業者の意思決定問題は，

$$\max_{q_i} y_i = (p - w_i) q_i - F_i = \{a - (q_i + q_h) - w_i\} q_i - F_i, \quad i, h = 1, 2, \text{ and } i \neq h$$

と定式化される．上記の最大化問題の極大化条件より，反応関数

$$q_i(q_h) = \frac{a - w_i - q_h}{2}, \quad i, h = 1, 2, \text{ and } i \neq h$$

が導かれる．この反応関数を連立して解けば，小売業者 $i$ の注文量は

$$q_i(\boldsymbol{w}) = \frac{a - 2w_i + w_h}{3}, \quad i, h = 1, 2, \text{ and } i \neq h \tag{3-1}$$

で与えられる[4]．ここで $\boldsymbol{w} = (w_1, w_2)$ は出荷価格のベクトルである．また，このときの総販売量，小売価格および小売業者 $i$ の利潤は，

$$Q(\boldsymbol{w}) = q_i + q_h = \frac{2a - w_i - w_h}{3} \tag{3-2}$$

$$p(\boldsymbol{w}) = a - Q(\boldsymbol{w}) = \frac{a + w_i + w_h}{3} \tag{3-3}$$

$$y_i(\boldsymbol{w}) = (p(\boldsymbol{w}) - w_i) q_i(\boldsymbol{w}) - F_i = \frac{(a - 2w_i + w_h)^2}{9} - F_i \tag{3-4}$$

と計算される．

### 第1段階：生産者による出荷価格とフランチャイズ料の設定

このような小売業者の行動を予想した上で，第1段階において生産者 $i$ は，ライバル生産者の出荷価格 $w_h$ を所与として，小売業者 $i$ の利潤を非負にするという制約のもとで，自らの利潤 $\pi_i$ を最大にするように出荷価格 $w_i$ およびフランチャイズ料 $F_i$ を設定する．このときの生産者 $i$ の意思決定問題は

$$\max_{w_i, F_i} \pi_i(\boldsymbol{w}) = (w_i - c) q_i(\boldsymbol{w}) + F_i, \quad \text{s.t.} \quad y_i = \frac{(a - 2w_i + w_h)^2}{9} - F_i \geq 0$$

と定式化される．制約条件が等号で成立することに留意し，(3)式を考慮すれば，上記の制約条件付き最大化問題は，制約条件の付かない

$$\max_{w_i} z_i(\boldsymbol{w}) = \pi_i(\boldsymbol{w}) = \frac{(w_i - c)(a - 2w_i + w_h)}{3} + \frac{(a - 2w_i + w_h)^2}{9}$$

---

[4] 以下では，とくに必要とされる場合を除き，$i, h$ についての但し書きは省略される．

$$= \frac{(a+w_i+w_h-3c)(a-2w_i+w_h)}{9} \qquad (4)$$

へと変換される[5]．この最大化問題の極大化条件より，反応関数

$$w_i(w_h) = \frac{-a-w_h+6c}{4}, \quad i=1,2, \text{ and } i \neq h \qquad (5)$$

が導かれる．上の連立方程式を解けば，均衡における生産者$i$の出荷価格

$$w_i^F = \frac{-a+6c}{5} = c - \frac{a-c}{5} < c \qquad (6\text{-}1)$$

を求めることができる[6]．ここで，上付き添え字$F$は生産者がフランチャイズ料を徴収していることを示す．また，このときの小売業者$i$の販売量，総販売量，小売価格，生産者$i$の利潤，消費者余剰$CS$および社会的余剰$SS$は，

$$q_i^F = \frac{2(a-c)}{5} \qquad (6\text{-}2)$$

$$Q^F = q_1^F + q_2^F = \frac{4(a-c)}{5} \qquad (6\text{-}3)$$

$$p^F = a - Q^F = \frac{a+4c}{5} \qquad (6\text{-}4)$$

$$z_i^F = (p-c_i) q_i = \frac{2(a-c)^2}{25} \qquad (6\text{-}5)$$

$$CS^F \equiv \int_0^{Q^F} p(x) dx = \frac{8(a-c)^2}{25} \qquad (6\text{-}6)$$

$$SS^F \equiv \sum_i z_i^F + CS^F = \frac{12(a-c)^2}{25} \qquad (6\text{-}7)$$

と計算される．

---

[5] (4)式の生産者利潤は $(p(\boldsymbol{w})-c) q_i(\boldsymbol{w})$ であるから，チャネルの利潤と一致している．

[6] このときの生産者$i$のフランチャイズ料は $F_i = 4(a-c)^2/25$ である．また(2)式の仮定のもとでは出荷価格は正である．出荷価格が負の場合，生産者が小売業者の注文に制限を加えることができなければ，後者は（販売量と無関係に）大量の注文を行い，多くの利益を得ることができる．この時には，生産者の利潤は負となるから均衡ではない．

ここで留意すべきことはまず第1に，(5)式から明らかなように，生産者の出荷価格が戦略的代替関係にあるということである．また第2に，(6-1)式より，各生産者は限界生産費用を下回る出荷価格を設定する．第3に，($a$が大きくなるという意味で)需要曲線が上方にシフトするとき，各生産者は出荷価格を引き下げる．以上の議論は，次の命題にまとめられる．

**【命題1：基本モデルの均衡の性質】**

　チャネル間で価格―数量競争が行われる状況で，生産者が小売業者からフランチャイズ料を徴収する場合，出荷価格は限界生産費用以下に設定される．また，需要が増加するとき生産者は出荷価格を引き下げる．さらに，出荷価格は戦略的に代替的である．

この命題は次のように説明される．まずはじめに，出荷価格が限界生産費用を下回る水準に設定されることであるが，この点を明らかにするために，生産者がどのように出荷価格を設定するかを見てみよう．

出荷価格の設定に際して，生産者 $i$ が直面する最大化問題は，

$$\max_{w_i} z_i(\boldsymbol{w}) = \pi_i(\boldsymbol{w}) = (p_i(\boldsymbol{w}) - c)\, q_i(\boldsymbol{w})$$

であり，この利潤関数を $w_i$ で偏微分すれば

$$\frac{\partial z_i}{\partial w_i} = \left(\frac{\partial p_i}{\partial q_i}\right)\left(\frac{\partial q_i}{\partial w_i}\right) q_i(\boldsymbol{w}) + \left(\frac{\partial p_i}{\partial q_h}\right)\left(\frac{\partial q_h}{\partial w_i}\right) q_i(\boldsymbol{w}) + (p_i(\boldsymbol{w}) - c)\left(\frac{\partial q_i}{\partial w_i}\right) \quad (7\text{-}1)$$

を得る．上式の第1項は，出荷価格 $w_i$ の変化によって自らの小売業者の注文量 $q_i$ が変化し，そのことによって小売価格が変化することにもとづく自らの利潤 $z_i$ の変化を表している．また第2項は，出荷価格を引き下げれば自らの小売業者の注文量が増え ($\partial q_i/\partial w_i = -2/3$)，ライバルチャネルの販売量がその半分だけ減る ($\partial q_h/\partial w_i = 1/3$) ことによって自らの残余需要が増え，自らの利潤が増えるという「正の戦略効果」を表している．さらに第3項は，$w_i$ の変化によって $q_i$ が変化することにもとづく (小売価格を一定としたときの) $z_i$ の変化である．本章のモデルの想定 ((1)式) と(3)式のもとでは，これらの各項は

$$\left(\frac{\partial p_i}{\partial q_i}\right)\left(\frac{\partial q_i}{\partial w_i}\right) q_i(\boldsymbol{w}) = (-1)\left(-\frac{2}{3}\right)\frac{a - 2w_i + w_h}{3}$$

$$\left(\frac{\partial p_i}{\partial q_h}\right)\left(\frac{\partial q_h}{\partial w_i}\right)q_i(\boldsymbol{w}) = (-1)\left(\frac{1}{3}\right)\frac{a-2w_i+w_h}{3}$$

$$(p_i(\boldsymbol{w})-c)\left(\frac{\partial q_i}{\partial w_i}\right) = \left(\frac{a+w_i+w_h}{3}-c\right)\left(-\frac{2}{3}\right)$$

と計算される．これらを(7-1)式に代入すれば，

$$\left\{-\frac{a-2w_i+w_h}{3}+\frac{a-2w_i+w_h}{3}\left(\frac{1}{2}\right)+\frac{a+w_i+w_h}{3}-c\right\}\left(-\frac{2}{3}\right)$$

$$=\left(\frac{a+4w_i+w_h}{6}-c\right)\left(-\frac{2}{3}\right) \tag{7-2}$$

を得る．ここで，中括弧内の限界生産費用（$-c$）を除く項は戦略効果を含む限界収入である．

いま，ライバル生産者が $w_h=c$ としているときに，自らも出荷価格を $w_i=c$ と設定するとしよう．このときの限界収入は $(a+5c)/6=c+(a-c)/6>c$ であり，限界生産費用を上回っている[7]．したがって，生産者は出荷価格を引き下げてチャネルの販売量を増やそうとするのである．

このことの意味を理解するために，ベンチマークとして，各生産者が独立した財を供給している状況を想定しよう．この状況で，生産者がフランチャイズ料を徴収するのであれば，彼は二重マージンを回避するために，出荷価格を限界生産費用 $c$ の水準に設定する．実際，第2項（戦略効果）がゼロであるから，(7-1)式は

$$\left\{\left(\frac{\partial p_i}{\partial q_i}\right)q_i(\boldsymbol{w})+p_i(\boldsymbol{w})-c\right\}\left(\frac{\partial q_i}{\partial w_i}\right)=\left(-\frac{a-2w_i+w_h}{3}+\frac{a+w_i+w_h}{3}-c\right)\left(-\frac{2}{3}\right)$$

となる．ここで $w_i=w_h=c$ とおけば，限界収入は $-(a-2w_i+w_h)/3+(a+w_i+w_h)/3=c$ であるから，ライバルの出荷価格が $c$ のとき，自らも出荷価格を $c$ に設定することになる[8]．

---

7) (7-2)式をゼロとすれば極大化条件になる．これを $w_i$ について解けば，反応関数（(5)式）が導かれる．
8) このとき，小売業者は注文量を $(a-c)/2$ に設定するから，小売価格は $(a+c)/2$ となり，チャネルの利潤 $(a-c)^2/4$ は最大となる．この点については，序章を参照のこと．

各生産者が独立した財を供給する状況では，彼らは出荷価格を限界生産費用の水準に設定する．これに対して，同質財を供給する状況では，一方の生産者が出荷価格を下げれば，系列の小売業者は注文量を増やす．このとき，このことを予想するライバル小売業者が注文量を減らすという戦略効果が生じるから，小売価格の下落は（独立財を供給する状況と比べて）小幅なものとなる．このことは，（$w_i=c$としたときの）供給量のもとでのチャネルの限界収入が，独立財を供給する状況よりも高いことを意味している．したがって生産者は，小売業者の注文量を増やすために，限界生産費用を下回る出荷価格を設定するのである．このようなわけで，両生産者ともに限界生産費用を下回る水準に出荷価格を設定することになる．

また，需要の増加が出荷価格の下落を導くことは，次のように説明される．いま，需要曲線が上方へシフトしたとしよう．このとき，フランチャイズ料を徴収する生産者は，自ら（すなわちチャネル）の利潤を最大にするために販売量を増やそうとする．この販売量は小売業者の注文行動に規定される．ここで，注文量が出荷価格の減少関数であることに留意すれば，生産者は小売業者から多くの注文を引き出すために出荷価格を引き下げることになる[9]．そして，こ

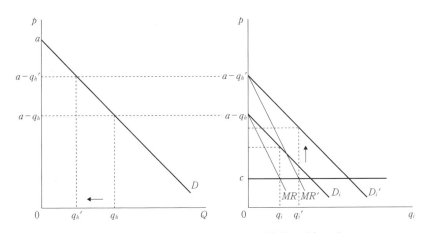

**図表 1-2** 残余需要の上方シフトと出荷価格の引き下げ

---

[9] 生産者が独占の場合，需要の増加によって販売量は増えるが，限界費用の水準に設定される出荷価格は変わらない．その意味で，この結果は寡占的生産者間の戦略的な相互依存関係にもとづいている．

のことによって増加した小売業者の利益の全額をフランチャイズ料として徴収すれば,生産者は多くの利潤を得ることができるのである.

さらに,ライバル生産者が出荷価格を引き上げれば,ライバル系列の小売業者は(図表1-2の$q_h$から$q_h'$へと)注文量を減らすから,自らのチャネルの残余需要は($D_i$から$D_i'$へと)上方にシフトする.このことは需要曲線の上方シフトと同様の効果を持つからチャネルの利潤を最大にする(限界収入$MR$=限界費用$c$)供給量は$q_i$から$q_i'$へと増える.この状況で,生産者は小売業者からの注文を増やすために出荷価格を引き下げる.それゆえ,出荷価格は戦略的に代替的となる.

## 3　フランチャイズ料の役割

命題1は,生産者がフランチャイズ料を徴収することに依存している.このことを明らかにするために,この節では,生産者がフランチャイズ料を徴収しない場合について検討する.

### フランチャイズ料を徴収しない場合

フランチャイズ料を徴収しない場合でも,第2段階における小売業者の行動はフランチャイズ料を徴収する場合と同じである.したがって,第1段階において生産者$i$は,(3)式で表された小売業者$i$の注文行動を予想した上で,ライバル生産者の出荷価格を所与として,自らの利潤を最大にするように出荷価格$w_i$を設定する.この生産者の意思決定問題は

$$\max_{w_i} \pi_i(\boldsymbol{w}) = (w_i - c) q_i(\boldsymbol{w}) = \frac{(w_i - c)(a - 2w_i + w_h)}{3} \tag{8}$$

と定式化される.上記の最大化問題の極大化条件より,反応関数

$$w_i(w_h) = \frac{a + w_h + 2c}{4}, \quad i = 1, 2, \text{ and } i \neq h \tag{9}$$

が導かれる.この連立方程式を解けば,均衡における出荷価格は

$$w_i^L = \frac{a+2c}{3} \tag{10-1}$$

となる．ここで，上付き添え字 $L$ は生産者がフランチャイズ料を徴収しない「線形価格制」を示す．このときの小売業者 $i$ の販売量，総販売量，小売価格，また小売業者 $i$，生産者 $i$ やチャネル $i$ の利潤 $z_i$，さらには消費者余剰および社会的余剰は，

$$q_i^L = \frac{2(a-c)}{9} \tag{10-2}$$

$$Q^L = \frac{4(a-c)}{9} \tag{10-3}$$

$$p^L = \frac{5a+4c}{9} \tag{10-4}$$

$$y_i^L = (p-w_i)q_i^L = \frac{4(a-c)^2}{81} \tag{10-5}$$

$$\pi_i^L = (w_i-c)q_i^L = \frac{2(a-c)^2}{27} \tag{10-6}$$

$$z_i^L = (p-c)q_i^L = \frac{10(a-c)^2}{81} \tag{10-7}$$

$$CS^L = \frac{8(a-c)^2}{81} \tag{10-8}$$

$$SS^L = 2z_i^L + CS^L = \frac{28(a-c)^2}{81} \tag{10-9}$$

と計算される．

　この場合には，出荷価格は戦略的に補完的で（(9)式），需要曲線の上方シフトは出荷価格の上昇を導く（(10-1)式）．というのは，ライバル生産者 $h$ の出荷価格 $w_h$ の引き下げは，小売業者 $h$ の販売量 $q_h$ の増加を導き，チャネル $i$ の残余需要を（図表1-3の $D_i$ から $D_i'$ へと）減らす．このことは小売業者 $i$ の注文関数（＝限界収入関数＝生産者 $i$ の派生需要関数）を（図表1-3の $d_i$ から $d_i'$ へと）下方にシフトさせる．したがって，生産者 $i$ は出荷価格 $w_i$ を引き下げるのである．それゆえ，次の命題が成立する．

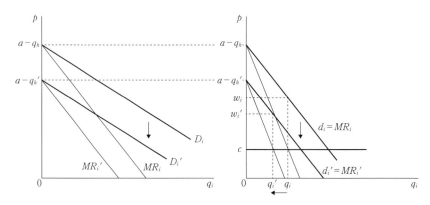

**図表 1-3** 派生需要の下方シフトと出荷価格の引き下げ

### 【命題 2：フランチャイズ料を徴収しない場合の均衡の性質】

　チャネル間で価格―数量競争が行われる状況で，生産者が小売業者からフランチャイズ料を徴収しない場合，出荷価格は限界生産費用以上に設定される．また，需要が増加するとき生産者は出荷価格を引き上げる．さらに，出荷価格は戦略的に補完的である．

　このように，命題 1 の成立は生産者がフランチャイズ料を徴収するか否かに依存しているのである．
　ここで，フランチャイズ料を徴収する場合（(6)式）と徴収しない場合（(10)式）を比較すれば，

$$w^F < c < w^L, \quad q^F > q^L \tag{11-1}$$
$$Q^F > Q^L, \quad p^F < p^L \tag{11-2}$$
$$CS^F > CS^L, \quad SS^F > SS^L \tag{11-3}$$
$$z_i^L > \pi_i^F = z_i^F > \pi_i^L \tag{11-4}$$

を得る．この際留意すべきことは，生産者がフランチャイズ料を徴収する場合には，彼らは限界費用を下回る水準に出荷価格を設定するのにたいし，フランチャイズ料を徴収しない場合には，出荷価格は限界費用よりも高く設定されるということである（そうでなければ，生産者は正の利潤を得ることができない）．
　このように，フランチャイズ料の徴収によって小売業者の限界調達費用（財を

追加的に1単位調達するための費用，すなわち出荷価格）が下がるため，彼らの注文量は多くなる（(11-1)式）．その結果，総供給量が増えて，小売価格は低くなる（(11-2)式）．したがって，消費者余剰や社会的余剰が増えるのである（(11-3)式）．一方，チャネルの利潤はフランチャイズ料を徴収しない場合の方が多い．この場合には，生産者は限界費用を上回る水準に出荷価格を設定し，小売業者もまた自らのマージンを上乗せするという二重マージンが発生する．その結果，小売価格が高くなり，チャネルの利潤も増えるのである．しかしながら，小売業者に生じた利益をフランチャイズ料によって回収できないため，生産者の利潤は少なくなる（(11-4)式）．

## 4 垂直的統合か分離か

この節では，生産者が小売業者を統合し消費者に財を直接販売する状況について検討し，2節および3節の結果と比較する．その後に，生産者が小売業者を垂直的に統合するか，それとも分離するかの選択について論じる．

チャネルを効率的に運営するために意思決定を分離するか統合するかという問題は，Coase (1937) や Williamson (1975, 1985, 1986, 1989) をはじめ多くの経済学者によって研究されている．彼らの取引費用アプローチでは，単一チャネルの効率的運営の観点から検討し，統合に費用がかからないのであれば，完全かつ包括的なコントロールが可能な統合が選択されると論じている．逆に言えば，統合に多くの費用がともなうのであれば「分離」が選択される．この点について，Milgrom (1988), Milgrom and Roberts (1988, 1992), Meyer et al. (1992) は，組織内のグループが自らの利益のためにさまざまな影響力を行使することによって組織全体の効率が損なわれるというインフルエンスコストに着目し，それが大きい場合には分離が選択されると述べている．また Grossman and Hart (1986) や Hart and Moore (1990) は，人的資産への投資が立証不可能な状況で，事前に物的資産の所有権を移転して分離することによって，人的資産への投資が促進されるメカニズムを提示している[10]．他面，複数チャネル間

---

10) このような不完備契約については，伊藤・林田・湯本 (1992), 伊藤・林田 (1996),

の競争を考慮するならば，Bonanno and Vickers (1988), Rey and Stiglitz (1988) や Bettignies (2006) などが指摘したように，たとえ統合に費用がかからなくても，寡占的生産者はチャネル間の競争を緩和するために流通業者を分離する．ここで重要な役割を演じるのは，チャネル内での取引費用ではなく，複数チャネル間の競争である．統合の場合には，寡占的生産者は直接的な競争を強いられるのにたいし，流通業者を分離した場合には，彼らの間の競争は流通業者を介した間接的なものになる．その結果，小売価格は統合の場合よりも高くなり，チャネルの利潤が増えるのである[11]．これにたいして，価格―数量競争のもとでは，チャネル間競争が激しくなるにもかかわらず，生産者は小売業者を分離することになる．

### 垂直的統合

生産者が小売業者を垂直的に統合し，財を消費者に直接販売するものとする．仮に生産者の戦略変数が生産量であれば，クールノー均衡が実現し，そこでの生産者 $i$ の販売量，総販売量，小売価格，生産者 $i$ の利潤，消費者余剰，および社会的余剰は，それぞれ

$$q_i^V = \frac{a-c}{3} \tag{12-1}$$

$$Q^V = q_1^V + q_2^V = \frac{2(a-c)}{3} \tag{12-2}$$

$$p^V = a - Q^V = \frac{a+2c}{3} \tag{12-3}$$

$$z_i^V = \pi_i^V = (p-c)\,q_i = \frac{(a-c)^2}{9} \tag{12-4}$$

$$CS^V = \frac{2(a-c)^2}{9} \tag{12-5}$$

$$SS^V = \frac{4(a-c)^2}{9} \tag{12-6}$$

---

Hart and Moore (1999) や Tirole (1999) などを参照のこと．
11) 垂直的取引関係について包括的に論じたものとして，成生 (1994) や Motta (2004) がある．

で与えられる[12]．ここで，上付き添え字 $V$ は垂直的統合を示している．

### 比較

これまでの議論を踏まえて，生産者がフランチャイズ料を徴収して小売業者を分離する場合，フランチャイズ料を徴収しないで小売業者を分離する場合，さらには垂直的統合の場合の均衡を比較する．これらの均衡における総販売量，小売価格，生産者とチャネル全体の利潤，消費者余剰，社会的余剰を比べれば，

$$Q^L < Q^V < Q^F, \quad p^F < p^V < p^L \tag{13-1}$$
$$\pi^L < \pi^F = z^F < \pi^V = z^V < z^L \tag{13-2}$$
$$CS^L < CS^V < CS^F, \quad SS^L < SS^V < SS^F \tag{13-3}$$

を得る．ここで留意すべきことはまず第1に，生産者の利潤は垂直的統合時に最も多いということである（(13-2)式）．他方，消費者厚生や経済厚生の観点からは，フランチャイズ料を徴収して小売業者を分離することが望ましい（(13-3)式）．このときには，生産者は出荷価格を限界生産費用を下回る水準に設定するから，小売価格は統合時と比べて低くなる（(13-1)式）．その意味で，小売業者を戦略的に分離することによってチャネル間の競争は激しくなる[13]．逆に，フランチャイズ料を徴収しない場合には，戦略的な分離によってチャネル間の競争は緩和される．したがって，次の命題を得る．

### 【命題3】

チャネル間で価格―数量競争が行われる状況で，生産者がフランチャイズ料を徴収する場合には，小売業者の垂直的な分離はチャネル間競争を激しくし，消費者余剰および社会的余剰を増加させる．フランチャイズ料を徴収しない場合には，垂直的分離によってチャネル間競争は緩和される．

---

12) 両生産者が価格を戦略変数として競争する状況では，（完全競争市場と同様に）小売価格は限界費用の水準に設定される．この状況での総供給量は $a-c$ で，生産者利潤はゼロ，消費者余剰および社会的余剰は $(a-c)^2/2$ となる．

13) この結論は，チャネル間での価格―価格競争が行われる場合とは対照的である．

## 垂直的統合か分離か

これまで論じてきたように，生産者には，小売業者を統合するか（$V$），フランチャイズ料を徴収して分離するか（$F$），フランチャイズ料を徴収しないで分離するか（$L$），という3つの選択肢がある．以下では，生産者がこれらの中からいずれを選択するかについて検討する．

もちろん，このような選択は生産者が出荷価格を提示する前（第0段階）に行われる．したがって，以下で検討するゲームは，第0段階で生産者が小売業者を垂直的に統合するか否かを選択し，第1段階で出荷価格が設定され，第2段階で販売量が設定されるという3段階ゲームである．このような生産者の選択を検討するためには，追加的に

ケース1：一方の生産者がフランチャイズ料を徴収して小売業者を分離し，他方がフランチャイズ料を徴収しないで分離する場合，

ケース2：一方の生産者がフランチャイズ料を徴収して小売業者を分離し，他方が小売業者を垂直的に統合する場合，

ケース3：一方の生産者がフランチャイズ料を徴収しないで小売業者を分離し，他方が小売業者を垂直的に統合する場合，

という3つの（非対称な）ケースの第1段階以降の部分ゲームの均衡を求める必要がある．

**ケース1**：生産者$i$がフランチャイズ料を徴収して小売業者を分離し，生産者$h$がフランチャイズ料を徴収しないで分離する場合の第2段階の部分ゲームの均衡は(3)式で与えられる．したがって，第1段階における生産者$i$の意思決定問題は(4)式と同じであり，生産者$h$の意思決定問題は(8)式の下付き添え字（$i$および$h$）を入れ換えた式で表現される．各生産者の利潤極大化条件より，生産者$i$の反応関数（(5)式）および生産者$h$の反応関数（(9)式の下付き添え字$i$と$h$を入れ換えた式）が導かれる．これらの反応関数を連立して解けば，各生産者が設定する出荷価格

$$w_i = c - \frac{5(a-c)}{17}, \quad w_h = c + \frac{3(a-c)}{17} \tag{14-1}$$

を求めることができる．また，このときの各生産者の利潤は

$$z_i = \frac{50(a-c)^2}{289}, \quad \pi_h = \frac{6(a-c)^2}{289} \tag{14-2}$$

と計算される．

ケース2：生産者 $i$ がフランチャイズ料を徴収して小売業者を垂直的に分離し，生産者 $h$ が垂直的統合を選ぶ場合の第2段階の部分ゲームの均衡は，販売量を設定する生産者 $h$ の限界調達費用が出荷価格 $w_h$ ではなく，限界生産費用 $c$ であることに留意すれば，(3)式の $w_h$ を $c$ に置き換えた

$$q_i = \frac{a - 2w_i + c}{3}, \quad q_h = \frac{a - 2c + w_i}{3} \tag{15-1}$$

$$p = \frac{a + w_i + c}{3} \tag{15-2}$$

$$y_i = (p - w_i)q_i - F_i = \frac{(a - 2w_i + c)^2}{9} - F_i \tag{15-3}$$

で与えられる．したがって，第1段階における生産者 $i$ の意思決定問題も(4)式の $w_h$ を $c$ に置き換えた

$$\max_{w_i} z_i = \pi_i = \frac{(a + w_i - 2c)(a - 2w_i + c)}{9}$$

によって定式化される（生産者 $h$ は，第1段階には何もしない）．上記の最大化問題の極大化条件より，生産者 $i$ の出荷価格は

$$w_i = \frac{-a + 5c}{4} = c - \frac{a-c}{4} < c \tag{16-1}$$

となる．また，このときの各財の供給量，総供給量，小売価格および各生産者の利潤は，

$$q_i = \frac{a-c}{2}, \quad q_h = \frac{a-c}{4} \tag{16-2}$$

$$Q = \frac{3(a-c)}{4}, \quad p = \frac{a + 3c}{4} \tag{16-3}$$

$$z_i = \frac{(a-c)^2}{8}, \quad z_h = \frac{(a-c)^2}{16} \tag{16-4}$$

と計算される.

ここで留意すべきことは, この均衡は, 生産者が消費者に直接販売する状況において, 生産者 $i$ ($h$) を先導者 (追随者) とするシュタッケルベルグ均衡に一致するということである. このことを確認しておこう. 追随者である生産者 $h$ は, 先導者である生産者 $i$ の供給量を所与として, 自らの利潤を最大にするように供給量を設定する. 生産者 $h$ の利潤極大化条件より, 彼の反応関数は $q_h(q_i) = (a - q_i - c)/2$ である. このことを予想する生産者 $i$ の意思決定問題は

$$\max z_i = (p-c)q_i = (a - q_i - q_h(q_i) - c)q_i = \frac{(a - q_i - c)q_i}{2}$$

と定式化されるから, この極大化条件より $q_i = (a-c)/2$ となる. また, このときの諸変数の値は(16-2)〜(16-4)式と一致する. それゆえ, 次の補題を得る.

### 【補題4】

チャネル間で価格一数量競争が行われる状況において, 一方の生産者 $i$ が二部料金制を選択し, 他方の生産者 $h$ が垂直的統合を選択する場合の均衡は, 両生産者がともに統合している場合における生産者 $i$ ($h$) を先導者 (追随者) とするシュタッケルベルグ均衡に一致する.

この補題は一般的な需要関数のもとでも成立する. フランチャイズ料を徴収する生産者 $i$ はチャネルの利潤を最大にするように行動する. そして彼は, ライバル生産者 $h$ の反応曲線に影響を与えることなく, 系列小売業者の反応曲線をシフトさせることができる. すなわち, 出荷価格を引き下げれば, 小売業者の注文量 (=販売量) を増やすことができるのである. この状況で生産者 $i$ は, ライバル生産者 $h$ の反応関数を所与として, 系列小売業者がチャネルの利潤を最大にする点 (シュタッケルベルグ均衡) を選択するように, 出荷価格によって小売業者の反応関数をシフトさせるのである.

ケース3:生産者 $i$ がフランチャイズ料を徴収せずに小売業者を分離し, 生産者 $h$ が垂直的統合を選ぶ場合の第2段階の部分ゲームの均衡は, ケース2と

同じである．この場合の第1段階における生産者 $i$ の意思決定問題は，(8)式の $w_h$ を $c$ に置き換えた

$$\max_{w_i} \pi_i = (w_i - c) q_i = \frac{(w_i - c)(a - 2w_i + c)}{3}$$

によって定式化される．この極大化条件より，生産者 $i$ の出荷価格

$$w_i = \frac{a + 3c}{4} = c + \frac{a - c}{4} \tag{17-1}$$

を求めることができる．また，このときの各生産者の利潤は

$$\pi_i = \frac{(a-c)^2}{24}, \quad z_h = \frac{25(a-c)^2}{144} \tag{17-2}$$

と計算される．

（両生産者の選択が対称的なケースを含む）すべてのケースのもとでの各生産者の利潤は図表1-4にまとめられている．これらの利潤を比べてみよう．まず第1に，ライバル生産者が小売業者を統合している（$V$）場合には，1/8＞1/9＞1/24（$(a-c)^2$ は省略する）であるから，自らはフランチャイズ料を徴収して小売業者を分離する（$F$）．また，ライバルがフランチャイズ料を徴収して小売業者を分離する（$F$）場合には，2/25＞1/16＞6/289であるから，やはり $F$ が選択される．さらに，ライバルが $L$ を選択する場合には，25/144＞50/289＞2/27であるから，自らは $V$ を選択する．したがって，第0段階における生産者の選択は，両者がともにフランチャイズ料を徴収して小売業者を分

|  | 統合（$V$） | 分離（$F$） | 分離（$L$） |
|---|---|---|---|
| 統合（$V$） | 1/9, 1/9 | 1/16, 1/8 | 25/144, 1/24 |
| 分離（$F$） | 1/8, 1/16 | 2/25, 2/25 | 50/289, 6/289 |
| 分離（$L$） | 1/24, 25/144 | 6/289, 50/289 | 2/27, 2/27 |

各欄の前の数値は左側の生産者の利潤を，後の数値は上段の生産者の利潤を表している．また利潤は表中の数値に $(a-c)^2$ を乗じたものである．

**図表 1-4** 生産者による統合か分離かの選択

離するのが均衡となる．以上の議論は次の命題にまとめられる．

**【命題5：基本モデルにおける取引様式の選択】**
　複占チャネル間で価格―数量競争が行われる状況では，両生産者がフランチャイズ料を徴収して小売業者を分離する．

　実際，フランチャイズ料を徴収して小売業者を分離することによって，生産者は出荷価格とフランチャイズ料というチャネルをコントロールする2つの手段を持つことになる．その上で，前者によって小売業者の注文量（チャネルの販売量）を，後者によって利得の移転をコントロールするのである．

　ここで留意すべきことはまず第1に，この均衡における各生産者の利潤は，両者が$V$を選択したときよりも少ないということである．その意味で，この均衡は低水準均衡であり，囚人のディレンマが生じている．第2に，Saggi and Vettas (2002) は，$V$と$F$という2つの選択肢のみが与えられる状況では，両生産者が$F$を選択するのが支配戦略均衡であると述べているが，選択肢として$L$を加えると，この状態はナッシュ（最適反応）均衡となる．

　さらに，(13-2)式から明らかなように，チャネルの利潤は両生産者が$L$を選択するときに最大となる．このときには，出荷価格$(a+2c)/3$のもとで，各小売業者は$2(a-c)/9$の注文を行い，$4(a-c)^2/81$の利潤を得る（(10)式）．また，生産者の利潤は$2(a-c)^2/27$であるから，小売業者に生じた利潤の（全額ではなく）一部を回収すれば，生産者はチャネルの利潤$10(a-c)^2/81$に近似する利潤を得ることができる．この額は，両生産者が$F$を選択するときの利潤よりも多い．そうであるにもかかわらず，この状態が均衡とならないのはなぜか？

　いま，両生産者が出荷価格を$w_0=(a+2c)/3$に設定し，$F_0=4(a-c)^2/81$のフランチャイズ料を徴収し，$\pi_0=10(a-c)^2/81$の利潤を得ているとしよう．生産者$i$の上述の行動を所与とすれば，生産者$h$の最適反応は，小売業者を垂直的に統合し，(15-1)式より，$q_h=(a-2c+w_0)/3=4(a-c)/9$を供給することである．このとき，小売価格は$p=(a+c+w_0)/3=(4a+5c)/9$となるから，彼は$16(a-c)^2/81$の利潤を得る．この利潤は$\pi_0$よりも多い．この状況で，生産者$i$が線形価格制に留まるのであれば，彼は(17-1)式の出荷価格を設定するから，生産者$h$は$25(a-c)^2/144$の利潤を得る．この額も$\pi_0$よりも多い．したがって，

ライバルが線形価格制のもとで販売契約 ($w_0$, $F_0$) を提示するとき，自らは統合を選択することになる．そして，生産者 $h$ が統合を選択するのであれば，生産者 $i$ の最適反応は二部料金制を選択することであり，生産者 $i$ が二部料金制を選択するのであれば，生産者 $h$ もまた二部料金制を選択する．このようにして，均衡では，両生産者が二部料金制を選択することになる．

## 5　結　び

この章では，2人の生産者の各々が1人の系列小売業者を介して同質財を販売するという状況における複占均衡について検討した．チャネル間で価格―数量競争が行われる状況では，両生産者がフランチャイズ料を徴収して小売業者を分離する．この場合には，出荷価格は限界生産費用以下に設定され，需要が増えるとき生産者は出荷価格を引き下げるし，出荷価格は戦略的に代替的である．以下では，これらの結果の含意について議論する．

同質財を直接消費者に販売する生産者の間で価格競争が行われる場合には，たとえ生産者が2人であっても価格は限界費用と一致し，彼らの利潤はゼロになるとされている．しかしながら現実には，価格を戦略変数として行動する寡占的生産者は，多くの場合，ある程度の価格支配力を持ち，利潤を得ている．この章のモデルのように，生産者が（ある程度の価格支配力を持つ）系列の小売業者を介して財を販売する状況では，生産者間で価格競争が行われたとしても，フランチャイズ料を徴収するか否かにかかわらず，彼らは正の利潤を得ることができるのである[14]．

生産者が差別化された財を消費者に直接販売する状況で，彼らの間で価格競争が行われる場合，価格は戦略的に補完的である．この状況での費用削減投資は激しい価格競争を導くため，Fudenberg and Tirole (1984) が論じたように，生産者は生産費用を削減するための投資に消極的になる（Puppy dog 戦略）．しかしながら，この章のモデルの想定のもとでは，出荷価格は戦略的に代替的と

---

14) Kreps and Scheinkman (1983) は，生産能力の制約にもとづいて，ベルトラン均衡でも生産者が正の利潤を獲得できることを示している．

なる．この状況では，費用削減による出荷価格の引き下げは，ライバルの出荷価格の引き上げを導き，ライバルの販売量を減らすことによって，自らの販売量を増加させるという正の戦略効果を持つ．したがって，生産者は費用削減投資を積極的に行うことになる（Top dog戦略）．

また多くの状況で，需要が増加するとき，生産者は出荷価格を引き上げる．しかしながら，この章のモデルでは，需要の拡大にともない生産者は出荷価格を引き下げる．実際，製品ライフサイクルの成長期において，生産者は需要の拡大にともない出荷価格を引き下げ，小売業者から多くの注文を引き出そうとする[15]．このことは小売価格を引き下げる効果を持とう．もっとも，（$a$の上昇という意味での）需要の拡大それ自体は小売価格を引き上げる効果を持つから，この章のモデルでは，全体としては小売価格は上昇する[16]．

最後に，モデルの拡張について述べておこう．まず第1に，2人の生産者が差別化された財を供給する状況でも，この章の主張は同様に成立する[17]．

また第2に，生産者⇒卸売業者⇒小売業者という3段階のチャネルを想定しても，すべての段階でフランチャイズ料が徴収されるのであれば，命題1は依然として成立する．このことは，次のように説明される．フランチャイズ料によって川下の販売業者の利潤を回収できる生産者は，チャネルの利潤を最大にするように行動する．したがって，需要が拡大したとき，彼はチャネルの販売量を増やそうとする．この販売量は小売業者の注文量に規定され，そしてそれは卸売業者の卸売価格の減少関数である．それゆえ生産者は，卸売価格を引き下げるために出荷価格を引き下げるのである．また，ライバル生産者が出荷価格を引き上げる時，チャネルの最適反応が販売量の増加であることに留意すれば，生産者自身が出荷価格を引き下げる方向に反応することは明らかである[18]．

---

[15] 導入期から成長期への移行に際しての出荷価格の引き下げは，経験効果に拠るところが大きいように思われる．

[16] 本書の第5章および第6章では，チャネル間で価格—数量競争が行われる状況において，生産者や流通業者による費用削減投資を考慮することによって，需要が多いときに小売価格が低くなるメカニズムを論じている．

[17] この点については，第2章の4節を参照のこと．

[18] 鈴木・成生（2003）および鈴木（2009）では，このような3段階のチャネルのもとで，命題1と類似した結果を導いている．

最後に，多数の生産者の各々が多数の小売業者を介して財を販売するという状況においても，命題1は成立する．またこの状況では，たとえ生産者が2人しかいなくても，小売業者が多数存在するのであれば，小売価格が限界生産費用に近似するという意味で市場は競争的である[19]．

---

19) この点については，本書の第3章およびその補論で検討する．

## 補　章
# 製品差別化
―― 数量競争，価格競争および経済厚生 ――

## 1　はじめに

　製品差別化とは，同種の用途を持つ財に対して，消費者が異なる評価をすることである．その背景には，①品質や機能，デザインなどの財の物理的な属性の相違，②修理などのアフターサービスや配送などの流通サービスの相違，さらには③売手の評判やブランドなどの消費者の主観的なイメージの相違などがある[1]．この補章では，（小売業者を垂直的に統合した）生産者が差別化された財を供給する状況を想定し，この種の市場を分析する際の留意点を説明する．
　以下の構成は次のとおりである．まず次節では，代表的な消費者の余剰最大化行動から，差別化された財にたいする需要関数および逆需要関数を導く．3節では生産者の間で数量競争が行われる場合，4節では価格競争が行われる場合を検討する．5節では，簡単な要約の後に，数量競争と価格競争を比較する．

## 2　需要関数と逆需要関数

　この節では，生産者が消費者に直接販売する状況を想定し，（代表的な）消費者の効用関数から，数量を戦略変数として行動する生産者の逆需要関数，お

---

[1] 製品差別化については，Shaked and Sutton (1982), Eaton and Lipsey (1989), Beath and Katsoulacos (1991) および Anderson, Palma and Thisse (1992) などを参照のこと．

よび価格を戦略変数として行動する場合の需要関数を導く．

代表的な消費者の効用関数を

$$u(q_1, q_2) = a(q_1 + q_2) - \frac{q_1^2 + q_2^2 + 2bq_1q_2}{2} \tag{1}$$

とする．ここで，$q_i$（$i=1,2$）は財 $i$ の消費量，$a$（$>0$）は財にたいする欲求の強さを表すパラメータであり，$a$ が大きければ財 $i$ からの効用さらには限界効用（$\partial u/\partial q_i = a - q_i - bq_h$）も高くなる．また，$b$（$\in[-1,1]$）は2種類の財を消費することが効用に与える効果を表すパラメータで[2]，$b>0$（$<0$）であれば，財 $h$ の消費量が増えると財 $i$ の効用や限界効用は低く（高く）なる．消費者は，各財の価格 $p_i$（$i=1,2$）を所与として，自らの余剰を最大にするように各財の消費量を設定する．この意思決定問題は

$$\max_{q_1, q_2} CS = u - p_1 q_1 - p_2 q_2$$

と定式化される．上記の最大化問題の極大化条件

$$\frac{\partial CS}{\partial q_i} = a - q_i - bq_h - p_i = 0, \quad i, h = 1, 2, \text{ and } i \neq h \tag{2}$$

より，最適消費量

$$q_i^* = \frac{(1-b)a - p_i + bp_h}{1 - b^2}, \quad i, h = 1, 2, \text{ and } i \neq h \tag{3}$$

を求めることができる[3]．(3)式は，財の価格が $\boldsymbol{p} = (p_1, p_2)$ の時の財 $i$ の需要量であり，その意味で，両生産者が価格競争を行う状況における財 $i$ を供給する生産者の需要関数である．ここで $b>0$ であれば，財 $h$ の価格が高くなれば財 $i$ の需要が増えるという意味で，両財は粗代替財である[4]．また，$b$ が大き

---

[2] 差別化された2種類の代替財を同時に消費することは珍しいことではない．スマートフォンと旧式のガラパゴス携帯の両方を持つ人もいる．

[3] ニューメレール財の価格を $p_0$，その消費量を $q_0$ として，消費者が所得制約 $y = p_0 q_0 + p_1 q_1 + p_2 q_2$ のもとで，準線形の効用関数 $u(q_1, q_2) + q_0$ を最大にする消費量を選択するとしても，最適消費量は(3)式で与えられる．

くなれば代替性が強くなるという意味で，製品差別化の程度は小さくなる．
　一方，極大化条件（(2)式）を $p_1, p_2$ について解けば，

$$p_i = a - q_i - bq_h \tag{4}$$

を得る．上式は，消費者が余剰を最大にする消費量を選択するという条件のもとで，価格 $p_i$ と各財の購入量（$q_i, q_h$）の関係を表しており，両生産者が数量競争を行う状況における財 $i$ を供給する生産者 $i$ の逆需要関数である．ここでも，$a$ は需要の大きさを，$b$ は代替性の強さ（製品差別化の程度）を表し，$b=1$ のときには両財は同質財となる[5]．

## 3　数量競争

　いま，両生産者が戦略変数として数量を選択するとしよう．この状況において生産者 $i$ は，ライバルの生産量 $q_h$ を所与として，自らの利潤を最大にするように生産量 $q_i$ を設定する．このとき，彼の意思決定問題は

$$\max_{q_i} z_i = \pi_i = (p_i - c)q_i = (a - q_i - bq_h - c)q_i \tag{5}$$

と定式化される．ここで，$c$ は限界（＝平均）生産費用である．上記の最大化問題の極大化条件より，反応関数

$$q_i(q_h) = \frac{a - bq_h - c}{2}, \quad i, h = 1, 2, \text{ and } i \neq h \tag{6}$$

が導かれ，これを連立して解けば，均衡生産量は

$$q^C = \frac{a - c}{2 + b} \tag{6-1}$$

---

[4] $b < 0$ であれば両財は粗補完財，$b = 0$ であれば独立財である．
[5] $b = 1$ のときの効用関数は $u = a(q_1 + q_2) - (q_1 + q_2)^2/2$ で，逆需要関数は $p = a - (q_1 + q_2)$ となる．

となる.ここで,上付き添え字 C はクールノー均衡を示す.また,このときの小売価格,生産者利潤,消費者厚生(＝消費者余剰)CS,経済厚生(＝社会的余剰,総余剰)SS は

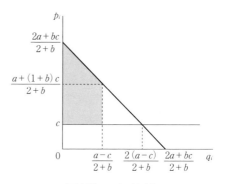

**図表補-1** 経済厚生

$$p^C = c + \frac{a-c}{2+b} \quad (6\text{-}2)$$

$$z^C = \frac{(a-c)^2}{(2+b)^2} \quad (6\text{-}3)$$

$$CS^C = \frac{(1+b)(a-c)^2}{(2+b)^2} \quad (6\text{-}4)$$

$$SS^C = \frac{(3+b)(a-c)^2}{(2+b)^2} \quad (6\text{-}5)$$

と計算される.

　ここで留意すべきことはまず第1に,(6)式より,ライバルが生産量を増やせば自らは生産量を減らすという意味で,生産量は戦略的代替関係にあるということである.第2に,パラメータ $b$ の値が大きく差別化の程度が低いときには,価格が低く設定され,生産者の利潤も少ない.それと同時に,消費者の購入量,消費者厚生さらには経済厚生も低い.というのは,財が同質的であれば,異なる財を消費することからの限界効用が低いため,価格が低くても両財の消費量(＝販売量)が少なくなるからである.最後に,この状況での経済厚生は,(1)式の効用関数に消費量を代入することによって求めることができる.この点について説明しておこう.ライバルの生産量 $q_h$ を所与とすれば,生産者 $i$ が直面する需要曲線は,垂直軸切片が $a - bq_h = (2a+bc)/(2+b)$,傾きが $-1$ の直線で表される.このとき,需要曲線と限界費用線に囲まれる台形の面積は,

$$\frac{\{(a-bq_h{}^* - c) + (p_i{}^* - c)\} q_i{}^*}{2} = \frac{3(a-c)^2}{2(2+b)^2}$$

と計算される.この値を2倍した値は $SS^C = (3+b)(a-c)^2/(2+b)^2$ よりも少なくなっている[6].

　次に,生産者1を先導者,生産者2を追随者とするシュタッケルベルグ競争

を想定する．この状況で生産者2は，生産者1が設定した販売量を所与として，自らの利潤を最大にするように販売量を設定する．この時の生産者2の販売量は，(6)式より $q_2(q_1)=(a-bq_1-c)/2$ である．このような生産者2の行動を予想する生産者1の利潤は

$$z_1 = (a-q_1-bq_2-c)q_1 = \left\{a-q_1-\frac{b(a-bq_1-c)}{2}-c\right\}q_1$$

であるから，この極大化条件より，生産者1の販売量は

$$q_1^{CS} = \frac{(2-b)(a-c)}{2(2-b^2)} \tag{7-1}$$

となる．ここで，上付き添え字 CS は数量競争のもとでのシュタッケルベルグ均衡を示す．また，この時の生産者2の販売量，各財の価格および各生産者の利潤は，

$$q_2^{CS} = \frac{(4-2b-b^2)(a-c)}{4(2-b^2)} \tag{7-2}$$

$$p_1^{CS} = c + \frac{(2-b)(a-c)}{4} \tag{7-3}$$

$$p_2^{CS} = c + \frac{(4-2b-b^2)(a-c)}{4(2-b^2)} \tag{7-4}$$

$$z_1^{CS} = \frac{(2-b)^2(a-c)^2}{8(2-b^2)} \tag{7-5}$$

$$z_2^{CS} = \left\{\frac{(4-2b-b^2)(a-c)}{4(2-b^2)}\right\}^2 \tag{7-6}$$

と計算される．

ここで，$q_1^{CS} > q^C > q_2^{CS}$，$p_1^{CS} < p_2^{CS} < p^C$，$z_1^{CS} > z^C > z_2^{CS}$ であるから，シュタッケルベルグ均衡では，先導者である生産者1の方が販売量および利潤が多い（ただし，価格は財1の方が低い）．その意味で，先導者の方が有利である（先手

---

6) 仮に，各々の消費者がいずれか1種類の財のみを消費するのであれば，経済厚生は台形の面積で表される．

の利).またこの均衡では,先導者である生産者1が販売量を大幅に増やすため,同時手番のクールノー均衡と比べて,両財の価格が低くなるという意味で,競争は激しくなっている(ただし,先導者である生産者1の利潤は多くなる).

## 4 価格競争

この節では,両生産者が戦略変数として価格を選択する状況を想定する.この状況において生産者 $i$ は,ライバルの価格 $p_h$ を所与として,自らの利潤を最大にするように価格 $p_i$ を設定する.したがって,彼の意思決定問題は

$$\max_{p_i} z_i = (p_i-c)q_i = \frac{(p_i-c)\{(1-b)a-p_i+bp_h\}}{1-b^2}$$

と定式化される.上記の最大化問題の極大化条件より,反応関数

$$p_i(p_h) = \frac{(1-b)a+bp_h+c}{2}, \quad i,h=1,2, \text{ and } i \neq h \tag{8}$$

が導かれ,これを連立して解けば,均衡価格は

$$p^B = c + \frac{(1-b)(a-c)}{2-b} \tag{9-1}$$

となる.ここで,上付き添え字Bはベルトラン均衡を示す.また,このときの各財の生産量,生産者利潤,消費者厚生および経済厚生は

$$q^B = \frac{a-c}{(2-b)(1+b)} \tag{9-2}$$

$$z^B = \frac{(1-b)(a-c)^2}{(1+b)(2-b)^2} \tag{9-3}$$

$$CS^B = \frac{(a-c)^2}{(1+b)(2-b)^2} \tag{9-4}$$

$$SS^B = \frac{(3-2b)(a-c)^2}{(1+b)(2-b)^2} \tag{9-5}$$

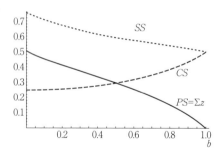

**図表補-2** 生産者余剰，消費者余剰および総余剰
縦軸は $(a-c)^2$ の係数を示している．

と計算される．

　ここで留意すべきことはまず第1に，ライバルが価格を引き下げれば自らも価格を引き下げるという意味で，価格は戦略的補完関係にあるということである（(8)式）．また，パラメータ $b$ の値が大きく財が同質的なときには，激しい競争ゆえに価格が低く設定され，生産者の利潤も少ない．さらに，財の差別化の程度によって均衡がどのようになるかを見るために，均衡値（(9)式）を $b$ で偏微分すれば，財が同質的になると，各財の消費量（＝販売量）は $b<1/2$ の範囲では減るが，$b>1/2$ の範囲では増えることが分かる．というのは，ある程度差別化されている状況（$b<1/2$）で，その程度が低くなる場合には，価格がそれほど下がらないのにたいし，差別化の程度が低い状況（$b>1/2$）で同質化が進むと，激しい競争のために価格が大きく下落するからである．これらの2つの効果が合成されて，$b$ の値が大きくなると消費者厚生は増加する．他方，生産者の利潤が大きく減少するため，経済厚生は悪化する．最後に，この状況での経済厚生は，(1)式の効用関数に消費量を代入することによって求められる（図表補-2を参照のこと）．

　次に，生産者1を先導者，生産者2を追随者とするシュタッケルベルグ競争を想定する．この状況で生産者2は，生産者1が設定した価格を所与として，自らの利潤を最大にするように自らの価格を決める．この時の生産者2の反応関数は，(8)式より $p_2(p_1) = \{(1-b)a + bp_1 + c\}/2$ である．このような生産者2の行動を予想する生産者1の利潤は

$$z_1 = \frac{(p_1-c)\{(1-b)a - p_1 + bp_2(p_1)\}}{1-b^2}$$

$$= \frac{(p_1-c)\{(2-b-b^2)a - (2-b^2)p_1 + bc\}}{1-b^2}$$

であるから，この極大化条件より，生産者1の価格は

$$p_1^{BS} = c + \frac{(2+b)(1-b)(a-c)}{2(2-b^2)} \tag{10-1}$$

となる．ここで，上付き添え字 BS は価格競争のもとでのシュタッケルベルグ均衡を示す．また，この時の生産者 2 の価格，各生産者の販売量および利潤は，

$$p_2^{BS} = c + \frac{(1-b)(4+2b-b^2)(a-c)}{4(2-b^2)} \tag{10-2}$$

$$q_1^{BS} = \frac{(2+b)(a-c)}{4(1+b)} \tag{10-3}$$

$$q_2^{BS} = \frac{(4+2b-b^2)(a-c)}{4(1+b)(2-b^2)} \tag{10-4}$$

$$z_1^{BS} = \frac{(1-b)(2+b)^2(a-c)^2}{8(1+b)(2-b^2)} \tag{10-5}$$

$$z_2^{BS} = \frac{(1-b)(4-2b-b^2)^2(a-c)^2}{16(1+b)(2-b^2)^2} \tag{10-6}$$

と計算される．ここで，$p^B < p_2^{BS} < p_1^{BS}$，$q_1^{BS} < q^B < q_2^{BS}$，$z^B < z_1^{BS} < z_2^{BS}$ であるから，先導者である生産者 1 の方が販売量および利潤が少ない（ただし，価格は財 1 の方が高い）．その意味で，追随者の方が有利である（後手の利）．また，シュタッケルベルグ均衡では，先導者である生産者 1 が価格を高く設定するため，同時手番のベルトラン均衡と比べて，両財の価格が高くなるという意味で競争は緩和され，両生産者の利潤は多くなる．

## 5 結　び

この補章では，差別化された財の市場を分析する際の留意点について説明した．まず第 1 に，財の同質化が進むと競争が激しくなり，価格が下落すると同時に生産者利潤も減少する．したがって，生産者は製品差別化に努めるのである．第 2 に，同質化が進むと異なる財を消費することからの効用も低くなるため，販売量は必ずしも増えるとは限らない．両生産者がある程度同質的な財を供給し，彼らの間で価格競争が行われる場合には，同質化が進むと価格が大き

く下がるために消費量が増えるが，両生産者がある程度差別化された財を供給している場合や，生産者間で数量競争が行われる場合には，同質化が進むと消費量は減少する．第3に，価格競争の場合には，同質化が進むと消費者厚生は向上するが，数量競争の場合には悪化する．というのは，価格競争の方が価格が大きく下落するからである．第4に，いずれのタイプの競争のもとでも，同質化が進むと経済厚生は悪化する．

また，クールノー均衡とベルトラン均衡を比べれば，クールノー均衡の方が価格が高く，消費量は少ない．このように生産者間の競争が緩和される結果，生産者利潤は多くなるが，経済厚生や消費者厚生は低くなる．したがって，仮に価格競争か数量競争かを選択できるのであれば，生産者は数量競争を選択することになる．

この点に関連して Singh and Vives (1984) は，同じ需要の状況のもとで，両企業が価格を戦略変数として行動する状況，数量を戦略変数とする状況，さらには，一方の企業が価格を設定し，他方の企業が数量を設定するという戦略変数が非対称な状況を分析した上で，これら3種類の競争の均衡を比較することによって，仮に供給される財が代替財（補完財）であれば，両企業は数量（価格）を選択するという結論を導いている．このような戦略変数の選択について，Tanaka (2001a) は財が垂直的に差別化されている状況を，Tanaka (2001a) および Tasnadi (2006) は寡占市場を分析し，供給される財が代替財であれば，各企業は戦略変数として数量を選択すると論じている．また Wang (2008) は，生産費用が異なる（複占）企業が競争する状況でも両企業は戦略変数として数量を選択すると述べており，企業が数量を戦略変数として行動するという主張は頑強である．さらに成生・王 (2013) では，2人の生産者の各々が1人の系列小売業者を介して財を販売する状況において，生産者および小売業者の戦略変数の選択を分析し，両生産者および両小売業者が数量を選択するという結果を導いている．

# 第2章
# 基本モデルの一般化

## 1 はじめに

　流通取引では，生産者が出荷価格を提示し，小売業者が注文量を返すというのが常態である．第1章では，このようなチャネル間における価格一数量競争の基本モデルを示したが，そこでは，同じ費用条件のもとで同質財を供給する2人の生産者の各々が，線形の市場需要のもとで，1人の系列小売業者を介して財を販売すると想定されていた．なぜ，各生産者は多くの小売業者に財の販売を委ねないのか？　また，需要関数が非線形の場合や，各生産者が差別化された財を供給する状況でも，基本モデルで得た結論は依然として成立するか？
　この章では，第1章の基本モデルを①各生産者が複数の小売業者を介して財を販売できる場合，②需要関数が非線形の場合，③各生産者が差別化された財を供給する場合，という3つの点で一般化したモデルを検討する．主な結論はまず第1に，生産者が複数の小売業者を介して財を販売することが可能であったとしても，彼は1人の小売業者にのみ財の販売を委ねるというものである．また第2に，一般的な需要関数のもとでも，生産者がフランチャイズ料を徴収する場合には，チャネル間競争が激しくなって利潤が減るにもかかわらず，各生産者は小売業者を垂直的に分離する．この均衡では，出荷価格は限界生産費用以下に設定されるし，需要が増えると引き下げられる．第3に，各生産者が差別化された財を供給する状況でも，基本モデルの諸命題が成立する．
　以下の構成は次のとおりである．まず次節では，生産者が多数の系列小売業者を用いることができる場合を検討する．3節では，一般的な需要関数のもとでの均衡の性質について分析する．4節では，各生産者が差別化された財を供

給する状況を検討する．5節は要約である．

## 2　小売業者数の選択

まずはじめに，生産者による（系列）小売業者数の選択について検討する．この節では，出荷価格とフランチャイズ料を記した販売契約の提示に先立つ第0段階において，生産者が系列小売業者の数を決めるものとする．その際，市場には多数の小売業者が存在し，彼らの外部機会での利得をゼロとする．また生産者は，小売業者と系列関係を確立するために，1小売業者あたり $K$ の固定費用を負担する．その後の第1段階において，各生産者が出荷価格とフランチャイズ料を記した販売契約を小売業者に提示し，小売業者は当該の契約からの利潤が非負であれば契約を結ぶものとする．第2段階では，契約を結んだ小売業者が注文量を設定する．以下では，この3段階ゲームの部分ゲーム完全均衡を後方帰納法によって求める．

### 第2段階：小売業者による注文量の設定

市場需要が基本モデルの(1)式 $(p=a-Q)$ で与えられるものとし，チャネル $i$ $(i=1,2)$ の小売業者数を $N_i$ とする．第2段階におけるチャネル $i$ の小売業者 $j$ $(j=1,\ldots,N_i$，以下では「小売業者 $ij$」と略す）は，生産者 $i$ が第0段階に設定した $N_i$，第1段階に設定した出荷価格 $w_i$ とフランチャイズ料 $F_i$，さらには自分以外の小売業者の総販売量 $Q_{-ij}=Q-q_{ij}$ を所与として，自らの（フランチャイズ料を支払う前の）粗利益 $Y_{ij}$ を最大にするように販売量（＝注文量）$q_{ij}$ を設定する．この意思決定問題は

$$\max_{q_{ij}} Y_{ij}=(p-w_i)q_{ij}=(a-Q_{-ij}-q_{ij}-w_i)q_{ij}, \quad i=1,2, \text{ and } j=1,\ldots,N_i$$

と定式化される．上記の最大化問題の極大化条件より，反応関数

$$q_{ij}(Q_{-ij})=\frac{a-Q_{-ij}-w_i}{2}, \quad i=1,2, \text{ and } j=1,\ldots,N_i \tag{1}$$

が導かれる．いま，すべての小売業者の反応関数の和をとれば，

$$Q = \frac{Na - (N-1)Q - N_i w_i - N_h w_h}{2}$$

$$\Rightarrow \quad Q = \frac{Na - N_i w_i - N_h w_h}{N+1}, \quad i,h=1,2, \text{ and } i \neq h$$

を得る．ここで，$N_h$ はライバルチャネル $h$ の小売業者数，$w_h$ は出荷価格で，$N = N_i + N_h$ は総小売業者数である．上式を(1)式に代入すれば，チャネル $i$ の小売業者の注文量（＝販売量）$q_i$ は

$$q_i(\boldsymbol{w}) = \frac{a - (N_h + 1)w_i + N_h w_h}{N+1}, \quad i,h=1,2, \text{ and } i \neq h \tag{2-1}$$

で与えられる[1]．ここで，$\boldsymbol{w} = (w_1, w_2)$ は出荷価格のベクトルである．また，このときの小売価格および各小売業者の粗利益は，それぞれ

$$p(\boldsymbol{w}) = \frac{a + N_i w_i + N_h w_h}{N+1} \tag{2-2}$$

$$Y_i(\boldsymbol{w}) = \left\{ \frac{a - (N_h + 1)w_i + N_h w_h}{N+1} \right\}^2 = [q_i(\boldsymbol{w})]^2 \tag{2-3}$$

と計算される．

### 第1段階：生産者による出荷価格とフランチャイズ料の設定

上述した小売業者の注文行動を予想する生産者 $i$ は，第1段階において，第0段階で設定された小売業者数およびライバル生産者が設定する出荷価格 $w_h$ を所与として，自らの系列小売業者に非負の利潤を与えるという制約のもとで，自らの利潤を最大にするように出荷価格 $w_i$ とフランチャイズ料 $F_i$ を設定する．小売業者に生じる利益の全額をフランチャイズ料によって回収できる生産者 $i$ は，(2-1)〜(2-2)式のもとで，チャネルの利潤

$$z_i(\boldsymbol{w}) = (p(w) - c)N_i q_i(w) - KN_i$$

---

1) 以下では，とくに必要な場合を除き，$i,h$ についての但し書きは省略される．

$$= \frac{N_i \{a + N_i w_i + N_h w_h - (N+1)c\}\{a - (N_h+1)w_i + N_h w_h\}}{(N+1)^2} - KN_i$$

を最大にする出荷価格 $w_i$ を設定する．上式の極大化条件より，反応関数

$$w_i(w_h) = \frac{(N_i - N_h - 1)a + (N_h+1)(N+1)c + (N_i - N_h - 1)N_h w_h}{2N_i(N_h+1)} \quad (3)$$

が導かれる．これを連立して解けば，出荷価格は

$$w_i = \frac{(N_i - N_h - 1)a + (N_i+1)(N_i + N_h + 1)c}{N_i(N_i + N_h + 3)}$$
$$= c + \frac{(N_i - N_h - 1)(a-c)}{N_i(N_i + N_h + 3)} \quad (4\text{-}1)$$

で与えられる．また，このときのチャネル $i$ の各小売業者の販売量と粗利益，小売価格，チャネル $i$ の販売量と利潤は，

$$q_i = \frac{(N_h+1)(a-c)}{N_i(N_i + N_h + 3)} \quad (4\text{-}2)$$

$$Y_i = \left\{\frac{(N_h+1)(a-c)}{N_i(N_i + N_h + 3)}\right\}^2 \quad (4\text{-}3)$$

$$p = \frac{a + (N_i + N_h + 2)c}{N_i + N_h + 3} \quad (4\text{-}4)$$

$$Q_i = \frac{(N_h+1)(a-c)}{N_i + N_h + 3} \quad (4\text{-}5)$$

$$z_i = \frac{(N_h+1)(a-c)^2}{(N_i + N_h + 3)^2} - KN_i \quad (4\text{-}6)$$

と計算される（$N_i = N_h = 1$，かつ $K=0$ とおけば，(4)式は第 1 章の基本モデルの(6)式と一致する）．

### 第 0 段階：生産者による小売業者数の決定

第 1 段階以降の部分ゲームの均衡を予想する生産者 $i$ は，第 0 段階において，ライバル生産者 $h$ が設定する小売業者数 $N_h$ を所与として，自らの利潤を最大にするように小売業者数 $N_i$ を設定する．このときの生産者 $i$ の利潤は

$$z_i(N_i, N_h) = \frac{(N_h+1)(a-c)^2}{(N_i+N_h+3)^2} - KN_i$$

であるから，上式を $N_i$ で偏微分すれば

$$\frac{\partial z_i}{\partial N_i} = -\frac{2(N_h+1)(a-c)^2}{(N_i+N_h+3)^3} - K < 0 \tag{5}$$

を得る．それゆえ，小売業者との系列関係の確立に費用がかからない（$K=0$）としても，各生産者は1人の小売業者のみを介して財を販売することになる．したがって，次の命題が導かれる．

### 【命題1】
チャネル間で価格―数量競争が行われる状況で，生産者がフランチャイズ料を徴収する場合，各生産者は1人の小売業者のみを介して財を販売する．

この命題は次のように説明される．いま $N_i=N_h=1$ とすれば，第1章で検討したように，各生産者は出荷価格を $w_0=c-(a-c)/5$ に設定する．このときのチャネルの販売量は $q_0=2(a-c)/5$，生産者の利潤は $z_0=2(a-c)^2/25$ であった．この状況から，生産者 $h$ が小売業者数を2人に増やしたとしよう．このときの均衡における諸変数の値は，(4)式より

$$w_i = c - \frac{a-c}{3}, \quad w_h = c \tag{6-1}$$

$$q_i = \frac{a-c}{2}, \quad q_h = \frac{a-c}{6}, \quad Q_h = 2q_h = \frac{a-c}{3} \tag{6-2}$$

$$p = c + \frac{a-c}{6} \tag{6-3}$$

$$z_i = \frac{(a-c)^2}{12}, \quad z_h = \frac{(a-c)^2}{18} \tag{6-4}$$

と計算される．ここで，各チャネルの小売業者が1人の場合の均衡と比べれば，

$$w_i < w_0 < w_h$$
$$q_i > q_0 > Q_h > q_h$$
$$p < p_0$$

$$z_i > z_0 > z_h$$

であり，小売業者を増やしたチャネル $h$ の利潤が少なくなり，1人の小売業者を維持したチャネル $i$ の利潤が多くなっている[2]．

このことはいかに説明されるか？　仮に両生産者の出荷価格が $w_0$ のままであれば，各チャネルの販売量および小売価格は $q_i(\boldsymbol{w}_0) = 3(a-c)/10$, $2q_h(\boldsymbol{w}_0) = 3(a-c)/5$, $p(\boldsymbol{w}_0) = (a+9c)/10$ と計算される．すなわち，チャネル $h$ の販売量が多くなって総供給量が増えるため，小売価格が下落するのである[3]．この状況で，チャネルの利潤（＝（小売価格－限界生産費用）×販売量）を最大にする生産者 $h$ は，小売価格の下落を抑制するために出荷価格を引き上げる[4]．一方生産者 $i$ は，戦略的代替関係にある自らの出荷価格を引き下げる[5]．このような出荷価格の調整によって，チャネル $i$ の小売業者の注文量が増え，チャネル $h$ の各小売業者の販売量が減る．その結果，チャネル $h$ の販売量はチャネル $i$ のそれを下回ってしまうのである．また，チャネル $i$ の販売量が大きく増えるため，総供給量が増えて小売価格は低くなる．したがって，販売量が減少したチャネル $h$ の利潤が減る一方，小売価格の下落を販売量の増加で相殺したチャネル $i$ の利潤が増えるのである．すなわち，販売量を増やそうとして小売業者数を増やした生産者 $h$ が，チャネル間競争を緩和するために出荷価格を引き上げるため，かえって販売量を減らし，利潤が減ってしまうのである．

---

[2] 同質財を供給する状況では，生産者が小売業者数を増やすことは，Fudenberg and Tirole (1984) のいう Lean & Hungry Look 戦略である．

[3] このときの各生産者の利潤は $z_i(\boldsymbol{w}) = 3(a-c)^2/100$ および $z_h(\boldsymbol{w}) = 3(a-c)^2/50$ と計算される．各チャネルの小売業者数が1のときの利潤 $z_0 = 2(a-c)^2/25$ と比べて，チャネル $i$ のみならず，小売業者が増えたチャネル $h$ の利潤も少なくなっている．

[4] 販売量が多ければ，多少それを減らしても，高い小売価格で販売しようとする．

[5] (3) 式に $N_i = 1$, $N_h = 2$ を代入すれば，$w_i(w_h) = (-2a + 6c - 4w_h)/6$ であるから，$\partial w_i / \partial w_h = -2/3 < 0$ である．

## 3 需要関数の一般化

　この節では非線形の逆需要関数を想定した上で，同質財を供給する複占チャネル間の価格―数量競争の均衡の性質を分析する．次に，フランチャイズ料を徴収しない場合，さらには生産者が小売部門を統合して消費者に直接販売する場合について分析した後に，生産者によるチャネル選択を検討する．

### 3-1　両生産者が二部料金制を選択する場合

　同質財を生産する2人の生産者 $i$ ($i=1,2$) が存在し，生産者 $i$ によって生産された財は，系列の小売業者 $i$ ($i=1,2$) を介して消費者に販売されるものとする．財に対する市場の逆需要関数は，

$$p = p(Q, a), \quad p_Q < 0, \quad p_a > 0 \tag{7}$$

で与えられる．ここで $p$ は小売価格，$Q$ ($=q_1+q_2$) は総供給量，$q_i$ は小売業者 $i$ の販売量，$a$ は需要のパラメータ，$p_Q$ と $p_a$ はそれぞれ逆需要関数の $Q$ と $a$ に関する偏導関数である（この節では，下付き添え字は関数の当該の変数についての偏導関数を表す）．また，各生産者の一定の限界（＝平均）生産費用を $c$ ($>0$) とする．

　まずはじめに，次のような2段階ゲームについて検討する．第1段階において各生産者は，自らの利潤を最大にするように出荷価格とフランチャイズ料を設定する．これを受けて第2段階では，各小売業者が自らの利潤を最大にするように販売量を設定する．以下では，この2段階ゲームの部分ゲーム完全均衡を後方帰納法によって求める．

**第2段階：小売業者による注文量の設定**

　第2段階において小売業者 $i$ は，生産者 $i$ が設定した出荷価格 $w_i$ とフランチャイズ料 $F_i$，さらにはライバルの小売業者が設定する販売量 $q_h$ を所与として，自らの利潤 $y_i$ を最大にするように販売量（＝生産者 $i$ に対する注文量）$q_i$ を設定

する．この小売業者の意思決定問題は，

$$\max_{q_i} y_i = (p(Q,a) - w_i)q_i - F_i$$

と定式化される．上記の最大化問題の極大化の1階と2階の条件は

$$p + p_Q q_i - w_i = 0 \qquad i = 1, 2 \tag{8-1}$$

$$2p_Q + q_i p_{QQ} < 0 \tag{8-2}$$

で与えられる．極大化の1階条件（(8-1)式）を連立して解けば，第2段階における小売業者 $i$ の販売量 $\hat{q}_i(\boldsymbol{w})$ を出荷価格 $\boldsymbol{w} = (w_1, w_2)$ の関数として求めることができる．また，このときの市場供給量および小売価格をそれぞれ，$\hat{Q}(\boldsymbol{w})$ および $\hat{p}(\boldsymbol{w})$ とする．ここで，記号「^」は第2段階における均衡値を表す．この均衡においては $\hat{p} + \hat{p}_Q \hat{q}_i - w_i = \hat{p} + \hat{p}_Q \hat{q}_h - w_h = 0$ が成立しており，$\hat{q}_i - \hat{q}_h = (w_i - w_h)/\hat{p}_Q$ であるから，$w_i < w_h$ であれば $\hat{q}_i > \hat{q}_h$ となる．すなわち，生産者が設定する出荷価格（＝小売業者の限界調達費用）が低いチャネルの小売業者の方が販売量は多くなる．

いま，均衡条件（(8-1)式）を $q_1, q_2$ および $a$ で全微分すれば

$$\begin{pmatrix} 2\hat{p}_Q + \hat{q}_1 \hat{p}_{QQ} & \hat{p}_Q + \hat{q}_1 \hat{p}_{QQ} \\ \hat{p}_Q + \hat{q}_2 \hat{p}_{QQ} & 2\hat{p}_Q + \hat{q}_2 \hat{p}_{QQ} \end{pmatrix} \begin{pmatrix} dq_1 \\ dq_2 \end{pmatrix} = \begin{pmatrix} dw_1 - (\hat{p}_a + \hat{p}_{Qa} \hat{q}_1) \, da \\ dw_2 - (\hat{p}_a + \hat{p}_{Qa} \hat{q}_2) \, da \end{pmatrix} \tag{9}$$

を得る．ここで，Hahn (1962) の安定条件

$$p_Q + q_i p_{QQ} < 0$$

を仮定すれば，$2\hat{p}_Q + \hat{q}_i \hat{p}_{QQ} < \hat{p}_Q + \hat{q}_i \hat{p}_{QQ} < 0$ であり，

$$D \equiv (2\hat{p}_Q + \hat{q}_1 \hat{p}_{QQ})(2\hat{p}_Q + \hat{q}_2 \hat{p}_{QQ}) - (\hat{p}_Q + \hat{q}_1 \hat{p}_{QQ})(\hat{p}_Q + \hat{q}_2 \hat{p}_{QQ}) = \hat{p}_Q(3\hat{p}_Q + \hat{Q}\hat{p}_{QQ}) > 0$$

となるから，安定条件が満たされる．このとき，

$$\frac{d\hat{q}_i}{dw_i} = \frac{2\hat{p}_Q + \hat{q}_h \hat{p}_{QQ}}{D} < 0 \tag{10-1}$$

$$\frac{d\hat{q}_h}{dw_i} = -\frac{\hat{p}_Q + \hat{q}_h \hat{p}_{QQ}}{D} > 0 \tag{10-2}$$

第2章　基本モデルの一般化　69

$$\frac{d\hat{Q}}{dw_i} = \frac{\hat{p}_Q}{D} < 0 \qquad (10\text{-}3)$$

が導かれる．すなわち，出荷価格 $w_i$ の上昇は自らのチャネルの販売量および総販売量を減らし，ライバルの販売量を増やすのである．

また，対称均衡 $(\hat{q}_1 = \hat{q}_2)$ を想定すれば，パラメータ $a$ の変化が注文量に及ぼす効果は，(9)式より

$$\frac{d\hat{q}_i}{da} = -\frac{\hat{p}_Q(\hat{p}_a + \hat{q}_i\hat{p}_{Qa})}{D} > 0 \quad \text{iff} \quad \frac{dMR_i}{da} = \frac{d(p + q_i p_Q)}{da} > 0 \qquad (10\text{-}4)$$

である．ここで，$MR_i$ は企業 $i$ の限界収入である．すなわち，需要のパラメータ $a$ の変化は，それが小売業者の限界収入を上方へシフトさせるのであれば，各チャネルの販売量を増やすことになる．

さらに，小売業者 $i$ のフランチャイズ料支払い前の粗利益は

$$\hat{Y}_i(\boldsymbol{w}) = \hat{q}_i(\boldsymbol{w})\{\hat{p}(\hat{q}_i(\boldsymbol{w}) + \hat{q}_h(\boldsymbol{w})) - w_i\}$$

であるから，(8-1)式を考慮すれば

$$\hat{Y}_{i,w_i} = \hat{p}_Q \hat{q}_i \hat{q}_{h,w_i} - \hat{q}_i < 0 \qquad (11\text{-}1)$$

$$\begin{aligned}\hat{Y}_{h,w_i} &= \hat{q}_{h,w_i}\{\hat{p}(Q) - w_h\} + \hat{q}_h\{\hat{p}_Q(\hat{q}_{i,w_i} + \hat{q}_{h,w_i})\} \\ &= -\hat{q}_{h,w_i}\hat{p}_Q\hat{q}_h + \hat{q}_h\{\hat{p}_Q(\hat{q}_{i,w_i} + \hat{q}_{h,w_i})\} \\ &= \hat{p}_Q \hat{q}_h \hat{q}_{i,w_i} > 0\end{aligned} \qquad (11\text{-}2)$$

が導かれる．すなわち，出荷価格の上昇は系列小売業者の粗利益を減らし，ライバル系列の小売業者の粗利益を増やすのである．

**第1段階：生産者による出荷価格とフランチャイズ料の設定**

このような小売業者の行動を予想した上で，第1段階において生産者 $i$ は，ライバル生産者の出荷価格 $w_h$ とフランチャイズ料 $F_h$ を所与として，小売業者に非負の利潤を与えるという制約のもとで，自らの利潤 $\pi_i$ を最大にするように出荷価格 $w_i$ とフランチャイズ料 $F_i$ を設定する．この意思決定問題は

$$\max_{w_i} \pi_i = \hat{q}_i(w_i - c) + F_i, \quad \text{s.t.} \quad y_i = (p - w_i)q_i - F_i \geq 0$$

と定式化される．制約条件が等号で成立する（$F_i = (p - w_i)q_i$）ことに留意すれば，上式で表現された制約条件付き最大化問題は，制約条件の付かない

$$\max_{w_i} z_i = \pi_i = \hat{q}_i(\boldsymbol{w})\{\hat{p}(\hat{q}_i(\boldsymbol{w}) + \hat{q}_h(\boldsymbol{w})) - c\}$$

へと変換される．この極大化条件は

$$z_{i,w_i} = \hat{q}_i \hat{p}_Q (\hat{q}_{i,w_i} + \hat{q}_{h,w_i}) + (\hat{p} - c) \hat{q}_{i,w_i} = 0, \quad i = 1, 2 \tag{12-1}$$
$$z_{i,w_i w_i} < 0 \tag{12-2}$$

で与えられる（2階の条件は満たされているとする）．ここで，$z_{i,w_i}$ は関数 $z_i$ の $w_i$ に関する偏導関数を表している．そして，極大化の1階条件（(12-1)式）を連立して解けば，各生産者の均衡出荷価格 $w_i^F$（$i = 1, 2$）を求めることができる[6]．ここで，上付き添え字 $F$ は二部料金制を示す．

また，(8-1)式に留意すれば，(12-1)式は

$$\begin{aligned} z_{i,w_i} &= (\hat{p} + \hat{q}_i \hat{p}_Q - c)\left(\frac{\partial q_i}{\partial w_i}\right) + \hat{q}_i \hat{p}_Q \left(\frac{\partial q_h}{\partial w_i}\right) \\ &= (\hat{p} + \hat{q}_i \hat{p}_Q - w_i)\left(\frac{\partial q_i}{\partial w_i}\right) + (w_i - c)\left(\frac{\partial q_i}{\partial w_i}\right) + \hat{q}_i \hat{p}_Q\left(\frac{\partial q_h}{\partial w_i}\right) \\ &= (w_i - c)\hat{q}_{i,w_i} + \hat{q}_i \hat{p}_Q \hat{q}_{h,w_i} = 0 \end{aligned} \tag{13}$$

と変形される．上式より，

$$w_i - c = -\hat{q}_i \hat{p}_Q \left(\frac{\partial q_h}{\partial w_i}\right) \Big/ \left(\frac{\partial q_i}{\partial w_i}\right) < 0$$

であるから，$w_i < c$ が導かれる．すなわち，出荷価格は限界生産費用よりも低

---

[6] ただし，$w_i^F > 0$ とする．そうでなければ，小売業者は無限大の注文を行い，生産者の利潤は負となる．この状況が均衡でないことは明らかである．均衡出荷価格が正となるためには，限界費用が極端に低くはないことが条件となる．

く設定されるのである．この状況で，フランチャイズ料 $F_i$ を $-q_i(w_i-c)$ ($>0$) 以上に設定すれば，生産者は非負の利潤を得ることになる．

また，ライバル生産者 $h$ が出荷価格 $w_h$ を変更するとき，生産者 $i$ は

$$z_{i,w_i w_i} dw_i + z_{i,w_i w_h} dw_h = 0$$

を満たすように，出荷価格 $w_i$ を変更する．それゆえ，

$$\frac{dw_i}{dw_h} = -\frac{z_{i,w_i w_h}}{z_{i,w_i w_i}} \gtreqless 0, \quad \text{iff} \quad z_{i,w_i w_h} \gtreqless 0$$

であり，$z_{i,w_i w_h}<0$ ならば，出荷価格は戦略的代替関係にある．

さらに，均衡条件（(12-1)式）を全微分すれば，

$$\begin{pmatrix} z_{i,w_i w_i} & z_{i,w_i w_h} \\ z_{h,w_h w_i} & z_{h,w_h w_h} \end{pmatrix} \begin{pmatrix} dw_i \\ dw_h \end{pmatrix} = \begin{pmatrix} -z_{i,w_i a} \\ -z_{h,w_h a} \end{pmatrix} da$$

を得る．ここで，均衡の安定条件より

$$E \equiv z_{i,w_i w_i} z_{h,w_h w_h} - z_{i,w_i w_h} z_{h,w_h w_i} > 0$$

である．いま対称均衡を想定すれば，$z_{i,w_i w_i} = z_{h,w_h w_h}$，および $z_{i,w_i w_h} = z_{h,w_h w_i}$ が成立するから，$E = (z_{i,w_i w_i} - z_{i,w_i w_h})(z_{i,w_i w_i} + z_{i,w_i w_h}) > 0$ となる．

需要パラメータ $a$ が均衡出荷価格に与える効果は

$$\frac{dw_i}{da} = \frac{(z_{i,w_i w_h} - z_{i,w_i w_i}) z_{i,w_i a}}{E} = -\frac{z_{i,w_i a}}{z_{i,w_i w_i} + z_{i,w_i w_h}}$$

であり，出荷価格が戦略的代替 ($z_{i,w_i w_h}<0$) で，かつ $z_{i,w_i a}<0$ である場合には，$dw_i/da<0$ が成立する．逆に，戦略的補完 ($z_{i,w_i w_h}>0$) である場合には，$z_{i,w_i w_i} - z_{i,w_i w_h}<0$ となる．均衡の安定条件より $z_{i,w_i w_i} + z_{i,w_i w_h}<0$ であるから，この時も $dw_i/da<0$ である．いずれの場合においても，$z_{i,w_i a}<0$ が成立するから，需要のパラメータ $a$ が増加するとき，生産者は出荷価格を引き下げることになる．それゆえ，次の命題が導かれる．

**【命題2】**

複占チャネル間で価格—数量競争が行われるとき,均衡において,出荷価格は限界生産費用よりも低く設定される.また,$z_{i,w,w_h}<0$ ($>0$) ならば,出荷価格は戦略的代替(補完)関係にある.さらに,$z_{i,w,a}<0$ ならば,需要のパラメータ $a$ が増加するとき,生産者は出荷価格を引き下げる.

### 線形の逆需要関数:基本モデルの確認

いま,逆需要関数が線形,すなわち $p(Q,a)=a-bQ$ であるとしよう.このとき,第2段階における小売業者の限界収入は $MR_i=a-2Q$ であり,$dMR_i/da=1>0$ である.それゆえ,$d\hat{q}_i/da=-\hat{p}_Q(\hat{p}_a+\hat{q}_i\hat{p}_{Q,a})/D>0$ である.また,第1段階における生産者の利潤は $z_i=(a+w_i+w_h-3c_i)(a-2w_i+w_h)/9b$ であり,したがって反応関数は $w_i(w_h)=(-a-w_h+6c)/4$,均衡出荷価格は $w_i^*=(-a+6c)/5$ である.それゆえ,$dw_i/dw_h=-1/4<0$,$dw_i^*/da=-1/5<0$ である.さらに,$z_{i,wa}=-1/9b<0$ であるから,$dw_i/da<0$,$dw_i/dw_h<0$ である.すなわち,需要が増加すると出荷価格が引き下げられ,出荷価格は戦略的に代替的となる.

## 3-2 モデルの拡張

この項では,生産者がフランチャイズ料を徴収しない状況,および小売業者を垂直的に統合している状況を検討し,前項の結果と比較する.

### フランチャイズ料を徴収しない場合

まずはじめに,何らかの理由によって,生産者がフランチャイズ料を徴収しない状況を想定する.この状況における小売業者の行動は前項と同じであるから,生産者の意思決定問題は

$$\max_{w_i} \pi_i = (w_i-c)\hat{q}_i(\boldsymbol{w})$$

と定式化される.上記の最大化問題の極大化条件は

$$\pi_{i,w_i} = \hat{q}_i + (w_i - c)\hat{q}_{i,w_i} = 0 \tag{14-1}$$
$$\pi_{i,w_i w_i} < 0 \tag{14-2}$$

であり，(14-1)式を連立して解けば，均衡出荷価格 $(w_1^L, w_2^L)$ を求めることができる（2階の条件は満たされているものとする）．ここで，上付き添え字 $L$ は線形価格制を示す．また，(14-1)式より

$$w_i^L - c = -\frac{\hat{q}_i}{\hat{q}_{i,w_i}} > 0$$

であるから，$w_i^L > c$ である．すなわち，出荷価格は限界生産費用を上回る水準に設定される．

### 垂直的統合

生産者が小売部門を垂直的に統合し，財を消費者に直接販売するものとする．小売段階で数量競争が行われ，クールノー均衡が実現するとすれば，このときの生産者の限界調達費用は限界生産費用 $c$ であるから，各チャネルの販売量は，生産者が出荷価格を $c$ に設定したときの小売段階の均衡販売量 $\hat{q}_i(c,c)$ と一致する．

### 比較

これまでの議論から $w_i^F < c < w_i^L$ は明らかであり，また(10-3)式より $\hat{Q}(\boldsymbol{w}^F) > \hat{Q}(c,c) > \hat{Q}(\boldsymbol{w}^L)$ であるから，$Q^L < Q^V < Q^F$ が成立する．それゆえ，$p^F < p^V < p^L$ である．ここで，上付き添え字 $V$ は小売業者を垂直的に統合した場合の均衡値を示している．さらに，チャネルの利潤が小売価格の増加関数，経済厚生が減少関数であることに留意すれば，チャネルの利潤はフランチャイズ料を徴収しないで小売業者を分離するときが最も多く，経済厚生はフランチャイズ料を徴収して小売業者を分離するときが最も高い．したがって，次の命題が導かれる．

### 【命題3】

生産者による小売部門の垂直的分離は，フランチャイズ料を徴収する場合

にはチャネル間競争を激しくし,徴収しない場合にはチャネル間競争を緩和する.

## 3-3 取引様式の選択

この項では,生産者による取引様式の選択について検討する.ここで留意すべきことは,まず第1に,線形価格制が垂直的統合によって強支配されるということである.このことは次のように説明される.ライバルの取引様式が何であれ,自らが線形価格制のもとで出荷価格を設定したときの小売業者の注文量を$q$とすれば,小売部門を統合した生産者はこの量$q$を供給することができる.このときの各財の小売価格や販売量は自らが線形価格制を選択したときと同じであり,したがってチャネルの利潤も同じである.この状況で生産者は,線形価格制のもとでは小売業者に生じていた利潤を自らのものとすることができるから,線形価格制のもとでよりも多くの利潤を得ることになる.

第0段階のゲームのナッシュ均衡を求める際には,選択肢から強支配される線形価格制を除いても問題はない[7].いま,垂直的統合と二部料金制の2つの選択肢を想定すれば,両生産者が二部料金制を選択する状態が均衡である.というのは,この均衡から一方の生産者が逸脱して垂直的統合を選択すると,逸脱した生産者の利潤が減るからである.この点を確認しよう.

両生産者が統合を選択すればクールノー均衡が実現する.この状況から,一方の生産者が二部料金制を導入したとしよう.この時には,第1章の補題4で論じたように,シュタッケルベルグ均衡が実現する.同質財の数量競争では先手の利が働くから,二部料金制を選択した生産者はクールノー均衡におけるよりも多くの利潤を得る.それゆえ,両生産者が統合している状態は均衡ではない.

逆に,両生産者が二部料金制を選択している均衡から,一方の生産者が小売業者を統合したとしよう.このとき,統合した生産者の限界調達費用は限界生産費用となる.このことはライバルチャネルの出荷価格の上昇と同じ効果を持つから,二部料金制を採用する生産者は,戦略的代替関係にある自らの出荷価

---

7) この点については,Gibbons(1992)や岡田(1996)などを参照のこと.

格を引き下げる．その結果，系列小売業者の注文量が増え，ライバルチャネルの残余需要が減る．残余需要が減れば，統合した生産者の利潤も減る．したがって，各生産者は均衡から逸脱しないのである．

Nariu, Okamura and Ikeda（forthcoming）が論じたように，この均衡では，他の取引様式を選択した場合と比べて経済厚生は高くなっている．他方，生産者の利潤は両者が小売部門を統合している場合の方が多いから，囚人のディレンマが生じていることになる．

## 4　製品差別化

この節では，2人の生産者が差別化された財を供給する状況を検討する．生産者 $i$ が供給する財 $i$ にたいする逆需要関数を

$$p_i = a - q_i - bq_h, \quad i, h = 1, 2, \text{ and } i \neq h$$

とする．ここで，$p_i$ は財 $i$ の小売価格，$q_i$ は販売量，$a\ (>0)$ および $b\ (\in [0,1])$ はパラメータである．また，出荷価格を非負とするために

$$c < a < \frac{2(2+b)c}{b^2}$$

を仮定する．

ゲームのタイミングは基本モデルと同じで，まず第0段階において，各生産者が線形価格制（$L$），二部料金制（$F$），または垂直的統合（$V$）のいずれかを選択する．第1段階では，線形価格制を選択した生産者が出荷価格を記した販売契約を小売業者に提示する．二部料金制を選択した生産者は出荷価格とフランチャイズ料を設定する．販売契約を提示された小売業者は，その契約のもとで財を販売することからの利益が非負であれば契約を結ぶ．最後に第2段階では，統合を選択した生産者および小売業者が注文量を設定する．

## 4-1 第1段階以降の部分ゲーム

この項では，第0段階における生産者による取引様式の選択を所与とした上で，そのもとでの部分ゲームを分析する（第0段階の生産者による取引様式の選択については次項で検討する）．

### 両生産者が二部料金制を選択する場合

まずはじめに，両生産者が二部料金制を選択する状況を想定する．この状況で小売業者 $i$ ($i=1,2$) は，生産者 $i$ が設定した出荷価格 $w_i$ およびライバル小売業者 $h$ の販売量 $q_h$ を所与として，自らの利潤 $y_i$ を最大にするように注文量 $q_i$ を設定する．この小売業者の意思決定問題は

$$\max_{q_i} y_i(\boldsymbol{q}, w_i) = (p_i - w_i)q_i - F_i = (a - q_i - bq_h - w_i)q_i - F_i \tag{15}$$

と定式化される．各小売業者の利潤極大化条件を連立して解けば，彼らの注文量は

$$q_i(\boldsymbol{w}) = \frac{(2-b)a - 2w_i + bw_h}{4 - b^2} \tag{16-1}$$

で与えられる．ここで，$\boldsymbol{w} = (w_1, w_2)$ は第1段階で生産者が設定した出荷価格のベクトルである．また，このときの小売価格は

$$p_i(\boldsymbol{w}) = \frac{(2-b)a + (2-b^2)w_i + bw_h}{4 - b^2} \tag{16-2}$$

と計算される．

このような小売業者の注文行動を予想する生産者 $i$ は，ライバル生産者が設定する出荷価格 $w_h$ を所与として，系列の小売業者の利潤を非負にするという制約のもとで，自らの利潤を最大にするように出荷価格 $w_i$ およびフランチャイズ料 $F_i$ を設定する．この状況における彼の意思決定問題は

$$\max_{w_i, F_i} \pi_i(\boldsymbol{w}) = (w_i - c)q_i(\boldsymbol{w}) + F_i,$$

$$\text{s.t.} \quad y_i(\boldsymbol{w}) = (p_i(\boldsymbol{w}) - w_i)q_i(\boldsymbol{w}) - F_i \geq 0$$

と定式化される．ここで，制約条件が等号で成立することに留意して，(16-1)式および(16-2)式を代入すれば，上記の制約条件付き最大化問題は

$$\max_{w_i} z_i(\boldsymbol{w}) = (p_i(\boldsymbol{w}) - c) q_i(\boldsymbol{w})$$

$$= \frac{\{(2-b)a - 2w_i + bw_h\}\{(2-b)a - (4-b^2)c + (2-b^2)w_i + bw_h\}}{(4-b^2)^2} \quad (17)$$

へと変換される．この極大化条件より，反応関数

$$w_i(w_h) = \frac{-(2-b)b^2 a + 2(4-b^2)c - b^3 w_h}{4(2-b^2)}, \quad i,h=1,2, \text{ and } i \neq h \quad (18)$$

が導かれる．上式を連立して解けば，各生産者の出荷価格は

$$w^{FF} = c - \frac{b^2(a-c)}{4+2b-b^2} \quad (19\text{-}1)$$

となる（フランチャイズ料は $4(a-c)^2/(4+2b-b^2)^2$ と計算される）．この出荷価格は，第1章で詳述したように，仮に $b=0$ であれば $w_i^F = c$ となる．また，このときの各財の販売量，小売価格，および各生産者の利潤は，それぞれ

$$q^{FF} = \frac{2(a-c)}{4+2b-b^2} \quad (19\text{-}2)$$

$$p^{FF} = c + \frac{(2-b^2)(a-c)}{4+2b-b^2} \quad (19\text{-}3)$$

$$z^{FF} = \frac{2(2-b^2)(a-c)^2}{(4+2b-b^2)^2} \quad (19\text{-}4)$$

と計算される．ここで，2文字からなる上付き添え字は，1（2）文字目が自ら（ライバル）のチャネルの取引様式で，$F$ は二部料金制，$L$ は線形価格制，$V$ は垂直的統合を示す．

この際留意すべきことは，(18)式より，出荷価格 $w$ が戦略的代替関係にあるということである．また(19-1)式より，出荷価格は限界生産費用 $c$ 以下に設定され，（$a$ が大きくなるという意味で）需要が増えると生産者は出荷価格を引き下げる．したがって，次の命題が導かれる．

**【命題4】**
　差別化された財を供給する複占チャネルの間で価格―数量競争が行われる状況で，生産者がフランチャイズ料を徴収する場合，出荷価格は限界生産費用よりも低く設定される．また，出荷価格は戦略的代替関係にある．さらに，需要が増えるとき，生産者は出荷価格を引き下げる．

### 両生産者が線形価格制を選択する場合

　両生産者が線形価格制を選択する場合，第2段階における各小売業者の意思決定問題は，固定額のフランチャイズ料が徴収されないことを除けば，両生産者が二部料金制を選択する場合と同じである．したがって，各小売業者の意思決定問題は(15)式で定式化され（ただし，$F_i=0$ とする），各財の注文量および小売価格は(16-1)～(16-2)式で与えられる．

　上述の小売業者の注文行動を予想した上で，第1段階において生産者 $i$ は，ライバル生産者の出荷価格 $w_h$ を所与として，自らの利潤 $\pi_i(\boldsymbol{w})$ を最大にするように出荷価格 $w_i$ を設定する．この生産者の意思決定問題は

$$\max_{w_i} \pi_i(\boldsymbol{w}) = (w_i - c) q_i(\boldsymbol{w}) = \frac{(w_i - c)\{(2-b)a - 2w_i + bw_h\}}{4-b^2} \tag{20}$$

と定式化される．上記の最大化問題の極大化条件より，反応関数

$$w_i(w_h) = \frac{(2-b)a + 2c + bw_h}{4}, \quad i,h=1,2, \text{ and } i \neq h \tag{21}$$

が導かれる．これを連立して解けば，各生産者の出荷価格は

$$w^{LL} = c + \frac{(2-b)(a-c)}{4-b} \tag{22}$$

となる．この部分ゲームの均衡における諸変数の値は，図表2-1の第1列にまとめられている．このときの各財の供給量は，二重マージンゆえに，カルテルの供給量よりも少ない．また同質財の場合と同様に，出荷価格は限界生産費用以上に設定され，パラメータ $a$ の増加関数で，戦略的に補完的である．

|   | LL | LF | FL | FF |
|---|---|---|---|---|
| $q$ | $\dfrac{2(a-c)}{D_{LL}}$ | $\dfrac{2(4-2b-b^2)(a-c)}{D_{FL}}$ | $\dfrac{2(2-b)(4+b)(a-c)}{D_{FL}}$ | $\dfrac{2(a-c)}{D_{FF}}$ |
| $p$ | $c+\dfrac{(6-b^2)(a-c)}{D_{LL}}$ | $c+\dfrac{(6-b^2)(4-2b-b^2)(a-c)}{D_{FL}}$ | $c+\dfrac{(2-b)(4+b)(2-b^2)(a-c)}{D_{FL}}$ | $c+\dfrac{(2-b^2)(a-c)}{D_{FF}}$ |
| $y$ | $\left\{\dfrac{2(a-c)}{D_{LL}}\right\}^2$ | $\dfrac{4(4-2b-b^2)^2(a-c)^2}{(D_{FL})^2}$ | 0 | 0 |
| $F$ | — | — | $\dfrac{4(2-b)^2(4+b)^2(a-c)^2}{D_{FL}}$ | $\dfrac{4(a-c)^2}{(D_{FF})^2}$ |
| $\pi(z)$ | $\dfrac{2(4-b^2)(a-c)^2}{(D_{LL})^2}$ | $\dfrac{2(4-b^2)(4-2b-b^2)^2(a-c)^2}{(D_{FL})^2}$ | $\dfrac{2(2-b^2)(2-b)^2(4+b)^2(a-c)^2}{(D_{FL})^2}$ | $\dfrac{2(2-b^2)(a-c)^2}{(D_{FF})^2}$ |

$D_{FL}=32-16b^2+b^4, D_{LL}=8+2b-b^2, D_{FF}=4+2b-b^2$

**図表 2-1**　3段階の均衡における諸変数の値(1)

### 一方の生産者が線形価格制,他方が二部料金制を選択する場合

生産者 $i$ は線形価格制を選択し,生産者 $h$ は二部料金制を選択する状況を想定する.この状況での第2段階における小売業者の意思決定問題はこれまでと同じであり,各財の注文量と小売価格は(16-1)〜(16-2)式で与えられる.

第1段階における生産者 $i$ の意思決定問題は(20)式で定式化され,生産者 $h$ の意思決定問題は(17)式の $i$ と $h$ を入れ替えた式となる.各生産者の利潤極大化条件を連立して解けば,彼らの出荷価格は

$$w^{LF}=c+\frac{(2-b)(2+b)(4-2b-b^2)(a-c)}{32-16b^2+b^4} \tag{23-1}$$

$$w^{FL}=c-\frac{(2-b)b^2(4+b)(a-c)}{32-16b^2+b^4}<c \tag{23-2}$$

で与えられる.また,この部分ゲームの均衡における諸変数の値は,図表2-1の第2〜3列にまとめられている.ここで留意すべきことは,$w^{FL}<c<w^{LF}$ であるから,$q^{FL}>q^{LF}$ および $z^{FL}>\pi^{LF}$ が成立するということである.すなわち,二重マージンが生じる線形価格制を選択した生産者は,二部料金制を選択した生産者よりも出荷価格が高いため,不利な競争を強いられる.その結果,生産量や利潤は少なくなる.

|   | VV | FV | VF | VL | LV |
|---|---|---|---|---|---|
| $w$ | $c$ | $c - \dfrac{(2-b)b^2(a-c)}{D_F}$ | $c$ | $c$ | $c + \dfrac{(2-b)(a-c)}{4}$ |
| $q$ | $\dfrac{4(a-c)}{D_V}$ | $\dfrac{2(2-b)(a-c)}{D_F}$ | $\dfrac{(4-2b-b^2)(a-c)}{D_F}$ | $\dfrac{(4+b)(a-c)}{D_V}$ | $\dfrac{2(a-c)}{D_V}$ |
| $p$ | $c + \dfrac{4(a-c)}{D_V}$ | $c + \dfrac{(2-b)(a-c)}{4}$ | $c + \dfrac{(4-2b-b^2)(a-c)}{D_F}$ | $c + \dfrac{(4+b)(a-c)}{D_V}$ | $c + \dfrac{(6-b^2)(a-c)}{D_V}$ |
| $y$ | $0$ | $0$ | $0$ | $0$ | $\dfrac{4(a-c)^2}{(D_V)^2}$ |
| $\pi(z)$ | $\dfrac{16(a-c)^2}{(D_V)^2}$ | $\dfrac{(2-b)^2(a-c)^2}{2D_F}$ | $\dfrac{(4-2b-b^2)^2(a-c)^2}{(D_F)^2}$ | $\dfrac{(4+b)(a-c)}{(D_V)^2}$ | $\dfrac{(2-b)(a-c)^2}{2D_V}$ |

$D_V = 4(2+b),\ D_F = 4(2-b^2)$

**図表 2-2**　3段階の均衡における諸変数の値(2)

### 両生産者が小売部門を垂直的に統合している場合

両生産者が小売部門を垂直的に統合している場合，各生産者は，ライバルの生産量を所与として，自らの利潤を最大にするように生産量を設定する．この状況については補章で論じてあり，クールノー均衡における諸変数の値は図表2-2の第1列にまとめられている．

### 一方の生産者が二部料金制，他方が垂直的統合を選択する場合

生産者 $i$ は二部料金制を選択し，生産者 $h$ が垂直的統合を選択する状況を想定する．この状況での第2段階における小売業者 $i$ の意思決定問題は(15)式と同じである．一方，生産者 $h$ の意思決定問題は補章の(5)式の $i$ と $h$ を入れ換えた式である．彼らの利潤極大化条件を連立して解けば，各財の販売量は

$$q_i(w_i) = \frac{(2-b)a - 2w_i + bc}{4 - b^2} \tag{24-1}$$

$$q_h(w_i) = \frac{(2-b)a - 2c + bw_i}{4 - b^2} \tag{24-2}$$

で与えられる．また，このときの各財の小売価格は

$$p_i(w_i) = \frac{(2-b)a + (2-b^2)w_i + bc}{4 - b^2} \tag{24-3}$$

$$p_h(w_i) = \frac{(2-b)a + (2-b^2)c + bw_i}{4-b^2} \tag{24-4}$$

と計算される．

このことを予想する生産者 $i$ は，小売業者 $i$ の利潤を非負にするという制約のもとで，自らの利潤を最大にするように出荷価格 $w_i$ を設定する．この意思決定問題は

$$\max_{w_i} z_i(w_i) = (p_i(w_i) - c) q_i(w_i)$$
$$= \frac{\{(2-b)a - 2w_i + bc\}\{(2-b)a - (4-b^2)c + (2-b^2)w_i + bc\}}{(4-b^2)^2}$$

と定式化されるから，各生産者の利潤極大化条件より，出荷価格は

$$w^{FV} = c - \frac{(2-b)b^2(a-c)}{4(2-b^2)} \tag{25}$$

となる．この部分ゲームの均衡における諸変数の値は，図表2-2の第2～3列にまとめられている．この均衡は，第1章の補題4で論じたように，数量を戦略変数とする2企業のシュタッケルベルグ競争の均衡と一致する[8]．

### 一方の生産者が線形価格制，他方が垂直的統合を選択する場合

生産者 $i$ が線形価格制を選択し，生産者 $h$ は垂直的統合を選択する状況を想定する．この状況での第2段階における意思決定問題は前項と同じであるから，第2段階の部分ゲームの均衡は(24)式で与えられる．

このことを予想する生産者 $i$ は，自らの利潤を最大にするように出荷価格 $w_i$ を設定する．この意思決定問題は

$$\max_{w_i} \pi_i(\boldsymbol{w}) = (w_i - c) q_i(\boldsymbol{w}) = \frac{(w_i - c)\{(2-b)a - 2w_i + bc\}}{4-b^2} \tag{26}$$

と定式化されるから，各生産者の利潤の極大化条件より出荷価格は

---

[8] 差別化された財を供給する複占企業が数量競争を行う場合のシュタッケルベルグ均衡は，補章の(7)式で求められている．

$$w^{LV} = c + \frac{(2-b)(a-c)}{4} \qquad (27)$$

となる．この部分ゲームの均衡における諸変数の値は，図表2-2の第4〜5列にまとめられている．

### 4-2 部分ゲーム完全均衡

ここでは，前項の分析結果を踏まえて，第0段階における生産者による選択について検討する．それぞれの取引様式のもとでの生産者の利潤を比べれば，まず第1に，$z^{VV} > \pi^{LV}$，$z^{VF} > \pi^{LF}$ および $z^{VL} > \pi^{LL}$ であるから，垂直的統合が線形価格制を強支配する．したがって，第0段階の均衡を検討する際には，線形価格制を選択肢から除いても問題は無い．残りの垂直的統合と二部料金制の組み合わせにおける生産者の利潤を比べれば，$z^{FV} > z^{VV}$ および $z^{FF} > z^{VF}$ であるから，両生産者は二部料金制を選択することになる．したがって，次の命題が導かれる．

【命題5】

　差別化された財を供給する複占チャネルの間で価格—数量競争が行われる状況で，生産者がフランチャイズ料を徴収可能な場合，部分ゲーム完全均衡では，両生産者が二部料金制を選択する．また，何らかの理由によりフランチャイズ料を徴収できない場合には，両生産者は垂直的統合を選択する．

この部分ゲーム完全均衡では，他の取引様式と比べて経済厚生は高いが，生産者の利潤は垂直的統合の時が最も多い．その意味で，囚人のディレンマが生じている[9]．また，線形価格制，二部料金制，垂直的統合の3つの状況におけ

---

9) 一方チャネルの利潤は，財が同質的 ($b > 2/3$) であればフランチャイズ料を徴収しない場合の方が多い．この場合には，生産者は限界費用を上回る水準に出荷価格を設定し，小売業者もまた自らのマージンを上乗せするという二重マージンが発生する．その結果，小売価格が高くなるため，チャネルの利潤も増えるのである．逆に，財が差別化されている場合 ($b < 2/3$) には，線形価格制のもとでは小売価格が高くなり過ぎて販売量が少なくなるため，チャネルの利潤は垂直的統合の時が最も多い．ただし，線形価格制のもとでは，小売業者に生じた利益をフランチャイズ料によって回収できないため，生産者

る小売価格を比べれば $p^{FF} < p^{VV} < p^{LL}$ であり，生産者による小売部門の垂直的分離は，フランチャイズ料を徴収する場合にはチャネル間競争を激しくし，徴収しない場合にはチャネル間競争を緩和する．

## 5　結　び

　この章では，第1章で検討したチャネル間における価格－数量競争の基本モデルを，①各生産者が複数の小売業者を介して財を販売できる場合，②需要関数が非線形の場合，③各生産者が差別化された財を供給する状況，という3つの点で一般化した．主要な結論は，まず第1に，生産者が複数の小売業者を介して財を販売することが可能であったとしても，彼は1人の小売業者にのみ財の販売を委託するというものである．また第2に，一般的な需要関数のもとでも両生産者は二部料金制を選択するし，この均衡では，出荷価格は限界生産費用よりも低く設定される．また，需要の増加は出荷価格の低下を導くし，出荷価格は戦略的に代替的である．さらに，生産者による小売業者の垂直的分離は，フランチャイズ料を徴収する場合にはチャネル間競争を激しくし，徴収しない場合にはチャネル間競争を緩和する．第3に，各生産者が差別化された財を供給する状況でも，両生産者は二部料金制を選択し，基本モデルの諸命題が成立する．この均衡は，統合の場合と比べると各生産者の利潤は減少するが（囚人のディレンマ），生産者が他の取引様式を選択する場合よりも経済厚生は高い．最後に，成生・鈴木（2006）では，生産者の限界生産費用が異なる状況を分析しており，基本モデルの命題1が成立することを導いている．

## 第2章補論　系列関係がない場合

　この補論では，第1章で検討した基本モデルにおいて，生産者と小売業者と

---

　の利潤は少なくなる．

の間に系列関係がない状況を想定する．すなわち，市場には2人の小売業者が存在し，彼らはいずれの（または両方の）生産者からも財を仕入れることができるとする．この状況で生産者は，小売業者からの注文を得るために，ライバル生産者よりも有利な条件を彼らに提示する必要がある．

第1段階において，生産者が出荷価格 $w$ とフランチャイズ料 $F$ を記した販売契約を提示し，第2段階において，小売業者がどちらの生産者と契約するかを選択した後に，注文量を設定するものとする．この場合でも，市場需要（第1章の(1)式）および生産者が設定した出荷価格を所与とすれば，各小売業者の注文量は基本モデルと同じであり，それは第1章の(3-1)式で与えられる．

第1段階における生産者による販売契約の作成に際して留意すべきことは，まず第1に，均衡における生産者の利潤がゼロになるということである．このことは次のように説明される．いま仮に，生産者が提示する販売契約 $(w, F)$ のもとで，各生産者が（1人ずつの小売業者と取引して）正の利潤を得ていたとしよう．この状況で，1人の生産者が同じ出荷価格でフランチャイズ料を少しだけ下げた販売契約を提示したとしよう．この契約は小売業者にとって有利であるから，彼らはともにこの（$F$ の低い契約を提示する）生産者と取引する．また出荷価格は同じであるから，彼らの注文量も変わらない．その結果，この生産者は以前よりも多くの利潤を得ることができる．このように，生産者がともに正の利潤を得ている状態は均衡ではない．もちろん，彼らは損をしてまで財を供給しない．それゆえ，均衡での各生産者の利潤はゼロとなる．さらに，$F>0$ のもとでは，各々の小売業者は1人の生産者に注文することになる[a]．

これらのことを踏まえれば，第1段階において生産者は，ゼロ利潤条件のもとで，小売業者と取引するために，彼らに対してライバル生産者と同等もしくは有利な条件を提示することになる．この意思決定問題は

$$\max_{w_i, F_i} y_i = (p - w_i) q_i - F_i, \quad \text{s.t.} \quad \pi_i = (w_i - c) q_i + F_i = 0$$

と定式化される．制約条件式が等号で成立するから，第1章の(3)式を考慮す

---

[a] 小売業者は，1人の生産者と契約を結べば財を仕入れることができる．したがって，フランチャイズ料を2重に支払うことはない．

れば，上記の制約条件付き最大化問題は制約条件の付かない

$$\max_{w_i} y_i = \frac{(p-c)(a-2w_i+w_h)}{3}$$

へと改められる．この極大化条件より，反応関数

$$w_i(w_h) = \frac{-a-w_h+6c}{4} \tag{A1}$$

が導かれる．それゆえ，均衡における出荷価格およびフランチャイズ料は

$$w_i^F = \frac{-a+6c}{5} = c - \frac{a-c}{5} \tag{A2-1}$$

$$F_i^F = \frac{2(a-c)^2}{25} \tag{A2-2}$$

で与えられる．ここで，上付き添え字 $F$ は二部料金制を示す．また，このときの小売業者 $i$ の販売量，総販売量，小売価格，小売業者 $i$ の利潤は，

$$q_i^F = \frac{2(a-c)}{5} \tag{A2-3}$$

$$Q^F = \frac{4(a-c)}{5} \tag{A2-4}$$

$$p^F = \frac{a+4c}{5} \tag{A2-5}$$

$$y_i^F = \frac{2(a-c)^2}{25} \tag{A2-6}$$

と計算される．

　ここで，(A2-1)〜(A2-2)式で与えられた出荷価格とフランチャイズ料が，実際に均衡であることを確認しよう．そのために，生産者2の出荷価格を $w^F=(-a+6c)/5$，フランチャイズ料を $F^F=2(a-c)^2/25$ とし，生産者1の最適反応をみてみよう．いま，小売業者2が生産者2の財を販売するとしよう．このとき，生産者1の出荷価格を $w$，フランチャイズ料を $F$ とすれば，小売業者1が生産者1の財を販売するとき，小売均衡における小売業者1の販売量は，

第1章の(3)式より

$$q_1(w,w^F) = \frac{a-2w+w^F}{3} = \frac{2(2a+3c-5w)}{15}$$

である．また，このときの小売価格および小売業者1の利潤は，

$$p(w,w^F) = \frac{a+w+w^F}{3} = \frac{4a+6c+5w}{15}$$

$$y_1(w,w^F) = (p-w)q_1 - F = \frac{4(2a+3c-5w)^2}{225} - F$$

と計算される．一方，小売業者1が生産者2の財を販売するときの利潤は，(A2-6)式より $2(a-c)^2/25$ である．

この状況で生産者1は，小売業者1が生産者2と取引するよりも自らと取引した方が不利とはならない販売契約を提示するという制約のもとで，自らの利潤を最大にするように出荷価格とフランチャイズ料を設定する．したがって，生産者1の意思決定問題は

$$\max_{w,F} \pi = (w-c)q_1 + F = \frac{2(w-c)(2a+3c-5w)}{15} + F,$$

$$\text{s.t.} \quad y_1 = (p-w)q_1 - F \geq \frac{2(a-c)^2}{25}$$

と定式化される．制約条件が等号で成立することに留意すれば，上記の制約条件付き最大化問題は制約条件の付かない

$$\max_w z = \pi = (p-c)q_1 - \frac{2(a-c)^2}{25} = \frac{2(4a-9c+5w)(2a+3c-5w)}{225} - \frac{2(a-c)^2}{25}$$

へと改められる．この極大化条件より

$$w = \frac{-a+6c}{5}$$

が導かれる．また，

$$y_1 = \frac{4(2a+3c-5w)^2}{225} - F = \frac{4(a-c)^2}{25} - F = \frac{2(a-c)^2}{25}$$

より，このときのフランチャイズ料は $F=2(a-c)^2/25$ となる（このとき，生産者の利潤はゼロである）．したがって，(A2-1)～(A2-2)式の出荷価格とフランチャイズ料は均衡である[b]．

　ここで留意すべきことは，この均衡は，生産者が得ていた利潤が小売業者に生じていることを除き，第1章の2節で論じた系列関係のもとでの均衡（第1章の(6)式）と一致しているということである．このことは次のように説明される．系列関係がない場合，生産者は小売業者と取引するために，彼らの利潤を最大にする契約を提示しなければならない．このことはチャネルの利潤最大化を意味するから，実現した利潤が誰に帰属するかを別とすれば，生産者の目的は系列関係がある場合と一致するのである．実際，(A1)式の反応関数は第1章の(5)式と同じであり，それゆえ出荷価格は戦略的に代替的関係にある．また(A2-1)式より，出荷価格は限界費用よりも低く設定されるし，需要が増加するとき生産者は出荷価格を引き下げる．したがって，次の命題が成立する．

---

[b] 一方の生産者が2人の小売業者と販売契約を結び，独占的に財を供給する状況を想定しよう．この状況で，出荷価格を $w_0=(a+3c)/4=c+(a-c)/4$ に設定すれば，各々の小売業者は $q_0=(a-c)/4$ を注文し，総供給量は $Q_0=(a-c)/2$ となるから小売価格 $p_0=(a+c)/2$ となり，独占チャネルは市場需要 $p=a-Q$ のもとで達成可能な最大の利潤 $z_0=(a-c)^2/4$ を得る．このとき，生産者が各小売業者に系列に入ってもらうために $F_0=(a-c)^2/16$ を支払うとすれば，各小売業者の利潤は最大で $(a-c)^2/8$ となる．しかしながら，この状態は均衡ではない．
　いま，一方の生産者 $h$ が販売契約 $(w_0, F_0)$ を提示したとしよう．このとき，他方の生産者 $i$ の出荷価格を $w$ とすれば，この系列に入る小売業者 $j$ の注文量は $q_j=(a-2w+w_0)/3$，生産者 $h$ の系列小売業者 $k$ の注文量は $q_k=(a-2w_0+w)/3$ となるから，小売価格は $p(w,w_0)=(a+w+w_0)/3$ となる．このときのチャネル $i$ の利潤は $z_i=(p(w,w_0)-c)q_j$ であり，生産者 $i$ はこの利潤を最大にするように出荷価格 $w=(-5a+21c)/16=c-5(a-c)/16$ を設定する（出荷価格は非負であるとする）．このときのチャネル $i$ の利潤は $25(a-c)^2/128$ と計算され（ちなみにチャネル $h$ の利潤は $5(a-c)^2/256$ である），この額は $(a-c)^2/8$ よりも多い．すなわち，生産者 $i$ は小売業者に $(a-c)^2/8$ の利潤を与えたとしても，正の利潤を得ることができる．したがって生産者 $i$ は，このような販売契約を提示することによって1人の小売業者を自らの系列に入れることができるのである．

**【命題 A1】**

　生産者がフランチャイズ料を徴収する場合，彼らの間に系列関係がなくても，出荷価格は限界生産費用以下に設定される．また，需要が増加するとき生産者は出荷価格を引き下げる．さらに，出荷価格は戦略的に代替的である．

　このように，第1章の命題1は生産者と小売業者との間の系列関係には依存してはおらず，フランチャイズ料を徴収するか否かに依存する．実際，フランチャイズ料を徴収しない場合には，生産者間での（小売業者と契約を結ぶための）出荷価格競争の結果，出荷価格は（パラメータ $a$ の値にかかわらず）常に限界生産費用の水準に設定される．この場合には，各小売業者の販売量は $(a-c)/3$ となり，チャネルの利潤の分配を除けば，生産者が消費者に直接販売する場合のクールノー均衡と一致する．また，この均衡での生産者の利潤はゼロであり，フランチャイズ料を徴収するか否かにかかわらず，生産者と小売業者の間に系列関係がない状況では，生産者の利潤はゼロとなる．

　もちろん，(A2)式の状態が均衡となるのは小売業者が2人しかいないという想定に依存している．仮に小売業者が多数存在し，彼らの外部機会での利得がゼロであれば，第1章の(6)式の状態が均衡となる．実際，各生産者が販売契約 ($w=c-(a-c)/5$, $F=4(a-c)^2/25$) を take it or leave it の形で提示すれば，1人の小売業者と契約を結ぶことができる．

# 第3章

# 小売段階の競争と生産者間の競争

## 1 はじめに

　この章では，第1章の基本モデルを$M$人の生産者の各々が$N$人の小売業者を介して財を販売する状況へと一般化して検討する．$M$人の生産者の各々が出荷価格を戦略変数として行動し，$MN$人の小売業者が数量を戦略変数として行動する状況でも，生産者が小売業者からフランチャイズ料を徴収するのであれば，出荷価格は限界生産費用以下に設定される．また，需要の増加は低い出荷価格を導くし，出荷価格は戦略的に代替的である（第1章の命題1）．この章の新たな主張は，市場の競争性は生産者数のみならず小売業者数にも依存し，たとえ生産者が少数であっても，小売業者が多数存在すれば市場は競争的であるというものである．

　チャネル間における価格一数量競争を論じた先行研究であるSaggi and Vettas (2002) は，フランチャイズ料を徴収する複占生産者の各々が小売業者数を選択できるとしても，彼らの各々は1人の小売業者を介して財を販売すると論じている[1]．しかしながら，この主張は需要が小売業者数から独立であるという前提に依存している．食品や日用雑貨などの最寄り品の購入に際して，消費者は買い物（移動）費用を節約するために近くの店舗を利用する．そのため，小売店舗の商圏は狭く，販売促進上，多くの店舗が必要とされる．このように，財にたいする需要がそれを販売する小売業者の数に依存する状況では，生産者は多数の小売業者に販売を委ねることになる．この章では，最寄り品のチャネ

---

1) 第2章の2節を参照のこと．

ルを念頭に置き，単純化のために，各々の生産者が系列の（外生的に与えられた）$N$人の小売業者を介して財を販売するものとする．

以下の構成は次のとおりである．まず次節では同質財の寡占モデルを分析し，この状況でも基本モデルの命題1が成立することを示す．3節ではフランチャイズ料を徴収しない場合を検討する．この場合には，需要の増加は出荷価格の上昇を導くし，出荷価格は戦略的に補完的となる．また，フランチャイズ料を徴収するか否かにかかわらず，（たとえ生産者数が少なくても）小売業者が多ければ，小売価格が限界生産費用に近似するという意味で市場は競争的となる．4節では，生産者が小売業者を垂直的に統合して消費者に直接販売する場合について検討し，2節および3節の結果と比較する．ここでの結論は，生産者による小売業者の分離は，フランチャイズ料を徴収する場合にはチャネル間の競争を激しくするし，フランチャイズ料を徴収しない場合でも，小売業者数が多ければチャネル間競争を激しくするというものである．5節は要約である．

## 2 生産者および小売業者数が複数のモデル

同質財を供給する$M$（$\geq 2$）人の生産者が存在し，生産者$i$（$i=1,\ldots,M$）によって生産された財$i$は，彼の系列の$N$（$\geq 1$）人の小売業者$j$（$j=1,\ldots,N$）を介して消費者に販売されるものとする（図表3-1を参照のこと）．財にたいする市場の逆需要関数は，

$$p = a - Q \tag{1}$$

で与えられる．ここで，$p$は小売価格，$Q$（$=\Sigma_i\Sigma_j q_{ij}$）は総供給量，$q_{ij}$は生産者$i$の財を販売する小売業者$j$（以下では「小売業者$ij$」と呼ぶ）の販売量（＝生産者$i$にたいする注文量），$a$は正のパラメータである．また，すべての生産者の限界（＝平均）生産費用を$c$とした上で，均衡における出荷価格が非負となるために，

$$c < a < \frac{(MN+1)(MN+1-N)}{(MN+1-2N)}c \tag{2}$$

を仮定する．

この章では次のようなゲームについて検討する．まず第1段階において各生産者は，他の生産者の出荷価格を所与として，自らの利潤を最大にするように出荷価格とフランチャイズ料を設定する．これを受けて第2段階では，各小売業者が，他の小売業者の販売量を所与として，自らの利潤を最大にするように販売量を設定する．以下では，この2段階ゲームの部分ゲーム完全均衡を後方帰納法によって求める．

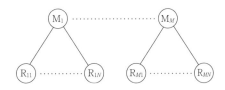

**図表3-1** 生産者と小売業者

### 第2段階：小売業者による注文量の設定

第2段階において小売業者 $ij$ は，生産者 $i$ が設定した出荷価格 $w_i$ とフランチャイズ料 $F_i$，さらには他の小売業者が設定する販売量を所与として，自らの利潤 $y_{ij}$ を最大にするように販売量 $q_{ij}$ を設定する．この意思決定問題は，

$$\max_{q_{ij}} y_{ij} = (p - w_i)q_{ij} - F_i = (a - Q - w_i)q_{ij} - F_i, \quad i=1,\ldots,M, \text{ and } j=1,\ldots,N \quad (3)$$

と定式化される[2]．上記の最大化問題の極大化条件

$$\frac{\partial y_{ij}}{\partial q_{ij}} = a - 2q_{ij} - w_i - Q_{-ij} = 0$$

より，反応関数

$$q_{ij} = \frac{a - w_i - Q_{-ij}}{2} \quad (4)$$

が導かれる．ここで，$Q_{-ij} = Q - q_{ij}$ は小売業者 $ij$ を除く小売業者の販売量の和である．いま，上式のすべての $i, j$ についての和をとれば

$$\sum_i \sum_j q_{ij} = Q = \frac{MNa - N\left(w_i + \sum_{h \neq i} w_h\right) - (MN-1)Q}{2}$$

---

[2] $i$ や $j$ についての但し書きは，特に必要とされる場合を除き，省略される．

$$\Rightarrow \quad Q = \frac{N\left(Ma - w_i - \sum_{h \ne i} w_h\right)}{MN+1}, \quad i,h = 1,\ldots,M, \text{ and } i \ne h$$

を得る[3]．ここで，(4)式の $Q_{-ij}$ を $Q - q_{ij}$ とおき，上式を代入して整理すれば，小売業者 $ij$ の注文量は

$$q_{ij}(\boldsymbol{w}) = \frac{a - (MN+1-N)w_i + N\sum_{h \ne i} w_h}{MN+1} \equiv q_i \tag{5}$$

で与えられる．同じ仕入価格 $w_i$ に直面するチャネル $i$ のすべての小売業者の注文量 $q_i$ も上式で与えられる．ここで，$\boldsymbol{w} = (w_1,\ldots,w_M)$ は $M$ 人の生産者が設定した出荷価格のベクトルである．また，このときの小売価格は

$$p = a - Q = \frac{a + Nw_i + N\sum_{h \ne i} w_h}{MN+1} \tag{6}$$

と計算される．

### 第1段階：生産者による出荷価格とフランチャイズ料の設定

上述した小売業者の注文行動（(5)式）を予想する生産者 $i$ は，第1段階において，ライバル生産者 $h$ の出荷価格 $w_h$ を所与として，小売業者 $ij$ の利潤を非負にするという制約のもとで，自らの利潤 $\pi_i$ を最大にするように出荷価格 $w_i$ およびフランチャイズ料 $F_i$ を設定する．フランチャイズ料を徴収する場合には，生産者の利潤がチャネルの利潤と一致することに留意し，(5)～(6)式を代入すれば，生産者 $i$ の意思決定問題は

$$\max_{w_i} z_i = \pi_i = (p - c) q_i N$$

$$= \frac{\left\{a + Nw_i + N\sum_{h \ne i} w_h - (MN+1)c\right\} N \left\{a - (MN+1-N)w_i + N\sum_{h \ne i} w_h\right\}}{(MN+1)^2} \tag{7}$$

と定式化される．上記の最大化問題の極大化条件より，反応関数

---

3) 以下では，特に必要とされる場合を除き，$i,h$ についての但し書きは省略される．

$$w_i = \frac{-(MN+1-2N)\left(a+N\sum_{h\neq i}w_h\right)+(MN+1)(MN+1-N)c}{2N(MN+1-N)} \quad (8)$$

が導かれる．上式は $M$ 個の未知数を含む $M$ 本の連立方程式であり，これを連立して解けば，均衡における生産者の出荷価格およびフランチャイズ料は

$$w^F = c - \frac{(MN-2N+1)(a-c)}{ND_F} < c \quad (9\text{-}1)$$

$$F = \frac{(MN-N+1)^2(a-c)^2}{N^2 D_F^2} \quad (9\text{-}2)$$

で与えられる．ここで，$D_F = MN(M-1)+M+1 > 0$ である．また，上（下）付き添え字 $F$ は生産者がフランチャイズ料を徴収していることを示す．さらに，このときの小売価格および生産者の利潤は，

$$p^F = c + \frac{a-c}{D_F} \quad (9\text{-}3)$$

$$z^F = \frac{(MN-N+1)(a-c)^2}{D_F^2} \quad (9\text{-}4)$$

と計算される．

この際留意すべきことはまず第1に，(8)式より $\partial w_i/\partial w_h < 0$ であるから，生産者の出荷価格は戦略的代替関係にあるということである．また(9-1)式より，各生産者は限界生産費用を下回る出荷価格を設定し，($a$ が大きくなるという意味で）需要曲線が上方にシフトするとき，各生産者は出荷価格を引き下げる．以上の議論は次の命題にまとめられる．

## 【命題1】

寡占的なチャネルの間で価格―数量競争が行われる状況で，生産者がフランチャイズ料を徴収する場合，出荷価格は限界生産費用以下に設定される．また，需要が増加するとき生産者は出荷価格を引き下げる．さらに，出荷価格は戦略的に代替的である[4]．

---

4) この命題は第1章の命題1と同様に説明される．

チャネルの数（$M$）や各チャネルの小売業者数（$N$）が異なる値をとるとき，出荷価格や小売価格がどうなるかを見ておこう．いま $M$ を一定として，各チャネルの小売業者数が多くなったとしよう．このとき，出荷価格などの他の条件を一定とすれば，小売業者間の競争が激しくなるため，業者あたりの販売量は少なくなる．一方，小売業者数が増えるため各チャネルの販売量や総販売量は多くなり，小売価格は低くなる（このことは，同じ市場需要曲線上の右下への移行を意味する）．このことを生産者 $i$ から見れば，他チャネルの供給量が増えるため，自らのチャネルの残余需要曲線が下方にシフトする．この状況でフランチャイズ料を徴収する生産者 $i$ は，チャネルの利潤を最大にするために販売量を減らそうとする．この販売量は小売業者の注文行動に規定されるから，生産者 $i$ は小売業者の注文を減らすために，（限界費用以下ではあるが）出荷価格 $w_i$ を引き上げるのである．各生産者による出荷価格の引き上げは，戦略的代替関係にある他の生産者の出荷価格を引き下げるが，この戦略効果が小さいため，すべての生産者の出荷価格は高くなる[5]．このことは小売価格を高め，販売量を減らす効果を持つが，小売業者数が多くなる直接効果を相殺するには至らず，小売業者数が多くなると出荷価格は高くなり，小売価格は低くなる．

またチャネルの数 $M$ が多くなると，チャネル間競争が激しくなり，（出荷価格や総小売業者数などの）他の条件を一定とすれば，チャネルあたりの販売量は少なくなる．この状況で各生産者は，チャネルの販売量を増やそうとするが，それは小売業者の注文行動に規定されている．したがって生産者は，小売業者からの注文を引き出すために，出荷価格を低く設定しようとする[6]．一方，$N$ を一定とすれば，$M$ の増加は総小売業者数 $MN$ を増やすから，前述したように，生産者は出荷価格を高く設定しようとする．これらの異なる2つの力が働

---

[5] フランチャイズ料を徴収する生産者の利潤はチャネルの利潤と一致し，それは小売価格に依存する．小売業者間の競争が激しくなって小売マージンが低下する結果，小売価格が低くなると，生産者はそれを補正するために出荷価格を引き上げる．この点については，序章の3-3項を参照のこと．

[6] 仮に総小売業者数が一定（$k=MN$）となるように，各チャネルの小売業者数が調整されるのであれば（$N=k/M$），(9-1)式より出荷価格は
$$w = c - \{k - 2(k/M) + 1\}(a-c)/(k/M)\{k(M-1) + M + 1\}$$
で表されるから，$\partial w/\partial M = -(k+1)^2(a-c)/k\{k(M-1)+M+1\}^2 < 0$ である．

くために，（$N$を一定として）$M$が増えると出荷価格が高くなるか低くなるかは一概には言えないことになる．ただし，図表3-2に示されるように，各チャネルの小売業者数$N$が少ない状況では出荷価格は低く設定され，チャネル数$M$が増えると大きく引き上げられる．逆に$N$が多い状況では出荷価格は高く設定され，$M$が少ない場合には引き下げられるが，$M$が多くなると小幅ではあるが引き上げられる．

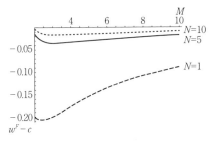

**図表3-2** チャネル数と出荷価格

縦軸は $(a-c)$ の係数を示している．

最後に，小売業者の数が多ければ，たとえ生産者数が少なくても，この市場は十分競争的である．いま，複占市場（$M=2$）を想定すれば，(9-3)式は

$$p^F = \frac{a + 2(N+1)c}{2N+3} = \frac{(1/2N)a + (1+1/N)c}{1+3/2N}$$

と改められる．上式より，$N$が十分多くなれば，価格$p$が限界生産費用$c$に近似することは明らかである．というのは，小売業者数が多くなれば，前述したように，生産者は小売価格を維持するために（限界費用以下ではあるが）出荷価格を引き上げる．そして，小売業者数が十分に多くなれば，出荷価格は限界費用へと近似する．一方，小売業者の粗マージンはゼロに近似するから，結局，小売価格＝出荷価格＝限界費用が成立するのである．

## 3 フランチャイズ料を徴収しない場合

命題1は生産者が小売業者からフランチャイズ料を徴収することに依存している．このことを明らかにするために，この節では，生産者がフランチャイズ料を徴収しない場合について検討する．

この場合でも，第2段階における小売業者の行動はフランチャイズ料を徴収する場合と同じである．したがって，第1段階において生産者$i$は，(5)式で

表された小売業者の注文行動を予想した上で，ライバル生産者の出荷価格を所与として，自らの利潤を最大にするように出荷価格 $w_i$ を設定する．この生産者の意思決定問題は

$$\max_{w_i} \pi_i = (w_i - c) N q_i$$

$$= (w_i - c) N \left\{ \frac{a - (MN + 1 - N) w_i + N \sum_{h \neq i} w_h}{MN + 1} \right\} \quad (10)$$

と定式化される．上記の最大化問題の極大化条件より，反応関数

$$w_i(w_h) = \frac{a + N \sum_{h \neq i} w_h + (MN + 1 - N) c}{2(MN + 1 - N)}, \quad i, h = 1, \ldots, M, \text{ and } i \neq h \quad (11)$$

が導かれる．したがって，均衡における出荷価格は

$$w^L = c + \frac{a - c}{MN - N + 2} > c \quad (12\text{-}1)$$

となる．ここで，上付き添え字 $L$ は線形価格制を示す．また，このときの小売価格，小売業者および生産者の利潤は，

$$p^L = c + \frac{(2MN - N + 2)(a - c)}{D_L} \quad (12\text{-}2)$$

$$y^L = \frac{(MN - N + 1)^2 (a - c)^2}{D_L^2} \quad (12\text{-}3)$$

$$\pi^L = \frac{N(MN + 1)(MN - N + 1)(a - c)^2}{D_L^2} \quad (12\text{-}4)$$

と計算される．ここで，$D_L = (MN + 1)(MN - N + 2) > 0$ である．この状況では (11)式より，出荷価格は戦略的に補完的である．また(12-1)式より，出荷価格は限界生産費用以上に設定され，需要曲線の上方シフトは出荷価格の上昇を導く（この点も第1章の基本モデルの命題2と同様である）．

チャネルの数 ($M$) や各チャネルの小売業者数 ($N$) が異なる値をとるとき，出荷価格や小売価格がどうなるかを見ておこう．いま $M$ を一定として，各チャネルの小売業者数が多くなったとしよう．このとき，出荷価格などの他の条

件を一定とすれば，フランチャイズ料を徴収する場合と同様に，各チャネルの残余需要曲線（$p$ と $q_i$ の関係）は下方にシフトする．この状況で各小売業者は注文量を減らすから，小売業者数の増加を考慮したとしても，生産者の派生需要曲線（$w$ と $q_i$ の関係）は $D_i^0$ から $D_i$ へと下方にシフトする．それゆえ，フランチャイズ料を徴収しない生産者 $i$ は，自らの利潤 $(w_i - c)q_i$ を最大にするために出

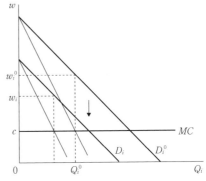

**図表 3-3** 生産者の派生需要と出荷価格の設定

荷価格を $w_i^0$ から $w_i$ へと引き下げるのである（図表 3-3 を参照のこと）．このことは小売価格の下落と総供給量の増加を導く．

また，$M$ が増えると（$N$ を一定とすれば総小売業者数も増える），チャネル間の競争が激しくなって各チャネルの販売量は減る．このことによって生産者に対する派生需要は下方にシフトするから，生産者は出荷価格を引き下げる．

さらに，チャネルの数や各チャネルの小売業者数が多ければ，出荷価格や小売価格は限界費用に近似する．いま，複占チャネルを想定したとしても，そこでの出荷価格および小売価格は

$$w^L = c + \frac{a-c}{N+2}$$

$$p^L = c + \frac{(3N+2)(a-c)}{(2N+1)(N+2)}$$

であるから，小売業者数が多くなれば，ともに限界費用に近似することになる．したがって，次の命題が導かれる．

## 【命題 2】

同質財を供給するチャネルの間で価格―数量競争が行われる状況では，生産者がフランチャイズ料を徴収するか否かにかかわらず，小売業者数が多ければ小売価格が限界生産費用に近似するという意味で，市場は競争的である．

### フランチャイズ料の役割

ここで，フランチャイズ料を徴収する場合（(9)式）と徴収しない場合（(12)式）の諸変数の均衡値を比べてみよう．まずはじめに，出荷価格，各小売業者の注文量，小売価格およびチャネルの利潤については，

$$w^F < c < w^L \tag{13-1}$$

$$q^F > q^L \tag{13-2}$$

$$c < p^F < p^L \tag{13-3}$$

$$z^F < z^L = \pi^L + Ny^L \tag{13-4}$$

が成立する[7]．実際，フランチャイズ料を徴収する場合には，各生産者は限界費用を下回る水準に出荷価格を設定するのにたいし（(9-1)式），フランチャイズ料を徴収しない場合には，出荷価格は限界費用よりも高く設定される（(12-1)式）．したがって，各小売業者の注文量は（出荷価格が低い）フランチャイズ料を徴収するときの方が多い．その結果，総供給量が多くなり，小売価格は低くなる．また，販売量と逆順関係にあるチャネルの利潤が少なくなると同時に，正順関係にある消費者余剰および社会的余剰は増加する．

さらに，生産者の利潤を比べれば，

$$\pi^F - \pi^L = \frac{(D_L^2 - ND_F^2)(MN - N + 1)(a-c)^2}{D_L^2 D_F^2}$$

$$\sim D_L^2 - ND_F^2 = (MN+1)(MN+2-N)^2 - N\{MN(M-1) + M + 1\}^2$$

を得る（〜は同符号を意味する）．上式は

$$0 < N < \frac{-(M-1) + \sqrt{1 + 14M + M^2}}{2M(M-1)} \equiv f(M)$$

であれば正である．ここで，$f(M)$ は $M > 1$ において $M$ の減少関数であり，$M = 2, 3$ の時の値は $(-1 + \sqrt{33})/4 \fallingdotseq 1.186$，$(-2 + 2\sqrt{13})/12 \fallingdotseq 0.434$ である．したがって，

---

[7] $p^F - p^L = -\dfrac{2(a-c)M(MN+1-N)^2}{(MN+2-N)(MN+1)\{(M-1)MN+1+M\}} < 0$ である．

$$\pi^L < z^F, \quad \text{if} \quad M=2 \quad \text{and} \quad N=1 \tag{13-5}$$

$$z^F < \pi^L, \quad \text{if} \quad M \geq 3 \quad \text{or} \quad N \geq 2 \tag{13-6}$$

となる．すなわち，生産者の利潤はフランチャイズ料の徴収によって増加することもあるし，減少することもある．というのは，フランチャイズ料を徴収しない場合には，二重マージンゆえにチャネル間競争が緩和され，チャネルの利潤は増えるが，それを構成する小売業者の利潤も（フランチャイズ料を徴収する場合の）ゼロから正に増えるからである．フランチャイズ料を徴収しない状況では，総小売業者数 $MN$ が多ければ小売業者に生じる利潤は少なくなり，生産者の利潤は，競争緩和によってチャネルの利潤が増えるため，フランチャイズ料を徴収する場合よりも多くなる．実際，第1章の基本モデル（$M=2$ および $N=1$）の状況を除けば，生産者の利潤はフランチャイズ料を徴収しないときの方が多くなっている．

## 4　垂直的統合

この節では，生産者が小売業者を垂直的に統合し，消費者に財を直接販売する状況を分析し，前節までの結果と比較する．

**垂直的統合**

$M$ 人の生産者の各々が $N$ 個の小売店舗を垂直的に統合し，財を消費者に直接販売するものとする．この状況で，各生産者は他の生産者の販売量を所与として，自らの利潤を最大にするように自らの $N$ 個の店舗での販売量を決定する．いま，店舗 $ij$ での販売量を $q_{ij}$ とすれば，生産者 $i$ の意思決定問題は

$$\max_{Q_i} z_i = \pi_i = \sum_{j=1}^{N}(p-c)q_{ij} = (a - Q_{-i} - Q_i - c)Q_i \tag{14}$$

と定式化される．ここで，$Q_i = \sum_j q_{ij}$ はチャネル $i$ の販売量，$Q_{-i} = Q - Q_i$ はチャネル $i$ を除く販売量の和である．上記の最大化問題の極大化条件

$$\frac{\partial z_i}{\partial Q_i} = a - Q_{-i} - 2Q_i - c = 0 \tag{15}$$

より，反応関数

$$Q_i = \frac{a - Q_{-i} - c}{2}, \quad i = 1, \ldots, M \tag{16}$$

が導かれる．上式を連立して解けば，均衡における生産者 $i$ の総販売量は

$$Q_i^V = \frac{a - c}{M + 1} \tag{17}$$

で与えられる．また，このときの小売価格および各生産者の利潤は，

$$p^V = \frac{a + Mc}{M + 1} \tag{18-1}$$

$$z^V = \frac{(a - c)^2}{(M + 1)^2} \tag{18-2}$$

と計算される．ここで，上付き添え字 $V$ は垂直的統合を示す．この均衡は，$M$ 人の生産者が消費者に直接販売する場合のクールノー均衡と一致し，小売価格は生産者あたりの小売店舗数から独立である．

この際留意すべきことは，垂直的統合の状況では，$M$ 人の生産者の各々が $N$ 個の小売店舗での販売量を決めるということである．いま仮に，各生産者が出荷価格を限界費用 $c$ の水準に設定し，各小売店舗の責任者が注文量を決めるとすれば，$MN$ 個の店舗の各々は $(a-c)/(MN+1)$ を注文し，小売価格は $(a+MNc)/(MN+1) < p^V$ となる．その意味で垂直的統合は，出荷価格を $c$ に設定することとは異なり，小売市場で競争するプレーヤーの数を $MN$ から $M$ へと減らすことによって，チャネル間競争を緩和するのである．

**比較**

これまでの議論を踏まえて，垂直的分離の効果を見てみよう．まず，フランチャイズ料を徴収する場合と統合の場合の小売価格を比べれば

$$p^F - p^V = -\frac{(a-c)(M-1)MN}{(M+1)\{MN(M-1) + (M+1)\}} < 0$$

である．また，フランチャイズ料を徴収しない場合と統合の場合については

第 3 章 小売段階の競争と生産者間の競争

$$p^V - p^L = \frac{(a-c)M\{(M-1)N(N-2)-2\}}{(M+1)(MN+1)(MN+2-N)}$$

であり，上式の右辺分子の中括弧内は

$$1 - \sqrt{\frac{M+1}{M-1}} < N < 1 + \sqrt{\frac{M+1}{M-1}} \iff N = 1 \text{ or } 2$$

のときに負となる．したがって，

$$p^F < p^V < p^L, \quad \text{if} \quad N = 1 \text{ or } 2 \qquad (19\text{-}1)$$
$$p^F < p^L < p^V, \quad \text{if} \quad N \geq 3 \qquad (19\text{-}2)$$

となる．この際留意すべきことはまず第 1 に，生産者がフランチャイズ料を徴収して小売業者を分離する場合，出荷価格が限界生産費用以下に設定され，小売市場におけるプレーヤーの数が増えるため，小売価格は統合時と比べて低くなるということである．その意味で，垂直的分離によってチャネル間競争は激しくなる．他方，フランチャイズ料を徴収しない状況では，小売業者数が少ない場合には垂直的分離によって二重マージンが生じ，チャネル間の競争は緩和される．これにたいして，小売業者数が多い場合には小売市場におけるプレーヤーの数が増えるため，二重マージンが軽減され，チャネル間競争は激しくなる．というのは，垂直的統合時の小売価格は小売業者数から独立であるのにたいして，分離している状況では，小売業者数が多いほど彼らの間の競争が激しくなり，小売価格が下落するからである．

次に，市場での総供給量は，小売価格と逆順関係にあるため，

$$q^L < q^V < q^F, \quad \text{if} \quad N = 1 \text{ or } 2 \qquad (20\text{-}1)$$
$$q^V < q^L < q^F, \quad \text{if} \quad N \geq 3 \qquad (20\text{-}2)$$

が成立する[8]．また，社会的余剰および消費者余剰は販売量と正順関係にあるから，経済厚生の観点からはフランチャイズ料を徴収して小売業者を分離する

---

[8] 垂直的統合の場合には総供給量は小売店舗数から独立であるのにたいして，分離する場合には小売業者数 $N$ の増加関数である．それゆえ，$N$ が多い場合には，分離すれば総供給量が増えるのである．

ことが常に望ましいことになる．さらに，チャネル全体の利潤は小売価格と正順関係にあるから，

$$z^F < z^V < z^L, \quad \text{if} \quad N=1 \text{ or } 2 \tag{21-1}$$

$$z^F < z^L < z^V, \quad \text{if} \quad N \geq 3 \tag{21-2}$$

が成立する．すなわち，チャネル全体の利潤に関しては，$N \geq 3$ の場合においてのみ垂直的統合時に最大となり，$N=1$ or $2$ の場合にはフランチャイズ料を徴収せずに分離する場合が最大となる．というのは，小売業者数が少ない場合には，二重マージンが生じるためチャネル間の競争が緩和されるからである．逆に，小売業者数が多くなって彼らの価格支配力が弱くなれば二重マージンの効果も小さくなり，小売市場におけるプレーヤー数が増えることによって競争が激しくなるため，チャネルの利潤は減ることになる．

最後に，生産者利潤を比べてみよう．まず，フランチャイズ料を徴収する場合と統合の場合を比べれば

$$\begin{aligned}
z^V - z^F &= (a-c)^2 \left[ \frac{1}{(1+M)^2} - \frac{MN-N+1}{\{1+M+(M-1)MN\}^2} \right] \\
&\sim \{1+M+(M-1)MN\}^2 - (1+M)^2(MN-N+1) \\
&= N(M^2N+M+1)(M-1)^2 > 0
\end{aligned}$$

より，$N \geq 1$ では常に $z^V > z^F$ である．また，フランチャイズ料を徴収しない場合と統合の場合を比べれば

$$\begin{aligned}
z^V - \pi^L &= (a-c)^2 \left[ \frac{1}{(1+M)^2} - \frac{N(MN-N+1)}{\{2+(M-1)N\}^2(1+MN)} \right] \\
&= (a-c)^2 \left[ \frac{\{2+(M-1)N\}^2(1+MN) - N(1+M)^2(MN-N+1)}{(1+M)^2\{2+(M-1)N\}^2(1+MN)} \right]
\end{aligned}$$

となる．ここで上式の大括弧内の分子を

$$g(N) = \{2+(M-1)N\}^2(1+MN) - N(1+M)^2(MN-N+1)$$

とおけば，$g(N=1) = (1+M)^2 > 0$ であり，かつ

$$g(N+1)-g(N)=(M-1)\{N(M-1)(3MN+M+4)+M+3\}>0$$

が成立する．それゆえ，$N\geq 1$ では帰納法的に $z^V>\pi^L$ である．以上をまとめると，均衡における生産者利潤の大小関係は

$$0<\pi^L<z^F<z^V, \quad \text{if} \quad M=2 \quad \text{and} \quad N=1 \tag{22-1}$$
$$0<z^F<\pi^L<z^V, \quad \text{if} \quad M\geq 3 \quad \text{or} \quad N\geq 2 \tag{22-2}$$

となる．すなわち，生産者の利潤は常に垂直的統合時に最大になる．また，第1章の基本モデルの想定である $M=2$ かつ $N=1$ の場合においてのみ，生産者の利潤はフランチャイズ料を徴収するときの方が，それを徴収しないときよりも多くなる．これまでの議論は，次の命題にまとめられる．

**【命題3】**
　同質財を供給するチャネルの間で価格―数量競争が行われる状況では，垂直的な分離によって生産者の利潤は減少する．また，各チャネルの小売業者数が3以上であれば，垂直的な分離は，小売価格が低くなるという意味で，チャネル間競争を激しくする．

## 5　結　び

　この章では，寡占的生産者の各々が複数の小売業者を介して同質財を販売するという状況について検討した．この状況でも，生産者がフランチャイズ料を徴収する場合には，出荷価格は限界生産費用以下に設定される．また，需要の増加にともない生産者は出荷価格を引き下げるし，出荷価格は戦略的に代替的である．逆に，フランチャイズ料を徴収しない場合には，出荷価格は戦略的に補完的で，需要の増加は出荷価格の上昇を導く．さらに，市場の競争の程度は生産者数のみに依存するものではなく，生産者が少ない場合でも，小売業者が十分多ければ市場は競争的で，小売価格は限界費用に近似する．すなわち，小売段階の競争が激しくなれば，生産者間の競争も激しくなるのである．このことは，小売業者の数が多い「最寄り品」の分野における生産者の粗利益率が，「買い回り品」の分野と比べて低くなっていることを説明する[9]．最後に，生

産者による小売業者の分離は，フランチャイズ料を徴収する場合にはチャネル間の競争を激しくする．またフランチャイズ料を徴収しない場合でも，垂直的な統合が小売段階におけるプレーヤーの数を減らすため，小売業者数が多ければ垂直的な分離はチャネル間競争を激しくする．このことは，生産者による小売業者の分離がチャネル間の競争を緩和するというチャネル間で価格―価格競争が行われる状況での結果とは対照的である．

## 第3章補論　小売段階の競争と生産者間の競争：実証

### 補-1　はじめに

　市場の競争性は，従来，類似した財を供給する生産者の数に依存するとされてきた．他面，生産者が財を消費者に直接販売することは稀で，多くの場合，そのプロセスには小売や卸などの流通業者が介在している．これらの流通業者間の競争は，生産者（またはチャネル）間の競争にいかなる影響を及ぼすのか？　第3章で論じたように，小売業者が多くなれば生産者のマージンは少なくなる．実際，小売店舗数の多い食品などの最寄り品の分野では，生産者数が多くなくても，小売業者間の競争が激しいために，生産者の利益率は必ずしも高くはない．この補論では，小売段階の競争が生産者間の競争にいかなる影響を及ぼすかを実証的に検討する．主な結論は，生産者の売上高利益率は小売業者が多い場合には低くなるということである．

　Bain (1951)によって産業利潤率と集中度の間に正の関係が観察されて以降，市場の競争性については多くの実証研究が行われてきた．彼によれば，集中度の高い産業では共謀が成立しやすいため，価格が高く設定されて産業利潤率が高くなる反面，経済厚生は悪化する．したがって，独占禁止法にもとづく規制が必要となる．これにたいして Demsetz (1973)は，産業利潤率と集中度の間の正の関係は，効率的な企業が高いシェアを獲得し，集中度が高くなると同時

---

9）この点に関する実証については，成生・行本 (2005) およびこの章の補論を参照のこと．

に利潤率も高くなるためであると主張している．この考えに依拠すれば，高い集中度は高い効率を意味するから，規制は不要となろう．これを受けて，従来の産業別のデータを用いた研究に加えて，企業別データを用いた実証研究も行われている．

産業利潤率と集中度の関係について，我が国のデータを用いた実証研究としては植草（1982）や土井（1986）などがあり，産業の利益率と集中度の間に正で有意な関係があるという結果を得ている．一方，小田切（1988, 1992）や泉田ほか（2004）は，企業の利潤率を被説明変数とした実証を行い，企業の利益率にたいしては当該企業のマーケット・シェアが正で有意な効果を持つのにたいして，産業の集中度は有意な効果を持たないと論じている．これらの結果は，Demsetz（1973）の主張を支持しているように思われる．

従来の研究では生産者間の競争のみが分析対象となっているのにたいして，この補論では，小売業者の数が産業の利益率に及ぼす効果について検討する．多くの先行研究では，被説明変数として「総資産利益率」が用いられているのにたいして，第3章のモデルでは小売業者間の競争が影響を及ぼすのはプライス・コスト・マージンであるため，この補論ではそれを反映する売上高利益率を被説明変数として用いる．

以下の構成は次のとおりである．まず次項では，第3章の結果を踏まえて，「生産者の売上高利益率が小売業者数の減少関数となる」という実証仮説を導出する．3項では，実証で用いるデータと変数について説明する．4項では実証結果を述べる．5項は要約である．

## 補-2　仮　　説

この項では，第3章の議論を踏まえて，「生産者の売上高利益率が小売業者数の減少関数である」という仮説を導出する．

同質財を供給するチャネルの間で価格—数量競争が行われる状況で，生産者がフランチャイズ料を徴収する場合，小売価格は（第3章の(9-3)式より）

$$p^F = c + \frac{a-c}{D_F}$$

で与えられた．ここで，$D_F = MN(M-1) + M + 1 > 0$ である．したがって，フランチャイズ料を含む生産者の売上高利益率は，

$$\frac{(p^F - c)q^F}{p^F q^F} = \frac{p^F - c}{p^F} = \left[\frac{a-c}{D_F}\right] / \left[c + \frac{a-c}{D_F}\right]$$

$$= \frac{a-c}{cD_F + (a-c)} = \frac{a-c}{a + M(MN - N + 1)} \quad (A1)$$

と計算される．ここで，$q^F$ は二部料金制のもとでの各生産者の販売量であり，上式は生産者数 $M$ や小売業者数 $N$ の減少関数である[a]．

また，生産者がフランチャイズ料を徴収しない場合の出荷価格は（第3章の (12-1) 式より）

$$w^L = c + \frac{a-c}{MN - N + 2} > c$$

であるから，生産者の売上高利益率は，

$$\frac{(w^L - c)q^L}{w^L q^L} = \frac{w^L - c}{w^L} = \frac{a-c}{a + (MN - N + 1)c} \quad (A2)$$

と計算される．ここで，$q^L$ は線形価格制のもとでの各生産者の販売量である．上式も生産者数 $M$ および小売業者数 $N$ の減少関数である．したがって，生産者がフランチャイズ料を徴収するか否かにかかわらず，財が同質的であれば，生産者のマージン率は小売業者数の減少関数となる．

他方，財が十分に差別化されている場合には，例えば序章で論じた独占生産者のように，小売業者数が多くなって小売マージンが少なくなれば，彼は出荷価格を引き上げて小売価格の下落を補正する．その結果，フランチャイズ料を含む生産者の利益は変わらない．また，差別化された財を供給する寡占生産者の場合には，小売業者数が増えれば生産者の売上高利益率は低下するが，彼ら

---

a) 小売業者数が増えて小売マージンが低くなると，各生産者は出荷価格を引き上げる方向で調整するが，このことは（フランチャイズ料を含む）粗利益率に影響を与えない．また，粗利益率が小売業者数の減少関数であるということは，各生産者の限界生産費用が異なっていても成立する．

が一定の価格支配力を持っているため，生産者が消費者に直接販売する場合のクールノー均衡の売上高利益率に漸近し，ゼロまで下がることはない．

以下では，小売段階の競争の程度と産業の売上高利益率の関係を実証的に検討する．まずはじめに，小売業者を考慮しない場合の寡占均衡における生産者 $i$ の売上高利益率（Larnerの独占度）は，

$$L_i = \frac{(p_i - c_i)q_i}{p_i q_i} = \frac{S_i}{\varepsilon} \tag{A3}$$

であるから，産業の売上高利益率は

$$\sum_i S_i L_i = \frac{H}{\varepsilon} \tag{A4}$$

で与えられることに留意しよう[b]．ここで，$S_i$ は生産者 $i$ のマーケットシェア，$\varepsilon$ は需要の価格弾力性，$H(=\sum_i S_i^2)$ はハーフィンダール指数である．この補論では，これに小売業者数を説明変数として付け加える．また，先行研究で説明変数として用いられ有意な結果を得ていた産業の成長率，輸出比率，資本の調整項を加えた分析も行う[c]．

## 補-3 変数とデータ

この項では，実証分析で用いられる諸変数について説明する．まず，被説明変数である産業の売上高利益率として『わが国企業の経営分析』に掲載されている業種別の売上高総利益率（$GMR$：Gross Margin Rate）を用いる[d]．この指標は在庫変動を含んでいるが，固定費用や利子支払いを含んでおらず，他の利益概念と比べて第3章で検討した「マージン率」に近いと考えられる．$GMR$ が

---

b) この点については，例えば丸山・成生（1997）を参照のこと．
c) 植草（1982）では需要の成長率や資本係数，土井（1986）では輸出比率や産業成長率，小田切（1988）では産業生産額成長倍率，小田切（1992）では産業広告費／国内生産額，泉田ほか（2004）では市場規模変動比が利益率に有意な効果を持っている．
d) 『わが国企業の経営分析』は資本金10億円以上の企業を対象としている．代替的なデータとして『工業統計表』があるが，これは事業所ベースで，部品のみを生産している事業所を含んでいるため，製品の利益率の測定には必ずしも適していない．

高い業種は医薬品，化粧品・歯磨，清涼飲料，油脂加工製品などで，低い業種は石油精製，自動車，その他畜産食料品，時計製造などである．

次に説明変数であるが，第3章のモデルでは対称的な生産者を想定しているが，実際には生産者の規模には大きな格差がある．この状況では，生産者数よりもハーフィンダール指数の方が，生産者間の競争の程度を説明する変数として適切であると考えられる．そのため，『東洋経済統計月報』に掲載されている上位5位までの企業のシェアから，ハーフィンダール指数

$$H5 = \sum_{i=1}^{5} S_i^2 \tag{A5}$$

を作成した[e]．ここで，$S_i$ は上位 $i$ 番目の企業のシェアである[f]．また，先行研究との比較を行うために，5社集中度（$CR5 = \sum_{i=1}^{5} S_i$）も作成した．

一方，小売業者数については『商業統計表』に掲載されている商業事業所数（$NOR$：Number of Retail Establishments）を用いた．$NOR$ が大きい業種は，その他の飲食料品，調味料，清涼飲料などの最寄り品で，小さい業種は楽器，電子計算機，事務用・民生用機械器具などの買い回り品である．

また，需要の価格弾力性については，直接これを測る指標がないため，代理変数を作成した．一般に，広告が多くなれば製品差別化が進み，需要の価格弾力性は低くなると考えられる．このため『わが国企業の経営分析』に掲載されている売上高と広告費から，売上高広告費比率（$ASR$：Advertising Sales Ratio）を作成し，需要の価格弾力性の代理変数とした．

追加的な変数として，先行研究で用いられ有意な結果を得ていた産業の成長率，輸出比率，資本の調整項を作成した．まず，産業の成長率（$GR$：Growth Rate）として，『わが国の企業経営分析』に掲載されている売上高を『国民経済計算』に掲載されているデフレータで除して実質売上高を計算し，その当該

---

e) 代替的なデータとして公正取引委員会が発表している累積集中度やハーフィンダール指数があるが，『東洋経済統計月報』の方が消費財の品目数が多く，集中度の低い品目も含んでいるため，サンプルバイアスを回避する意味からもこれを使用した．また，公表されているシェアが上位5社までのため，実際の値は(A5)式で求められる値よりも大きくなる．

f) 1991年の乳酸菌飲料の「ヤクルト」のシェアは87.5％である．逆に，$H5$ が最も低い品目は紳士外衣で56.84である．

年度の前後2年間の成長率を用いた．市場が拡大している産業では，短期的には高い価格を維持できるため，利益率も高くなることが予想される．

また，輸出をコントロールするために，『わが国の企業経営分析』に掲載されている輸出売上高比率（$EXPO$：EXPOrt rate）を用いた．輸出が多い産業は国際的な厳しい競争に晒されているため，利益率が低くなることが予想される．$EXPO$ は買い回り品で高く，（店舗数の多い）最寄り品で低いため，$NOR$ との間に高い負の相関が生じている．

さらに，資本の調整項として『わが国の企業経営分析』に掲載されている総資本回転率（$CT$：Capital Turnover）を用いた．この変数は，売上高を期首・期末の平均総資本で除したものである．$CT$ が低い（売上高に対し分母の資本が大きい）産業では，大きな資本を必要とするため参入障壁が高くなっており，売上高利益率は高くなることが予想される．

最後に，産業についてコントロールするために，『わが国の企業経営分析』の産業分類にもとづいて各産業ごとにダミー変数を作成し，産業ダミー（$IND$：INDustry）とした．

これらの変数を作成する際に依拠したデータベースの間で，業種についての分類が異なっているため，これらを対応させる必要がある．そこで，被説明変数である $GMR$ が掲載されている『わが国企業の経営分析』の産業分類と $NOR$ が掲載されている『商業統計表』の分類，および $H5$ を算出した『東洋経済統計月報』とをそれぞれ対応させている．例えば，『わが国企業の経営分析』に掲載されている乳製品製造業に対しては，『商業統計表』に記載されている牛乳小売およびスーパー・百貨店の $NOR$ の合計を対応させている．また，『東洋経済統計月報』から算出した牛乳（加工乳を含む），乳製品乳酸菌飲料，ヨーグルト（ハード），プロセスチーズ，ナチュラルチーズ，家庭用バター，家庭用マーガリン，アイスクリームの $H5$ を対応させている[g]．

---

g) 他の商品分野については，成生・行本（2005）または行本（2008）の「対応表」を参照のこと．ただし，これらのデータベース間の対応関係には明確な基準があるわけではない．実際，多くの生産者は多角化によって複数の分野の製品を生産しているし，小売業者も単一の分野の製品のみを販売しているわけでもない．したがって，この「対応表」は，公表されている品目名や企業名を参照しつつ，筆者が適切と考える対応関係を記したものであり，恣意性が完全に排除されているわけではない．

|  | 平均 | 標準偏差 | 最大 | 最小 |
|---|---|---|---|---|
| GMR | 30.70 | 9.31 | 56.48 | 10.68 |
| H5 | 2173.95 | 1589.39 | 9418.00 | 56.84 |
| NOR | 394545 | 399020 | 1182155 | 10577 |
| ASR | 2.37 | 1.66 | 8.64 | 0.00 |
| GR | 5.73 | 11.53 | 52.46 | −22.65 |
| EXPO | 13.80 | 16.01 | 60.74 | 0.00 |
| CT | 1.10 | 0.29 | 2.23 | 0.65 |
| CR5 | 75.69 | 19.15 | 100.00 | 15.40 |

|  | GMR | H5 | NOR | ASR | GR | EXPO | CT | CR5 |
|---|---|---|---|---|---|---|---|---|
| GMR | 1.0000 | | | | | | | |
| H5 | 0.0944 | 1.0000 | | | | | | |
| NOR | 0.1448 | 0.0519 | 1.0000 | | | | | |
| ASR | 0.5725 | 0.1568 | 0.5262 | 1.0000 | | | | |
| GR | 0.0302 | 0.0024 | −0.0094 | 0.0341 | 1.0000 | | | |
| EXPO | −0.3854 | 0.0761 | −0.6680 | −0.4181 | 0.0599 | 1.0000 | | |
| CT | −0.1092 | 0.0080 | 0.4407 | −0.0055 | 0.1094 | −0.2559 | 1.0000 | |
| CR5 | −0.0414 | 0.7320 | −0.0798 | −0.0576 | −0.0243 | 0.2248 | 0.0438 | 1.0000 |

**図表 3-A1** 基本統計量と相関行列（サンプル数 339）

『東洋経済統計月報』および『わが国企業の経営分析』は毎年発行されているが，『商業統計表』は3年ごとの発行であり，『わが国企業の経営分析』の業種別データがすべて公表されているのは1988年から1994年までのため，サンプルは（1988年，91年，94年の）3期分である．『東洋経済統計月報』で公表されている品目に変更があるため，サンプル数は1988年が91，1991年が114，1994年が134の総計339である[h]．これらのデータの基本統計量と相関行列は図表3-A1に示されている．この表から，H5，NOR，ASRはいずれもGMRとの間に正の相関があること，また，NORとEXPO，CTの相関がそれぞれ−0.6680，0.4407と高くなっていることが分かる．さらに，H5は公表されて

---

[h] 『東洋経済統計月報』には，小売店で販売されていない生産財も多く含まれているが，これらについては除いてある．また，医薬品のうち処方薬は公定価格が厚生労働省によって定められており，この補論の理論モデルで想定している生産者間の価格競争があるとは考えられないため除いてある．

いる品目が頻繁に変更されており，3期間に233品目が掲載されているが，3期ともデータが揃っている品目が30しかないのに対して，1期（2期）しかデータがない品目は157（46）となっており，データセットはアンバランスである．このため本補論では，パネル分析ではなく，年次ダミーを加えたpooled OLSを用いた[i]．

## 補-4 分析結果

この補論で検討する回帰式は，

$$GMR_{it} = \alpha_t + \beta_1 H5_{it} + \beta_2 NOR_{it} + \beta_3 ASR_{it} + \varepsilon_{it} \quad (\text{I})$$
$$GMR_{it} = \alpha_t + \beta_1 H5_{it} + \beta_2 NOR_{it} + \beta_3 ASR_{it} + \beta_4 GR_{it} + \beta_5 EXPO_{it} + \beta_6 CT_{it} + \varepsilon_{it} \quad (\text{II})$$

と表される．ここで，$\alpha_t$ は年次ダミーである．（I），（II）式の各回帰係数の予想される符号は，$\beta_1 > 0$，$\beta_2 < 0$，$\beta_3 > 0$，$\beta_4 > 0$，$\beta_5 < 0$，$\beta_6 < 0$ である．

### 回帰結果

回帰分析の結果は，図表3-A2に示されている．上の表にはハーフィンダール指数（$H5$）を用いた回帰結果を，下の表には上位5社集中度（$CR5$）を用いた回帰結果を示してある．$NOR$ と $ASR$ の符号は，いずれも予想と一致しており，かつ有意である．なお，$NOR$ と $GMR$ の単純相関は正であったが，回帰係数の符号は負となっている．一方 $H5$ については，追加変数をコントロールした（II）式では，回帰係数の符号は予想通り正であるが有意性は低い．また，追加した説明変数である $GR$，$EXPO$ の符号はそれぞれ予想通りでかつ有意であった（ただし，$CT$ の回帰係数の符号は予想どおり負であるが有意ではない）．さらに，上の表には多重共線性の問題を検討するために，（II）式の回帰における $VIF$（Variance Inflating Factor）と $1/VIF$ の値を示している．$NOR$ と $EXPO$，$CT$ の相関が高いため多重共線性の問題が生じている可能性が疑われるが，$VIF$ の値がこれらの変数で最も高い $NOR$ でも 2.80 にとどまっているため，

---

[i] パネルデータが極端にアンバランスな場合，ハウスマンテストは固定効果モデルを推奨するが，自由度が大きく減少するという問題がある．

ハーフィンダール指数による回帰結果. 被説明変数：$GMR$

| | \_pooled OLS\_ | | | | | | | |
|---|---|---|---|---|---|---|---|---|
| | （Ⅰ） | | | （Ⅱ） | | | | |
| | 回帰係数 | t値 | p値 | 回帰係数 | t値 | p値 | VIF | 1/VIF |
| $H5$ | $-5.84\times 10^{-5}$ | $-0.23$ | 0.822 | $2.45\times 10^{-4}$ | 1.02 | 0.306 | 1.08 | 0.9241 |
| $NOR$ | $-5.34\times 10^{-6}$ | $-4.44$ | 0.000 | $-1.24\times 10^{-5}$ | $-8.07$ | 0.000 | 2.80 | 0.3569 |
| $ASR$ | 3.83 | 13.21 | 0.000 | 3.54 | 12.65 | 0.000 | 1.62 | 0.6191 |
| $GR$ | | | | $9.94\times 10^{-2}$ | 2.41 | 0.017 | 1.69 | 0.5909 |
| $EXPO$ | | | | $-2.67\times 10^{-1}$ | $-8.48$ | 0.000 | 1.90 | 0.5271 |
| $CT$ | | | | $-1.01$ | 0.65 | 0.516 | 1.52 | 0.6580 |
| $Adj\text{-}R$ | 0.3639 | | | 0.4790 | | | | |

（参考）集中度による回帰結果. 被説明変数：$GMR$

| | \_pooled OLS\_ | | | | | |
|---|---|---|---|---|---|---|
| | （Ⅰ） | | | （Ⅱ） | | |
| | 回帰係数 | t値 | p値 | 回帰係数 | t値 | p値 |
| $CR5$ | $-1.48\times 10^{-2}$ | $-0.70$ | 0.487 | $2.10\times 10^{-2}$ | 1.05 | 0.296 |
| $NOR$ | $-5.39\times 10^{-6}$ | $-4.47$ | 0.000 | $-1.24\times 10^{-5}$ | $-8.06$ | 0.000 |
| $ASR$ | 3.81 | 13.31 | 0.000 | 3.58 | 12.96 | 0.000 |
| $GR$ | | | | $1.00\times 10^{-1}$ | 2.43 | 0.015 |
| $EXPO$ | | | | $-2.69\times 10^{-1}$ | $-8.44$ | 0.000 |
| $CT$ | | | | $8.92\times 10^{-1}$ | 0.57 | 0.567 |
| $Adj\text{-}R$ | 0.3647 | | | 0.4791 | | |

**図表3-A2** 回帰分析の結果（サンプル数339）

この問題は深刻ではないと考えられる.

　他方，上位集中度（$CR5$）を用いた回帰分析でも $NOR$ と $ASR$ はやはり予想どおりの符号でかつ有意である．ここでも $CR5$ の符号は，（Ⅱ）式の回帰では予想と一致したが有意性は低い．また，追加した変数のうち $GR$ と $EXPO$ の符号はそれぞれ予想通りでかつ有意であった．

　したがって，「産業の売上高利益率は小売店舗数が多いと低く，需要の価格弾力性が小さいと高い」という仮説は支持されている．一方，上位生産者のシェアが大きいという意味で市場が寡占的であったとしても，産業の売上高利益率は必ずしも高くはない．すなわち，生産者数が少なくても，小売市場が十分に競争的であれば，生産者の得る利潤はそれほど大きくはないのである．また，

「産業の売上高利益率は，成長率が高いと高く，輸出比率が高いと低い」という追加変数についての仮説もそれぞれ支持されている．

　ここでの結果を先行研究と比較すれば，第1に，調整済み決定係数は（Ⅰ）式では0.36，（Ⅱ）式では0.47であり，先行研究と比べても低くはない．また，H5やCR5の符号は追加変数をコントロールすると正になっているが，有意ではないという点で，産業レベルのデータを用いた先行研究とは異なっている．もっとも，企業レベルのデータを用いた先行研究では，H5やCR5は有意な効果を持ってはいない．

**産業をコントロールした分析**

　さらに，追加的な分析として，産業に特有な要因の影響をコントロールするために，産業ダミーを追加した回帰分析を行った．回帰式は，

$$GMR_{it} = \alpha_t + \beta_1 H5_{it} + \beta_2 NOR_{it} + \beta_3 ASR_{it} + IND_i + \varepsilon_{it} \quad (\text{Ⅲ})$$

である．なお，ここでは追加的な説明変数である $GR$, $EXPO$, $CT$ は除いてある．結果は，図表3-A3に示されている．ここでも，$NOR$ と $ASR$ は予想通りの符号で，かつ有意である．他方，$H5$ は予想通りの符号であるが有意性は低い．また，調整済み決定係数は0.97を越えている[j]．したがって，産業をコントロールした分析においても，やはり，「産業の売上高利益率は小売店舗数が多いと低く，需要の価格弾力性が小さいと高い」という仮説は支持されている．

## 補-5　結　び

　チャネルの間で価格―数量競争が行われる状況では，第3章で論じたように，市場の競争性は生産者数のみならず小売業者数にも依存し，生産者が少ない場合でも，小売段階の競争が激しければ，生産者間の競争も激しくなり，産業の売上高利益率は低くなる．このことは，次のように説明される．小売市場での

---

[j] なお，$GR$, $EXPO$, $CT$ などを追加して回帰分析を行っても，主要な変数である $NOR$ や $ASR$ はやはり予想された符号で，かつ有意であった．

産業ダミーを追加した回帰結果. 被説明変数：$GMR$

| | pooled OLS | | |
|---|---|---|---|
| | 回帰係数 | t 値 | p 値 |
| $H5$ | $1.08 \times 10^{-5}$ | 0.19 | 0.849 |
| $NOR$ | $-4.01 \times 10^{-5}$ | $-7.81$ | 0.000 |
| $ASR$ | 1.59 | 5.39 | 0.000 |
| その他の畜産食料品製造業 | $-1.42 \times 10^{1}$ | $-18.43$ | 0.000 |
| 調味料製造業 | 7.91 | 7.06 | 0.000 |
| 精穀・製粉業 | $7.07 \times 10^{-1}$ | 0.50 | 0.619 |
| パン・菓子製造業 | $2.07 \times 10^{1}$ | 11.75 | 0.000 |
| 動植物油脂製造業 | 4.24 | 2.91 | 0.004 |
| 清涼飲料製造業 | $1.84 \times 10^{1}$ | 16.75 | 0.000 |
| 酒類製造業 | $-6.23$ | $-8.45$ | 0.000 |
| その他の食料品・飲料製造業 | 7.20 | 6.81 | 0.000 |
| 衣服・その他の繊維製品製造業 | $-1.12 \times 10^{1}$ | $-6.66$ | 0.000 |
| 化学肥料製造業 | $-3.76 \times 10^{1}$ | $-10.33$ | 0.000 |
| 油脂加工製品・洗剤製造業 | $-1.93 \times 10^{1}$ | $-4.81$ | 0.000 |
| 医薬品製造業 | $-4.88$ | $-1.34$ | 0.182 |
| 化粧品・歯磨製造業 | $-9.76$ | $-2.36$ | 0.019 |
| 石油精製業 | $-4.41 \times 10^{1}$ | $-12.58$ | 0.000 |
| その他の石油・石炭製品製造業 | $-1.57 \times 10^{1}$ | $-5.34$ | 0.000 |
| 事務用・民生用機械器具製造業 | $-3.45 \times 10^{1}$ | $-9.20$ | 0.000 |
| 総合電器機械器具製造業 | $-2.92 \times 10^{1}$ | $-10.03$ | 0.000 |
| 民生用電気機械器具製造業 | $-3.48 \times 10^{1}$ | $-11.32$ | 0.000 |
| 通信機械器具製造業 | $-3.27 \times 10^{1}$ | $-11.07$ | 0.000 |
| 電子計算機・同附属装置製造業 | $-2.70 \times 10^{1}$ | $-7.29$ | 0.000 |
| 自動車・付随車製造業 | $-4.51 \times 10^{1}$ | $-12.88$ | 0.000 |
| 光学機械器具・レンズ製造業 | $-3.40 \times 10^{1}$ | $-8.91$ | 0.000 |
| 時計製造業 | $-4.19 \times 10^{1}$ | $-11.35$ | 0.000 |
| 楽器製造業 | $-3.37 \times 10^{1}$ | $-8.80$ | 0.000 |
| がん具・運動用具製造業 | $-2.98 \times 10^{1}$ | $-7.67$ | 0.000 |
| ペン・鉛筆等事務用品製造業 | $-2.86 \times 10^{1}$ | $-8.06$ | 0.000 |
| $Adj\text{-}R$ | 0.9758 | | |

**図表 3-A3** 財・産業をコントロールした回帰分析の結果（サンプル数339）

数量競争が行われる場合，小売業者数が増えれば，彼らの間での競争の結果，小売価格は低下し，チャネルの利潤は減少する．したがって，生産者がフランチャイズ料を徴収する場合には，フランチャイズ料を含む生産者の利潤（＝チャネルの利潤）も減少することになる．一方，生産者$i$がフランチャイズ料を徴収しない場合でも，小売業者が多くなれば，他のチャネルの販売量が増える

から，自らのチャネルの残余需要は下方にシフトする．この状況で，系列の小売業者は注文を減らすから，小売業者数が増えたとしても，生産者 $i$ の派生需要は下方にシフトする．この状況で彼は，自らの利潤を最大にするように出荷価格を引き下げるため，利潤が減るのである（図表3-3を参照のこと）．

　ここでの実証結果は，「小売業者間の競争が激しくなれば，生産者間の競争も激しくなる」という主張に沿うものである．確かに，差別化された財を供給する生産者がある程度の価格支配力を持っている場合や，生産者間に著しい費用格差がある場合には，一部の生産者が多くの利益を得ることは可能であるが，小売業者間の激しい競争が生産者間の競争を緩和することはない．そして，財がそれほど差別化されておらず，かつ販売促進上多くの店舗が必要な最寄り品の分野では，たとえ生産者が少なくても，小売業者間で激しい競争が発生するために，高い売上高利益率を享受することができないのである．

# 第 II 部

## チャネルにおける費用削減投資

## 第4章
## 流通業者による費用削減投資
―― 規模効果,契約のタイミングとフランチャイズ料 ――

## 1 はじめに

　生産者が流通業者を介して財を販売する場合,生産者の利益は流通業者の行動にも依存する.そのため,生産者にとって流通業者の行動をいかにコントロールするかということが重要となる.このようなチャネルの調整手段には,序章で論じたように,二重マージンを回避するための上限価格規制や二部料金制の採用などがある.また,流通業者が限界流通費用を削減するための投資(以下では,「費用削減投資」または「投資」と略す)を行う場合には,それを促すための誘因を提供する必要がある.このような投資水準の規定要因としてまず第1に考えられるのは,流通業者あたりの取扱量である.取扱量が増えれば費用削減効果も大きくなるから,流通業者は積極的に投資を行うことになる(規模効果[1]).この章では,第Ⅱ部への導入として,単一チャネルにおける流通業者による費用削減投資について検討する.生産者が流通業者を介して財を販売する状況において,流通業者が費用削減投資を行うとする.このとき,流通業者の数(業者あたりの取扱量),販売契約の種類(二部料金制を採用してフランチャイズ料を徴収するか否か),さらには契約を提示するタイミングの相違(流通業者による投資の前か後か)が,流通業者の投資水準,生産者と流通業者の利潤,さらには消費者厚生や経済厚生にいかなる影響を及ぼすかを検討する.

---

　1) 規模効果については,Schmpeter (1942), Arrow (1962), Demsetz (1969), Tirole (1988) や成生・フラス (2011) などを参照のこと.

この分野の先行研究の1つに Banerjee and Lin (2003) がある．彼らは，上流企業を独占的部品サプライヤー，下流企業を組み立て企業とした上で，2種類の契約提示のタイミングのもとで，下流企業の費用削減投資を分析している．彼らの主張は，上流企業を独占的生産者，下流企業を流通業者に読み替えても成立する．以下で検討するモデル1では，第1段階において上流の生産者が財の出荷価格を設定し，その後の第2段階で下流の流通業者が投資水準を決め，最後に流通業者が注文量を決めると想定されている．またモデル2は，流通業者による投資水準の決定と生産者の出荷価格の決定の順序を逆にしたものである．モデル2では，第1段階での流通業者の投資によって限界流通費用が下がると，生産者は出荷価格を引き上げる．このような出荷価格の上昇は流通業者の仕入費用を高めるから，彼らの投資はモデル1のもとでよりも少なくなる．

　また，モデル1で二重マージンを回避するために二部料金制を採用すれば，生産者は出荷価格を低く設定できるから，小売価格も低くなり販売量が増える．このことによって流通業者あたりの取扱量が増えると同時に，出荷価格の低下によって彼らのマージンも増えるため，積極的な投資を行うことになる[2]．他方，モデル2では，第1段階における投資によって実現した限界流通費用を観察した後の第2段階において二部料金契約を提示する生産者は，それ以降の流通業者の利潤を非負にするという制約のもとで，自らの利潤を最大にするように出荷価格とフランチャイズ料を設定する．この状況では，投資費用は埋没しているから，第2段階以降の利潤が非負であれば，流通業者は契約を引き受ける．そして，投資費用を回収できないような高いフランチャイズ料が徴収されることを予想する流通業者は，投資をすればその費用分だけ損失を被るから，第1段階において投資を行わない．すなわち，ホールドアップ問題が生じるのである[3]．このように，契約を提示するタイミングによっては，二部料金制の

---

2) Buehler and Schmutzler (2008) は，チャネル間での価格—数量競争のもとで，1人の流通業者を介して財を販売する状況で，フランチャイズ料を徴収しない場合には，垂直的に統合した企業の方が，分離した下流企業と比べて投資が多くなると主張している．というのは，分離した場合には，出荷価格が限界生産費用よりも高く設定されるからである．一方，成生・新田・岡村・王 (2011) は，フランチャイズ料を徴収する状況では，出荷価格が限界生産費用以下に設定されるため，分離した下流企業の方が多くの投資を行うと述べている．

採用が投資を促進しないこともある.

この章の主な結論は,仮に生産者が契約の種類と提示するタイミングを選択できるのであれば,彼は流通業者による投資に先立って二部料金契約を提示するというものである.このとき,流通業者数の増加はパレートの意味での改悪となるため,生産者は1人の流通業者を介して財を販売することになる.

以下の構成は次のとおりである.まず次節では,モデル1でフランチャイズ料を徴収する場合(モデル1F)としない場合(モデル1L)を分析し,これらのゲームの均衡を求める.3節では,モデル2を分析する.4節では,4つのモデルの均衡を比較し,契約を提示するタイミングの相違や二部料金制の採否が流通業者の投資水準,生産者利潤や経済厚生に及ぼす効果を議論する.最後に5節では,簡単な要約の後に,経験的含意を述べる.

## 2 モデル1:契約が先行

$N$人の流通業者を介して財を販売する独占的生産者を想定する.単純化のために,財の限界生産費用をゼロとし,市場需要が

$$p = a - Q \tag{1}$$

で与えられるとする.ここで,$p$は小売価格,$Q$ ($=\sum_{j=1}^{N} q_j$) は生産量(=総供給量),$q_j$ ($j=1,\ldots,N$) は流通業者$j$の販売量,$a$ ($>0$) はパラメータである.

流通業者$j$は,財1単位あたり$m_j$の流通費用を負担する.販売に先立って彼は,投資を行うことによって限界流通費用を削減することができる.すなわち,$tx_j^2$の費用を負担すれば,限界流通費用を$m_j = \text{Max}\{0, m-x_j\}$にできるとする.ここで,Max$\{X, Y\}$は$X$と$Y$を比較して大きい方の値を返す指示関数である.また,$x_j$は投資による限界流通費用の削減幅(以下では「投資水準」と呼ぶ),$m$は投資水準がゼロ($x_j = 0$)のときの限界流通費用,$t$ ($>0$) は投資効率を表すパラメータである($t$が低いほど投資効率は高い).この種の投資の例と

---

3) ホールドアップ問題については,Klein et al. (1978),Williamson (1975, 1985),さらにはSchmitz (2001)やHermalin and Katz (2009)などを参考のこと.

して,広告を出したり,訓練によって販売員の熟練度を高めれば,その後の(商品説明のための)販売費用が削減されることなどが挙げられる.

以下では,2種類の意思決定のタイミングのもとで,生産者が流通業者からフランチャイズ料を徴収する場合としない場合の4種類のモデルを検討する.モデル1では,第0段階において生産者が流通業者数 $N$ を設定し,第1段階で生産者が出荷価格 $w$ を提示する.これを受けて,第2段階において各流通業者が投資水準を決め,第3段階では各流通業者が自らの注文量を設定する.またモデル1Fでは,モデル1のもとで生産者が二部料金制を採用し,第1段階において出荷価格 $w$ とフランチャイズ料 $F$ を提示する.モデル2については3節で検討する.以下では,極大化の2階条件を保証するために,

$$a > m, \quad N \geq 1 \quad \text{and} \quad t \geq 1 \tag{2}$$

を仮定する[4].

## 2-1 モデル1F:フランチャイズ料を徴収する場合

はじめに,モデル1Fの部分ゲーム完全均衡を後方帰納法を用いて求める.

### 第3段階:流通業者による注文量の設定

第3段階において流通業者 $j$ は,第1段階において生産者が設定した出荷価格 $w$ とフランチャイズ料 $F$,第2段階における各流通業者の投資水準 $x_k$ ($k=1,\ldots,N$),さらには他の流通業者の注文量 $q_k$ ($k \neq j$) を所与として,自らの利潤 $y_j$ を最大にするように注文量 $q_j$ を設定する.この意思決定問題は

$$\max_{q_j} y_j = (p - w - m + x_j)q_j - tx_j^2 - F \tag{3}$$

と定式化される.上記の最大化問題の極大化条件より,反応関数

---

[4] 最初の2つの仮定は当然のものである.3つ目の仮定はBanerjee and Lin (2003) と同じもので,この仮定のもとでは,流通業者が多い場合でも,彼らが投資水準を設定する際の極大化の2階条件が満たされる.この点については注5を参照のこと.

が導かれる．ここで，$Q_{-j} = Q - q_j$ である．いま，上式の $j$ についての総和が $Q = \{N(a-w) - \sum_{j=1}^{N} m_j\}/(N+1)$ であることに留意すれば，流通業者 $j$ の注文量は

$$q_j = \frac{a - w - m + Nx_j - X_{-j}}{N+1} \tag{3-2}$$

で与えられる．また，このときの市場価格および流通業者 $j$ の利潤は

$$p = \frac{a + N(w+m) - X}{N+1} \tag{3-3}$$

$$y_j = \frac{(a - w - m + Nx_j - X_{-j})^2}{(N+1)^2} - tx_j^2 - F \tag{3-4}$$

と計算される．ここで，$X = \sum_{j=1}^{N} x_j$ は各流通業者の投資水準の総和であり，$X_{-j} = \sum_{k \neq j} x_k = X - x_j$ は流通業者 $j$ 以外の投資水準の和である．また (3-2) 式より，流通業者の取扱量は出荷価格およびライバルの投資水準の減少関数であり，自らの投資水準の増加関数である．

### 第2段階：流通業者による投資水準の設定

上述した注文行動を予想する流通業者 $j$ は，第2段階において，第1段階で設定された出荷価格とフランチャイズ料，さらには他の流通業者の投資水準 $x_k$ を所与として，自らの利潤 $y_j$ を最大にするように投資水準 $x_j$ を設定する．この意思決定問題は

$$\max_{x_j} y_j = \frac{(a - w - m + Nx_j - X_{-j})^2}{(N+1)^2} - tx_j^2 - F \tag{4}$$

と定式化される．各流通業者の利潤極大化条件より，彼らの投資水準は

$$x = \frac{N(a - m - w)}{t(1+N)^2 - N} \tag{4-1}$$

で与えられる[5]．上式より，投資水準は出荷価格および流通業者数の減少関数である．また，このときの各流通業者の注文量，市場価格，流通業者の利潤は，

$$q = \frac{(1+N)(a-m-w)t}{t(1+N)^2 - N} \tag{4-2}$$

$$p = a - \frac{N(1+N)(a-m-w)t}{t(1+N)^2 - N} \tag{4-3}$$

$$y = \frac{\{(1+N)^2 t - N^2\}(a-m-w)^2 t}{\{t(1+N)^2 - N\}^2} - F \tag{4-4}$$

と計算される（流通業者は対称的であるから下付き添え字の $j$ を略す）．

### 第1段階：生産者による出荷価格とフランチャイズ料の設定

上述した第2段階以降の部分ゲームの均衡を予想した上で，第1段階において生産者は，流通業者にたいして非負の利潤を与えるという制約のもとで，自らの利潤を最大にするように出荷価格 $w$ とフランチャイズ料 $F$ を設定する．この意思決定問題は

$$\max_{w,F} \pi = wQ + NF, \quad \text{s.t.} \quad y = (p-w-m+x)q - tx^2 - F \geq 0$$

と定式化される．ここで，制約条件が等号で成立することに留意すれば，上記の条件付き最大化問題は，制約条件が付かない

$$\max_{w} z = \pi = (p-m+x)Q - Ntx^2 \tag{5}$$

へと変換される．この問題の極大化条件より，(4-2)〜(4-3)式を考慮すれば，出荷価格は

$$w_1^F = \frac{(a-m)(N-1)\{t(1+N)^2 + N\}}{2ND_1^F} \tag{5-1}$$

で与えられる．ここで，$D_1^F = t(1+N)^2 - 1 > 0$ であり，上付き添え字 $F$ はフラ

---

[5] (2)式の条件のもとでは，2階条件 $2\{N^2 - t(N+1)^2\}/(N+1)^2 < 0$ は満たされる．他のモデルにおいても同様である．

ンチャイズ料を徴収する状況を,下付き添え字1はモデル1を示す.上式より,出荷価格は流通業者数の増加関数である.また,このときの各流通業者の投資水準,販売量,市場価格および生産者の利潤は

$$x_1^F = \frac{(a-m)(N+1)}{2D_1^F} \tag{5-2}$$

$$q_1^F = \frac{(a-m)(N+1)^2 t}{2ND_1^F} \tag{5-3}$$

$$p_1^F = \frac{a+m}{2} - \frac{a-m}{2D_1^F} \tag{5-4}$$

$$z_1^F = \frac{(a-m)^2(N+1)^2 t}{4D_1^F} \tag{5-5}$$

と計算される.

ここで,流通業者数の変化が上記の諸変数に及ぼす効果をみるためには,(5)式の諸変数を$N$で偏微分し,その符号を(2)式の条件のもとで評価すれば,

$$\frac{\partial w_1^F}{\partial N} = \frac{(a-m)\{t^2(1+N)^4 - t(N^2-1)^2 - N^2\}}{2N^2(D_1^F)^2} > 0 \tag{6-1}$$

$$\frac{\partial x_1^F}{\partial N} = -\frac{(a-m)\{t(1+N)^2 + 1\}}{2(D_1^F)^2} < 0 \tag{6-2}$$

$$\frac{\partial p_1^F}{\partial N} = \frac{(a-m)t(1+N)}{(D_1^F)^2} > 0 \tag{6-3}$$

$$\frac{\partial z_1^F}{\partial N} = -\frac{(a-m)^2 t(1+N)}{2(D_1^F)^2} < 0 \tag{6-4}$$

となる.(6-4)式より,第0段階において生産者は,1人の流通業者に財の販売を委ねることになる.

この際留意すべきことは,流通費用が非負であるためには,$x_1^F(N) \leq m$ でなければならないということである.(6-2)式より,$x_1^F(N)$ は$N$の減少関数であるから,流通費用が非負であるための十分条件は,

$$x_1^F(N=1) = \frac{a-m}{4t-1} < m \Leftrightarrow \frac{a}{4t} < m \tag{7}$$

で与えられる[6]．このとき，次の命題が成立する．

**【命題1】**
　モデル1Fの部分ゲーム完全均衡では，(2)式と(7)式の条件のもとで，流通業者数を減らすことがパレートの意味での改善となる．したがって，第0段階において生産者は，1人の流通業者に財の販売を委託する．

　この命題は次のように説明される．いま，ベンチマークとして，費用削減投資が行われない状況（例えば，$t$ が無限大のときには $x=0$ となる）を想定する．この状況で，流通業者に生じた利益をすべて回収するフランチャイズ料を徴収するのであれば，序章で論じたように，独占的生産者の利潤はチャネルの利潤と一致し，それは小売価格のみに依存する．実際，彼の利潤を最大にする小売価格は $(a+m)/2$ であり，それは流通業者数から独立である．それゆえ，消費者余剰も流通業者数には依存しない．また，生産者利潤は $(a-m)^2/4$ で，これも流通業者数から独立である．この状況で流通業者の数が増えると，業者あたりの取扱量が減ると同時に，彼らの間での競争が激しくなって流通マージン $p-w$ が低下する．このことは小売価格の下落を導くが，これを補正するために，生産者は出荷価格を引き上げる（図表4-1の第4列を参照のこと）．

　費用削減投資が行われる状況でも，流通業者数が増えると彼らの間の競争によって流通マージンが低くなり，生産者は小売価格を維持するために出荷価格を引き上げる．それと同時に，業者あたりの取扱量が減り，投資水準が下がって限界流通費用が高くなるため，（出荷価格の上昇と相俟って）小売価格が上昇する[7]．このことが消費者厚生を減少させるのである．また，限界流通費用の上昇はチャネルの利潤を減少させる．ここで，フランチャイズ料を徴収される流通業者の利潤は，業者数にかかわらずゼロであるから，チャネル利潤の減少は生産者の利潤の減少を意味する．したがって，流通業者数の増加は，誰も良くすることなく，生産者と消費者の余剰を減らすから，パレートの意味で望ましくないことになる．すなわち，競争的流通市場は必ずしも効率的ではないの

---

[6] (7)式は内点解を保証する条件であり，後述するように，必ずしも本質的ではない．
[7] 実際，限界流通費用が変わらなければ，ベンチマークと同様に，同じ小売価格が設定されるように流通マージンの減少分だけ出荷価格が調整される．

|   | モデル 1F | $N$ で微分 | モデル 2F（ベンチマーク） | $N$ で微分 |
|---|---|---|---|---|
| $w$ | $\dfrac{(a-m)(N-1)[t(1+N)^2+N]}{2ND_1^F}$ | ＋ | $\dfrac{(a-m)(N-1)}{2N}$ | ＋ |
| $x$ | $\mathrm{Max}\left\{\dfrac{(a-m)(1+N)}{2D_1^F},\ 0\right\}$ | － | $0$ | 一定 |
| $q$ | $\dfrac{(a-m)(1+N)^2 t}{2ND_1^F}$ | － | $\dfrac{a-m}{2N}$ | － |
| $p$ | $\dfrac{a+m}{2}-\dfrac{a-m}{2D_1^F}$ | ＋ | $\dfrac{a+m}{2}$ | 一定 |
| $z$ | $\dfrac{(a-m)^2(1+N)^2 t}{4D_1^F}$ | － | $\dfrac{(a-m)^2}{4}$ | 一定 |
| $SS$ | $\dfrac{(a-m)^2(1+N)^2 t[3t(1+N)^2-2]}{8(D_1^F)^2}$ | － | $\dfrac{3(a-m)^2}{8}$ | 一定 |

$D_1^F \equiv t(N+1)^2 - 1 > 0$

**図表 4-1** フランチャイズ料を徴収する場合

である．ここで，(投資が行われない) ベンチマークの状況では，消費者余剰や生産者余剰が流通業者数には依存しないことに留意すれば，流通業者数の増加がパレートの意味での改悪となるのは投資水準が低下するからである．

また，仮に (7) 式が成立しない場合には，流通業者数がある程度少なくなると，彼らの投資水準は端点解 ($x^* = m$) となり，限界流通費用はゼロとなる．この流通業者数までは，業者数の減少はパレートの意味での改善となるが，そこから業者数を減らしても，(ベンチマークの場合と同様に) 生産者が出荷価格を調整するため，生産者利潤や消費者余剰は変化しない．したがって，(7) 式が成立しなくても，流通業者数の減少が経済厚生を悪化させることはない．

## 2-2　モデル $1L$：フランチャイズ料を徴収しない場合

流通業者に生じた利益をすべて回収するフランチャイズ料を設定するためには，序章で論じたように，生産者が流通業者の活動についての十分な情報を持つ必要がある[8]．生産者が自ら販社を設立したり，特定の流通業者と長期継続

---

[8] フランチャイズ料が (流通業者のみならず) 生産者にとっても固定的な場合には，生産

|   | モデル 1L | $N$ で微分 | モデル 2L | $N$ で微分 |
|---|---|---|---|---|
| $w$ | $\dfrac{a-m}{2}$ | 一定 | $\dfrac{2(a-m)Nt(1+N)^2}{D_2}$ | $-$ |
| $x$ | $\mathrm{Max}\left\{\dfrac{(a-m)N}{2D_1},\ 0\right\}$ | $-$ | $\mathrm{Max}\left\{\dfrac{(a-m)(2N^2-1)}{D_2},\ 0\right\}$ | $\pm$ |
| $q$ | $\dfrac{(a-m)(1+N)t}{2D_1}$ | $-$ | $\dfrac{2(a-m)Nt(1+N)}{D_2}$ | $-$ |
| $p$ | $a-\dfrac{(a-m)(1+N)Nt}{2D_1}$ | $-$ | $a-\dfrac{2(a-m)N^2t(1+N)}{D_2}$ | $-$ |
| $\pi$ | $\dfrac{(a-m)^2(1+N)Nt}{4D_1}$ | $+$ | $\dfrac{4(a-m)^2N^3t^2(1+N)^3}{D_2^2}$ | $+$ |
| $y$ | $\dfrac{(a-m)^2t[N^2(t-1)+2Nt+t]}{4D_1^2}$ | $-$ | $\dfrac{(a-m)^2t[4N^2(1+N)(1+N(t-1)+t)-1]}{D_2^2}$ | $-$ |
| $SS$ | $\dfrac{(a-m)^2Nt[(1+N)^2(4+3N)t-2N(1+2N)]}{8D_1^2}$ | $+$ | $\dfrac{(a-m)^2Nt[2N^2(2-2N^2+(1+N)^2(4+3N)t)-1]}{D_2^2}$ | $+$ |

$D_1 \equiv t(N+1)^2 - N > 0$, $D_2 \equiv 4Nt(1+N)^2 - 2N^2 + 1 > 0$

**図表 4-2** フランチャイズ料を徴収しない場合

的な取引関係を結んでいる場合には，この種の情報を入手できるから，（流通業者の利潤をすべて回収する）フランチャイズ料を徴収することができる．逆に，スポット市場で外部の流通業者に販売を委ねる場合には，このようなフランチャイズ料の徴収は難しいだろう．

フランチャイズ料を徴収しない状況での均衡は Banerjee and Lin (2003) によって求められており，均衡での諸変数の値は図表 4-2 の第 1 列にまとめられている．また，限界流通費用が正である場合，(2)式の条件のもとでの諸変数の $N$ についての偏導関数の符号も図表 4-2 の第 2 列にまとめられている．

このモデルでは，Banerjee and Lin (2003) も示しているように，出荷価格 $w_1=(a-m)/2$ は流通業者数に依存しない．この状況で流通業者数が多くなれば，彼らの間の競争が激しくなってマージンが減少する．フランチャイズ料を

---

者の利潤 $wQ+NF$（＝固定額）はチャネルの利潤と一致しない．この状況における均衡での諸変数の値は，利潤の分配は異なるが，フランチャイズ料を徴収しない場合と同じになる．

徴収する場合には，この効果は出荷価格の引き上げによって相殺されるが，出荷価格が一定であるため，流通マージンの減少は小売価格を引き下げる効果を持つ．他面，流通業者数が多くなれば，業者あたりの取扱量が減るため，投資水準が下がって限界流通費用が上昇する．このことは小売価格を引き上げる．これら2つの効果を比べれば，流通マージンが減少する効果の方が大きく，業者数の増加は小売価格の低下を導き，それゆえ消費者厚生は向上する．

また，流通業者数が増えれば，上述したように，限界流通費用が上昇し，流通マージンが下がると同時に，各業者の取扱量が減るため，彼らの利潤も減少する．一方，小売価格が下がって総販売量が増えるため，生産者利潤（＝出荷価格×販売量），消費者余剰，さらには社会的余剰は増加する．したがって生産者は，第0段階において，多数の流通業者に財の販売を委ねることになる．流通業者数の増加は消費者の利益となるが，流通業者の利益とはならない．

## 3 モデル2：投資が先行

この節では，モデル2の2種類のモデルを検討する．モデル2Fでは，第0段階において生産者が流通業者数を決めた後に，第1段階において各流通業者が投資水準を設定する．その結果である限界流通費用を観察した生産者は，第2段階において出荷価格とフランチャイズ料を記した契約を提示し，その後の第3段階において，契約を結んだ各流通業者が販売量を決める．またモデル2Lでは，第2段階において生産者は，出荷価格のみを記した契約を提示する．

このようなタイミングは，いかなる状況に対応するのか？ Banerjee and Lin (2003) は，モデル1と2の相違は長期継続的取引かスポット取引かに依存すると述べている．すなわち，生産者が外部の流通業者とスポット取引をする場合，後者は当該の財の販売契約を結ぶか否かにかかわらず，費用削減投資を行っているのが常態であろう．このような状況には，モデル2が適用されることになる．しかしながら，生産者がモデルの構造を知っているのであれば，流通業者による投資に先立って，出荷価格（およびフランチャイズ料）を記した販売契約を流通業者と結ぶことは可能である．逆に，生産者が流通業者の投資費用と効果の関係（$t$の値）を知らなければ，彼らがどの程度の投資を行い，そ

の結果，限界流通費用がどの程度になるかを，投資前に知ることはできない．この場合には，当初，適切な出荷価格を計算できないから，販売契約の締結は投資後の限界流通費用が観察される時点まで延期されることになろう．一方，生産者が系列の流通業者を介して財を販売する場合には，流通業者の活動（$t$の値）について知っているから，投資前に適切な出荷価格 $w$（およびフランチャイズ料 $F$）を計算した上で，それを記した販売契約を結ぶことができる．この状況には，モデル1が適用されることになる[9]．

## 3-1 モデル $2F$：フランチャイズ料を徴収する場合

モデル2のもとでも，第3段階での流通業者の注文量の決定は前節と同じであり，それは(3-2)式で与えられている．

### 第2段階：生産者による出荷価格とフランチャイズ料の設定

第3段階の流通業者の注文行動を予想した上で，第1段階での投資の結果である限界流通費用 $m_j$ を観察した生産者は，第2段階において，流通業者 $j$ にたいして非負の利潤を与えるという制約のもとで，自らの利潤を最大にするように出荷価格 $w$ とフランチャイズ料 $F$ を設定する．ここで留意すべきことは，第1段階での投資費用が埋没しているということである．したがって流通業者 $j$ は，第2段階以降の利潤が非負であれば，財の販売を引き受けることになる．この状況での生産者の意思決定問題は

$$\max_{w, F_j} \pi = wQ + \sum_{j=1}^{N} F_j,$$
$$\text{s.t.} \quad y_j = (p - w - m + x_j)q_j - F_j \geq 0$$

と定式化される．ここで，制約条件式が等号で成立することに留意すれば，彼の条件付き最大化問題は，制約条件が付かない

---

[9] いずれのタイミングでも，投資後の限界流通費用が観察できなければ，適切な出荷価格を計算することはできない．ただし，契約に記される出荷価格とフランチャイズ料は立証可能であるから，限界流通費用が立証可能である必要はない．

$$\max_{w} z = \pi = \sum_{j=1}^{N}(p - m + x_j)q_j$$

へと変換される．(3-2)～(3-3)式を考慮すれば，上記の最大化問題の極大化条件より，出荷価格およびフランチャイズ料は

$$w = \frac{N-1}{2N}\left(a - m + \frac{X}{N}\right) \tag{8-1}$$

$$F_j = \frac{1}{4N^4}\{N(a-m) + (1 + 2N^2 - 2N)x_j - (2N-1)X_{-j}\}^2 \tag{8-2}$$

となる．また，各流通業者の販売量，市場価格および流通業者の利潤は，

$$q_j = \frac{1}{2N}\left(a - m + 2Nx_j - \frac{2N-1}{N}X\right) \tag{8-3}$$

$$p = \frac{1}{2}\left(a + m - \frac{X}{N}\right) \tag{8-4}$$

$$y_j = \frac{1}{4N^2}\left(a - m + 2Nx_j - \frac{2N-1}{N}X\right)^2 - tx_j^2 - F_j \tag{8-5}$$

と計算される．(8-1)式より，流通業者数が増えてマージンが低下すれば，(平均投資水準 $\bar{x} = X/N$ が一定であったとしても) 生産者は出荷価格を引き上げるし，総投資水準 $X$ が低下して限界流通費用が高くなれば，出荷価格を引き下げる．

## 第1段階：流通業者による投資水準の設定

第2段階以降の部分ゲームの均衡を予想する流通業者 $j$ は，第1段階において，自らの利潤 $y_j$ を最大にするように投資水準 $x_j$ を設定する．この意思決定問題は，(8-2)式を考慮すれば

$$\max_{x_j} y_j = \frac{1}{4N^2}\left(a - m + 2Nx_j - \frac{2N-1}{N}X\right)^2 - tx_j^2 - F_j = -tx_j^2 \tag{9}$$

と定式化される．この極大化条件より，流通業者の投資水準はゼロとなる．このことは次のように説明される．このモデルでは，投資費用が埋没した第2段階においてフランチャイズ料が設定される．このとき流通業者は，第2段階以降の利潤が非負であれば契約を受け入れる．したがって生産者は，投資費用を

補塡しないフランチャイズ料を設定する．このことを予想する流通業者は，投資をすれば自らの損失となるから，投資を行わないのである（ホールドアップ）．

この均衡における諸変数の値はベンチマークに一致する（図表4-1の第3列を参照のこと）．したがって，投資水準や小売価格，さらには生産者利潤や消費者余剰は流通業者の数には依存しないことになる．

## 3-2　モデル2L：フランチャイズ料を徴収しない場合

フランチャイズ料を徴収しない状況における均衡はBanerjee and Lin (2003) によって分析されており，その結果は図表4-2の第3列にまとめられている．また，限界流通費用が正である時の(2)式の条件のもとでのこれらの諸変数の$N$についての偏導関数の符号も図表4-2の第4列にまとめられている．この表より，生産者利潤は流通業者数の増加関数であるから，第0段階において生産者は，多くの流通業者に財の販売を委ねることになる．

また彼らは，「下流段階が独占であるよりも複占の時の方が流通業者の投資水準が高い（$x_2(N=1) < x_2(N=2)$）」と主張している．なぜ，複占の時の方が投資が多くなるのか？　その理由は戦略効果にある．まず第1に，流通業者が投資を行って費用を削減すれば，当該の業者は第3段階での取扱量を増やす．このことを予想するライバル業者が取引量を減らすため，自らの利潤が増えるという「通常の戦略効果」がある．また第2に，流通費用の低下を観察した生産者は，出荷価格を引き上げる．このことは当該の流通業者の利益を減らす効果を持つが，それと同時に，ライバル業者の仕入費用を高め，彼らの取扱量を減らす[10]．そして，このことが自らの残余需要を増やし，利潤を増やすという「垂直的な戦略効果」が働く．これら2種類の戦略効果は，独占の状況では生じない．独占から複占へ移行する際には，これら2種類の戦略効果が規模効果を上回るために，投資水準が上昇するのである[11]．

---

10) ライバルの費用を上昇させるための戦略的行動については，Salop and Scheffman (1983, 1987)，Krattenmaker and Salop (1986) および Zikos and Kesavayuth (2010) などを参照のこと．
11) もっとも，流通業者数が3以上に増えると，規模効果の方が戦略効果よりも大きくなり，業者あたりの投資水準は業者数の増加にともなって低下する．

それでは，流通業者数の増加は経済厚生にどのような影響を及ぼすのか？Banerjee and Lin (2003) に拠れば，フランチャイズ料を徴収しない場合，流通業者の平均投資水準 ($\bar{x} = X/N$) を一定とすれば，出荷価格 $w = (a - m + \bar{x})/2$ は流通業者数には依存しない．流通業者数が増えると，業者あたりの取扱量が減り，彼らの投資水準が低下する．このことは，限界流通費用を上昇させると同時に，出荷価格を引き下げるという（間接的な）効果を持つ．また，業者数が増えると流通マージンが減少する．ここで，限界流通費用の上昇は小売価格を引き上げる効果を持ち，出荷価格と流通マージンの低下は小売価格を引き下げる効果を持つ．これら3つの効果の総計として，流通業者数が増えると小売価格が低下するのである．このことは総販売量を増やし，消費者厚生を向上させると同時に，生産者の利潤や経済厚生をも増やす（ただし，流通業者の利潤は減る）．

## 4 各モデルの均衡値の比較

この節では，これまで論じてきた4種類のモデルを比較することによって，フランチャイズ料を徴収するか否か，契約を提示するタイミングや流通業者の数が，流通業者の投資や利潤，さらには生産者利潤や消費者厚生にいかなる影響を及ぼすかを検討する．

### 4-1 投資水準

図表4-3には，各モデルにおける流通業者の投資水準が描かれている．この図から明らかなように，任意の流通業者数のもとで，$x_1^F(N) > x_1(N) > x_2(N) > x_2^F(N) = 0$ となる（下付き添え字はタイミングを，上付き添え字 $F$ はフランチャイズ料を徴収していることを示す）．このような投資水準の比較から分かることはまず第1に，$2F$ 以外のモデルでは，流通業者数が増えると規模効果が小さくなり，投資水準は低下する傾向にあるということである．実際，流通業者数が十分多くなれば（例えば $N$ が無限大）規模効果が働かないため，彼らの投資水準はゼロになる．1つの例外はモデル $2L$ において流通業者数が1から2へ

増える時で，前節で論じたように，2種類の戦略効果が生じるため投資水準は高くなる．第2に，モデル1ではフランチャイズ料を徴収して低い出荷価格を設定すれば投資水準は高くなるが，モデル2Fではフランチャイズ料を徴収すれば投資は行われなくなる．その意味で，フランチャイズ料の徴収が，常に流通業者の投資への誘因となるわ

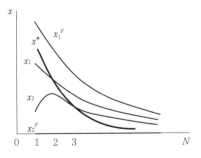

図表4-3　投資水準の比較

けではない．第3に，モデル1と2を比べれば，流通業者の投資水準はモデル2における方が低い．このことは次のように説明される．Banerjee and Lin (2003) も論じているように，第1段階での流通業者による投資 $x$ を観察した生産者は，出荷価格を $w=(a-m+x/N)/2$ に設定する．すなわち，投資水準が上昇して限界流通費用が低下すると，生産者は出荷価格を引き上げる．そして，このことを予想する流通業者は，第1段階での投資に消極的になるのである．

流通業者の数が $N$ の時，チャネルの利潤は $z=(a-Nq-m+x)Nq-Ntx^2$ であり，これを最大にする流通業者の投資水準および取扱量は，$x^*(N)=(a-m)/(4Nt-1)$ と $q^*(N)=2t(a-m)/(4Nt-1)$ で，チャネルの利潤は $z^*(N)=Nt(a-m)^2/(4Nt-1)$ である．ここで留意すべきは $x_1^F(N) \geq x^*(N)$，すなわち，モデル1Fでは投資が過大になっているということである．このことは次のように説明される．ここで，ベンチマークとなるのは成生・フラス (2011) で，彼らは，第1段階において生産者が二部料金契約を提示し，第2段階で流通業者が投資水準と取扱量を同時に決めるというモデルを分析している．このモデルにおいて，生産者が出荷価格を $w^*(N)=2t(N-1)(a-m)/(4Nt-1)$ に設定すれば，各流通業者は $x^*(N)$ と $q^*(N)$ を選択するから，チャネルの利潤は $z^*(N)$ となる．そして，流通業者に生じた利益をフランチャイズ料で回収すれば，生産者は $z^*(N)$ の利潤を得ることができる．このモデルとモデル1Fの相違は，投資水準と取扱量の決定のタイミングである．後者では，第2段階の投資による限界流通費用の削減が，第3段階でのライバルの取扱量を減らすという戦略効果が働くのにたいして，投資水準と取扱量を同時に決める前者では，この種の戦略効果が働かない．それゆえ，モデル1Fのもとでの投資

水準が高くなるのである[12]. また, この種の戦略効果ゆえに, 流通業者数が3以上の場合には, 投資水準は最適水準 $x^*$ と比べて高くなる. 以上の議論は, 次の命題にまとめられる.

**【命題2】**

(2)式と(7)式の条件のもとで, 流通業者の投資水準はモデル1のもとでの方がモデル2のもとでよりも高い. また, フランチャイズ料の徴収は, モデル1では投資を促すが, モデル2ではホールドアップ問題を引き起こすため, 投資が行われなくなる. さらに, 流通業者あたりの取扱量の減少は投資水準の低下を導く（規模効果）. したがって, モデル2Lで流通業者数が1から2へと増える時を除き, 投資水準は流通業者数の非増加関数である. 最後に, 流通業者数が3以上の場合, 彼らの投資水準は最適水準 $x^*(N)$ よりも高い.

## 4-2 生産者利潤

図表4-4には, 各モデルにおける生産者の利潤が描かれている. この図から明らかなように, 任意の流通業者数のもとで, $z_2^F(N) > z_2^F(N) > \pi_1(N) > \pi_2(N)$ となる. 生産者利潤の比較から分かることはまず第1に, フランチャイズ料を徴収することによって二重マージンが解消されるため, いずれのタイミングでも生産者の利潤は多くなるということである[13]. 第2に, 命題2より, モデル2のもとでは流通業者の投資水準は低くなる. このことはチャネルの効

---

12) これらのモデルでは, 出荷価格は2つの役割を担っている. 1つは流通業者にたいして投資への誘因を提供することであり, もう1つは流通業者にチャネルの利潤を最大にする小売価格を設定させることである. 2つの目標を1つの手段で達成することはできないが, 成生・フラス (2011) のモデルでは, 第2段階における流通業者による取扱量の選択と流通業者を垂直的に統合した生産者の選択とが一致している. そのため生産者は, 流通業者がチャネルにとって望ましい投資水準を設定するように, 出荷価格を決めればよいことになる.

13) ただし, $z_2^F(N) > \pi_2(N)$ は $t \geq 1$ という仮定に依存している. 流通業者数が少ないときには2階条件のための $t$ の条件は緩くなる（例えば, $N=1$ のときには $t \geq 1/16$ であれば2階条件が満たされる）. そして, $N$ が少ない状況で投資効率が高い ($t$ が小さい) ときには, 二重マージンの解消よりも投資による費用削減効果が大きくなるため, $z_2^F(N) < \pi_2(N)$ となることもある. この点については成生・李（近刊）を参照のこと.

率の低下を意味するから，生産者利潤はモデル1のもとでよりも少なくなる．第3に，流通業者数が増えると流通マージンが低くなるとともに，規模効果ゆえに投資水準も低下する．前者は生産者利潤を増やすが，後者は減らす働きがある．その意味で，二重マージンの軽減と投資の促進の間にはトレードオフの関係がある．フランチャイズ料を徴収しない場合には，二重マージンを軽減することが重要であるため，生産者利潤は流通業者数

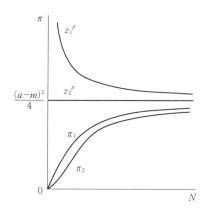

図表 4-4　生産者利潤の比較

の増加関数となる．これにたいして，フランチャイズ料を徴収する場合には，それによって二重マージンが軽減されるから，生産者にとって，流通業者数を減らして投資を促進することが得策となる．以上の議論は，次の2つの命題にまとめられる．

【命題3】

　(2)式と(7)式の条件のもとで，生産者の利潤はフランチャイズ料を徴収するときの方が多く，モデル1のもとでの方が多い．また，フランチャイズ料を徴収する（しない）場合には，生産者利潤は流通業者数の非増加（増加）関数である．

【命題4】

　生産者が流通業者数，契約の種類および提示するタイミングを選択できる状況では，彼は流通業者による投資水準の決定に先立って二部料金契約を提示し，1人の流通業者に財の販売を委ねる．

命題4で述べたように，生産者が1人の流通業者に財の販売を委ね，かつフランチャイズ料を徴収する場合，生産者は二重マージンを回避するために，出荷価格をゼロ（＝限界生産費用）に設定する．この時，独占的流通業者は投資水準を $x^*(1)=(a-m)/(4t-1)$ に設定し，$q^*(1)=2t(a-m)/(4t-1)$ の量を販売し，$z^*(1)=t(a-m)^2/(4t-1)$ の利益を得る．この金額をフランチャイズ

料として徴収すれば，生産者は達成可能な最大の利潤を得ることができる[14]．

他方，生産者が $t$ の値を知らないためにモデル1を選択できない場合には，投資後に限界流通費用を観察した彼は，二重マージンを回避するためにフランチャイズ料を徴収する．このときには，流通業者による投資は行われず，生産者の利潤（および経済厚生や消費者厚生）は流通業者数には依存しない．

さらに，何らかの理由によりフランチャイズ料を徴収しない場合には，生産者の利潤は流通業者数の増加関数となるから，彼は多くの流通業者に財の販売を委ねることになる．そして，$N$ が無限大のときには，（フランチャイズ料を徴収する場合も含めて）すべてのモデルの均衡は一致し，そこで生産者は出荷価格を $(a-m)/2$ に設定し，$(a-m)^2/4$ の利潤を得る．このときには規模効果はなく，流通業者は投資を行わない．また，流通業者の数が増えれば彼らの利潤は減少するが，流通マージンの減少が投資水準の低下による限界流通費用の上昇の効果よりも大きいため，小売価格が下がり消費者余剰は増加する．

## 5 結　び

この章では，独占的生産者と流通業者からなるチャネルを想定し，販売契約の種類と提示のタイミングの異なる4種類のモデルの部分ゲーム完全均衡を比較検討した．主要な結論は，仮に生産者が契約の種類と提示のタイミングを選択できるのであれば，彼は二部料金制のもとでフランチャイズ料を徴収する契約を，流通業者による費用削減投資に先立って提示するというものである．この場合には，流通業者の数が増えると，彼らの投資水準が低下し，限界流通費用が上昇するため生産者利潤が減少する．それゆえ，彼は1人の流通業者に財の販売を委ねることになる．また，限界流通費用の上昇によって小売価格が高くなるため，消費者余剰も減少する．その意味で，流通業者数を減らすことがパレートの意味での改善となる．

この章の主張の経験的含意の1つは総代理店制である．輸出企業は，しばし

---

[14) 第1段階に生産者が $w=0$, $F=t(a-m)^2/(4t-1)$ という契約を提示すれば，1人の流通業者がこの契約を受け入れる．このとき生産者は，達成可能な最大の利潤を得る．

ば，輸出先の国や地域での販売を1人の流通業者に委託するという「総代理店制」を採用する．その理由の1つは，この章で検討したように，独占的流通業者の方が，費用削減投資を積極的に行うため，輸出企業の利潤が増えるからである[15]．実際，輸出品は輸出先には密接な代替財が無いことが多く，輸出企業は輸出先の市場においてある程度の価格支配力を持つことができる．この状況で生産者は，出荷価格によって販売量を調整することができるから，独占的流通業者に委託することが得策となる．その際，独占的販売権と引き換えにフランチャイズ料を徴収するのである．また，競争的企業と比べて，独占的流通業者の方が（公共財的性質を持つ）販売促進投資も積極的に行おう．このこともまた，輸出企業の利益となる[16]．

このような総代理店は，独占的地位を脅かす並行輸入を妨害している．輸入国の公正取引委員会は，流通市場の競争を確保するために，この種の妨害行為を摘発している．しかしながら，この章で見たように，流通業者数を増やすことは，輸出企業の利潤のみならず，輸入国の経済厚生を低める．したがって，少なくとも流通費用削減投資の効果が大きい発売当初は，公正取引委員会による摘発は，輸入国の経済厚生を損なう可能性がある．

また，大規模な生産者の多くは，自らが販社を設立したり，系列の卸売業者を介して財を販売している．このこともまた，この章の主張と合致する．資料はやや古いが，図表4-5には1980年の時点での業種別・規模別の販売会社比率（生産者の内，販売子会社を設立した生産者の割合）が示されている．この表から，すべての業種において，生産者の規模が大きくなるほど販売会社比率が高くなることが読みとれる[17]．実際，生産者の規模が小さい場合には，取扱量が少ないために規模効果が働かない．この状況では，規模の経済性を持つ外部

---

15) 総代理店制については，成生・フラス（2004）およびFlath and Nariu（2008）などを参照のこと．
16) 商品を企画し，自国での販売実績を持つ輸出企業は，流通業者の活動についてもある程度知っており，モデル1Fを選択することができる．
17) この調査は5654社のメーカーを対象としており，4713社から回答を得ている．その後，このような大規模な調査は，筆者の知るかぎり行われていない．また，資本金50億円以上の大規模生産者をみれば，その他製造業（86％），輸送用機械器具（82％），衣服・その他の繊維（67％）などの産業で販売会社比率が高くなっている．

| 産業 \ 規模（資本金） | 計 | 1億円〜10億円未満 | 10億円〜50億円未満 | 50億円以上 |
|---|---|---|---|---|
| 計 | 0.17 | 0.13 | 0.26 | 0.48 |
| 食料品 | 0.18 | 0.15 | 0.22 | 0.44 |
| 繊維工業 | 0.11 | 0.05 | 0.45 | 0.38 |
| 衣服・その他の繊維 | 0.17 | 0.16 | 0.17 | 0.67 |
| 木材・木製品 | 0.11 | 0.10 | 0.17 | 0.50 |
| パルプ・紙 | 0.13 | 0.10 | 0.19 | 0.44 |
| 化学工業 | 0.15 | 0.12 | 0.15 | 0.36 |
| 石油・石炭 | 0.16 | 0.14 | 0.07 | 0.26 |
| 窯業・土石製品 | 0.17 | 0.14 | 0.29 | 0.45 |
| 鉄鋼業 | 0.11 | 0.05 | 0.22 | 0.41 |
| 非鉄金属製造 | 0.17 | 0.11 | 0.25 | 0.42 |
| 金属製品 | 0.19 | 0.17 | 0.29 | 0.50 |
| 一般機械器具 | 0.16 | 0.11 | 0.30 | 0.64 |
| 電気機械器具 | 0.18 | 0.11 | 0.36 | 0.56 |
| 輸送用機械器具 | 0.20 | 0.12 | 0.31 | 0.82 |
| 精密機械器具 | 0.27 | 0.22 | 0.47 | 0.57 |
| 船舶製造・修理 | 0.11 | 0.05 | 0.00 | 0.57 |
| その他の製造業 | 0.25 | 0.23 | 0.37 | 0.86 |

**図表 4-5** 産業別・規模別に占める販売会社を有するメーカーの割合(1980年)

出典：瀬戸（1991）p.83.

の流通業者の方が，多くの投資を行うため限界流通費用が低くなろう．したがって生産者は，彼らに任せた方が多くの利潤を得ることができるのである．これにたいして，生産者の規模が大きくなると，自らの（100％出資の）販売子会社も規模の経済を発揮できるから，投資水準も高くなる．この状況で生産者は，販売子会社に生じた利益を配当によって回収できるから，彼はチャネルの利潤を最大にするように行動することになる．それゆえ，外部の流通業者に販売を委託するよりも多くの利潤を得ることができる．それと同時に，分社化によってインフルエンスコストの弊害も回避できるのである．

## 第5章

## 高需要期の低価格現象
——流通費用削減投資——

## 1 はじめに

　日本では,アイスクリームやペットボトルの水などは,需要の多い夏期の方が価格が安い.また Warner and Barsky (1995) は,米国において家電製品の価格が（小売業の売上げの約3割が集中する）クリスマス期に低くなることを実証的に示している.さらに,MacDonald (2000) や Chevalier, Kashyap and Rossi (2003) は,ビールは暑い時期の方が安いなど,多くの食料品について需要が多い時期に価格が低くなることを示している.

　他の条件を一定とすれば,需要が増えれば価格が上がる.そうであるにもかかわらず,少なからぬ種類の財で,高需要期に低い価格が観察されるのはなぜだろうか？　アイスクリームやペットボトルの水については,夏になるとこれらの財を販売する流通業者が増え,彼らの間での競争が激しくなって小売価格が下がる,という説明が考えられる[1].また家電製品について,Warner and Barsky (1995) は,高需要期になると消費者の価格探索が増え,需要の価格弾力性が大きくなるために売手が価格を下げると説明している.さらに Chevalier, Kashyap and Rossi (2003) は,食料品については高需要期に需要の価格弾力性が高くなるという事実は観察されないことを指摘しつつ,広告のロスリー

---

[1] 第3章では,チャネル間で価格ー数量競争が行われる状況では,需要が増えて小売業者数が増えると小売価格が下落すると論じている.また,空間的競争の分析枠組みでも同様の結論を導くことができる.

140　第Ⅱ部　チャネルにおける費用削減投資

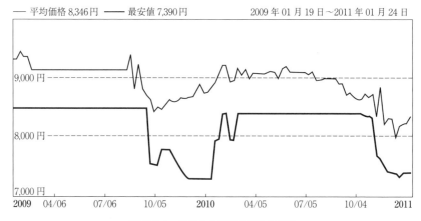

**図表 5-1**　モリタの炬燵の価格の推移

モリタの炬燵（MK-1058NH）の 2 年間（2009 年 1 月 19 日から 2011 年 1 月 24 日まで）の価格の推移．価格.com の価格変動履歴より転載．細実線が価格.com に登録している小売業者の平均価格の推移，太実線がその小売業者の中で最も安い価格の推移である．縦軸は価格（円），横軸は日にちで 03/01 は 3 月 1 日を表す．

ダー効果にもとづいた説明を試みている．すなわち，高需要期には売手が多くの広告を出すが，その際，一部の財については集客のために低い価格を設定している（ロスローダー）．この種の財が低い価格で多く販売されるため，平均価格が下がるというのである[2]．

　また，価格ドットコムの価格変動履歴を見れば，季節家電製品の価格も需要が多い時期に低くなる傾向がある．図表 5-1 には，モリタの炬燵（MK-1058NH）の 2009 年 1 月から 2 年間の平均価格と最低価格の変動履歴が示されている．この図から，炬燵の価格が 10 月から下がり，（需要の多い）冬季に低い水準を維持した後，翌年 3 月には上がっていることが読み取れる[3]．このことはいかに説明されるのだろうか？　家電製品を扱う流通業者の数が季節ごとに大きく変動するとは考え難い[4]．また，価格ドットコムの利用者は頻繁に価

---

[2] Lal and Matutes（1994）を参照のこと．
[3] 価格ドットコムの価格変動履歴を見れば，エアコン（三菱電機の霧ヶ峰ムーブアイ Navi MSZ-ZXV220）は夏季に価格が安く，ヒーター（デロンギの遠赤ヒーター SDH1200）は冬季の方が価格が安い．もちろん，すべての季節家電製品の価格が同様に変動しているわけではない．

格探索を行っているであろうし，販売形態からロスリーダー効果が重要であるとも思えない．そのため，これらとは別の要因が存在すると考えられる．

この章では，生産者と流通業者から構成されるチャネルの間で価格―数量競争が行われる状況を想定し，流通業者による費用削減投資の効果を検討することによって，需要の多い時期に小売価格が安くなる理由を明らかにする．第1章で論じたように，チャネル間で価格―数量競争が行われる状況では，出荷価格は限界生産費用以下に設定され，需要が増えると出荷価格が低くなるという結論を導いているが，小売価格は上昇する．

この章では，基本モデルに流通業者による費用削減投資を導入する．主要な結論は，流通業者の費用削減投資の投資効率がある程度高ければ，需要が増えると小売価格が下がるというものである．というのは，需要が多くなれば投資が積極的に行われ，（財1単位あたりの）限界流通費用が低くなるからである．その結果，出荷価格の低下と相俟って，小売価格が下がるのである．

以下の構成は次の通りである．まず次節では，流通業者の費用削減投資によって小売価格が下がる理由を予備的に考察する．3節ではチャネル間競争のモデルを提示する．4節ではモデルの部分ゲーム完全均衡を求め，その特徴を分析する．5節では生産者が流通部門を統合している状況を分析し，この状況でも需要が増えると小売価格が下がる可能性があることを示す．最後に6節では，本章の議論をまとめた後に，経験的含意について述べる．

## 2　予備的考察

前述したように，少なからぬ種類の財で需要が多いときに小売価格が低くなるという現象が観察されているが，市場需要曲線が右上にシフトするとき，同時に市場供給曲線が右下に大きくシフトしなければ小売価格は下がらない．

---

4) 価格ドットコムはインターネット販売を行う登録された流通業者の小売価格を載せており，出店（あるいは価格ドットコムへの登録）が容易であるため，登録業者数は若干変化している．とはいえ，多くの流通業者が登録しており，流通業者数の変動が価格に大きな影響を与えているとは思えない．

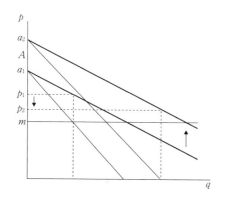

**図表 5-2** 需要が増えると小売価格が下がる
メカニズム

横軸は数量, 縦軸は価格である.

市場供給曲線は, 流通企業の供給曲線 (すなわち限界費用曲線) を水平方向に加えたものであり, 前者が右下にシフトするためには, 後者が右下にシフトする必要がある. ここで, 流通企業の限界費用は財の仕入価格 (=限界調達費用) と限界流通費用の和である.

いま単純化のために, 独占的流通業者を想定し, 仕入価格をゼロとする (したがって, 流通業者の費用は流通費用のみとなる). また, 市場の逆需要関数を $p=a-q$ とし, 流通業者の費用については, 広告を出さなければ, 財1単位あたり $m$ の販売費用 (限界流通費用) がかかるが, 固定的な費用 $I$ を負担して広告を出せば限界流通費用がゼロになるとする. このとき彼の利潤は, 広告投資を行う場合には $y=pq-I$, 行わない場合には $y=(p-m)q$ と表される. この状況での利潤最大化取扱量は, 広告投資を行う場合には $a/2$, 行わない場合には $(a-m)/2$ であり, そのもとでの利潤は各々, $a^2/4-I$, $(a-m)^2/4$ と計算される. これらの利潤が等しくなるのは $a=m/2+2I/m \equiv A$ のときであるから, $a<A$ のときには広告投資が行われず, 限界費用は $m$ であるが, $a>A$ のときには投資が行われ, 限界費用はゼロとなる.

この状況で流通業者は, 需要が小さく ($a<A \equiv m/2+2I/m$) 販売量が少ないときには広告を出さないが, 需要が大きく ($a>A$) なれば広告投資を行う. そして, パラメータ $a$ の変化がこの値 $A$ を跨ぐ形で需要が増える場合には, 限界流通費用が $m$ からゼロへと非連続的に低下する. この状況では, 需要が増えて取扱量が増えると小売価格が下がる可能性がある. 実際, 独占的流通業者の利潤最大化条件は「限界収入=限界費用」であるから, 図表5-2に示されるように, $a_1<A$ のときには限界費用が $m$ であるため価格は $p_1$ となり, $a_2>A$ のときには限界費用がゼロとなるから価格は $p_2$ と低くなる.

このように, 需要の増加によって販売量が増えれば, 流通業者は投資を行う. そして, 投資効率がある程度高ければ, 流通費用を大きく削減することができ

る（限界流通費用曲線の下方シフト）．このことが市場供給曲線を大きく下方へシフトさせるため，小売価格が下がるのである．

この結論は，需要の増加が $A$ 点を跨ぐ形で生じるということに依存しているし，$A$ 点を跨いだとしても，需要が大きく増える場合には小売価格は上昇する．また，ここでの議論は，市場供給曲線のもう1つのシフト要因である仕入価格の動きを考慮していない．生産者間および流通業者間で競争が行われるとき，この節の議論は成立するのだろうか？　以下では，チャネル間で価格－数量競争が行われる状況を想定する．この状況では，需要が増えると，生産者は出荷価格を引き下げる．このことは市場供給曲線を下方にシフトさせるから，小売価格を一層引き下げる効果を持つ．

## 3　流通業者投資のモデル

差別化された財 $i$ ($i=1,2$) を供給する2人の生産者 $i$ ($i=1,2$) の各々が，系列小売業者 $i$ を介して消費者に財を販売するものとする．各生産者の限界（＝平均）費用を $c$ とし，財 $i$ にたいする市場の逆需要関数が

$$p_i = a - q_i - bq_h, \quad i,h = 1,2, \text{ and } i \neq h,$$

で与えられるとする[5]．ここで，$p_i$ は財 $i$ の小売価格，$q_i$ はその供給量（＝生産量＝販売量），$a$ は需要の大きさを表すパラメータ，$b$ ($\in [0,1]$) は財の差別化の程度を表すパラメータである．

生産者 $i$ によって生産された財 $i$ は，出荷価格 $w_i$ で系列の流通（小売）業者 $i$ に販売され，彼はそれを消費者に再販売する．その際，流通業者 $i$ は財1単位あたり $m_i$ の流通費用を負担する．販売に先立って彼は，投資を行うことによって限界流通費用を削減することができる．すなわち，$tx_i^2$ の費用を負担すれば，限界流通費用を $m_i = \text{Max}\{0, m-x_i\}$ にすることができるとする．ここで，$\text{Max}\{X,Y\}$ は $X$ と $Y$ を比較して大きい方の値を返す指示関数である．また，$m$ は投資水準がゼロのときの限界流通費用，$t$ は投資の効率を表すパラメ

---

[5] $i$ および $h$ についての注記は，誤解のない限り省略する．

ータで，$t$ の値が小さいほど，費用がかからないという意味で，投資は効率的である．この種の費用削減投資の例として，広告や配送手段の変更などがある．実際，広告を出して商品属性を消費者に周知させれば，商品説明のための販売員コストを削減できるし，取扱量が多くなれば，大型トラックを使うことによって財 1 単位あたりの輸送費用を削減することができる[6]．以下では，生産者間の出荷価格競争の安定条件や諸変数の非負条件を満たすために，

$$t > \frac{4 + (\sqrt{5} - 1)b}{4(4 - 2b - b^2)} \tag{1}$$

$$c < a - m < (2 + \sqrt{5})c \tag{2}$$

を仮定する．

本章では，次のようなゲームについて検討する．まず第 1 段階において，各々の生産者が出荷価格とフランチャイズ料を設定する[7]．これを受けて第 2 段階では，各流通業者が注文量と費用削減投資の水準を同時に決定する[8]．流通業者は数量競争を行う．以下では，この 2 段階ゲームの部分ゲーム完全均衡を後方帰納法によって求める．

## 4　部分ゲーム完全均衡での投資

第 2 段階において流通業者 $i$ は，生産者 $i$ が設定した出荷価格 $w_i$ とフランチャイズ料 $F_i$，さらにライバル流通業者の販売量 $q_h$ と費用削減投資の水準 $x_h$ を所与として，自らの利潤 $y_i$ を最大にするように販売量 $q_i$ と投資水準 $x_i$ を設定

---

[6] 配送トラックを賃貸する場合，取扱量が多くなれば大型トラックを借りることになり，費用は増えるが財 1 単位あたりの賃貸料は低くなる．配送を外注する場合も同様である．
[7] 代替的に，流通業者は生産者が 100％出資する販売子会社であってもよい．
[8] トラックの大きさは取扱量と同時に決められる．広告の場合には，その効果が出るまでに時間がかかるため，注文量の決定に先立って投資水準が設定される．この場合でも，本章と同様の結論を導くことができる．この点については鈴木・成生 (2013) を参照のこと．ただし，投資によって限界流通費用が削減されると自らは販売量を増やし，そのことを予想するライバルは販売量を減らすため，自らの残余需要が増えるという正の戦略効果が働くため，投資水準は高くなる．

する. この意思決定問題は

$$\max_{q_i, x_i} y_i = (p_i - w_i - m_i) q_i - t x_i^2 - F_i$$
$$= (a - q_i - b q_h - w_i - m + x_i) q_i - t x_i^2 - F_i, \quad i, h = 1, 2, \text{ and } i \neq h,$$

と定式化される. この最大化問題の極大化の 1 階条件は, 内点解 ($0 < x_i < m$) を想定すれば,

$$\frac{\partial y_i}{\partial q_i} = a - m - 2 q_i - b q_h - w_i + x_i = 0 \tag{3-1}$$

$$\frac{\partial y_i}{\partial x_i} = q_i - 2 t x_i = 0 \tag{3-2}$$

で与えられる (2階条件は(1)式の想定のもとでは満たされている). 各流通業者の極大化条件を連立して解けば, 第2段階における流通業者 $i$ の注文量と投資水準は, 出荷価格 $\boldsymbol{w} = (w_i, w_h)$ の関数として,

$$q_i(\boldsymbol{w}) = \frac{2t \{(4t-1)(a - m - w_i) - 2bt(a - m - w_h)\}}{D} \tag{4-1}$$

$$x_i(\boldsymbol{w}) = \frac{(4t-1)(a - m - w_i) - 2bt(a - m - w_h)}{D} \tag{4-2}$$

で与えられる. ここで, $D = (4t + 2bt - 1)(4t - 2bt - 1)$ であり, (1)式の想定のもとでは $D > 0$ である. また, このときの小売価格は

$$p_i(\boldsymbol{w}) = \frac{(2t-1)a + 2t(b+1)m}{4t + 2bt - 1} + \frac{2t \{2t(2 - b^2) - 1\} w_i + 2bt(2t-1) w_h}{D} \tag{4-3}$$

と計算される. 上式より, 投資水準および注文量は $a$ ($m$) の増加 (減少) 関数であり, 自ら (ライバル) の仕入価格が上昇すれば減少 (増加) することが分かる. また小売価格は, 自らの仕入価格や限界流通費用が高くなれば高くなる. ここで注目すべきことは, 投資効率が高いときには ($t < 1/2$), (パラメータ $a$ の値が高くなるという意味で) 需要が増えると小売価格が低くなるということである. また, 投資効率が高いときには, ライバルの仕入価格が上昇すれば, 自らは小売価格を引き下げる. 通常, ライバルの仕入価格が高くなれば, ライ

バルの販売量が減り,自らの残余需要が増える.この状況では,流通業者は小売価格を引き上げる.そうであるにもかかわらず,流通業者が小売価格を引き下げるのは,(残余)需要の増加にもとづく販売量の増加が投資水準を高め(規模効果),限界流通費用が削減されるからである.

このような流通業者の行動を予想した上で,第1段階において生産者$i$は,ライバル生産者の出荷価格$w_h$およびフランチャイズ料$F_h$を所与として,流通業者$i$に非負の利潤を与えるという制約のもとで,自らの利潤$\pi_i$を最大にするように出荷価格$w_i$とフランチャイズ料$F_i$を設定する.この意思決定問題は

$$\max_{w_i, F_i} \pi_i = (w_i - c) q_i(\boldsymbol{w}) + F_i,$$
$$\text{s.t.} \quad y_i(\boldsymbol{w}) = \{p_i(\boldsymbol{w}) - (m - x_i(\boldsymbol{w})) - w_i\} q_i(\boldsymbol{w}) - t x_i(\boldsymbol{w})^2 - F_i \geq 0$$

と定式化される.ここで,制約条件が等号で成立することに留意すれば,上記の条件付き最大化問題は,制約条件の付かない

$$\max_{w_i} z_i = \pi_i = (p_i(\boldsymbol{w}) - c - m + x_i(\boldsymbol{w})) q_i(\boldsymbol{w}) - t x_i(\boldsymbol{w})^2$$

へと変換される[9].この極大化条件より,反応関数

$$w_i(w_h) = \frac{(4t - 2bt - 1)\{-4b^2 t^2 (a - m) + (4t - 1)(4t + 2bt - 1) c\} - 8b^3 t^3 w_h}{(4t - 1)\{8(2 - b^2) t^2 - 8t + 1\}} \quad (5)$$

が導かれ,各生産者の反応関数を連立して解けば,出荷価格

$$w_i^* = c - \frac{4b^2 t^2 (a - c - m)}{D_2} \quad (6\text{-}1)$$

を求めることができる.ここで,$D_2 = 4(4 + 2b - b^2) t^2 - 2(4 + b) t + 1$であり,(1)式の想定のもとでは$D_2 > 0$である.また,記号「*」は均衡値を表す.

上式で与えられる出荷価格が均衡出荷価格であるためには,$w_i^* \geq 0$でなければならず,(1)〜(2)式の想定のもとでは,$w_i^* > 0$となる[10].また,極大化

---

[9] 生産者はフランチャイズ料の徴収によって,流通業者が得た利益を全て回収することができるから,生産者の利潤はチャネル全体の利潤と一致する.

の2階条件は

$$\frac{\partial^2 z_i}{\partial w_i^2} = -\frac{2t(4t-1)\{8(2-b^2)t^2-8t+1\}}{D^2} < 0$$

であり,そのための条件 $t > (2+\sqrt{2}\,b)/4(2-b^2)$ は,(1)式の想定のもとでは満たされている.さらに,$\partial^2 z_i/\partial w_h \partial w_i = -16b^3 t^4/D^2$ であるから,均衡の安定条件は

$$\left|\frac{\partial^2 z_i}{\partial w_i^2}\right| - \left|\frac{\partial^2 z_i}{\partial w_h \partial w_i}\right| \sim 4(4-2b-b^2)t^2 - 2(4-b)t + 1 > 0$$

で与えられる.ここで,~は同符号を示す.上式の右辺は $t$ の2次式で,2次の項は正であるから,

$$t > \frac{4+(\sqrt{5}-1)b}{4(4-2b-b^2)}$$

であれば安定条件は満たされる[11].

この均衡における販売量,投資水準,小売価格,フランチャイズ料,生産者の利潤は,それぞれ

$$q_i^* = \frac{2t(4t-1)(a-c-m)}{D_2} \tag{6-2}$$

$$x_i^* = \mathrm{Min}\left\{m, \frac{(4t-1)(a-c-m)}{D_2}\right\} \tag{6-3}$$

$$p_i^* = c + m + \frac{\{4(2-b^2)t^2 - 6t + 1\}(a-c-m)}{D_2} \tag{6-4}$$

---

10) $w_i^* > 0$ となるためには
  $c > 4b^2 t^2 (a-c-m)/\{4(4+2b-b^2)t^2 - 2(4+b)t+1\}$
  $\Leftrightarrow a < (4t-1)\{2(2+b)t-1\}c/4b^2 t^2 + m$
  でなければならない.ここで $c$ の係数 $(4t-1)\{2(2+b)t-1\}/4b^2 t^2$ は,(1)式の想定のもとでは $t$ の増加関数であり,この係数に $t = \{4+(\sqrt{5}-1)b\}/4(4-2b-b^2)$ を代入すれば(2)式の後半部分を得る.
11) (1)式はこのための条件である.

$$F_i^* = \frac{t(4t-1)^3(a-m-c)^2}{D_2^2} \quad (6\text{-}5)$$

$$z_i^* = \frac{t(4t-1)\{8(2-b^2)t^2-8t+1\}(a-c-m)^2}{D_2^2} \quad (6\text{-}6)$$

と計算される．この際，限界流通費用が正であるためには，

$$m > \frac{(4t-1)(a-c-m)}{D_2} \quad \Leftrightarrow \quad a < c + \frac{2mt\{2(4+2b-b^2)t-2-b\}}{4t-1} \quad (7)$$

でなければならない．この条件が満たされない（投資効率が高い）場合には，投資水準は端点解（$x_i^* = m$）となり，限界流通費用はゼロとなる．

ここで留意すべきことはまず第 1 に，(5)式より

$$\frac{\partial w_i}{\partial w_h} = -\frac{8b^3t^3}{(4t-1)\{8(2-b^2)t^2-8t+1\}} < 0$$

であるから，(1)式の想定のもとでは，生産者が設定する出荷価格が戦略的代替関係にあるということである．第 2 に，(6-1)式の右辺第 2 項は負であるから，$w_i^* < c$ である．すなわち，出荷価格は限界生産費用よりも低く設定される．第 3 に，(6-1)式より $dw_i^*/da < 0$ であるから，（パラメータ $a$ の値が増加するという意味で）市場需要が増えるとき，生産者は出荷価格を引き下げる．最後に(6-4)式より，$t < (3+\sqrt{1+4b^2})/4(2-b^2)$ であれば $dp_i^*/da < 0$ となるから，$t$ の値が

$$\frac{4+(\sqrt{5}-1)b}{4(4-2b-b^2)} < t < \frac{3+\sqrt{1+4b^2}}{4(2-b^2)} \quad (8)$$

であれば，需要が増加するとき小売価格は低くなる（(8)式を満たす $t$ の範囲は図表 5-3 に示される）．以上の議論から，次の命題が導かれる．

**【命題 1】**
　チャネル間で価格―数量競争が行われ，流通業者が費用を削減するための投資を行う状況で，生産者がフランチャイズ料を徴収する場合，出荷価格は限界生産費用よりも低く設定され，それは戦略的代替関係にある．また，需

要が増えれば出荷価格は低くなり，投資効率が高くかつ(7)式が満たされる（すなわち，当初の限界流通費用が高い）場合には，小売価格も低くなる．

この命題は，第1章の命題1と同様に説明される．新たな説明が必要なのは投資効率がある程度高い $(t<(3+\sqrt{1+4b^2})/4(2-b^2))$ ときには $dp_i^*/da<0$ となり，需要が増加

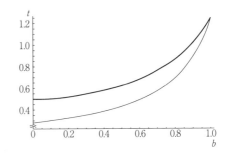

**図表 5-3** 需要が増えると小売価格が下がるパラメータの範囲

横軸は $b$，縦軸は $t$ である．細線より上が安定条件を満たす領域で，太線の下側が需要が増えると小売価格が下がる領域である．

するとき小売価格は低くなるという点である．この点は次のように説明される．需要が増加するとき，生産者は出荷価格を引き下げる．このことと需要の増加によって，流通業者は販売量を増やす．この状況で彼は，費用削減のための投資水準を高める結果，限界流通費用が低下し，小売価格が低くなるのである[12]．

最後に，需要のパラメータ $a$ が十分大きくなり，(7)式が満たされなくなると，投資水準は端点解（$x_i^*=m$）となる．この場合には，需要が増えて取扱量が多くなっても，限界流通費用はゼロで低下しないから，第1章の基本モデルと同様に，需要の増加に伴い出荷価格は低くなるが，小売価格は高くなる．

## 5 垂直的統合

この節では，両生産者が流通部門を垂直的に統合し，財を消費者に直接販売する状況について検討する．

---

[12] 図表5-3から明らかなように，安定条件を満たし，かつ需要が増えると小売価格が下がる $t$ の範囲は，財が同質的になると狭くなる．

**販売量・投資水準の設定**

　生産者 $i$ は，ライバルの生産者 $h$ が設定する投資水準 $x_h$ と販売量 $q_h$ を所与として，自らの利潤 $z_i$ を最大にするように自らの投資水準 $x_i$ と販売量 $q_i$ を設定する．この状況における生産者 $i$ の意思決定問題は，彼の限界調達費用は限界生産費用 $c$ であるから

$$\max_{q_i, x_i} z_i = \pi_i = (p_i - c - m_i)q_i - tx_i^2$$
$$= (a - q_i - bq_h - c - m + x_i)q_i - tx_i^2$$

と定式化される．上記の最大化問題は，4節における流通業者 $i$ の意思決定問題において，彼の限界調達費用（＝仕入価格）$w_i$ を生産者の限界調達費用 $c$ に置き換えたものである（ただし $F_i = 0$）．したがって，4節の結果を利用すれば，均衡における生産者 $i$ の販売量と投資水準は

$$q_i^V = \frac{2t(a - c - m)}{4t + 2bt - 1} \tag{9-1}$$

$$x_i^V = \text{Min}\left\{m, \frac{a - c - m}{4t + 2bt - 1}\right\} \tag{9-2}$$

となる．またこのときの小売価格および生産者の利潤は，それぞれ

$$p_i^V = c + m + \frac{(2t - 1)(a - c - m)}{4t + 2bt - 1} \tag{9-3}$$

$$z_i^V = \frac{t(4t - 1)(a - c - m)^2}{(4t + 2bt - 1)^2} \tag{9-4}$$

と計算される．ここで，上付き添え字 $V$ は垂直的統合を示す．

　この均衡において，限界流通費用が正であるためには，

$$m > \frac{a - c - m}{4t + 2bt - 1} \quad \Leftrightarrow \quad a < c + 2mt(2 + b) \tag{10}$$

でなければならないが，$c + 2mt\{2(4 + 2b - b^2)t - 2 - b\}/(4t - 1) < c + 2mt(2 + b)$ より，(7)式が満たされているかぎり(10)式は満たされる．

　ここで，(6)式と(9)式を比べると，統合時と比べて，生産者と流通業者が分

離しているときの方が投資水準が高く、販売量も多い。逆に、小売価格は低く、生産者利潤も少なくなっている。すなわち、生産者による流通部門の垂直的分離は、チャネル間競争を激しくするのである。このことは次のように説明される。命題1で述べたように、垂直的分離時には生産者は出荷価格を限界生産費用を下回る水準に設定する。統合時の生産者の限界調達費用が限界生産費用であるのにたいして、分離時の流通業者の限界調達費用（＝仕入価格）はそれよりも低くなる。そして供給者の限界調達費用が低いときの方が、数量競争の均衡における小売価格も低くなる。その結果、販売量が増える。このことは費用削減投資の規模効果を大きくするから、投資水準が高くなって、限界流通費用が低くなる。このこともまた、小売価格の低下と販売量の増加を導くのである。そして、小売価格の低下（および投資費用の増加）がチャネル（＝生産者）の利潤を減らすのである。したがって、次の命題が導かれる。

**【命題2】**
　生産者による流通部門の分離は、投資水準を高め、限界流通費用を低下させる。その結果、小売価格が低くなり、販売量は増えるが、チャネル（＝生産者）の利潤は少なくなる。

鈴木・成生（2013）では、複占生産者が同質財を供給する状況において、生産者が流通業者を統合するか分離するかの選択を分析しており、投資を考慮に入れたとしても第1章の基本モデルと同様のメカニズムが働き、均衡では、両生産者が流通業者を分離するという結果を導いている。生産者が差別化された財を供給する状況でも同様であり、均衡では、両生産者が流通業者を分離する。この均衡では、各生産者の利潤は統合時よりも少なく、囚人のディレンマが生じている。
　また、(9-3)式より

$$\frac{\partial p_i^V}{\partial a} = \frac{2t-1}{4t+2bt-1} < 0 \Leftrightarrow \frac{1}{2(2+b)} < t < \frac{1}{2}$$

であり、(1)式の想定のもとでは $t<1/2$ であれば、需要が増えるときに小売価格が下がる。しかしながら、図表5-3から明らかなように、生産者が流通部門を統合している状況でこのことが生じる $t$ の範囲は狭く、かつ財がある程度差

別化されている場合に限定される[13].

## 6 結び

　この章では,「需要が多いときに小売価格が低くなる」という,少なからぬ種類の財で観察される現象について検討した.市場需要曲線が右上にシフトするとき,市場供給曲線が右下に大きくシフトしなければ小売価格は下がらない.そしてそのためには,各流通企業の供給曲線(=限界費用曲線)が右下にシフトする必要がある.流通企業の限界費用は財の仕入価格(=限界調達費用)と限界流通費用で,この章のモデルでは,前者は生産者の出荷価格$w$,後者は$m_i = m - x_i$で表されており,両者はともに販売量から独立である.チャネル間の価格―数量競争のもとでは,需要が増えると各生産者は出荷価格を引き下げる(限界調達費用曲線の下方シフト).このことと需要の増加によって,各流通業者は販売量を増やす.そして,販売量の増加は投資を促進し,投資効率がある程度高ければ,流通費用が大きく削減されるのである(限界流通費用曲線の下方シフト).これら2つの効果が流通企業の限界費用曲線,さらには市場供給曲線を大きく下方へシフトさせるため,小売価格が下がるのである.逆に,投資効率が低い場合には,出荷価格は低くなるが,市場供給曲線のシフトが小幅なものに止まるために,小売価格は下がらない.

　また本章のモデルで,生産者がフランチャイズ料を徴収しない場合には,需要の増加が出荷価格の上昇を導くため,販売量の増加による規模効果ゆえに,投資が増えて流通費用は低下するが,その効果が出荷価格の上昇によって相殺されてしまうために小売価格が下がるとは限らない[14].

　しかしながら,この結論は,限界流通費用が投資の連続な減少関数であるという想定に依存している.2節で論じたように,限界流通費用が非連続的に低

---

13) もっとも,両生産者が流通部門を垂直的に統合している状況に限定すれば,安定条件が緩くなるため,財の差別化の程度が低い場合でも,需要が増えると小売価格が下がる.
14) 命題1は,生産者がフランチャイズ料を徴収できることに依存している.逆に,徴収しない場合には,出荷価格は限界生産費用を上回るし,戦略的補完関係となる.また需要が増えると,出荷価格および小売価格は上昇する.

下する場合には，需要が増えて取扱量が増えると小売価格が下がる可能性がある[15]．このように，需要の増加によって小売価格が下がるメカニズムの根幹は費用削減投資の規模効果であり，チャネル間での価格—数量競争のもとでのフランチャイズ料の徴収による出荷価格の低下は，投資を増幅させる役割を果たしてはいるが，必ずしも本質的なものではない．実際，流通費用削減投資の規模効果が十分大きければ，チャネル間競争の在り方やフランチャイズ料の採否にかかわらず，需要が多いときに価格が安くなろう．そうだとすると，アイスクリームやペットボトルの水，さらには季節家電製品など，需要が多いときに価格が低くなるという現象は，取扱量の増加が投資を促し，限界流通費用が大きく低下するというメカニズムで統一的に説明できるかも知れない．

　よく知られているように，製品ライフサイクルの成長期から成熟期において，需要の拡大にともなって小売価格は低下する．この現象もまた，この章で示したメカニズムで説明することができる．命題1に記したように，チャネル間競争での価格—数量競争のもとでは，需要が増えれば生産者は出荷価格を引き下げる．そして，投資効率がある程度高い場合，流通業者は費用削減投資を積極的に行うことで限界流通費用を削減する．限界流通費用が下がれば，生産者は出荷価格を引き上げるが，需要増にもとづく引き下げ効果の方が大きいため，出荷価格は低くなる．これらの結果，需要の拡大にともなって小売価格が下がるのである．

---

15) もっとも，需要が大きく増える場合には，小売価格は上昇する．これにたいして，3節で提示したモデルでは，投資効率が高ければ，限界流通費用が正であるかぎり，需要が増えると小売価格は低下し続ける．

# 第6章

# 生産者による費用削減投資

## 1 はじめに

　この章では，チャネル間で価格ー数量競争が行われている状況における生産者による費用削減投資について検討する．チャネルの構造は多様であり，多くの場合，生産者は卸や小売業者などの流通業者を介して財を販売しているが，生産者が消費者に直接販売することもある．また流通業者への出荷に際しても，生産者の販売事業部が出荷することもあるし，自ら販売子会社を設立して，そこから出荷することもある[1]．このようなチャネルの垂直的な構造の相違が生産者による生産費用を削減するための投資（以下では「投資」と略す）にいかなる影響を及ぼすか？　この章では，この点について検討する．

　差別化された財を供給する複占チャネルの間で価格ー数量競争が行われ，かつ各々の生産者が生産費用を削減するための投資を行う状況を想定する．この状況において各生産者は，チャネル間競争が激しくなって利潤が減るにもかかわらず，販売業者を垂直的に分離する．このとき，フランチャイズ料を徴収する生産者は，出荷価格を限界生産費用以下に設定することによって，販売業者から多くの注文を引き出すことができる．そして，このような販売量（＝生産量）の増加が，生産者の投資を積極的なものにするのである．その結果，限界生産費用が低くなり，ある場合には，出荷価格のみならず小売価格も下がる可能性がある[2]．

---

1) チャネルの垂直的構造に関する先行研究については第1章の4節を参照のこと．
2) 第5章で論じた流通業者による費用削減投資の場合も，投資効率が高いときには，需要

以下の構成は次のとおりである．まず次節では，モデルを提示し，両生産者による（販売業者を統合するか分離するかという）チャネル構造の選択を所与とした部分ゲームの均衡を分析する．3節では，生産者によるチャネル構造の選択について検討し，ゲームの部分ゲーム完全均衡を求め，その性質について検討する．4節は要約である．

## 2　生産者投資のモデル

差別化された財を生産する 2 人の生産者（$i=1,2$）が存在し，各々は自ら（の販売事業部）または独立した意思決定主体である小売業者（以下では，下流業者を「小売業者」と呼ぶ）を介して財を販売するものとする．各財にたいする市場の逆需要関数は

$$p_i = a - q_i - bq_h, \quad i,h = 1,2, \text{ and } i \neq h \tag{1}$$

で与えられる[3]．ここで，$p_i$ は財 $i$ の小売価格，$q_i$ は生産量（販売量），$a$（$>0$）および $b$（$\in [0,1]$）はパラメータである．また，生産者 $i$ の当初の限界（＝平均）生産費用を $c$ とし，彼は投資を行うことによってそれを引き下げることができるものとする．すなわち，$tx_i^2$ の投資を行えば限界生産費用を $c_i = c - x_i$ へと削減できるのである（以下では，限界費用の削減幅 $x_i$ を「投資水準」と呼ぶ）．ここで，$t$ は投資効率を示すパラメータで，この値が低いほど投資は効率的である．一方，販売には費用がかからないものとする．さらに，極大化の 2 階条件および諸変数が非負であることを保証するために，

$$t > \frac{2(8 - 6b^2 + b^4)}{(4 + 2b - b^2)(4 - 2b - b^2)^2} = T_1 \tag{2}$$

を仮定する（(2)式を満たすパラメータの領域については図表 6-2 を参照のこと）．

仮に生産者が小売業者を介して財を販売する場合，彼は小売業者に出荷価格

---

　が増えると小売価格は低くなっていた．
3) $i$ や $h$ についての但し書きは，特に必要とされる場合を除き，省略される．

を提示する．これを受けて，小売業者は注文量を設定する．この際単純化のために，小売業者は生産者が100％出資する販売子会社であるか，または生産者は小売業者に対してフランチャイズ料を課し，そうすることによって小売業者に生じた利益をすべて回収できるものとする[4]．この想定のもとでは，生産者の利潤はチャネル全体の利潤と一致することになる．

この章では，次のようなゲームについて検討する．まず第0段階において，各生産者は販売部門を垂直的に統合して自ら販売するか，または分離した小売業者を介して販売するかを選択する．第1段階では，各生産者が費用削減投資を行う．第2段階では，第0段階で小売業者を垂直的に分離した生産者が出荷価格を設定する．第3段階では，（統合している）生産者および小売業者が販売量を設定する．以下では，この4段階ゲームの部分ゲーム完全均衡を後方帰納法によって求める．この際，第0段階における生産者の選択には，①両生産者がともに小売業者を分離する，②ともに販売部門を統合する，③一方が統合し，他方は分離する，という3つがある．この節では，これらの選択を所与とした上で，第1段階以降の部分ゲームを分析する．

## 2-1 垂直的統合

この項では，第0段階において両生産者が販売部門を統合している状況を分析する．この状況において生産者 $i$ は，ライバル生産者 $h$ の販売量 $q_h$ を所与として，自らの利潤 $z_i$ を最大にするように販売量 $q_i$ を設定する．このときの彼の意思決定問題は，(1)式の想定のもとで

$$\max_{q_i} z_i = (p_i - c_i)q_i - tx_i^2 = (a - q_i - bq_h - c_i)q_i - tx_i^2$$

と定式化される（投資費用は既に埋没している）．各生産者の利潤極大化条件を連立して解けば，彼らの注文量

$$q_i(\boldsymbol{c}) = \frac{(2-b)a - 2c_i + bc_h}{4 - b^2} \tag{3-1}$$

---

[4] 自らの販売事業部を分社化する際，通常，生産者は子会社のほとんどの株を持っている．この点については第13章を参照のこと．

を求めることができる．ここで，$\bm{c}=(c_1,c_2)$ は各生産者の投資後における限界生産費用のベクトルである．また，このときの小売価格は

$$p_i(\bm{c})=\frac{(2-b)a+(2-b^2)c_i+bc_h}{4-b^2} \tag{3-2}$$

と計算される．

　このことを予想する生産者は，第1段階においてライバル生産者の投資水準を所与として，自らの利潤を最大にするように，投資水準 $x_i$ を設定する．この段階における彼の意思決定問題は，$c_i=c-x_i$ に留意すれば

$$\max_{x_i} z_i(\bm{x})=(p_i(\bm{c})-c_i)q_i(\bm{c})-tx_i^2$$

と定式化される．ここで，$\bm{x}=(x_1,x_2)$ は投資水準のベクトルである．各生産者の利潤極大化条件より，彼らの投資水準

$$x^{VV}=\frac{2(a-c)}{D_{V1}} \tag{4-1}$$

を求めることができる．ここで，均衡の安定条件より $D_{V1}=t(2-b)^2(2+b)-2>0$ である[5]．また，上付き添え字の1（2）文字目は自ら（ライバル）のチャネルの構造で，$V$ は統合，$F$ はフランチャイズ料を徴収する分離を示す．さらに，このときの各生産者の販売量，小売価格および利潤は

$$q^{VV}=\frac{t(4-b^2)(a-c)}{D_{V1}} \tag{4-2}$$

$$p^{VV}=c+\frac{\{t(4-b^2)-2\}(a-c)}{D_{V1}} \tag{4-3}$$

$$z^{VV}=\frac{t\{(4-b^2)^2t-4\}(a-c)^2}{D_{V1}^2} \tag{4-4}$$

と計算される[6]．この部分ゲームの均衡は，仮に $t=\infty$ で，投資が行われない

---

[5] $D$ の下付き添え字の1文字目はチャネルの構造を表し，$V$ は両生産者が小売業者を統合していることを，$F$ はフランチャイズ料を徴収して分離していることを，$A$ はチャネル構造が非対称であることを意味する．また，2文字目の数字は段階数を示す．

場合には,限界生産費用が $c$ のときのクールノー均衡である(補章の(6-1)～(6-5)式を参照のこと).

## 2-2 非対称な場合

次に,生産者 $i$ は販売部門を統合しているが,生産者 $h$ は小売業者 $h$ を介して財を販売している状況を想定する.この状況で小売業者 $h$ は,生産者 $h$ が設定した出荷価格 $w_h$ および生産者 $i$ の販売量 $q_i$ を所与として,自らの利潤を最大にするように販売量 $q_h$ を設定する.一方生産者 $i$ は,小売業者 $h$ の販売量 $q_h$ を所与として,自らの利潤を最大にするように販売量 $q_i$ を設定する.ここで,生産者 $i$ の販売部門の限界調達費用が $c_i$ であるのにたいして,小売業者 $h$ の限界調達費用は $w_h$ であることに留意すれば,第3段階のクールノー均衡における販売量は

$$q_i(\boldsymbol{v}) = \frac{(2-b)a - 2c_i + bw_h}{4-b^2} \tag{5-1}$$

$$q_h(\boldsymbol{v}) = \frac{(2-b)a - 2w_h + bc_i}{4-b^2} \tag{5-2}$$

で与えられる.また,このときの小売価格は

$$p_i(\boldsymbol{v}) = \frac{(2-b)a + (2-b^2)c_i + bw_h}{4-b^2} \tag{5-3}$$

$$p_h(\boldsymbol{v}) = \frac{(2-b)a + (2-b^2)w_h + bc_i}{4-b^2} \tag{5-4}$$

と計算される.ここで,$\boldsymbol{v} = (c_i, w_h)$ は限界調達費用のベクトルである.

このことを予想する生産者 $h$ は,第2段階において,自ら(すなわちチャネル)の利潤を最大にするように出荷価格 $w_h$ を設定する.この状況における彼の意思決定問題は,

$$\max_{w_h} z_h = (p_h(\boldsymbol{v}) - c_h) q_h(\boldsymbol{v})$$

---

6) $p_{VV} - c + x_{VV} = t(4-b^2)(a-c)/D_{V1} > 0$ であるから,小売価格は限界生産費用よりも高い.

と定式化される．この極大化条件より，出荷価格は

$$w_h(\boldsymbol{c}) = \frac{-(2-b)b^2 a + 2(4-b^2)c_h - b^3 c_i}{D_{A2}} \tag{6-1}$$

となる．ここで，極大化の 2 階条件より $D_{A2} = 4(2-b^2) > 0$ である．また，このときの各生産者の販売量および小売価格は

$$q_i(\boldsymbol{c}) = \frac{(4-2b-b^2)a - (4-b^2)c_i + 2bc_h}{D_{A2}} \tag{6-2}$$

$$q_h(\boldsymbol{c}) = \frac{2\{(2-b)a - 2c_h + bc_i\}}{D_{A2}} \tag{6-3}$$

$$p_i(\boldsymbol{c}) = \frac{(4-2b-b^2)a + (4-3b^2)c_i + 2bc_h}{D_{A2}} \tag{6-4}$$

$$p_h(\boldsymbol{c}) = \frac{(2-b^2)\{(2-b)a + 2c_h + bc_i\}}{D_{A2}} \tag{6-5}$$

と計算される．

ここで留意すべきことは，(6-1)式より $dw_h/da < 0$ であるから，（$a$ の増加という意味で）需要が増えるとき，生産者は出荷価格を引き下げるということである．また $dw_h/dc_i < 0$ であるから，ライバル生産者の限界費用が高ければ，生産者 $h$ の出荷価格は低くなる．

### 第 1 段階：生産者による投資水準の設定

これらのことを踏まえた上で，生産者 $h$ は第 1 段階において，ライバル生産者 $i$ の投資水準を所与とした上で，自らの利潤を最大にするように費用削減投資の水準 $x_h$ を決定する．この際，生産者 $h$ が小売業者 $h$ の利潤をすべて回収できることに留意すれば，彼が直面する意思決定問題は

$$\max_{x_h} z_h(\boldsymbol{x}) = (p_h(\boldsymbol{c}) - c_h)q_h(\boldsymbol{c}) - tx_h^2$$

と定式化される．一方，生産者 $i$ の意思決定問題は

$$\max_{x_i} z_i(\boldsymbol{x}) = (p_i(\boldsymbol{c}) - c_i)q_i(\boldsymbol{c}) - tx_i^2$$

と定式化される.

各生産者の利潤極大化条件を連立して解けば,彼らの投資水準は

$$x^{VF} = \frac{(4-b^2)\{(4-2b-b^2)t-1\}(a-c)}{D_{A1}} > 0, \quad \text{if} \quad t > \frac{1}{4-2b-b^2} \tag{7-1}$$

$$x^{FV} = \frac{(2-b)\{4(2-b^2)t-b-2\}(a-c)}{D_{A1}} > 0, \quad \text{if} \quad t > \frac{b+2}{4(2-b^2)} \tag{7-2}$$

で与えられる[7]. ここで,均衡の安定条件は

$$D_{A1} = 16(2-b^2)^2 t^2 - (32-16b^2+b^4)t + 4-b^2 > 0$$

であり,(2)式の仮定のもとでは,極大化の2階条件および均衡の安定条件は満たされている. また,このときの生産者 $h$ の出荷価格,各財の販売量と小売価格,さらには各生産者の利潤は

$$w^{FV} = c - \frac{(2-b)(1+b^2t)\{4(2-b^2)t-b-2\}(a-c)}{D_{A1}} \tag{7-3}$$

$$q^{VF} = \frac{4t(2-b^2)\{(4-2b-b^2)t-1\}(a-c)}{D_{A1}} \tag{7-4}$$

$$q^{FV} = \frac{2t(2-b)\{4(2-b^2)t-b-2\}(a-c)}{D_{A1}} \tag{7-5}$$

$$p^{VF} = c + \frac{\{(4-2b-b^2)t-1\}\{4(2-b^2)t-(4-b^2)\}(a-c)}{D_{A1}} \tag{7-6}$$

$$p^{FV} = c + \frac{(2-b)\{(2-b^2)t-1\}\{4(2-b^2)t-b-2\}(a-c)}{D_{A1}} \tag{7-7}$$

$$z^{VF} = \frac{t\{(4-2b-b^2)t-1\}^2\{16(2-b^2)^2t-(4-b^2)^2\}(a-c)^2}{D_{A1}^2} \tag{7-8}$$

$$z^{FV} = \frac{t(2-b)^2\{2(2-b^2)t-1\}\{4(2-b^2)t-b-2\}^2(a-c)^2}{D_{A1}^2} \tag{7-9}$$

と計算される[8].

---

7) (2)式の仮定のもとでは, $x^{VF}$ および $q^{VF}$ ($x^{FV}$ および $q^{FV}$) が非負であるための条件 $t>1/(4-2b-b^2)$ ($t>(b+2)/4(2-b^2)$) は満たされている.

8) 出荷価格が負の場合,販売業者は自らの利潤を最大にするために無限大の注文をする.

ここで，$w^{FV} < c^{FV} = c - x^{FV}$ であるから，生産者 $h$ は限界生産費用を下回る水準に出荷価格を設定していることになる．また，$dw^{FV}/da < 0$ であるから，需要が増えると生産者 $h$ は出荷価格を引き下げる．そうすることによって小売業者 $h$ の限界調達費用が低くなれば，彼は多くの注文を行う．そして，生産量が多くなれば規模効果が働くため，生産者 $h$ は投資水準を高める．その結果，限界生産費用が一層削減されるから，出荷価格のみならず小売価格も下がる可能性がある．実際，

$$\frac{dp^{FV}}{da} = \frac{(2-b)\{(2-b^2)t-1\}\{4(2-b^2)t-b-2\}}{D_{A1}}$$

であるから，パラメータ $t$ の値がある程度小さい（$T_1 < t < 1/(2-b^2)$）時には上式は負となる．また，

$$\frac{dx^{VF}}{dt} > 0 \iff T_1 < t < \frac{4(4-4b^2+b^4)+b^2(2-b^2)\{\sqrt{2}(2-b)\}}{4(2-b^2)^2(4-2b-b^2)}$$

であるから，（$t$ の値が大きいという意味で）投資が非効率になると，生産者 $i$ の投資水準 $x^{VF}$ は高くなる．一見逆説的に思われるこの結果は，次のように説明される．$t$ が上昇するとき，生産者 $h$ は投資水準 $x^{FV}$ を低める．このことはチャネル $h$ の販売量の減少を導き，それと戦略的代替関係にあるチャネル $i$ の販売量を増やす．この規模効果ゆえに，生産者 $i$ は投資水準を高める．この間接効果は財が同質的であるほど大きく，$t$ の上昇による投資水準の低下という直接効果を上回るため，投資水準 $x^{VF}$ が上昇するのである．さらに財が同質的な場合には，$t$ が大きくなると生産者 $h$ の利潤が減るのにたいして，生産者 $i$ の利潤は増える可能性がある[9]．

---

この状況が均衡でないことは明らかである．以下では，当初の限界費用 $c$ がある程度高く，出荷価格が負とはならないと仮定する．
9) この点についての説明は，第12章を参照のこと．

## 2-3　垂直的分離

この項では，両生産者が独立した意思決定主体である小売業者を介して財を販売する状況を分析する．この状況で，小売業者$i$の限界調達費用が$w_i$であることに留意すれば，第3段階のクールノー均衡における彼らの販売量は

$$q_i(\boldsymbol{w}) = \frac{(2-b)a - 2w_i + bw_h}{4-b^2} \tag{8-1}$$

で与えられる．ここで，$\boldsymbol{w}=(w_1, w_2)$は出荷価格のベクトルである．また，このときの小売価格は，

$$p_i(\boldsymbol{w}) = \frac{(2-b)a + (2-b^2)w_i + bw_h}{4-b^2} \tag{8-2}$$

と計算される．

このことを予想する生産者$i$は，第2段階において，ライバル生産者の出荷価格を所与として，自らの利潤を最大にするように出荷価格$w_i$を設定する．このときの彼の意思決定問題は

$$\max_{w_i} z_i = (p_i(\boldsymbol{w}) - c_i) q_i(\boldsymbol{w})$$

と定式化される．この極大化条件より，反応関数

$$w_i(w_h) = \frac{-(2-b)b^2 a + 2(4-b^2)c_i - b^3 w_h}{4(2-b^2)}, \quad i,h = 1,2, \text{ and } i \neq h \tag{9}$$

が導かれる．ここでも，需要が増加するとき生産者は出荷価格を引き下げるように反応するし，出荷価格は戦略的に代替的である（$dw_i/da < 0$および$dw_i/dw_h < 0$）．上記の反応関数を連立して解けば，生産者$i$の出荷価格は

$$w_i(\boldsymbol{c}) = \frac{-b^2(4-2b-b^2)a + 8(2-b^2)c_i - 2b^3 c_h}{D_{F2}} \tag{10-1}$$

で与えられる．ここで，$D_{F2} = 16 - 12b^2 + b^4 > 0$である．さらに，このときのチャネル$i$の販売量および小売価格は，

$$q_i(\boldsymbol{c}) = \frac{2(4-2b-b^2)a - 2(4-b^2)c_i + 4bc_h}{D_{F2}} \tag{10-2}$$

$$p_i(\boldsymbol{c}) = c_i + \frac{(2-b^2)\{(4-b^2)(a-c_i) - 2b(a-c_h)\}}{D_{F2}} \tag{10-3}$$

と計算される．この際留意すべきことは，(10-1)式より，市場需要が増加したり，ライバル生産者の限界費用が上昇するとき，前項と同様に生産者は出荷価格を引き下げるように反応するということである．

**第1段階：生産者による投資水準の設定**

これらのことを踏まえた上で，第1段階において生産者 $i$ は，ライバル生産者 $h$ の投資水準を所与とした上で，自らの利潤を最大にするように投資水準 $x_i$ を決定する．この段階における彼の意思決定問題は，

$$\max_{x_i} z_i(\boldsymbol{x}) = (p_i(\boldsymbol{c}) - c_i)q_i(\boldsymbol{c}) - tx_i^2$$

と定式化される．上記の最大化問題の極大化条件より，反応関数

$$x_i(x_h) = \frac{2(8-6b^2+b^4)\{(4-2b-b^2)(a-c) - 2bx_h\}}{S_{F1}}, \quad i,h=1,2, \text{ and } i \neq h \tag{11}$$

が導かれる．ここで，極大化の2階条件より

$$S_{F1} = t(16-12b^2+b^4)^2 - 2(2-b^2)(4-b^2)^2 > 0$$

である．上式より，投資水準は戦略的代替関係にあることが分かる．また，各生産者の反応関数を連立して解けば，彼らの投資水準は，

$$x^{FF} = \frac{2(8-6b^2+b^4)(a-c)}{D_{F1}} \tag{12-1}$$

で与えられる．ここで，安定条件より $D_{F1} = t(4+2b-b^2)^2(4-2b-b^2) - 2(8-6b^2+b^4) > 0$ である[10]．また，このときの各生産者の出荷価格，販売量，

---

10) (2)式の仮定の下では，安定条件 $(t(4+2b-b^2)(4-2b-b^2)^2 - 2(8-6b^2+b^4) > 0)$ および極大化の2階条件 $(4(2-b^2)(4-b^2)^2/(16-12b^2+b^4)^2 - 2t < 0)$ は満たされている．

小売価格および利潤は，それぞれ

$$w^{FF} = c - \frac{\{2(8-6b^2+b^4) + tb^2(16-12b^2+b^4)\}(a-c)}{D_{F1}} \quad (12\text{-}2)$$

$$q^{FF} = \frac{2t(16-12b^2+b^4)(a-c)}{D_{F1}} \quad (12\text{-}3)$$

$$p^{FF} = c + \frac{(2-b^2)\{t(16-12b^2+b^4) - 2(4-b^2)\}(a-c)}{D_{F1}} \quad (12\text{-}4)$$

$$z^{FF} = \frac{2t\{t(2-b^2)(16-12b^2+b^4)^2 - 2(8-6b^2+b^4)^2\}(a-c)^2}{D_{F1}^2} \quad (12\text{-}5)$$

と計算される．この部分ゲームの均衡では，各生産者は出荷価格を限界生産費用以下に設定し，需要が増えるときにはそれを引き下げる．また，出荷価格は戦略的に代替的である．さらに，($t$ が低いという意味で) 投資効率が高いときには，需要が増えると小売価格が低くなる[11]．これらの点を含む均衡の性質については，節を改めて議論する．

## 3　部分ゲーム完全均衡での投資

これまでの分析結果を踏まえて，この節ではまずはじめに，第0段階における生産者によるチャネル構造の選択について検討する．前節では，両生産者がともにフランチャイズ料を徴収して小売業者を分離する状況，ともに統合する状況，非対称な状況における生産者の利潤を計算した．それらを比べれば

$$z^{FV} > z^{VV}, \quad \text{and} \quad z^{FF} > z^{VF}$$

を得る．したがって，次の命題が導かれる．

【命題1】
　　部分ゲーム完全均衡では，両生産者はフランチャイズ料を徴収して，小売

---

そして，安定条件が満たされていれば $D_{F1} > 0$ である．
11) 仮に投資が行われない場合には，この均衡は第2章の4節で論じた均衡と一致する．

業者を分離する.

　この命題は次のように説明される.まずはじめに留意すべきことは,チャネル構造が非対称な状況における第2段階の部分ゲームの均衡は,第1章の補題4で記したように両生産者が小売業者を統合している状況における生産者 $h$ ($i$) を先導者(追随者)とするシュタッケルベルグ均衡と一致するということである.

　実際,この均衡では $x^{FV}>x^{VF}$, $q^{FV}>q^{VF}$, $p^{FV}<p^{VF}$ および $z^{FV}>z^{VF}$ が成立している.このことは次のように説明される.生産者 $h$ は出荷価格を限界生産費用以下に設定する($w^{FV}<c^{FV}$)ことによって,小売業者から多くの注文を引き出すことができる($q^{FV}>q^{VF}$).このことは財 $h$ の小売価格を低下させるが,規模効果ゆえに投資水準が上昇し,限界費用は低くなる.これらの効果の結果,生産者 $h$ は多くの利潤を得ることができるのである.そして,投資によって限界生産費用が大きく下がるときには,($a$ の値が大きくなるという意味で)需要が増えると,小売価格も低くなる($dp^{FV}/da<0$, if $t<1/(2-b^2)$).

　一方,両生産者が統合している状況では,クールノー均衡が実現する.ここで,2つの均衡を比べれば $x^{FV}>x^{VV}>x^{VF}$, $q^{FV}>q^{VV}>q^{VF}$, $p^{FV}<p^{VV}<p^{VF}$ および $z^{FV}>z^{VV}>z^{VF}$ であり,生産者 $h$ は小売業者を分離することで「先手の利」を得ることができるのである(第2章の命題3を参照のこと).ライバルチャネルが分離しているとき,自らも分離した方が利潤が多くなるのも,類似した理由による[12].

　次に,この部分ゲーム完全均衡と両生産者が販売部門を統合している部分ゲームの均衡を比べれば, $q^{FF}>q^{VV}$, $x^{FF}\gtreqless x^{VV}$, iff $b \lesseqgtr 0.8466$, $p^{FF}<p^{VV}$ および $z^{FF}<z^{VV}$ である.このことは次のように説明される.両生産者が小売業者を分離する状況では,彼らが出荷価格を低く設定するため,小売業者の注文量(=販売量)が増える.このことによって各生産者の生産量が増えるために,投資水準が上昇する[13].それと同時に,市場供給量が増えるために小売価格が下落

---

[12) 仮に費用削減投資が行われないとすれば,本章の部分ゲームの均衡は第2章の4節で論じたものと一致するし,さらに財が同質的であれば,第1章で論じた基本モデルの均衡と一致する.その意味で,チャネル間競争が激しくなるにもかかわらず,生産者が分離を選択するのは,小売業者間で数量競争が行われていることに依存している.

し，各生産者の利潤も減るのである．その意味で囚人のディレンマが生じているが，小売価格が下がって生産量が増えるため，消費者厚生や経済厚生は向上することになる．

### 完全均衡の性質

この部分ゲーム完全均衡の性質を見てみよう．まず第1に，(12-1)式および(12-2)式より

$$w^{FF} - c + x^{FF} = -\frac{tb^2(16-12b^2+b^4)(a-c)}{D_{F1}} < 0$$

$$\frac{dw^{FF}}{da} = -\frac{2(8-6b^2+b^4) + tb^2(16-12b^2+b^4)}{D_{F1}} < 0$$

であるから，各生産者は出荷価格を限界生産費用を下回る水準に設定し，需要が増えるときにはそれを引き下げる．第2に，(9)式および(11)式より，出荷価格および投資水準は戦略的代替関係にある．それゆえ，次の命題が成立する．

### 【命題 2】

部分ゲーム完全均衡では，各生産者は限界生産費用を下回る水準に出荷価格を設定し，需要が増えるときにはそれを引き下げる．また，出荷価格および投資水準は戦略的代替関係にある．

この均衡の比較静学分析の結果は図表 6-1 にまとめられている．すなわち，($a$の値が大きくなるという意味で）需要が増えれば，各生産者は出荷価格を引き下げて，小売業者から多くの注文を引き出す．この規模効果が投資水準を高め，限界費用の削減と相俟ってチャネルの利潤を増やすのである．これにたいして，当初の限界費用 $c$

|   | $x$ | $w$ | $q$ | $p$ | $z$ |
|---|---|---|---|---|---|
| $a$ | + | − | + | ± | + |
| $c$ | − | + | − | + | − |
| $t$ |   | + |   | + | − |

**図表 6-1** 比較静学分析の結果

---

13) 小売業者を分離している状況では，投資水準の上昇によって限界生産費用が削減されるのみならず，出荷価格が大きく引き下げられる．このことは小売業者の注文量を増やし，小売価格を低下させ，チャネルの利潤を減らす効果を持つ．この効果は財が同質的な場合に大きいため，生産者の投資水準は統合の状況よりも少なくなる．

が高いときには，それを補塡するために出荷価格が高く設定されるため販売量が少なくなり，規模効果が小さいために投資水準も低くなる．また，（$t$ の値が大きいという意味で）投資効率が低くなれば，各生産者は投資に消極的になるから，限界費用も下がらず，出荷価格が高く設定されるために，販売量が少なくなる．その結果，利潤もまた少なくなる．

最後に強調すべきことは，(12-4) 式より，

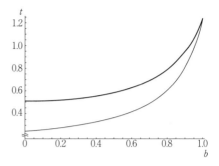

図表 6-2　需要が増えると小売価格が下がるパラメータの範囲
細線：$t = 2(8-6b^2+b^4)/(4+2b-b^2)(4-2b-b^2)^2 = T_1$
太線：$t = 2(4-b^2)/(16-12b^2+b^4) = T_2$

$$\frac{dp^{FF}}{da} \gtreqless 0, \quad \text{iff} \quad t \lesseqgtr \frac{2(4-b^2)}{16-12b^2+b^4} = T_2$$

であるということである．すなわち，両生産者がフランチャイズ料を徴収して小売業者を分離する状況で，第 2 段階の均衡の安定条件を損なうほど $t$ が低くはなく（$T_1 < t$），かつ投資がある程度効率的であれば（$t < T_2$），需要が増えると小売価格が下がるのである[14]．それゆえ，次の命題が成立する．

**【命題 3】**
　　仮に $2(8-6b^2+b^4)/(4+2b-b^2)(4-2b-b^2)^2 < t < 2(4-b^2)/(16-12b^2+b^4)$ であれば，需要が増えるとき，小売価格は低くなる（図表 6-2 を参照のこと）．

## 4　結　び

この章では，チャネル間で価格―数量競争が行われる状況における生産者に

---

14) $T_1 < t < T_2$ であれば $dp/da < 0$ であり，このときには $p < c$ である．逆に，$T_2 < t$ ならば $dp/da > 0$ で，このときには $p > c$ である．

よるチャネル構造の選択と費用削減投資について検討した．主な結論は，チャネル間競争が激しくなって利潤が減るにもかかわらず，各生産者は小売業者を分離し，費用削減のための投資を積極的に行うということである．このことは，次のように説明される．生産者は小売業者を分離することによって，出荷価格とフランチャイズ料というチャネルの運営手段を手に入れることができる．この状況で，（チャネルの利潤を最大にする）生産者は，出荷価格を限界生産費用以下に設定し，小売業者から多くの注文を引き出すことができる．この際に小売業者に生じた利潤をフランチャイズ料によって回収すれば，彼は多くの利潤を得ることができる．そして，このような販売量の増加が費用削減投資を促すのである．このことによって限界生産費用が低下すれば，生産者は出荷価格を一層引き下げる．その結果，小売業者の注文量が増加し，ある場合には小売価格が下落する．このことによって，生産者の利潤は減少するが，消費者厚生および経済厚生は増加するのである．

実際，多くの生産者は独立した意思決定主体である小売業者を介して財を販売しているし，また第4章で述べたように，販売子会社を設立して，そこから財を出荷している．このように，生産者が独立した意思決定主体である小売業者に財の販売を委ねれば，第5章で論じたように，小売業者の流通費用削減投資を促すと同時に，生産者自身も積極的に生産費用を削減するための投資を行うようになる．この際，第5章と第6章の投資水準を比べれば，生産者による投資が小売業者の投資の前に行われ，正の戦略効果が働くため，生産者の投資水準の方が高くなっている．

またこの章の議論は，製品ライフサイクルの成長期から成熟期において，需要が拡大するにともない出荷価格や小売価格が下落するという，第5章で論じた経験的事実を代替的または補完的に説明する．

# 第 III 部

## 垂直的取引制限と経路選択

## 第7章

## 価格—価格競争
——垂直的分離と取引制限——

## 1 はじめに

　流通取引は多様であり，生産者と小売業者のみからなる単純な流通経路を想定したとしても，彼らの間の取引様式の一方の極には市場（スポット）取引があり，他方の極には生産者による小売活動の直接的かつ包括的なコントロールである垂直的統合（以下では「統合」と略す）がある[1]．そしてその間には，生産者による部分的なコントロールを意味する多様な垂直的取引制限がある[2]．

　この章では，第Ⅲ部への導入として，複数チャネル間での価格—価格競争を想定し，戦略的動機にもとづく垂直的分離（以下では「分離」と略す）について検討した後に，生産者による流通経路の選択（開放経路または閉鎖経路），再販制やテリトリー制などの垂直的取引制限について検討する．以下の構成は次のとおりである．まず次節では差別化された財を供給する複占生産者を想定し，ベンチマークとして両生産者がカルテルを形成する場合および彼らが小売部門を垂直的に統合する場合について説明する．3節では垂直的分離について検討し，生産者がフランチャイズ料を徴収する場合には，統合との比較において分離が選択されることを示す．4節ではフランチャイズ料を徴収しない場合につ

---

[1] チャネルを効率的に運営するために意思決定を分離するか統合するかという問題については，第1章の4節で述べたように，多くの先行研究がある．
[2] 再販制やテリトリー制をはじめとするさまざまな垂直的取引制限については，成生（1994）および Katz（1989）などを参照のこと．

いて論じ，フランチャイズ料を徴収するか否かを含む「拡張されたゲーム」においても，各生産者はフランチャイズ料を伴う分離を選択することを示す．5節では生産者による経路選択について検討し，フランチャイズ料を伴う閉鎖経路が選択されることを示す．6節では再販制やテリトリー制について検討し，再販制はチャネル間競争を激しくするがゆえに選択されないが，テリトリー制はそれを緩和するがゆえに採用されることを示す．最後に7節では，全体の議論を要約する．

## 2　予備的考察：カルテルと垂直的統合

市場には差別化された財を供給する2人の生産者（$i=1,2$）が存在し，その各々が対称的な需要関数，

$$q_i(p_i, p_h) = \alpha - \beta p_i + \gamma p_h, \quad i, h = 1, 2, \text{ and } i \neq h \tag{1}$$

に直面しているものとする[3]．ここで，$q_i$ は生産者 $i$ が供給する財 $i$ にたいする需要量，$p_i$ は小売価格，$\alpha$，$\beta$ および $\gamma$ は非負のパラメータである．以下では $\beta > \gamma$ とし，また単純化のために，限界（＝平均）生産費用をゼロとする．

### 2-1　カルテル

2人の生産者がカルテルを形成し，財を消費者に直接販売する場合，カルテルの利潤 $J$ は，

$$J = \sum_i p_i q_i = \sum_i p_i (\alpha - \beta p_i + \gamma p_h) \tag{2}$$

で表される．カルテルが上式の利潤を最大にするように小売価格 $p_i$ を設定するものとすれば，上式の極大化条件（$\partial J/\partial p_i = 0$）より，各財の価格は，

---

[3] 以下では，誤解のないかぎり $i, h$ についての但し書きは省略する．

で与えられる．また，このときの各生産者の利潤は，

$$z^M = \frac{J}{2} = \frac{\alpha^2}{4(\beta-\gamma)} \tag{2-2}$$

と計算される．ここで，上付き添え字 M はカルテル（独占）を示す．

## 2-2　垂直的統合

各生産者が小売部門を統合し，財を消費者に直接販売するが，彼らの間でカルテルが形成されない場合，生産者 $i$ の利潤は，

$$z_i = p_i q_i = p_i(\alpha - \beta p_i + \gamma p_h) \tag{3}$$

で表される．彼は，ライバルが設定する価格 $p_h$ を所与として，自らの利潤を最大にするように価格 $p_i$ を設定する．このとき，上式の極大化条件より，生産者 $i$ の反応関数

$$p_i(p_h) = \frac{\alpha + \gamma p_h}{2\beta}, \quad i,h=1,2, \text{ and } i \neq h \tag{3-1}$$

が導かれる．これを連立して解けば，各財の小売価格

$$p_i = \frac{\alpha}{2\beta-\gamma} = p^{VV} < p^M \tag{3-2}$$

を求めることができる．また，このときの各生産者の利潤は

$$z_i = \frac{\beta\alpha^2}{(2\beta-\gamma)^2} = z^{VV} < z^M \tag{3-3}$$

と計算される．ここで，上付き添え字の 1 (2) 文字目は自ら（ライバル）の取引様式で，$V$ は垂直的統合を示す．上式より，両生産者が統合する場合には，生産者間の直接的な価格競争の結果，カルテル形成時よりも小売価格および生

$$p^M = \frac{\alpha}{2(\beta-\gamma)} \tag{2-1}$$

産者利潤が低くなることが分かる．

## 3 垂直的分離

この節では垂直的分離について検討する[4]．両生産者が小売部門を統合している場合は既に論じてあるから，以下では両生産者が小売業者を分離する場合，一方の生産者が統合し，他方が分離する場合について検討し，フランチャイズ料を徴収する状況では，統合との比較において分離が選択されることを示す．

### 3-1 両生産者が小売業者を分離している場合

各生産者が1人の系列小売業者を介して財を販売するものとする．この状況で，第1段階において生産者が出荷価格（とフランチャイズ料）を設定し，それを受けて第2段階では，小売業者が小売価格を設定するものとする．以下では，この2段階ゲームの部分ゲーム完全均衡を後方帰納法によって求める．

第2段階において小売業者 $i$ は，生産者 $i$ が設定した出荷価格 $w_i$ およびフランチャイズ料 $F_i$，さらには他の小売業者が設定する小売価格 $p_h$ を所与として，自らの利潤を最大にするように小売価格 $p_i$ を設定する．この状況における彼の意思決定問題は，

$$\max_{p_i} y_i = (p_i - w_i) q_i - F_i = (p_i - w_i)(\alpha - \beta p_i + \gamma p_h) - F_i$$

と定式化される．上記の最大化問題の極大化条件より，反応関数

$$p_i(w_i, p_h) = \frac{\alpha + \beta w_i + \gamma p_h}{2\beta}, \quad i, h = 1, 2, \text{ and } i \neq h \tag{4}$$

が導かれ，これを連立して解けば，各財の小売価格は

---

[4] チャネル間で競争が行われている状況での統合か分離かの選択，および分離する場合の戦略的な移転価格の設定については，Alles and Datar (1988), Zhao (2000), Miller and Pazgal (2001), Park (2002), Wang and Wang (2008), Lin (2010) などを参照のこと．

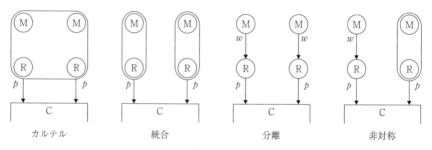

**図表 7-1** カルテル，統合，分離および非対称

M は生産者，R は小売業者，C は消費者を表す．

$$p_i(\boldsymbol{w}) = \frac{(2\beta+\gamma)\alpha + \beta(2\beta w_i + \gamma w_h)}{4\beta^2 - \gamma^2} \tag{4-1}$$

で与えられる．ここで，$\boldsymbol{w}=(w_1, w_2)$ は出荷価格のベクトルである．また，このときの各小売業者の注文量（＝各生産者にとっての生産量）は，

$$q_i(\boldsymbol{w}) = \frac{\beta\{(2\beta+\gamma)\alpha - (2\beta^2-\gamma^2)w_i + \beta\gamma w_h\}}{4\beta^2 - \gamma^2} \tag{4-2}$$

と計算される．

上述した小売業者の行動を予想する生産者 $i$ は，第１段階において，ライバル生産者が設定する出荷価格 $w_h$ を所与として，系列小売業者の利潤 $y_i$ を非負にするという制約のもとで，自らの利潤を最大にするように出荷価格 $w_i$ およびフランチャイズ料 $F_i$ を設定する．このとき，彼の意思決定問題は，

$$\begin{aligned}\max_{w_i} \ &\pi_i(\boldsymbol{w}) = w_i q_i(\boldsymbol{w}) + F_i, \\ \text{s.t.} \ &y_i = (p_i(\boldsymbol{w}) - w_i) q_i(\boldsymbol{w}) - F_i \geq 0\end{aligned} \tag{5}$$

と定式化される．制約条件が等号で成立する（$F_i = (p_i(\boldsymbol{w}) - w_i) q_i(\boldsymbol{w})$）ことに留意すれば，上記の条件付き最大化問題は，制約条件の付かない

$$\max_{w_i} z_i = \pi_i = p_i(\boldsymbol{w}) q_i(\boldsymbol{w})$$

へと変換される．(4-1)～(4-2)式のもとで，この極大化条件より，反応関数

$$w_i(w_h) = \frac{\gamma^2\{(2\beta+\gamma)\alpha + \beta\gamma w_h\}}{4\beta^2(2\beta^2-\gamma^2)}, \quad i,h=1,2, \text{ and } i \neq h \qquad (5\text{-}1)$$

が導かれ，これを連立して解けば，出荷価格およびフランチャイズ料，

$$w^{FF} = \frac{\gamma^2 \alpha}{\beta D_{FF}} > 0 \qquad (5\text{-}2)$$

$$F = \frac{(2\beta^2-\gamma^2)^2 \alpha^2}{\beta(D_{FF})^2} \qquad (5\text{-}3)$$

を求めることができる．ここで，$D_{FF}=4\beta^2-2\beta\gamma-\gamma^2>0$ である．また，上付き添え字の $F$ は二部料金制を示す[5]．さらに(5-1)式より，出荷価格は戦略的補完関係にあり，それは限界費用を上回る水準に設定され，（パラメータ $\alpha$ の値が大きくなるという意味で）需要が増えると引き上げられる（(5-2)式）[6]．このときの各財の小売価格および各生産者の利潤は，

$$p^{FF} = \frac{2\beta\alpha}{D_{FF}} \qquad (5\text{-}4)$$

$$z^{FF} = \pi^{FF} = \frac{2\beta(2\beta^2-\gamma^2)\alpha^2}{(D_{FF})^2} \qquad (5\text{-}5)$$

と計算される．ここで，(3-3)式と(5-5)式を比較すれば次の補題を得る．

**【補題1】**

　チャネル間で価格一価格競争が行われる状況では，両生産者がフランチャイズ料を徴収して小売業者を分離すれば，彼らの利潤は垂直的統合時よりも多くなる．

　この補題は次のように説明される．小売業者を垂直的に分離すれば，生産者間の競争は小売業者を介した間接的なものになる．この状況で各生産者は限界生産費用（＝ゼロ）を上回る出荷価格を設定し，この出荷価格のもとで，小売価格は(4-1)式より設定される．ここで仮に $w_i = w_h = 0$ であれば，$p_i(\boldsymbol{w}) = \alpha/$

---

[5] 正確には閉鎖経路のもとでの二部料金制（$FC$）であるが，この節では閉鎖経路 $C$ を前提としているので，単に $F$ と略す．
[6] 第1章の命題1とは対照的である．

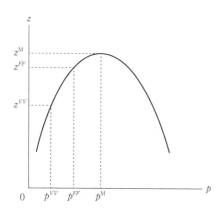

**図表 7-2** 垂直的分離の効果

生産者（チャネル）の利潤は，$p_i$ の 2 次関数で 2 次の係数は負である．したがって対称均衡 ($p=p_i=p_h$) を想定すれば，$p=p^M$ の時に最大値をとり，$p<p^M$ で単調増加，$p>p^M$ で単調減少である．

$(2\beta-\gamma)=p^{VV}$ となるから，小売価格は統合時のそれと一致する．また，$\partial p_i/\partial w_i>0$ および $\partial p_i/\partial w_h>0$ であるから，小売価格は二重マージンゆえに統合時よりも高くなる．すなわち，垂直的分離によって生産者間の競争が緩和され，均衡小売価格はカルテル価格に近づくのである．その結果，各チャネルの利潤は増加する（図表 7-2 を参照のこと）．この状況で，生産者は小売業者に生じる利潤をフランチャイズ料によって回収できるから，彼らの利潤が増えるのである．

ここで留意すべきことは，垂直的分離が生産者にとっての「価格競争を緩和する」というコミットメントの手段になるということである．生産者間で価格協定が結ばれたとしても，彼らがそれを遵守するとは限らない．一方がカルテル価格を遵守する場合，他方はそれよりも低い小売価格を設定することによって多くの利潤を得ることができる．このように，生産者間の価格協定は必ずしも遵守されず，独立の意思決定主体である小売業者に小売価格の設定を委ねてはじめて，生産者相互の高価格政策が信頼できるものとなるのである．もちろん，垂直的分離によって生産者間の価格競争が緩和されるためには，小売業者が価格支配力を持っている必要がある．というのは，彼らが価格支配力を持たず，小売価格と出荷価格が一致するのであれば，二重マージンが生じないため，分離の効果が無くなるからである．

## 3-2 非対称な場合

一方の生産者 $i$ が小売業者を分離し，他方の生産者 $h$ は統合している状況を想定する．この状況で，財 $i$ を独占的に販売する小売業者 $i$ は，出荷価格 $w_i$ お

よびライバルの小売価格 $p_h$ を所与として，自らの利潤を最大にするように小売価格 $p_i$ を(4-1)式にもとづいて設定する．他方生産者 $h$ は，ライバルの小売価格 $p_i$ を所与として，自らの利潤を最大にするように小売価格を(3-1)式にもとづいて設定する．これらの反応関数を連立して解けば，各財の小売価格は

$$p_i(w_i) = \frac{(2\beta+\gamma)\alpha + 2\beta^2 w_i}{4\beta^2 - \gamma^2} \tag{6-1}$$

$$p_h(w_i) = \frac{(2\beta+\gamma)\alpha + \beta\gamma w_i}{4\beta^2 - \gamma^2} \tag{6-2}$$

で与えられる．これを(1)式に代入すれば，各財の販売量は，

$$q_i(w_i) = \frac{\beta\{(2\beta+\gamma)\alpha - (2\beta^2-\gamma^2)w_i\}}{4\beta^2 - \gamma^2} \tag{6-3}$$

$$q_h(w_i) = \frac{\beta\{(2\beta+\gamma)\alpha + \beta\gamma w_i\}}{4\beta^2 - \gamma^2} \tag{6-4}$$

と計算される．

上述した小売市場の均衡を予想する生産者 $i$ は，系列小売業者の利潤 $y_i$ を非負にするという制約のもとで，自らの利潤を最大にするように出荷価格 $w_i$ およびフランチャイズ料 $F_i$ を設定する．このとき，生産者 $i$ の意思決定問題は，(6-1)式および(6-3)式より，

$$\max_{w_i} z_i = \pi_i = p_i(w_i) q_i(w_i) \tag{7}$$
$$= \frac{\beta\{(2\beta+\gamma)\alpha + 2\beta^2 w_i\}\{(2\beta+\gamma)\alpha - (2\beta^2-\gamma^2)w_i\}}{(4\beta^2-\gamma^2)^2}$$

と定式化される．上式の極大化条件より，出荷価格は

$$w_i = \frac{\gamma^2(2\beta+\gamma)\alpha}{2\beta^2 D_{FV}} \tag{7-1}$$

で与えられる．ここで，$D_{FV} = 2(2\beta^2 - \gamma^2) > 0$ である．また，このときの各財の小売価格および各生産者の利潤は，

$$p^{FV} = \frac{(2\beta+\gamma)\alpha}{D_{FV}} \tag{7-2}$$

$$p^{VF} = \frac{(4\beta^2 + 2\beta\gamma - \gamma^2)\alpha}{2\beta D_{FV}} \quad (7\text{-}3)$$

$$z^{FV} = \pi^{FV} = \frac{(2\beta + \gamma)^2 \alpha^2}{4\beta D_{FV}} \quad (7\text{-}4)$$

$$z^{VF} = \pi^{VF} = \frac{(4\beta^2 + 2\beta\gamma - \gamma^2)^2 \alpha^2}{4\beta (D_{FV})^2} \quad (7\text{-}5)$$

と計算される．

### 3-3 垂直的分離の優越性

　この項では，垂直的分離の優越性について検討する．以下では，出荷価格の設定に先立つ第0段階において，生産者が小売業者を垂直的に分離するか否かを選択するものとする．これまで，生産者がともに分離する場合，ともに統合する場合，一方が分離し，他方が統合する場合について論じてきた．ここで，各々の部分ゲームの均衡における生産者の利得を比べれば，$z^{FF} > z^{VF}$ かつ $z^{FV} > z^{VV}$ であるから，ライバルが統合するか分離するかにかかわらず，自らは分離した方が利潤が多い．その意味で分離が支配戦略であり，均衡では両生産者はともに小売業者を分離することになる．それゆえ，次の命題が成立する．

**【命題2】**

　チャネル間で価格—価格競争が行われ，生産者がフランチャイズ料を徴収する状況では，各生産者にとって小売業者を分離することが支配戦略であり，両生産者が小売業者を分離している状態が唯一の部分ゲーム完全均衡となる．

　この際 $z^{VV} < z^{FV} < z^{VF} < z^{FF}$ であるから，両生産者がともに統合している場合，一方による分離は，自らの利潤のみならずライバルの利潤をも増加させる．その意味で，分離は fat cat 戦略である．非対称な場合も同様で，統合生産者による小売業者の分離は，自らの利潤のみならず，既に分離しているライバルの利潤をも増加させる．また，小売価格については $p^{VV} < p^{FF}$ であるから，分離によって小売価格は高くなり，消費者厚生や経済厚生は悪化する．

## 4 ゲームの拡張：フランチャイズ料の役割

この節では，フランチャイズ料を徴収しない状況について検討する．この状況では，分離は必ずしも支配戦略とはならず，均衡戦略はパラメータの値に依存する．もっとも，生産者が統合($V$)，フランチャイズ料を伴う分離($F$)またはフランチャイズ料を伴わない分離($L$)という，3つの選択肢を持つ拡張されたゲームにおいては，フランチャイズ料を伴う分離が均衡戦略となる．

### 4-1 フランチャイズ料を徴収しない場合

フランチャイズ料を徴収しない状況で両生産者がともに統合している場合，各財の価格および利潤は(3-2)式および(3-3)式で与えられる．両生産者がともに小売業者を分離する場合でも，固定的なフランチャイズ料は小売業者による小売価格の設定に影響を及ぼさないから，彼らの意思決定は前節と同様である．また，フランチャイズ料を徴収しない生産者 $i$ の意思決定問題は，

$$\max_{w_i} \pi_i = w_i q_i = \frac{w_i \beta \{(2\beta+\gamma)\alpha - (2\beta^2-\gamma^2)w_i + \beta\gamma w_h\}}{4\beta^2-\gamma^2}, \quad \text{for given } w_h \tag{8}$$

と定式化される．上記の最大化問題の極大化条件より，反応関数，

$$w_i(w_h) = \frac{(2\beta+\gamma)\alpha + \beta\gamma w_h}{2(2\beta^2-\gamma^2)}, \quad i,h=1,2, \text{ and } i \neq h \tag{8-1}$$

が導かれる．各生産者の反応関数を連立して解けば，出荷価格は

$$w^{LL} = \frac{(2\beta+\gamma)\alpha}{D_{LL}} \tag{8-2}$$

で与えられる．ここで，$D_{LL} = 4\beta^2 - \beta\gamma - 2\gamma^2 > 0$ である．また，上付き添え字 $L$ は線形価格制を示す．このときの各財の小売価格および各生産者の利潤は，

$$p^{LL} = \frac{2(3\beta^2-\gamma^2)\alpha}{(2\beta-\gamma)D_{LL}} \tag{8-3}$$

180　第Ⅲ部　垂直的取引制限と経路選択

$$\pi^{LL} = \frac{\beta(2\beta+\gamma)(2\beta^2-\gamma^2)\alpha^2}{(2\beta-\gamma)(D_{LL})^2} \tag{8-4}$$

と計算される．

　一方の生産者が統合を選択し，他方が線形価格制のもとで小売業者を分離する場合，小売段階の均衡はフランチャイズ料を徴収する状況と同様に(6)式で与えられる．また分離した生産者の意思決定問題は，(7)式ではなく，

$$\max_{w_i} \pi_i = w_i q_i = \frac{\beta w_i \{(2\beta+\gamma)\alpha - (2\beta^2-\gamma^2)w_i\}}{4\beta^2-\gamma^2}$$

と定式化される．上記の最大化問題の極大化条件より，出荷価格は

$$w^{LV} = \frac{(2\beta+\gamma)\alpha}{2(2\beta^2-\gamma^2)} \tag{9-1}$$

となる．また，このときの各財の小売価格および各生産者の利潤は，

$$p^{LV} = \frac{(3\beta^2-\gamma^2)\alpha}{D_{LV}} \tag{9-2}$$

$$p^{VL} = \frac{(4\beta^2+\beta\gamma-2\gamma^2)\alpha}{2D_{LV}} \tag{9-3}$$

$$\pi^{LV} = \frac{\beta(2\beta+\gamma)\alpha^2}{4D_{LV}} \tag{9-4}$$

$$z^{VL} = \frac{\beta(4\beta^2+\beta\gamma-2\gamma^2)^2\alpha^2}{4(D_{LV})^2} \tag{9-5}$$

と計算される．ここで，$D_{LV} = (2\beta-\gamma)(2\beta^2-\gamma^2) > 0$ である．

　ここで留意すべきことは，フランチャイズ料を徴収しない状況では，分離は必ずしも支配戦略とはならないということである．例えば財が独立な場合（$\gamma=0$）には，$\pi^{LL} = \alpha^2/8\beta < \alpha^2/4\beta = z^{VL}$ および $\pi^{LV} = \alpha^2/8\beta < \alpha^2/4\beta = z^{VV}$ となるから統合が支配戦略となり，両生産者がともに統合している状態のみが均衡となる．というのは，この場合には生産者間に戦略的相互依存関係はなく，各生産者は独占者として行動する．この状況ではカルテルは意味を持たず，各生産者は統合のもとで最大の利潤を得ることができる．逆に分離すれば，二重マー

ジンゆえに小売価格はカルテル価格よりも高くなり,利潤が減るのである.

フランチャイズ料を徴収しない状況におけるそれぞれの取引様式のもとでの生産者利潤を比べれば $z^{VV} > \pi^{LV}$ であり,また $k = \gamma/\beta$ とおけば,

$$z^{VL} - \pi^{LL} \sim 128 - 320k^2 + 273k^4 - 96k^6 + 12k^8 \equiv f(k)$$

である.ここで,〜は同符号を意味する.いま,$0 < k < 1$ の範囲で $f(k) = 0$ となる(唯一の)解を $k_1 \fallingdotseq 0.9309$ とすれば,

$$z^{VL} \gtreqless \pi^{LL}, \quad \text{iff} \quad k \lesseqgtr k_1 \fallingdotseq 0.9309$$

である.したがって,$\gamma/\beta < k_1$ であれば両生産者がともに統合している状態が唯一の均衡となるし,$\gamma/\beta > k_1$ であれば両生産者がともに統合している状態およびともに分離している状態の2種類の状態が均衡となる.

## 4-2 フランチャイズ料を伴う分離の優越性

この項では,生産者が垂直的統合($V$),線形価格制($L$)または二部料金制($F$)という3つの選択肢を持つ「拡張されたゲーム」について分析する.ここで新たな分析を必要とするのは,一方の生産者が $L$,他方が $F$ を選択する状況である.この状況における各財の小売価格および販売量は,(4-1)式および(4-2)式で与えられる.したがって,フランチャイズ料を徴収する生産者 $i$ の意思決定問題は(5)式で,反応関数は(5-1)式で与えられる.他方,フランチャイズ料を徴収しない生産者 $h$ の意思決定問題は(8)式で,反応関数は(8-1)式で与えられる.これらの反応関数を連立して解けば,両生産者の出荷価格は

$$w^{FL} = \frac{\gamma^2(2\beta + \gamma)(4\beta^2 + \beta\gamma - 2\gamma^2)\alpha}{\beta^2 D_{FL}} \tag{10-1}$$

$$w^{LF} = \frac{(4\beta^2 - \gamma^2)(4\beta^2 + 2\beta\gamma - \gamma^2)\alpha}{\beta D_{FL}} \tag{10-2}$$

で与えられる.ここで,$D_{FL} = 32\beta^4 - 32\beta^2\gamma^2 + 7\gamma^4 > 0$ である.また,このときの各財の小売価格および各生産者の利潤は,

$$p^{FL} = \frac{2(2\beta+\gamma)(4\beta^2+\beta\gamma-2\gamma^2)\alpha}{D_{FL}} \tag{10-3}$$

$$p^{LF} = \frac{2(3\beta^2-\gamma^2)(4\beta^2+2\beta\gamma-\gamma^2)\alpha}{\beta D_{FL}} \tag{10-4}$$

$$z^{FL} = \frac{2(2\beta+\gamma)^2(2\beta^2-\gamma^2)(4\beta^2+\beta\gamma-2\gamma^2)^2\alpha^2}{\beta(D_{FL})^2} \tag{10-5}$$

$$\pi^{LF} = \frac{(2\beta^2-\gamma^2)(4\beta^2-\gamma^2)(4\beta^2+2\beta\gamma-\gamma^2)^2\alpha^2}{\beta(D_{FL})^2} \tag{10-6}$$

と計算される.

これまでの議論を踏まえて, 第0段階における各生産者による取引様式の選択について検討する. それぞれの取引様式のもとでの生産者利潤を比べれば,

$$z^{FF} > \text{Max}\{z^{VF}, \pi^{LF}\}$$
$$z^{FL} > \text{Max}\{z^{VL}, \pi^{LL}\}$$
$$z^{FV} > \text{Max}\{z^{VV}, \pi^{LV}\}$$

であるから, 各生産者は, ライバルの取引様式にかかわらず, フランチャイズ料を伴う分離を選択することになる. したがって, 次の命題が成立する.

【命題3】

チャネル間で価格ー価格競争が行われる状況では, 両生産者がフランチャイズ料を徴収して小売業者を分離する状態が唯一の均衡となる. また, 生産者がフランチャイズ料を徴収しない状況では, 財がある程度差別化されていれば ($k<k_1$), 両生産者がともに統合している状態が唯一の均衡となる. 逆に, 差別化の程度が小さい場合 ($k>k_1$) には, 両者がともに統合している状態およびともに分離している状態が均衡となる.

フランチャイズ料を徴収する均衡は, 財の差別化が小さい場合には低水準均衡である. 実際,

$$z^{FF} - \pi^{LL} \sim 16 - 24k - 2k^2 + 9k^3$$

であるから, $k \equiv \gamma/\beta \geq k_2 \doteq 0.81325$ の場合には, 両生産者がフランチャイズ料を徴収しない状態の方が利潤が多い[7].

## 4-3 価格―価格競争と価格―数量競争

これまで論じてきた価格―価格競争の結果と，第2章の4節で論じた価格―数量競争のもとでの結果を比べてみよう．補章で論じたように，小売業者が数量競争を行う場合の逆需要関数が $p_i = a - q_i - bq_h$ であるのにたいして，同じ代表的消費者のもとで，小売業者が価格競争を行う場合の需要関数は $q_i = \{(1-b)a - p_i + bp_h\}/(1-b^2)$ である．それゆえ，$\alpha = a/(1+b)$，$\beta = 1/(1-b^2)$，$\gamma = b/(1-b^2)$ および $c = 0$ とおけば，同じ需要状況のもとでの価格―価格競争と価格―数量競争を比較することができる．両生産者がともに垂直的統合，二部料金制，線形価格制を選択する場合の小売マージン，出荷価格，小売価格および生産者利潤は図表7-3にまとめられている．この表から，価格―価格競争が行われる場合には，価格―数量競争と比べて，小売マージン，出荷価格および小売価格が低いことが分かる．というのは，価格を戦略変数とする競争の方が数量競争よりも激しいため小売マージンが低くなり，小売段階の競争が激しくなると生産者間の競争も激しくなるため，出荷価格が低く設定されるからである[8]．その結果，小売価格（＝出荷価格＋小売マージン）も低くなる．また，両生産者が統合および二部料金制を選択する場合には生産者利潤も少なくなる．ただし，両生産者が線形価格制を選択する場合には，彼らの利潤は価格―価格

|  | 価格―価格競争 | | | 価格―数量競争 | | |
|---|---|---|---|---|---|---|
|  | $VV$ | $FF$ | $LL$ | $VV$ | $FF$ | $LL$ |
| $p-w$ | — | $\dfrac{(1-b)(2-b^2)a}{4-2b-b^2}$ | $\dfrac{(1-b)(2-b^2)a}{(2-b)(4-b-2b^2)}$ | — | $\dfrac{2a}{4+2b-b^2}$ | $\dfrac{2a}{(2+b)(4-b)}$ |
| $w$ | — | $\dfrac{b^2(1-b)a}{4-2b-b^2}$ | $\dfrac{(2-b-b^2)a}{4-b-2b^2}$ | — | $\dfrac{b^2 a}{4+2b-b^2}$ | $\dfrac{(2-b)a}{4-b}$ |
| $p$ | $\dfrac{(1-b)a}{2-b}$ | $\dfrac{2(1-b)a}{4-2b-b^2}$ | $\dfrac{2(1-b)(3-b^2)a}{(2-b)(4-b-2b^2)}$ | $\dfrac{a}{2+b}$ | $\dfrac{(2-b^2)a}{4+2b-b^2}$ | $\dfrac{(6-b^2)a}{(2+b)(4-b)}$ |
| $z$ or $\pi$ | $\dfrac{(1-b)a^2}{(1+b)(2-b)^2}$ | $\dfrac{2(1-b)(2-b^2)a^2}{(1+b)(4-2b-b^2)^2}$ | $\dfrac{(1-b)(2+b)(2-b^2)a^2}{(1+b)(4-b-2b^2)^2}$ | $\dfrac{a^2}{(2+b)^2}$ | $\dfrac{2(2-b^2)a^2}{(4+2b-b^2)^2}$ | $\dfrac{2(2-b)a^2}{(2+b)(4-b)}$ |

**図表7-3** 価格―価格競争と価格―数量競争の比較

---

7) $k_2$ は $16 - 24k - 2k^2 + 9k^3 = 0$ の $0 < k < 1$ における唯一の解である．
8) 同様のメカニズムは第3章でも論じられている．

競争のもとでの方が多い．というのは，価格一数量競争のもとでは，二重マージンゆえに小売価格が高くなり過ぎ，販売量が少なくなるからである（小売価格は図表7-2の$p^M$よりも高くなるのである）．

## 5　経路選択

前節で論じたように，各生産者が1人の小売業者のみを介して財を販売する状況では，チャネル間の競争を緩和するために，各生産者はフランチャイズ料を伴う分離を選択する．この節では，垂直的分離を前提とした上で，生産者による経路選択（開放経路か閉鎖経路か）について検討する[9]．ここで閉鎖経路とは，生産者が特定の（この章のモデルでは1人の）小売業者にのみ財の販売を委ねる経路であり，前節までのモデルは閉鎖経路を前提としていた．これにたいして開放経路のもとでは，生産者はすべての小売業者に販売を委ねることになる（図表7-4を参照のこと）．図から明らかなように，両生産者がともに閉鎖（開放）経路を選択する場合には，各小売業者は1（2）種類の財を販売する専売（併売）業者となる．また，一方が閉鎖経路，他方が開放経路を選択する場合には，閉鎖経路を選択した生産者の財を販売する小売業者は，他方の生産者の財も販売する併売業者であるのにたいし，閉鎖経路を選択した財を扱わない

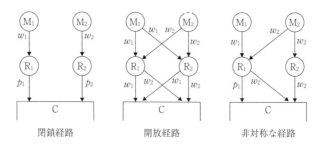

図表7-4　閉鎖経路，開放経路，非対称な経路

---

9) チャネル間で競争が行われている状況での経路選択については Coughlan (1985, 1987), Trivedi (1998), Mycielski, Riyanto and Wuyts (2000) や Mauleon, Sempere-Monerris and Vannetelbosch (2011) などを参照のこと．

小売業者は，開放経路を選択した生産者の財のみを販売する専売業者となる．この節ではまずはじめに，生産者がフランチャイズ料を徴収する状況を検討する．以下では，生産者による経路選択は，出荷価格の設定に先立つ第0段階において行われるものとする．

## 5-1 フランチャイズ料を徴収する場合

両生産者がともに閉鎖経路を採用する場合については3節で論じたから，以下では，両者が開放経路を採用する場合，一方が閉鎖経路を採用し，他方が開放経路を選択する場合について，部分ゲームの均衡を求める．その後に，3つの部分ゲームの均衡を比較することによって，閉鎖経路が支配戦略となることを示す．

### 両生産者が開放経路を選択する場合

両生産者が開放経路を選択する場合，同種の財を販売する小売業者間の価格競争の結果，第2段階において，

$$p_i(w_i, w_h) = w_i \tag{11}$$

が成立する．すなわち，小売価格は出荷価格と一致するのである．したがって，開放経路の小売価格は，実質的に第1段階において設定されることになる．垂直的統合の場合でも，小売価格は生産者によって設定されるが，それは第2段階においてであり，価格競争における「先手の不利」を免れることができる．また，小売業者の利潤はゼロであり，正のフランチャイズ料を徴収することはできないから，開放経路のもとでは二部料金制は意味がない．

両生産者が開放経路を選択する状況での第1段階における生産者$i$の意思決定問題は，

$$\max_{w_i} \pi_i = w_i q_i = w_i(\alpha - \beta w_i + \gamma w_h), \quad \text{for given } p_h = w_h$$

と定式化され，2節で論じた垂直的統合の場合と一致する．それゆえ，部分ゲームの均衡における出荷価格（＝小売価格）や利潤は，各々 $p^{FO,FO} = w^{FO,FO} =$

$\alpha/(2\beta-\gamma)$ および $z^{FO,FO}=\beta\alpha^2/(2\beta-\gamma)^2$ と計算される．ここで，上付き添え字のコンマの前（後）は自ら（ライバル）の取引様式で，$F$ は二部料金制，$L$ は線形価格制，$O$ は開放経路，$C$ は閉鎖経路を示す．

### 非対称な経路選択の場合

次に生産者 $i$ が閉鎖経路を選択し，生産者 $h$ が開放経路を採用する状況を想定する．この状況でも，財 $h$ は複数の小売業者によって販売されるから，第 2 段階では $p_h = w_h$ が成立する．このとき，財 $i$ を独占的に販売する小売業者の意思決定問題は，$p_h = w_h$ のもとで

$$\max_{p_i} y_i = (p_i - w_i)q_i - F_i = (p_i - w_i)(\alpha - \beta p_i + \gamma p_h) - F_i, \quad \text{for given } p_h = w_h$$

と定式化される．上記の最大化問題の極大化条件より，反応関数，

$$p_i(\boldsymbol{w}) = \frac{\alpha + \beta w_i + \gamma w_h}{2\beta} \tag{12-1}$$

が導かれる．また，このときの各生産者の販売量は，

$$q_i(\boldsymbol{w}) = \frac{\alpha - \beta w_i + \gamma w_h}{2} \tag{12-2}$$

$$q_h(\boldsymbol{w}) = \frac{(2\beta + \gamma)\alpha - (2\beta^2 - \gamma^2)w_h + \beta\gamma w_i}{2\beta} \tag{12-3}$$

と計算される．

上述した小売業者の行動を予想する（フランチャイズ料を徴収する）生産者 $i$ は，ライバルの出荷価格 $w_h$ を所与として，チャネルの利潤を最大にするように出荷価格 $w_i$ を設定する．この意思決定問題は，(12)式のもとで

$$\max_{w_i} z_i = \pi_i = p_i(\boldsymbol{w})q_i(\boldsymbol{w}) = \frac{(\alpha + \beta w_i + \gamma w_h)(\alpha - \beta w_i + \gamma w_h)}{4\beta}$$

と定式化される．この極大化条件より，反応関数，

$$w_i(w_h) = 0 \tag{13-1}$$

が導かれる．

他方，第1段階における生産者 $h$ の意思決定問題は，

$$\max_{w_h} z_h = \pi_h = w_h q_h(\boldsymbol{w}) = \frac{w_h \{(2\beta+\gamma)\alpha - (2\beta^2-\gamma^2)w_h + \beta\gamma w_i\}}{2\beta}$$

と定式化されるから，上式の極大化条件より，反応関数，

$$w_h(w_i) = \frac{(2\beta+\gamma)\alpha + \beta\gamma w_i}{4\beta^2 - 2\gamma^2} \tag{13-2}$$

が導かれる．(13-1)式および(13-2)式を連立して解けば，出荷価格は

$$w^{FC,FO} = 0 \tag{14-1}$$

$$w^{FO,FC} = \frac{(2\beta+\gamma)\alpha}{D_{FCO}} \tag{14-2}$$

で与えられる．また，このときの各財の小売価格および各生産者の利潤は，

$$p^{FC,FO} = \frac{(4\beta^2+2\beta\gamma-\gamma^2)\alpha}{2\beta D_{FCO}} \tag{14-3}$$

$$p^{FO,FC} = \frac{(2\beta+\gamma)\alpha}{D_{FCO}} \tag{14-4}$$

$$z^{FC,FO} = \frac{(4\beta^2+2\beta\gamma-\gamma^2)^2 \alpha^2}{4\beta (D_{FCO})^2} \tag{14-5}$$

$$z^{FO,FC} = \frac{(2\beta+\gamma)^2 \alpha^2}{4\beta D_{FCO}} \tag{14-6}$$

と計算される．ここで，$D_{FCO} = 4\beta^2 - 2\gamma^2 > 0$ である．

この部分ゲームの均衡は，両生産者が消費者に直接販売する状況における開放経路を選択した生産者 $h$ を先導者（閉鎖経路を選択した生産者 $i$ は追随者）とするシュタッケルベルグ均衡と一致する．開放経路の場合でも統合の場合でも生産者が小売価格を設定するが，統合の場合には第2段階，開放経路のもとでは第1段階に設定される．そして，価格競争の場合は後手の利が働くため，多くの状況で，開放経路は統合と比べて不利である（$z^{V,FO} > z^{FO,FO}$，$z^{V,FC} > z^{FO,FC}$ かつ $z^{FC,FO} > z^{FC,V}$）[10]．

最後に，両生産者が閉鎖経路を選択する場合は 3 節で論じており，このときの各財の小売価格および各生産者の利潤は(5-4)～(5-5)式，すなわち

$$p^{FC,FC} = \frac{2\beta\alpha}{4\beta^2 - 2\beta\gamma - \gamma^2}$$

$$z^{FC,FC} = \pi^{FC,FC} = \frac{2\beta(2\beta^2 - \gamma^2)\alpha^2}{(4\beta^2 - 2\beta\gamma - \gamma^2)^2}$$

で与えられている．

### 閉鎖経路の優越性

ここでは，第 0 段階における生産者による経路選択について検討する．これまで，生産者がともに閉鎖経路を選択する場合，ともに開放経路を選択する場合，一方が開放経路を採用し他方が閉鎖経路を選択する場合について論じてきた．ここで，各々の場合における生産者の利潤を比べれば，$z^{FC,FC} > z^{FO,FC}$ および $z^{FC,FO} > z^{FO,FO}$ であるから，ライバルの経路選択にかかわらず，自らは閉鎖経路を採用するときの方が利潤が多い．それゆえ，閉鎖経路が支配戦略となる．実際，開放経路のもとでは，小売業者間の価格競争の結果「小売価格＝出荷価格」が成立し，生産者は直接的な競争を強いられるのにたいし，閉鎖経路のもとでは，小売業者が価格支配力を持つために二重マージンが生じ，生産者間の競争は小売業者を介した間接的なものとなると同時に緩和されるのである．その結果，小売価格が高くなるため，消費者厚生や経済厚生は悪化する．

ここで留意すべきことは，市場には多数の競争的小売業者が存在しており，彼らの外部機会における利得がゼロであるということである．したがって各生産者は，出荷価格 $w^{FC,FC}$ とそのもとでの小売業者の純利潤をゼロにするフランチャイズ料 $F^{FC,FC}$ を記した販売契約を take it or leave it の形で提示すれば，この均衡を実現することができる．

---

10) ベルトラン・シュタッケルベルグ均衡は補章の 3 節で求めてある．ただし，ライバルが統合を選択している状況では，自らも統合を選択するとベルトラン競争が激しくなるため，先手の不利を甘受して開放経路を選択する．

## 5-2 フランチャイズ料を徴収しない場合

フランチャイズ料を徴収しない状況でも，両生産者が開放経路を選択する場合には，各生産者の利潤は $\pi^{LO,LO} = \beta\alpha^2/(2\beta-\gamma)^2$ となり，垂直的統合時と一致する．また，両生産者が閉鎖経路を採用する場合には，4節で論じたように，各生産者の利潤は(8-4)式，すなわち

$$\pi^{LC,LC} = \frac{\beta(2\beta+\gamma)(2\beta^2-\gamma^2)\alpha^2}{(2\beta-\gamma)(4\beta^2-\beta\gamma-2\gamma^2)^2}$$

で与えられている．さらに，一方の生産者 $i$ が閉鎖経路，他方の生産者 $h$ が開放経路を採用する場合でも，固定的なフランチャイズ料は小売業者の注文行動に影響を及ぼさないから，小売段階の均衡は(12)式で与えられる．このとき，開放経路をとる生産者 $h$ の意思決定問題は前項と同じであり，反応関数は(13-2)式で与えられる．一方，閉鎖経路をとる生産者 $i$ の意思決定問題は，(12-2)式のもとで

$$\max_{w_i} \pi_i = w_i q_i(\boldsymbol{w}) = \frac{w_i(\alpha-\beta w_i+\gamma w_h)}{2}$$

と定式化されるから，この極大化条件より，反応関数

$$w_i(w_h) = \frac{\alpha+\gamma w_h}{2\beta}, \quad i,h=1,2, \text{ and } i \neq h$$

が導かれる．これらの反応関数を連立して解けば，出荷価格は

$$w^{LC,LO} = \frac{(4\beta^2+2\beta\gamma-\gamma^2)\alpha}{\beta D_{LCO}} \tag{15-1}$$

$$w^{LO,LC} = \frac{(4\beta+3\gamma)\alpha}{D_{LCO}} \tag{15-2}$$

となる．ここで，$D_{LCO} = 8\beta^2 - 5\gamma^2 > 0$ である．また，このときの各財の小売価格および各生産者の利潤は

$$p^{LC,LO} = \frac{3(4\beta^2+2\beta\gamma-\gamma^2)\alpha}{2\beta D_{LCO}} \tag{15-3}$$

$$p^{LO,LC} = \frac{(4\beta + 3\gamma)\alpha}{D_{LCO}} \qquad (15\text{-}4)$$

$$\pi^{LC,LO} = \frac{(4\beta^2 + 2\beta\gamma - \gamma^2)^2 \alpha^2}{2\beta (D_{LCO})^2} \qquad (15\text{-}5)$$

$$\pi^{LO,LC} = \frac{(2\beta^2 - \gamma^2)(4\beta + 3\gamma)^2 \alpha^2}{2\beta (D_{LCO})^2} \qquad (15\text{-}6)$$

と計算される．この部分ゲームの均衡では，閉鎖経路では二重マージンが生じるため，このことを考慮する生産者 $i$ は出荷価格を低めに設定するが ($w^{LC,LO} < w^{LO,LC}$)，小売価格が高くなるため ($p^{LC,LO} > p^{LO,LC}$) 販売量は少なく，それゆえ生産者 $i$ の利潤は開放経路を選択した生産者 $h$ よりも少なくなる ($\pi^{LO,LC} > \pi^{LC,LO}$)．

ここで，3つの場合における生産者の利潤を比べれば，

$$\pi^{LC,LO} \gtreqless \pi^{LO,LO}, \quad \text{iff} \quad k \gtreqless k_3 \fallingdotseq 0.91210$$
$$\pi^{LC,LC} \gtreqless \pi^{LO,LC}, \quad \text{iff} \quad k \gtreqless k_4 \fallingdotseq 0.97165$$

を得る[11]．したがって，$k > k_4$ であれば，両生産者がともに閉鎖経路を選択する状態が唯一の均衡となる．逆に $k < k_3$ であれば，両生産者がともに開放経路を選択する状態が唯一の均衡となる．またそれらの間の $k_3 < k < k_4$ では，非対称な経路選択の状態（両生産者が互いに相手と異なる経路を選択する状態）が均衡となる．

実際，ライバルが開放経路を選択する場合，例えば $\gamma = 0$ のときには，

$$\pi^{LC,LO} = \frac{\alpha^2}{8\beta} < \frac{\alpha^2}{4\beta} = \pi^{LO,LO}$$

となるから，閉鎖経路は支配戦略とはならない．このことは次のように説明される．財が独立財のとき ($\gamma = 0$)，各生産者は開放経路のもとで最大の独占利潤を得ることができる[12]．この状況において，閉鎖経路の採用は二重マージン

---

[11] $\pi^{LC,LO} - \pi^{LO,LO} \sim -32 + 32k^2 + 8k^3 - k^4 = f_2(k)$ であり，$k_3$ は $0 < k < 1$ における $f_2(k) = 0$ の唯一の解である．

[12] 生産者が出荷価格を $w = \alpha/2$ に設定すれば，開放経路のもとで小売価格は $p = \alpha/2$ となるから，生産者は $\alpha^2/4$ の利潤を得ることができる．

を導き，小売価格が高くなるためにチャネルの利潤が減る．その上，フランチャイズ料によって小売業者に生じる利潤を回収することもできないため，生産者の利潤が少なくなるのである．

逆に，財が同質的な場合（$\gamma=1$）には小売業者の価格支配力は弱く，閉鎖経路を選択したとしても（小売価格が高くなり販売量が減るという）二重マージンの弊害は軽微である．ここで留意すべきことは，開放経路のもとでは小売価格＝出荷価格となるため，開放チャネルの小売価格が第1段階で決まるのにたいして，閉鎖チャネルの小売業者は，それを観察した第2段階において小売価格を設定するということである．すなわち彼は，小売市場におけるベルトラン競争の追随者として後手の利を享受できるのである．このことを理解する生産者は，出荷価格を戦略的に設定することによって利益を得ることができる．この利益は，差別化の程度が小さいほど大きいから，生産者は閉鎖経路を選択するのである．

この状況で各生産者は，閉鎖（開放）経路を選択する場合には出荷価格 $w^{LC,LC}$（$w^{LO,LO}$）を記した販売契約を take it or leave it の形で提示すればよい[13]．

## 5-3 拡張されたゲーム

ここでは，各生産者が閉鎖経路のもとでの二部料金制（$FC$）または線形価格制（$LC$），さらには開放経路（$O$）という3つの選択肢を持つ状況を分析し，閉鎖経路のもとでの二部料金制が支配戦略となることを示す．この際，一方の生産者が二部料金制，他方が線形価格制を選択する場合は4節で論じており，この時の各生産者の利潤は(10-5)～(10-6)式，

$$\pi^{FC,LC} = \frac{2(2\beta+\gamma)^2(2\beta^2-\gamma^2)(4\beta^2+\beta\gamma-2\gamma^2)^2\alpha^2}{\beta(D_{FL})^2}$$

---

[13] 閉鎖経路を選択した生産者 $i$ の財を独占的に販売する小売業者にとって，開放経路を選択した生産者 $h$ の財を扱う誘因はない．というのは，財 $h$ を併売すれば，その小売価格は出荷価格と一致するため，財 $h$ の販売からの利潤はゼロである．一方，自らが併売することによって財 $h$ の小売価格が下がり，自らが独占的に販売する財 $i$ の需要が縮小するから，財 $i$ の販売からの利潤が少なくなるからである．もっとも，競争的小売業者はこの種の選択を行うことはできない．

で与えられている．ここで，それぞれの取引様式のもとでの利潤を比べれば，

$$\pi^{LC,FC} = \frac{(2\beta^2-\gamma^2)(4\beta^2-\gamma^2)(4\beta^2+2\beta\gamma-\gamma^2)^2\alpha^2}{\beta(D_{FL})^2}$$

$$z^{FC,FC} > \text{Max}\{\pi^{LC,FC}, z^{O,FC}\}$$
$$z^{FC,LC} > \text{Max}\{\pi^{LC,LC}, z^{O,LC}\}$$
$$z^{FC,O} > \text{Max}\{\pi^{LC,O}, z^{O,O}\}$$

であるから，閉鎖経路のもとでの二部料金制 (FC) が支配戦略となる．したがって，次の命題が導かれる．

### 【命題4】

　チャネル間で価格―価格競争が行われる状況では，両生産者がフランチャイズ料を徴収して閉鎖経路を選択する状態が，拡張されたゲームの唯一の均衡となる．また，生産者がフランチャイズ料を徴収しない状況では，製品差別化の程度が低ければ ($k>k_4$) 両生産者がともに閉鎖経路を選択する状態が唯一の均衡となる．差別化の程度が大きい場合 ($k<k_3$) には両者がともに開放経路を選択する状態が均衡となる．それらの間の $k_3<k<k_4$ では，非対称な経路選択の状態が均衡となる．

## 6　再販制とテリトリー制

　この節では，複数チャネル間の競争の観点から，再販制とテリトリー制について検討する[14]．小売市場が競争的な場合，テリトリー制によって小売業者が価格支配力を持てばチャネル間の競争は緩和される．逆に再販制のもとでは，生産者間の競争が直接的なものになるため，チャネル間の競争緩和の観点から

---

14) チャネル間で競争が行われている状況での垂直的取引制限については Bolton and Bonanno (1988), Rey and Stiglitz (1988), Gal-Or (1991), Dobson and Waterson (1996), Irmen (1997), Mycielski, Riyanto and Wuyts (2000), Piccolo and Reisinger (2011) などを参照のこと．

は再販制は採用されないことになる．

## 6-1 再販制

　再販制のもとでは，生産者が出荷価格のみならず，小売価格をも設定する．このような再販制についての先行研究として Gal-Or (1991) があり，価格―価格競争のもとで生産者は二部料金制を選択し，再販制は選択されないと論じている[15]．

　いま，第0段階において再販制を選択した生産者が，第1段階において出荷価格および再販価格を設定し，第2段階において小売業者は再販価格と同じ小売価格を設定するとしよう．この場合，このチャネルでは第1段階に小売価格が設定されるという点で，生産者が開放経路を選択した場合と同じである．また，生産者が第2段階で再販価格を指定する場合には，第2段階で小売価格が設定されるという点で，生産者が小売部門を統合している場合と同じである[16]．すなわち，生産者による再販制の採用は，再販価格が第1段階に設定されるのであれば開放経路の採用と，第2段階に設定されるのであれば垂直的統合の採用と同じことになる．いずれの場合でも，命題3および命題4より，生産者がフランチャイズ料を伴う閉鎖経路を選択可能であれば，再販制は採用されないことになる．

### 再販制の例

　いま，生産者 $i$ が閉鎖経路のもとで（第1段階で再販価格を設定する）再販制を採用し，生産者 $h$ が開放経路のもとで再販制を採用していないとしよう．このとき，第2段階における小売業者間の競争の結果，財 $h$ については

---

15) Gal-Or (1991) は，財の差別化の程度が低く，かつ小売業者の固定費用が十分大きい場合には，両生産者は線形価格制を選択すると述べている．というのは，財が同質的であれば二重マージンの弊害が小さく，また固定費用が大きければフランチャイズ料によって回収できる利益も少ないからである．この状況では，チャネル間競争を緩和するために線形価格制が選択される．
16) いずれの場合でも，小売業者の役割は，生産者が設定した再販価格と同じ水準に小売価格を設定するだけである．

$p_h(w_i, w_h) = w_h$ が成立するから，財 $i$ の需要は $q_i = (\alpha - \beta p_i + \gamma w_h)$ となる．このことを予想する（フランチャイズ料を徴収する）生産者 $i$ は，第1段階において，チャネルの利潤を最大にするように小売価格 $p_i$ を設定する．この状況で彼が直面する意思決定問題は，

$$\max_{p_i} z_i = p_i(\alpha - \beta p_i + \gamma w_h)$$

と定式化されるから，この最大化問題の極大化条件より，反応関数 $p_i(w_h) = (\alpha + \gamma w_h)/2\beta$ が導かれる．

他方生産者 $h$ の販売量は，(1)式より，$q_h = \alpha - \beta w_h + \gamma p_i$ であるから，彼が直面する意思決定問題は，

$$\max_{w_h} \pi_h = w_h(\alpha - \beta w_h + \gamma p_i)$$

と定式化され，この極大化条件より反応関数 $w_h(p_i) = (\alpha + \gamma p_i)/2\beta$ が導かれる．そして，これらの反応関数を連立して解けば，小売価格は，

$$p_i = p_h = w_h = \frac{\alpha}{2\beta - \gamma} = p^{OO} = p^{VV}$$

で与えられる．この結果は，両生産者がともに開放経路（または統合）を選択している場合と一致する．すなわち，再販制の導入はチャネル間の競争をより直接的なものとし，チャネルの利潤を減少させるのである．他のケースも同様に分析することができる．

2人の生産者がともにフランチャイズ料を徴収して閉鎖経路を採用している状況で，一方の生産者による再販制の導入は，生産者間の価格競争を激しくし，再販制を導入した生産者のみならず，導入しなかった生産者の利潤も減らす．さらに，両者がともに再販制を導入するならば，価格競争は一層激しくなり，部分ゲームの均衡は開放経路または垂直的統合を選択する場合と一致する．したがって，生産者にとって再販制を導入する誘因は存在しないことになる．

## 6-2 競争的小売業者とテリトリー制

　テリトリー制のもとで生産者は，市場を地理的に分割した上で，各小売業者に分割した地域（テリトリー）における独占的な販売権を与える．このようなテリトリー制について Rey and Stiglitz (1995) は，チャネル間で価格―価格競争が行われる状況でフランチャイズ料が徴収される場合には，小売業者間の競争を緩和するために，各生産者がテリトリー制を導入すると論じている．また Dobson and Waterson (1996) や Mycielski et al. (2000) は，生産者がフランチャイズ料を徴収しない状況では，財が十分に同質的な場合にはテリトリー制が導入されるが，ある程度差別化されていればテリトリー制は導入されないと述べている．

　テリトリー制が意味を持つためには，市場に財を販売する小売業者が複数存在する必要があり，テリトリー制を検討するために，この章のモデルを次のように変更する．市場には財 $i$ を販売する 2 人の対称的な小売業者がおり，彼らの間で価格競争が行われるとき，小売価格は出荷価格に一致する．この状況でテリトリー制を導入する生産者は，市場を地理的に半分に分割し，各々の小売業者に市場の半分ずつをテリトリーとして与えるものとする．このように考えると，生産者がテリトリー制を導入しないで，複数の小売業者に販売を委ねるということは，彼が開放経路を選択することと同じであり，第 1 段階で生産者が設定した出荷価格が第 2 段階の小売価格となるという意味で，生産者間の競争は直接的で激しいものになる．この状況でテリトリー制の導入は，テリトリー内では 1 人の小売業者のみが財を販売することになるから，閉鎖経路を選択することと同じである．この際，独占的な小売業者は価格支配力を持つから，生産者間の競争は間接的なものになると同時に緩和される．したがって命題 4 より，生産者がフランチャイズ料を徴収する場合には，チャネル間競争を緩和するためにテリトリー制を選択することになる．

　前述したように，再販制は生産者間の競争を直接的かつ激しくするから，生産者によって選択されない．これにたいしてテリトリー制は，小売業者に価格支配力を付与し，チャネル間競争を緩和するという理由から採用される．このように，チャネル間の競争を考慮するときには，Rey and Tirole (1986a, b) が指摘した「再販制とテリトリー制の同等性」は成立しないことになる．

## 7 結　び

　複数チャネル間の競争を考慮する時，たとえ統合に費用がかからない場合でも，チャネル間の価格競争を緩和するために，生産者は小売業者を分離する．垂直的統合の場合には，生産者は直接的な競争を強いられるのにたいし，価格支配力を持つ小売業者を分離した場合には，生産者間の競争は小売業者を介した間接的なものになる．その結果，小売価格は二重マージンゆえに垂直的統合の場合よりも高く，カルテル価格に近づくことになり，チャネルの利潤も増える．逆に小売市場が競争的な場合には，小売価格は出荷価格と一致するから，分離は何の効果も持たない．その意味で，分離が効果を持つためには，小売業者が価格支配力を持つ必要がある．

　ある場合には，二重マージンの効果が大きく，小売価格が高くなり過ぎるという問題が生じる．生産者がフランチャイズ料によって小売業者の利潤を回収できるのであれば，そのことを考慮しつつ彼は，出荷価格を低めに設定することによって二重マージンの問題を回避することができる．そして，統合，分離およびフランチャイズ料を伴う分離の3つを選択肢とする拡張されたゲームにおいては，両生産者がともにフランチャイズ料を徴収して小売業者を分離する状態が唯一の均衡となるのである．

　垂直的分離を前提とすれば，命題4より，各生産者はフランチャイズ料を伴う閉鎖経路を採用し，開放経路は選択されない．というのは，開放経路のもとでは小売業者が価格支配力を持たず，チャネル間競争が激しくなるからである．また，テリトリー制は小売業者に価格支配力を付与し，チャネル間競争を緩和するので採用されるが，生産者間の競争を直接的なものにする再販制は採用されないことになる．

# 第8章

# 上限価格規制（再販制）

## 1 はじめに

　継起的独占の状態にある生産者と小売業者の各々が，自らの利潤を最大にするようにマージンを設定するとき，小売価格は共同利潤を最大にする水準よりも高く設定される．Spengler (1950) が指摘したいわゆる二重マージンの問題である．この問題を解決するための方策として，小売価格の上限を制限する再販制およびフランチャイズ料の徴収の2つが知られており，序章で論じたように，単一チャネルの効率的運営の観点からは両者は同じ効果を持っている．一方，生産者と系列の小売業者から構成されるチャネルが複数存在し，その間で競争が行われる状況では，この同等性は成立しない．

　チャネル間競争についての研究は少なくないが，それらの多くは生産者と小売業者の双方が価格を意思決定変数とする価格―価格競争を扱っており，価格―数量競争を扱っているものは少ない．また，価格―数量競争の先行研究では，再販制，テリトリー制や専売店制をはじめとする垂直的取引制限や取引様式の選択問題はほとんど検討されていない．

　この章では，差別化された財を供給するチャネルの間で価格―数量競争が行われる状況で，生産者がどのような取引様式を選択するかを検討する．生産者の選択肢は，線形価格制 ($L$)，二部料金制 ($F$) および再販制 ($R$) の3つである．ここで再販制は，生産者が出荷価格と上限小売価格（以下では「上限価格」と略す）を設定する取引様式である[1]．

---

[1] 再販制は下限価格規制として用いられることが多いが，生産者による再販売価格の制限

この章の主な結論は，チャネル間で価格―数量競争が行われる状況では，両生産者は二部料金制を選択し，再販制は採用されないというものである．この点は，価格―価格競争のもとで再販制を論じた Gal-Or (1991) の結果と同じである[2]．また経済厚生の観点からは，両生産者が二部料金制を選択するよりも再販制を選択するときの方が消費者余剰や総余剰は大きい．その意味で，生産者の選択は厚生上望ましくない．このことを考慮して二部料金制を禁止すると，財が極めて同質的な場合には，一方が再販制，他方が線形価格制を選択する．その結果，総余剰は両者が二部料金制を選択するときよりも悪化する．すなわち，経済厚生の観点から劣ると考えられる取引様式を禁止しても，必ずしも経済厚生が改善するとは限らないのである．

以下の構成は次のとおりである．まず次節ではモデルを提示する．3節では各生産者の取引様式を所与とした上で，部分ゲームの均衡を分析する．4節では生産者による取引様式の選択を検討して部分ゲーム完全均衡を導出し，それを経済厚生の観点から考察する．5節では生産者の選択肢に垂直的統合が含まれる状況を考察する．6節は要約である．

## 2　再販制分析のためのモデル

差別化された財を生産する2人の生産者（$i=1,2$）が存在し，生産者 $i$ によって生産された財 $i$ は系列の小売業者 $i$ を介して消費者に販売されるとする．財 $i$ にたいする市場の逆需要関数は

$$p_i = a - q_i - bq_h, \quad i=1,2, \text{ and } i \neq h \tag{1}$$

で与えられる．ここで，$p_i$ は財 $i$ の小売価格，$q_i$ はその販売量，$a(>0)$ および $b(\in[0,1])$ はパラメータである．また，生産者の限界（＝平均）費用を $c$ とす

---

という意味で，この章では上限価格規制を再販制と呼ぶ．
[2] Gal-Or (1991) は，財の差別化の程度が低く，かつ小売業者の固定費用が十分大きい場合には，両生産者は線形価格制を選択すると述べているが，価格―数量競争ではこのことは必ずしも生じない．この点については成生・湯本 (2013) を参照のこと．

る（$a>c$）。一方，小売業者の活動にかかる費用はゼロとする。

　ゲームのタイミングは次の3段階である。まず第0段階において，各生産者が線形価格制（$L$），二部料金制（$F$）または再販制（$R$）のいずれかを選択する。続く第1段階では，線形価格制を選択した場合，生産者は出荷価格のみを記した販売契約を小売業者に提示する。二部料金制を選択した場合には，生産者は出荷価格とフランチャイズ料を設定する。再販制を選択した場合には，生産者は出荷価格と上限価格を設定する[3]。販売契約を提示された小売業者は，その契約のもとで財を販売することからの利益が非負であれば，その契約を結ぶ。そして，これらの選択の結果をすべての生産者と小売業者が観察する。最後に第2段階では，各小売業者が注文量を決め，生産者はその量を供給する。小売業者はそれを市場に供給し，需給によって市場価格が決まる。ただし，再販制が選択された場合，設定された上限価格が市場価格の上限となるので，超過供給は発生しないが超過需要は発生し得る。

## 3　各取引での部分ゲーム均衡

　この節では，第0段階における生産者による取引様式の選択を所与とした上で，そのもとでの部分ゲームを分析する（第0段階の生産者による選択については次節で検討する）。この際，いずれの生産者も再販制を選択しない場合については第2章の4節で論じてあるので，その結果を援用する。

### 3-1　両生産者が二部料金制を選択する場合

　この部分ゲームの均衡における諸変数の値は，図表2-1の第4列にまとめられている。この均衡では，出荷価格は限界費用 $c$ 以下に設定され，（$a$ が大きくなるという意味で）需要が増えると生産者は出荷価格を引き下げる。また，出荷価格は戦略的代替関係にある（第1章の命題1を参照のこと）。

---

[3] 後述するように，再販制のもとでは小売業者の粗利益がゼロとなるから，生産者はフランチャイズ料を徴収できないことになる。

## 3-2 両生産者が線形価格制を選択する場合

この部分ゲームの均衡における諸変数の値は,図表2-1の第1列にまとめられている.この均衡における各チャネルの販売量は,二重マージンゆえに,両生産者がカルテルを形成するときよりも少ない[4].また,出荷価格は限界費用以上に設定され,需要が増えると生産者は出荷価格を引き上げる.さらに,出荷価格は戦略的補完関係にある(第1章の命題2を参照のこと).

## 3-3 一方の生産者が線形価格制,他方が二部料金制を選択する場合

この部分ゲームの均衡における諸変数の値は,図表2-1の第2~3列にまとめられている.この均衡では,$w^{FL}<c<w^{LF}$であるから,$q^{FL}>q^{LF}$および$z^{FL}>\pi^{LF}$が成立する.すなわち,二重マージンが生じる線形価格制を選択した生産者は,二部料金制を選択した生産者よりも出荷価格が高いため,不利な競争を強いられる.その結果,注文量や利潤は少なくなる.ここで,2文字からなる上付き添え字は,1(2)文字目が自ら(ライバル)のチャネルの取引様式で,$L$は線形価格制,$R$は再販制,$F$は二部料金制を示す.

## 3-4 一方の生産者が線形価格制,他方が再販制を選択する場合

生産者$i$が線形価格制を,生産者$h$が再販制を選択する状況を想定する.この状況での第2段階における小売業者$i$は,生産者$i$が設定した出荷価格$w_i$,生産者$h$が設定した上限価格$r_h$およびライバル小売業者$h$の注文量$q_h$を所与として,自らの利潤$y_i$を最大にするように注文量$q_i$を設定する.財$h$に設定された上限価格のために,財$h$については超過需要が発生し得るが,超過供給は発生しない(財$i$については,価格調整によって超過需要も超過供給も発生し

---

[4] カルテルの利潤は$J=(p_i-c)q_i+(p_h-c)q_h=(a-q_i-bq_h-c)q_i+(a-q_h-bq_i-c)q_h$であるから,利潤極大化条件より,各々の供給量は$q^M=(a-c)/2(1-b)$と計算される.一方,両生産者が線形価格制を選択するときの各財の供給量は$q^{LL}=2(a-c)/(8+2b-b^2)$であるから,$q^M>q^{LL}$である.

ない).したがって,ライバル小売業者 $h$ の販売量は常に彼の注文量と一致する.この状況における小売業者 $i$ の意思決定問題は

$$\max_{q_i} y_i(\boldsymbol{q}, w_i) = (p_i - w_i)q_i = (a - q_i - bq_h - w_i)q_i \tag{2}$$

と定式化される.ここで,$\boldsymbol{q} = (q_i, q_h)$ は供給量のベクトルである.上記の最大化問題の極大化条件より,反応関数

$$q_i(q_h, w_i) = \frac{a - w_i - bq_h}{2} \tag{3}$$

が導かれる[5].

一方小売業者 $h$ は,生産者 $h$ が設定した出荷価格 $w_h$ と上限価格 $r_h$,さらにはライバル小売業者 $i$ の注文量 $q_i$ を所与として,自らの利潤を最大にするように注文量 $q_h$ を設定する.この小売業者の意思決定問題は,

$$\max_{q_h} y_h(\boldsymbol{q}, w_h, r_h) = (p_h - w_h)q_h, \quad \text{s.t.} \quad p_h = \text{Min}(r_h, a - q_h - bq_i) \tag{4}$$

と定式化される.ここで $\text{Min}(X, Y)$ は $X$ と $Y$ を比較して小さい方の値を返す指示関数である.このとき,小売業者 $h$ の反応関数は

$$\begin{aligned} q_h(q_i, w_h, r_h) &= \frac{a - w_h - bq_i}{2}, & \text{if} \quad & \frac{a + w_h - bq_i}{2} < r_h \\ &= a - r_h - bq_i, & \text{if} \quad & w_h \leq r_h \leq \frac{a + w_h - bq_i}{2} \\ &= 0, & \text{if} \quad & r_h < w_h \end{aligned} \tag{5}$$

で与えられる[6].生産者が再販価格を出荷価格よりも低く設定することはない

---

[5] ちなみに,生産者が上限価格でなく取引価格自体を設定するのであれば,財 $h$ に超過需要や超過供給が発生し得る.小売業者 $i$ の注文量が $r_h \leq a - q_h - bq_i$ を満たすのであれば,財 $h$ に超過需要が発生するが,財 $i$ の逆需要関数は $p_i = a - q_i - bq_h$ のままである.一方,$r_h > a - q_h - bq_i$ であれば財 $h$ に超過供給が発生し,財 $h$ の販売量(=需要量)は $a - r_h - bq_i$ となり,財 $i$ の逆需要関数は $p_i = a - q_i - b(a - r_h - bq_i)$ となる.このとき,財 $i$ の需要曲線は $q_i = (a - r_h - q_h)/b$ の値で傾きが緩やかになるように折れ曲がる.

[6] ラグランジェの未定乗数を $\lambda$ とし,ラグランジェ式

ことに留意して（仮にそうであれば，小売業者の利潤が負となるから，彼は販売契約を結ばない），両小売業者の反応関数（(3)式および(5)式）を連立して解くと，財 $h$ の取引価格が上限価格 $r_h$ と等しくなるとき，およびそれ未満になるときの2つの場合に分かれる．

まず，第1段階において生産者によって設定された $w_i, w_h, r_h$ が

$$r_h \leq \frac{(2-b)a+(2-b^2)w_h+bw_i}{4-b^2} \tag{6}$$

を満たす場合，財 $h$ の取引価格は上限価格 $r_h$ となり，各小売業者の注文量および小売価格は

$$q_i(w_i, r_h) = \frac{(1-b)a - w_i + br_h}{2-b^2} \tag{7-1}$$

$$q_h(w_i, r_h) = \frac{(2-b)a - 2r_h + bw_i}{2-b^2} \tag{7-2}$$

$$p_i(w_i, r_h) = \frac{(1-b)a + (1-b^2)w_i + br_h}{2-b^2} \tag{7-3}$$

$$p_h(w_i, r_h) = r_h \tag{7-4}$$

と計算される．

次に $w_i, w_h, r_h$ が(6)式の不等式を満たさない場合，財 $h$ の取引価格は上限価格 $r_h$ 未満となるから，上限価格の制限は無効となる．このとき，小売業者 $h$ の意思決定問題は，(2)式の添え字 $i$ と $h$ を入れ替えた式で定式化されるから，各小売業者の利潤極大化条件を連立して解けば，彼らの注文量と小売価格は両生産者が線形価格制を選択した場合と同じ値，すなわち

$$q_i(\boldsymbol{w}) = \frac{(2-b)a - 2w_i + bw_h}{4-b^2} \tag{8-1}$$

---

$\mathscr{L} = (p_h - w_h)q_h - \lambda(r_h - a + q_h + bq_i)$
を構成すれば，極大化条件として
$\partial\mathscr{L}/\partial q_h = a - 2q_h - bq_i - w_h - \lambda \leq 0, \quad (\partial\mathscr{L}/\partial q_h)q_h = 0, \text{ and } q_h \geq 0$
$\partial\mathscr{L}/\partial\lambda = a - q_h - bq_i - r_h \geq 0, \quad (\partial\mathscr{L}/\partial\lambda)\lambda = 0, \text{ and } \lambda \geq 0$
が導かれる．したがって反応関数は，$\lambda = 0$ であれば（制約が無効）上段の式，$\lambda > 0$ かつ $\partial\mathscr{L}/\partial q_h = 0$ であれば中段の式，$\lambda > 0$ かつ $\partial\mathscr{L}/\partial q_h < 0$ であれば下段の式となる．

$$p_i(\boldsymbol{w}) = \frac{(2-b)a + (2-b^2)w_i + bw_h}{4-b^2} \qquad (8\text{-}2)$$

で与えられる[7]．ここで，$\boldsymbol{w}=(w_1,w_2)$ は第1段階で生産者が設定した出荷価格のベクトルである．

### 第1段階：生産者の意思決定

まず，再販制を選択した生産者 $h$ の意思決定から考察する．第2段階の部分ゲームの均衡を予想した上で，生産者 $h$ は，ライバル生産者の出荷価格 $w_i$ を所与として，自らの利潤 $\pi_h(\boldsymbol{w},r_h)$ を最大にするように出荷価格 $w_h$ と上限価格 $r_h$ を設定する．ここで，仮に $w_h$ を固定した上で，$r_h \geq w_h$ の範囲で自らの利潤を最大にする $r_h$ を考えると，それは注文量 $q_h(w_i,r_h)$ を最大にする $r_h$ である．(7-2)式および添え字 $i$ と $h$ を入れ替えた(8-1)式より，$r_h \geq w_h$ の範囲では，$r_h$ が高くなると注文量は減少するから，$r_h = w_h$ が選択されることになる．すなわち，生産者 $h$ は上限価格に関して $r_h = w_h$ を選択し，市場での取引価格がそれ未満になるような $r_h$ を選ばない．このときの小売業者の粗利益はゼロであるから，生産者はフランチャイズ料を徴収できないことになる[8]．この状況における生産者 $h$ の意思決定問題は

$$\max_{r_h} \pi_h(\boldsymbol{w},r_h) = z_h(w_i,r_h) = (w_h-c)q_h(w_i,r_h) = \frac{(r_h-c)\{(2-b)a - 2r_h + bw_i\}}{2-b^2} \qquad (9)$$

と定式化される．この極大化条件より，上限価格についての反応関数

$$r_h(w_i) = \frac{(2-b)a + 2c + bw_i}{4} \qquad (10)$$

が導かれる．

一方生産者 $i$ は，ライバル生産者の出荷価格 $w_h$ および上限価格 $r_h$ を所与と

---

[7] 価格一価格競争のモデルでは小売業者は生産者が設定した小売価格を遵守するだけであるが，価格一数量競争のモデルでは，両小売業者が同時に注文量を選択しており，再販制のもとでも小売業者はライバル小売業者の注文量に影響を与える役割を果たしている．
[8] もっとも，出荷価格を下げてフランチャイズ料を徴収することもできる．

して，自らの利潤 $\pi_i(\boldsymbol{w}, r_h)$ を最大にするように自らの出荷価格 $w_i$ を設定する．前述したように，ライバルは必ず上限価格と出荷価格を一致させるから，この生産者の意思決定問題は，(7-1)式を代入して

$$\max_{w_i} \pi_i(w_i, r_h) = (w_i - c) q_i(w_i, r_h) = \frac{(w_i - c)\{(1-b)a - w_i + br_h\}}{2 - b^2} \tag{11}$$

と定式化される．上記の最大化問題の極大化条件より，反応関数

$$w_i(r_h) = \frac{(1-b)a + c + br_h}{2} \tag{12}$$

が導かれる[9]．両生産者の反応関数を連立して解けば，生産者 $i$ が設定する出荷価格および生産者 $h$ が設定する上限価格（＝出荷価格）は，

$$w^{LR} = c + \frac{(4 - 2b - b^2)(a - c)}{8 - b^2} \tag{13-1}$$

$$r^{RL} = w^{RL} = c + \frac{(4 - b - b^2)(a - c)}{8 - b^2} \tag{13-2}$$

となる．また，このときの各財の販売量，小売価格，各小売業者および各生産者の利潤は，

$$q^{LR} = \frac{(4 - 2b - b^2)(a - c)}{(8 - b^2)(2 - b^2)} \tag{13-3}$$

$$q^{RL} = \frac{2(4 - b - b^2)(a - c)}{(8 - b^2)(2 - b^2)} \tag{13-4}$$

$$p^{LR} = c + \frac{(3 - b^2)(4 - 2b - b^2)(a - c)}{(8 - b^2)(2 - b^2)} \tag{13-5}$$

$$p^{RL} = r^{RL} = c + \frac{(4 - b - b^2)(a - c)}{8 - b^2} \tag{13-6}$$

$$y^{LR} = \left\{ \frac{(4 - 2b - b^2)(a - c)}{(8 - b^2)(2 - b^2)} \right\}^2 \tag{13-7}$$

$$y^{RL} = 0 \tag{13-8}$$

---

9) (10)式および(12)式より，出荷価格は戦略的補完関係にある．

$$\pi^{LR} = \frac{(4-2b-b^2)^2(a-c)^2}{(8-b^2)^2(2-b^2)} \tag{13-9}$$

$$z^{RL} = \frac{2(4-b-b^2)^2(a-c)^2}{(8-b^2)^2(2-b^2)} \tag{13-10}$$

と計算される.

ここで，均衡における各財の販売量および各生産者の利潤を比べれば

$$q^{RL} > q^{LR}, \quad z^{RL} > \pi^{LR}$$

であり，線形価格制を採用する生産者が限界費用より高い出荷価格を設定するため，再販制を選択した生産者の方が販売量も利潤も多くなる．

## 3-5　一方の生産者が二部料金制，他方が再販制を選択する場合

生産者 $i$ が二部料金制を選択し，生産者 $h$ が再販制を選択する状況を想定する．この状況での第2段階における小売業者の意思決定は，小売業者 $i$ がフランチャイズ料を徴収される点を除けば，彼らの意思決定問題は3-4項のものと同じで，彼らの注文量および小売価格は(7-1)～(7-4)式で与えられる．

### 第1段階：生産者の意思決定

再販制を選択する生産者 $h$ の利潤最大化問題は，3-4項の生産者 $h$ のそれと同じで(9)式で，反応関数は(10)式で与えられる．生産者 $i$ の意思決定問題は，フランチャイズ料によって小売業者 $i$ の利益をすべて回収できること，また3-4項と同様に，生産者 $h$ が上限価格に関して $r_h = w_h$ を選択することに留意すれば，

$$\max_{w_i} z_i(w_i, r_h) = (p_i(w_i, r_h) - c) q_i(w_i, r_h)$$

$$= \frac{\{(1-b)a + (1-b^2)w_i + br_h - (2-b^2)c\}\{(1-b)a - w_i + br_h\}}{(2-b^2)^2} \tag{14}$$

と定式化される．この極大化条件より，反応関数

$$w_i(r_h) = \frac{-(1-b)b^2 a + (2-b^2)c - b^3 r_h}{2(1-b^2)} \tag{15}$$

が導かれる.そして,両生産者の反応関数を連立して解けば,生産者$i$が設定する出荷価格および生産者$h$が設定する上限価格(=出荷価格)は,それぞれ

$$w^{FR} = c - \frac{b^2(4-2b-b^2)(a-c)}{8-8b^2+b^4} \tag{16-1}$$

$$r^{RF} = w^{RF} = c + \frac{(1-b)(2+b)(2-b^2)(a-c)}{8-8b^2+b^4} \tag{16-2}$$

となる.ここで(15)式より,出荷価格$w_i$はライバルの上限小売価格$r_h=w_h$が上昇すると引き下げられる.このことは次のように説明される.ライバルの(有効な)上限小売価格の上昇は,ライバルの販売量を減らし,自らの残余需要を増やす.この状況でチャネルの利潤を最大にする生産者は,小売業者からの注文を引き出すために出荷価格を引き下げるのである[10].また(16-1)式より,生産者$i$の出荷価格は限界費用$c$以下に設定され,($a$が大きくなるという意味で)需要が増えると彼は出荷価格を引き下げる.その意味で,価格—数量競争のもとでの生産者の行動は,ライバルが再販制を採用している場合でも第1章で論じたように基本モデルと同様の特性を持つ.さらに,このときの各財の販売量と小売価格,小売業者$i$に課されるフランチャイズ料,各生産者の利潤は,それぞれ

$$q^{FR} = \frac{(4-2b-b^2)(a-c)}{8-8b^2+b^4} \tag{16-3}$$

$$q^{RF} = \frac{2(2-b-b^2)(a-c)}{8-8b^2+b^4} \tag{16-4}$$

$$p^{FR} = c + \frac{(1-b^2)(4-2b-b^2)(a-c)}{8-8b^2+b^4} \tag{16-5}$$

$$p^{RF} = r^{RF} = c + \frac{(1-b)(2+b)(2-b^2)(a-c)}{8-8b^2+b^4} \tag{16-6}$$

$$F^{FR} = \left\{\frac{(4-2b-b^2)(a-c)}{8-8b^2+b^4}\right\}^2 \tag{16-7}$$

$$z^{FR} = \frac{(1-b^2)(4-2b-b^2)^2(a-c)^2}{(8-8b^2+b^4)^2} \tag{16-8}$$

---

[10] これに対し,再販制を採用している生産者の上限価格(=出荷価格)は,(10)式より,ライバルの出荷価格が上昇すると引き上げられる.

$$z^{RF} = \frac{2(2-b^2)(2-b-b^2)^2(a-c)^2}{(8-8b^2+b^4)^2} \tag{16-9}$$

と計算される.

ここで,均衡における各財の販売量と価格,各生産者の利潤を比べれば

$$q^{FR} \geq q^{RF}, \quad p^{FR} \leq p^{RF}, \quad z^{FR} \geq z^{RF} \tag{16-10}$$

を得る($b=0$のとき等号が成立).すなわち,二部料金制を選択した生産者が出荷価格を限界生産費用以下に設定するため($w^{FR}<c<w^{RF}$),販売量および利潤は多く,小売価格は低くなるのである.

## 3-6 両生産者が再販制を選択する場合

両生産者が再販制を選択する状況を想定する.この状況での第2段階における各小売業者の意思決定問題は,3-4項の小売業者$h$と同じで,小売業者$i$の反応関数は(5)式の下付き添え字の$h$と$i$を入れ替えた式,小売業者$h$の反応関数は(5)式である.いずれの生産者も再販価格を出荷価格よりも低く設定することはないこと($r_i \geq w_i$および$r_h \geq w_h$)に留意して,両小売業者の反応関数を連立して解けば,2財の取引価格が生産者が設定した上限価格と等しくなるときとそれ未満になるときの組み合わせで4つに場合分けされる.

いま,場合分けの条件を明示するために,4本の不等式を

$$r_i \leq \frac{(1-b)a+(1-b^2)w_i+br_h}{2-b^2} \tag{17-1}$$

$$r_h \leq \frac{(1-b)a+(1-b^2)w_h+br_i}{2-b^2} \tag{17-2}$$

$$r_i \leq \frac{(2-b)a+(2-b^2)w_i+bw_h}{4-b^2} \tag{17-3}$$

$$r_h \leq \frac{(2-b)a+(2-b^2)w_h+bw_i}{4-b^2} \tag{17-4}$$

とする.

まず,第1段階で生産者が設定した$w_i, w_h, r_i, r_h$が(17-1)式および(17-2)式

の両方を満たす場合,両方の財の取引価格が上限価格と等しくなる.このときの各小売業者の注文量と小売価格は

$$q_i(\boldsymbol{r}) = \frac{(1-b)a - r_i + br_h}{1-b^2} \tag{18-1}$$

$$q_h(\boldsymbol{r}) = \frac{(1-b)a - r_h + br_i}{1-b^2} \tag{18-2}$$

$$p_i(\boldsymbol{r}) = r_i \tag{18-3}$$

$$p_h(\boldsymbol{r}) = r_h \tag{18-4}$$

と計算される.ここで$\boldsymbol{r}=(r_1,r_2)$である.

次に,第1段階で設定された$w_i, w_h, r_i, r_h$が(17-4)式を満たし,かつ(17-1)式を満たさない場合,財$h$の取引価格は上限価格と等しくなるが,財$i$の取引価格は上限価格未満となる.このとき,各小売業者の注文量と小売価格は3-4項の(7-1)〜(7-4)式となる.

続いて,$w_i, w_h, r_i, r_h$が(17-3)式を満たし,かつ(17-2)式を満たさない場合,財$i$の取引価格は上限価格と等しくなるが,財$h$の取引価格は上限価格未満となる.このときの各小売業者の注文量と小売価格は,(7-1)〜(7-4)式の下付き添え字の$i$と$h$を入れ替えた式となる.

最後に,$w_i, w_h, r_i, r_h$が(17-3)式を満たさず,かつ(17-4)式も満たさない場合では,両方の財の取引価格は上限価格未満となる.このときの各小売業者の注文量と小売価格は両生産者が線形価格制を選択した場合と同じ値,つまり小売業者$i$の注文量と小売価格は(8-1)式と(8-2)式,小売業者$h$の注文量と小売価格はそれらの下付き添え字$i$と$h$を入れ替えた式となる.

**第1段階:生産者の意思決定**

仮にライバル生産者$h$が市場での取引価格を超えるような上限価格$r_h$を選択すると想定するならば,生産者$i$は上限価格に関して$r_i = w_i$を選択し,市場での取引価格がそれ未満になるような$r_i$を選ばないことは3-4項での議論から明らかである.ここでは,ライバル生産者が取引価格と等しくなる(すなわち取引価格を有効に決める)上限価格$r_h$を選択すると想定した場合について追加的に考察する.仮に$w_i$を固定した上で,生産者$i$が自らの利潤を最大にす

る上限価格 $r_i$ を考えると，それは注文量 $q_i$ を最大にする $r_i$ である．(18-1)式と(7-1)式より，$r_i \geq w_i$ の範囲では，$r_i$ が大きくなるにともない注文量は減少するから，$r_i = w_i$ が選択される．このことは，生産者 $h$ の上限価格の選択にも同様に成り立つから，生産者 $i$ の意思決定問題は，$r_i = w_i, r_h = w_h$ および(18-1)式を代入して，

$$\max_{r_i} z_i(w_i, \boldsymbol{r}) = (w_i - c) q_i(\boldsymbol{r}) = \frac{(r_i - c)\{(1-b)a - r_i + br_h\}}{1 - b^2} \tag{19}$$

と定式化される．この極大化条件より，反応関数

$$r_i(r_h) = \frac{(1-b)a + c + br_h}{2}, \quad i, h = 1, 2, \text{ and } i \neq h \tag{20}$$

が導かれる．上式を連立して解けば，各生産者の上限価格（＝出荷価格）は

$$r^{RR} = w^{RR} = c + \frac{(1-b)(a-c)}{2-b} \tag{21-1}$$

となる．また，このときの各生産者の販売量，小売価格および利潤は，

$$q^{RR} = \frac{a-c}{(2-b)(1+b)} \tag{21-2}$$

$$p^{RR} = r^{RR} = \frac{(1-b)(a-c)}{2-b} + c \tag{21-3}$$

$$z^{RR} = \frac{(1-b)(a-c)^2}{(1+b)(2-b)^2} \tag{21-4}$$

と計算される．ここで留意すべきことは，反応関数（(20)式）が，2人の生産者が消費者に直接販売する状況で価格競争が行われる場合と同じだということである．したがって，均衡もベルトラン競争と同じである[11]．

---

11) 実際，販売価格は第1段階において生産者によって設定されている．ベルトラン均衡については補章の4節を参照のこと．

## 4　生産者による取引様式の選択

　この節では，前節の分析結果を踏まえた上で，第0段階における生産者による取引様式の選択について検討する．各生産者が選択した取引様式のもとでの彼らの利潤を比べてみよう．まず，二部料金制と再販制のもとでの生産者利潤を比較すれば

$$z^{FL} \geq z^{RL},\ z^{FF} \geq z^{RF},\ z^{FR} \geq z^{RR} \quad (b=0 のとき等号が成立)$$

であり，$b>0$であれば，二部料金制が再販制を強支配する．このことは次のように説明される．ある生産者が再販制を選択するとき，第1段階の意思決定に際して，ライバル生産者にとって（相手の反応関数から判断して）彼は小売市場において（実質的には）価格で競争してくる相手となる．一方，ある生産者が二部料金制を選択すれば，ライバル生産者にとって彼は小売市場において数量で競争してくる相手となる．ライバルに価格で競争してくる相手と判断される方が数量で競争してくる相手と判断されるよりも，ライバルの反応がアグレッシブとなり，チャネル間の競争が激しくなる．それゆえ，各生産者は競争を緩和するために，再販制よりも二部料金制を選択するのである[12]．

　補章で論じたように，複占生産者が差別化された財を直接販売する状況で，生産者が戦略変数として「価格」または「数量」のいずれかを選択するゲームでは，財が代替財の場合には，両生産者が小売価格を高く保てる「数量」を選択する．本章のモデルは，系列の小売業者を通じての販売という点でSingh and Vives (1984) のモデルとは異なるが，財が代替財ならば小売業者が市場への供給「数量」を選択する二部料金制が生産者が小売「価格」を選択する再販制を強支配するという結論は，彼らの結論とある意味同じであり，同様のロジックが働いていると考える．

---

[12] 代替的な説明は次のようなものである．再販制のもとで実行可能な小売価格と供給量は，二部料金制のもとでも実現することができる．それにたいして，二部料金制のもとで実行可能な小売価格と供給量は，上限価格＝出荷価格の制約のある再販制のもとでは必ずしも実現できない．

また，二部料金制と線形価格制を比べれば

$$z^{FL} > \pi^{LL}, \quad z^{FF} > \pi^{LF}, \quad z^{FR} > \pi^{LR}$$

であるから，二部料金制が強支配戦略となる．それゆえ，次の命題が導かれる．

## 【命題 1】

チャネル間で価格—数量競争が行われる状況で，生産者が線形価格制，二部料金制または再販制のいずれかを選択する場合，財が代替財の場合には二部料金制が強支配戦略であり，両生産者が二部料金制を選択することが均衡となる．

さらに，財が独立の場合には ($b=0$)，チャネル間の競争はないので，よく知られているように，いわゆる線形価格制の際に生じる二重マージン問題は二部料金制または再販制のいずれでも解決できることになる．

ここで，両生産者が同じ取引様式を選択した場合の各部分ゲームの均衡結果を比較すれば，

$$p^{LL} > p^{FF} \geq p^{RR}, \quad q^{LL} < q^{FF} \leq q^{RR}$$
$$z^{FF} > \pi^{LL}$$
$$z^{FF} \geq z^{RR}$$
$$z^{RR} \gtreqless \pi^{LL}, \quad \text{iff} \quad b \lesseqgtr 0.77324$$

の大小関係が導かれる．取引価格が低いほど販売量が多く，消費者余剰や総余剰が大きくなるので，再販制，二部料金制，線形価格制の順に消費者余剰および総余剰が大きいことになる．一方，生産者の利潤については，二部料金制のときが最も多く，財がある程度差別化されていれば ($b<0.77324$)，再販制のときの方が線形価格制のときより多い．したがって，このゲームでは，生産者にとって最も多くの利潤を生む取引様式が選択されるので，囚人のディレンマは生じていない．それゆえ，次の命題が導かれる．

## 【命題 2】

生産者が同じ取引様式を選択する場合の消費者余剰と総余剰は，再販制，二部料金制，線形価格制の順に大きい．したがって，生産者による取引様式

（二部料金制）の選択は，経済厚生の観点からは望ましくはない．

### フランチャイズ料を徴収しない場合

何らかの理由で生産者がフランチャイズ料を徴収できず，線形価格制または再販制のいずれかを選択しなければならない状況を考える．前節で計算した部分ゲームにおける生産者の均衡利潤を比較すれば，

$$z^{RL} > \pi^{LL}$$
$$z^{RR} \gtreqless \pi^{LR}, \quad \text{iff} \quad b \lesseqgtr 0.94156$$
$$z^{RL} > \pi^{LR}$$

の大小関係を得る．また，それぞれの均衡販売量を比べれば

$$q^{LR} < q^{LL} < q^{RL} < q^{RR}$$

である．したがって，次の命題が導かれる．

### 【命題3】

生産者が線形価格制または再販制のいずれかを選択しなければならないとき，財がある程度差別化されていれば（$b \leq 0.94156$），両生産者はともに再販制を選択する．仮に $0.77324 < b < 0.94156$ であれば，この均衡は低水準均衡であるが（$\pi^{LL} > z^{RR}$：囚人のディレンマ）消費者厚生や経済厚生は多い．財が極めて同質的な場合（$b \geq 0.94156$）には，一方の生産者が再販制を選択し，他方は線形価格制を選択する状態が均衡となる．このときには，再販制を選択する生産者の方が多くの利潤を得る（$z^{RL} > \pi^{LR}$）．

この命題は次のように説明される．まず，ライバルが二重マージンの生じる線形価格制を選択したとしよう．この状況で生産者が上限価格を設定する再販制を選択すれば，小売市場で有利に競争を進めることができ，彼の販売量はライバルのそれを大きく上回り（$q^{LR} < q^{LL} < q^{RL}$），線形価格制を選択するよりも多くの利潤を獲得できる．したがって，彼は再販制を選択する．次に，ライバルが再販制を選択したとしよう．生産者が同じく再販制を選択すれば，両生産者が小売価格を設定するベルトラン競争になる．仮に生産者が線形価格制を選択すれば，小売市場での競争は不利になるが，ライバルとの競争は緩和される

($q^{LR}<q^{RL}<q^{RR}$). このとき，財が極めて同質的であれば，ベルトラン競争のもとで生産者利潤は著しく少なくなるから，ライバルよりは不利でも，競争を緩和する線形価格制を選択する方が利潤が多くなる．しかし，財がある程度差別化されていれば，再販制を選択しても生産者の利潤はそれほど低くならないから，線形価格制を選択してライバルより不利になるよりも再販制を選択する方が利潤が多くなるのである[13]．

次に，経済厚生の観点から考察する．総余剰 $SS(q_1,q_2)$ は，(1)式の逆需要関数が導かれる Dixit (1979) のモデルより，

$$SS(q_1,q_2)=(a-c)(q_1+q_2)-\frac{q_1^2+q_2^2-2bq_1q_2}{2}$$

で計算される．均衡販売量を代入して各部分ゲームの総余剰を比較すると，

$$SS^{LL}<SS^{RL}=SS^{LR}<SS^{FF}<SS^{RR}$$

である．ここで，命題1～3を考慮すれば，次の命題が導かれる．

## 【命題4】

　生産者が選択できる取引様式に二部料金制が含まれる場合と含まれない場合の均衡の総余剰を比較すると，財がある程度差別化されているとき（$b\leq0.94156$）には，両生産者が再販制を選択するから，二部料金制が選択肢に含まれていない場合の方が総余剰は高くなる．一方，財が極めて同質的なとき（$b\geq0.94156$）には，二部料金制が選択肢に含まれている場合の方が総余剰は高くなる．

実際，財が極めて同質的な場合には，一方の生産者は再販制を選択するが，他方の生産者は線形価格制を選択するため，競争が緩和されて経済厚生が下がる．このことは，経済厚生の観点から劣る選択肢（二部料金制）を禁止したとしても，経済厚生は必ずしも改善されないことを意味している．

---

[13] 競争を緩和するために（相対的に）不利な取引様式を選択するというメカニズムについては第7章の注10を参照のこと．

## 5 取引様式に垂直的統合の選択肢を加えた場合

　この節では生産者の取引様式の4つめの選択肢として垂直的統合をモデルに導入する．第0段階で垂直的統合を選択した生産者は，第0段階および第1段階のライバルチャネルの意思決定を観察し，第2段階においてライバルチャネルと同時に数量の決定を行うとする．この状況でも，両生産者が二部料金制を選択する状態が均衡となる．しかし，それに加えて，一方が再販制を選択し，他方が垂直的統合を選択する状態も均衡となる（合計3つの均衡）．以下ではまず，3節で分析されていない部分ゲームの均衡を示し，続いて第0段階の生産者による取引様式の選択について均衡を求める．この際，いずれの生産者も再販制を選択しない場合については第2章の4節で論じてあるので（図表2-2を参照のこと），新たに検討する必要があるのは，一方の生産者が再販制，他方が垂直的統合を選択する場合だけである．

　この部分ゲームの均衡は，消費者に直接販売する2つの企業が数量を戦略変数として競争する場合のシュタッケルベルグ競争の均衡と一致する．再販制（上限価格規制）を選択する生産者が先導者，垂直的統合を選択する生産者が追随者にそれぞれ対応する．このことは次のように説明される．この部分ゲームの第2段階では，小売市場において再販制に従う小売業者と垂直的統合を選択した生産者が同時に数量を選択する．これら2人の反応曲線の交点が均衡となる数量であるが，再販制を選択した生産者は上限価格を変化させることによって，垂直的統合を選択した生産者の反応曲線を変化させることなく，系列の小売業者の反応曲線をシフトさせて交点を移動させることができる．ここで留意すべきことは，再販制のもとでは小売業者の利潤がゼロとなるから，生産者の利潤はチャネルの利潤と一致するということである．したがって再販制を選択した生産者は，垂直的統合を選択した生産者の反応曲線上の点で，自らのチャネルの利潤を最大にする点が交点になるように上限価格（＝出荷価格）を選択する．まさにその交点は数量を戦略変数とする2企業のシュタッケルベルグ競争の均衡点である．したがって，ライバルが垂直的統合を選択する場合には，生産者にとって再販制と二部料金制は無差別となる．

**生産者による取引様式の選択**

　垂直的統合は線形価格制を強支配するので，ナッシュ均衡を求める際には線形価格制を選択肢から除外して考えても問題は無い．残りの3つの選択肢，二部料金制，再販制，垂直的統合からの組み合わせにおける生産者の利潤を比べれば，

$$z^{FF} > z^{VF} > z^{RF}, \quad z^{VR} > z^{FR} > z^{RR}, \quad z^{FV} = z^{RV} > z^{VV}$$

である．したがって，$(FF, FF)$，$(RV, VR)$，$(VR, RV)$ の3つの組み合わせが均衡となる．再販制は二部料金制に弱支配されるが（ライバルが垂直的統合を選択する場合には無差別），ライバルが再販制を選択する場合には，二部料金制よりも垂直的統合の方が競争を緩和できるので有利であり，再販制と垂直的統合の組み合わせが均衡となる．すなわち，弱支配される再販制が均衡戦略として選択されるのである．このことは次のように説明される．ライバル生産者が再販制を選択したとすると，自分（生産者）が卸段階（第1段階）で意思決定する場合（垂直的統合以外の場合）にはライバルチャネルは小売市場において実質的には価格で競争してくる相手であるが，小売段階（第2段階）で意思決定する場合（垂直的統合）には数量で競争してくる相手になる．この二面性の効果が働いて再販制に対する最適反応は垂直的統合となり，非対称の均衡が生じるのである．したがって，次の命題が導かれる．

**【命題5】**

　生産者の取引様式の選択肢が線形価格制，二部料金制，再販制に垂直的統合を加えて4つとする．このとき，両生産者が二部料金制を選択する組み合わせに加え，一方が再販制を選択肢，他方が垂直的統合を選択する組み合わせの2つのタイプの均衡が存在する．

これら2種類の均衡における生産者の利潤，販売量および総余剰を比べれば，

$$z^{RV} > z^{VV} > z^{FF} > z^{VR} \tag{22}$$

$$q^{RV} > q^{FF} > q^{VV} > q^{VR} \tag{23}$$

$$SS^{FF} > SS^{VR} > SS^{VV} \tag{24}$$

である．ここで留意すべきことは，後者の均衡が，消費者に直接販売する2つの企業が数量を戦略変数として競争する場合のシュタッケルベルグ均衡と一致するということである．したがって，生産者の利潤は再販制を選択するときに最も多く，垂直的統合を選択するときに最も少ない（(22)式）．また，生産者の取引量は再販制を選択するときが最も多く，垂直的統合を選択するときが最も少ない（(23)式）．さらに，総余剰は両生産者が二部料金制を選択する場合の方が大きいが，いずれの均衡においても両生産者が垂直的統合を選択する場合よりも大きい（(24)式）．

## 6 結　び

　チャネル間において価格―数量競争が行われる状況では，両生産者は二部料金制を選択し，再販制は選択されない．価格―価格競争が行われる状況では，再販制と垂直的統合は同じであると見なされる．というのは，生産者が小売価格を選択するので小売業者の明示的な役割がないからである．これにたいして価格―数量競争では，再販制（上限価格規制）のもとでも，小売業者は注文量を決定するという一定の役割を果たしている．もっとも，価格―価格競争のもとでも，両生産者が二部料金制を選択する状態が均衡となる．

　経済厚生の観点から見ると，両生産者が二部料金制を選択するより再販制を選択した方が消費者余剰や総余剰は多くなる．二部料金制を選択しない状況では，財が差別化されていれば両生産者は再販制を選択するから，経済厚生は向上する．しかし財が極めて同質的な場合には，一方が再販制，他方が線形価格制を選択すると，総余剰は両者が二部料金制を選択する場合よりも悪化する．このことの政策的含意は，単純に経済厚生の観点から劣ると考えられる取引様式を禁止しても必ずしも経済厚生が改善するとは限らないということである．

　また，生産者が小売業者を垂直的に統合し，小売市場で数量を設定する取引様式を選択肢に含めれば，両生産者が二部料金制を選択する均衡の他に，一方が再販制，もう一方が垂直的統合を選択する状態も均衡となる．この均衡は，垂直的統合が選択肢に含まれない状況では二部料金制に弱支配される再販制が，均衡戦略として選択される，という点で興味深い．

# 第 9 章

# テリトリー制

## 1 はじめに

　テリトリー制のもとで生産者は，市場をいくつかのテリトリーに分割した上で，各々のテリトリーで販売する小売業者を1人に限定することによって，自らが供給する財についての小売業者間の競争を排除することができる．このようなテリトリー制について Rey and Tirole (1986a, b) は，単一チャネルの効率的運営の観点から，生産者がフランチャイズ料を徴収するのであれば，テリトリー制と再販制は同じ効果を持ち，二重マージンや小売業者のサービスの外部性にもとづくチャネルの非効率を解消することができると主張している．また Rey and Stiglitz (1995) は，チャネル間で価格―価格競争が行われる状況を想定した上で，フランチャイズ料が徴収される場合には，ブランド内競争を緩和するために各生産者がテリトリー制を導入すると論じている．さらに Dobson and Waterson (1996) や Mycielski et al. (2000) は，生産者がフランチャイズ料を徴収しない状況では，財が十分に同質的な場合にはテリトリー制が導入されるが，ある程度差別化されていればテリトリー制は導入されないと述べている[1]．

　この章では，チャネル間で価格―数量競争が行われる状況を想定し，生産者がテリトリー制を導入するか否かについて検討する．主な結論は，生産者が小売業者からフランチャイズ料を徴収する場合には両生産者がテリトリー制を導入し，フランチャイズ料を徴収しない場合には導入しないというものである．

---

1) 本書，第7章の6節を参照のこと．

さらに，フランチャイズ料を徴収するか否かを選択できるのであれば，両生産者はフランチャイズ料を徴収してテリトリー制を導入する．この結論は，フランチャイズ料を徴収する場合には，価格—価格競争のもとでの Rey and Stiglitz (1995) の主張と一致するが，フランチャイズ料を徴収しない場合の Mycielski et al. (2000) の結果とは異なっている．

以下の構成は次の通りである．次節ではモデルを提示し，フランチャイズ料を徴収しない状況において，生産者がテリトリー制を導入するか否かの選択について検討する．3節では，フランチャイズ料を徴収する状況を分析する．4節では，テリトリー制の導入と同時にフランチャイズ料を徴収するか否かも選択する状況を想定し，この状況では各生産者がフランチャイズ料を徴収してテリトリー制を導入することを示す．5節は要約である．

## 2 テリトリー制分析のためのモデル

差別化された財 $i$ ($i=1,2$) を生産する2人の生産者 $i$ ($i=1,2$) の各々が，系列下にある2人の小売業者 $j$ ($j=1,2$) を介して対称的な2つの市場 $m$ ($m=1,2$) に財を供給するものとする．各生産者は限界（＝平均）費用 $c$ で財を生産し，財 $i$ に対する市場 $m$ での逆需要関数は

$$p_{im} = a - (q_{ijm} + q_{ikm}) - b(q_{hjm} + q_{hkm}) = a - q_{im} - bq_{hm},$$
$$i,h = 1,2, \ j,k = 1,2, \ m,n = 1,2, \ \text{and} \ i \neq h, j \neq k, m \neq n \quad (1)$$

で与えられる[2]．ここで，$q_{ijm}$ は市場 $m$ における小売業者 $ij$ の販売量，$q_{im} = q_{ijm} + q_{ikm}$ はチャネル $i$ の販売量である．以下では，複占均衡が存在し，そこでの出荷価格が正となるために，

$$c < a < \frac{2(9 - 3b^2 - b^3)c}{b^2(6 - 2b - b^2)} \quad (2)$$

を仮定する．

---

2) 以下では，誤解が生じない限り，$h,i,\ j,k$ および $m,n$ についての但し書きを省略する．

この節では次のようなゲームについて検討する．まず第0段階において，各生産者はテリトリー制を導入するか否かを選択する．次に，第1段階において各生産者は，ライバル生産者の出荷価格を所与として，自らの利潤を最大にするように出荷価格を設定する．これを受けて第2段階では，各小売業者が，他の小売業者の販売量を所与として，自らの利潤を最大にするように販売量（＝生産者への注文量）を設定する．この節では，生産者がフランチャイズ料を徴収しない状況を検討する（フランチャイズ料を徴収する状況は3節で検討する）．以下では，この3段階ゲームの部分ゲーム完全均衡を，第0段階の生産者の選択ごとに場合分けし，後方帰納法によって求める．

## 2-1　両生産者がテリトリー制を導入する場合

まず，第0段階において両生産者がともにテリトリー制を導入する場合を検討する．各生産者によって市場 $m$ ($m=1,2$) をテリトリーとして与えられる小売業者を $ij, hj$，市場 $n$ ($\neq m$) を与えられる小売業者を $ik, hk$ とする（図表9-1を参照のこと）．このとき，市場 $m$ における財 $i$ の逆需要関数は

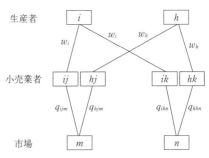

**図表 9-1**　両生産者がテリトリー制を導入する場合

$$p_{im} = a - q_{ijm} - bq_{hjm} \tag{3}$$

で与えられる．

### 第2段階：小売業者による注文量の設定

第2段階において小売業者 $ij$ は，生産者 $i$ が設定した出荷価格 $w_i$ および市場 $m$ でのライバル小売業者 $hj$ が設定する販売量 $q_{hjm}$ を所与として，自らの利潤 $y_{ij}$ を最大にするように注文量 $q_{ijm}$ を設定する．この小売業者の意思決定問題は

220　第III部　垂直的取引制限と経路選択

$$\max_{q_{ijm}} y_{ij} = (p_{im} - w_i)q_{ijm} = (a - q_{ijm} - bq_{hjm} - w_i)q_{ijm} \tag{4}$$

と定式化される．上記の最大化問題の極大化条件より，反応関数

$$q_{ijm}(q_{hjm}) = \frac{a - bq_{hjm} - w_i}{2} \tag{5}$$

が導かれる．同じ市場 $m$ での小売業者 $ij$, $hj$ の反応関数を連立して解けば，小売業者 $ij$ の注文量は

$$q_{ijm} = \frac{(2-b)a - 2w_i + bw_h}{D_{LT}} \tag{6}$$

で与えられる．ここで，$D_{LT} = 4 - b^2 > 0$ である[3]．また，このときの財 $i$ の市場 $m$ における小売価格および小売業者 $ij$ の利潤は，それぞれ

$$p_{im} = \frac{(2-b)a + (2-b^2)w_i + bw_h}{D_{LT}} \tag{7-1}$$

$$y_{ij} = \frac{\{(2-b)a - 2w_i + bw_h\}^2}{(D_{LT})^2} \tag{7-2}$$

と計算される．

### 第1段階：生産者による出荷価格の設定

上述した小売業者の行動を予想する生産者 $i$ は，第1段階において，ライバル生産者の出荷価格 $w_h$ を所与として，自らの利潤 $\pi_i$ を最大にするように出荷価格 $w_i$ を設定する．財 $i$ の総販売量は $q_i = q_{ijm} + q_{ikn}$ であるから，生産者 $i$ の意思決定問題は

$$\max_{w_i} \pi_i = (w_i - c)q_i = \frac{2(w_i - c)\{(2-b)a - 2w_i + bw_h\}}{D_{LT}}$$

と定式化される．上記の最大化問題の極大化条件より，反応関数

---

3）$D$ の下付き添え字は第0段階における生産者の選択で，$L$ は線形価格制，$F$ は二部料金制，$T$ はテリトリー制，$A$ は非対称な選択を示す．

|  | $LT$ vs $LT$ | $LT$ vs $L$ | | $L$ vs $L$ |
|---|---|---|---|---|
|  |  | $LT$ | $L$ |  |
| $w_i - c$ | $\dfrac{2-b}{4-b}$ | $\dfrac{6-2b-b^2}{12-b^2}$ | $\dfrac{12-3b-2b^2}{2(12-b^2)}$ | $\dfrac{3-2b}{2(3-b)}$ |
| $q_{ijm}$ | $\dfrac{2}{(4-b)(2+b)}$ | $\dfrac{3(6-2b-b^2)}{2(12-b^2)(3-b^2)}$ | $\dfrac{12-3b-2b^2}{2(12-b^2)(3-b^2)}$ | $\dfrac{3}{2(3-b)(3+2b)}$ |
| $q_{ikm}$ | 0 | 0 | $\dfrac{12-3b-2b^2}{2(12-b^2)(3-b^2)}$ | $\dfrac{3}{2(3-b)(3+2b)}$ |
| $p_{im} - c$ | $\dfrac{6-b^2}{(4-b)(2+b)}$ | $\dfrac{(9-2b^2)(6-2b-b^2)}{2(12-b^2)(3-b^2)}$ | $\dfrac{(4-b^2)(12-3b-2b^2)}{2(12-b^2)(3-b^2)}$ | $\dfrac{2(3-b^2)}{(3-b)(3+2b)}$ |
| $y_{ijm}$ | $\dfrac{4}{(4-b)^2(2+b)^2}$ | $\dfrac{9(6-2b-b^2)^2}{4(12-b^2)^2(3-b^2)^2}$ | $\dfrac{(12-3b-2b^2)^2}{4(12-b^2)^2(3-b^2)^2}$ | $\dfrac{9}{4(3-b)^2(3+2b)^2}$ |
| $y_{ikm}$ | 0 | 0 | $\dfrac{(12-3b-2b^2)^2}{4(12-b^2)^2(3-b^2)^2}$ | $\dfrac{9}{4(3-b)^2(3+2b)^2}$ |
| $\pi_i$ | $\dfrac{4(2-b)}{(4-b)^2(2+b)}$ | $\dfrac{3(6-2b-b^2)^2}{(12-b^2)^2(3-b^2)}$ | $\dfrac{(12-3b-2b^2)^2}{(12-b^2)^2(3-b^2)}$ | $\dfrac{3(3-2b)}{(3-b)^2(3+2b)}$ |
| $CS$ | $\dfrac{8(1+b)}{(4-b)^2(2+b)^2}$ | $\dfrac{900+360b-732b^2-132b^3+109b^4+24b^5}{4(12-b^2)^2(3-b^2)^2}$ | | $\dfrac{18(1+b)}{(3-b)^2(3+2b)^2}$ |
| $SS$ | $\dfrac{8(7+b-b^2)}{(4-b)^2(2+b)^2}$ | $\dfrac{5148-2088b-2796b^2+852b^3+479b^4-72b^5-28b^6}{4(12-b^2)^2(3-b^2)^2}$ | | $\dfrac{6(15+3b-4b^2)}{(3-b)^2(3+2b)^2}$ |

表中の値のうち，$w_i-c$, $q_{ijm}$, $q_{ikm}$, $p_{im}-c$ は $(a-c)$ の係数を表し，$y_{ijm}$, $y_{ikm}$, $\pi_i$, $CS$, $SS$ は $(a-c)^2$ の係数を表している．

**図表 9-2** 両生産者がフランチャイズ料を徴収しない場合の均衡解

$$w_i(w_h) = \frac{(2-b)a + 2c + bw_h}{4}, \quad i, h = 1, 2, \text{ and } i \neq h \tag{8}$$

が導かれる．各生産者の反応関数を連立して解けば，出荷価格は

$$w_i^{LT,LT} = c + \frac{(2-b)(a-c)}{4-b} \tag{9}$$

で与えられる．ここで，上付き添え字のコンマの前（後）は自ら（ライバル）の取引様式であり，$T$ はテリトリー制，$L$ は線形価格制を，$F$ は二部料金制を表す．また，このときの販売量，小売価格，小売業者と生産者の利潤などの諸変数の値は，図表9-2の第1列にまとめられている．

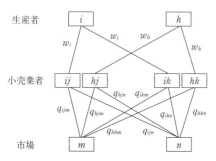

**図表 9-3** 両生産者がともにテリトリー制を導入しない場合

## 2-2 両生産者がともにテリトリー制を導入しない場合

次に,両生産者がテリトリー制を導入しない場合を想定する(図表 9-3 を参照のこと).この場合の市場 $m$ における財 $i$ の逆需要関数は(1)式で与えられる.

### 第 2 段階:小売業者による注文量の設定

第 2 段階において小売業者 $ij$ は,生産者 $i$ が設定した出荷価格 $w_i$,他の 3 人の小売業者が各市場で設定する注文量 $q_{ikm}, q_{hjm}, q_{hkm}$ および $q_{ikn}, q_{hjn}, q_{hkn}$ を所与として,自らの利潤 $y_{ij}$ を最大にするように注文量 $q_{ijm}, q_{ijn}$ を設定する.このような小売業者 $ij$ の意思決定問題は

$$\max_{q_{ijm}, q_{ijn}} y_{ij} = (p_{im} - w_i) q_{ijm} + (p_{in} - w_i) q_{ijn}$$
$$= \{a - (q_{ijm} + q_{ikm}) - b(q_{hjm} + q_{hkm}) - w_i\} q_{ijm}$$
$$+ \{a - (q_{ijn} + q_{ikn}) - b(q_{hjn} + q_{hkn}) - w_i\} q_{ijn}$$

と定式化される.上記の最大化問題の極大化条件より,反応関数

$$q_{ijm}(q_{ikm}, q_{hjm}, q_{hkm}) = \frac{a - q_{ikm} - b(q_{hjm} + q_{hkm}) - w_i}{2} \tag{10}$$

が導かれる.ここで,同じ生産者 $i$ の系列下にある小売業者の同一市場での注文量は同じ値になるという対称性($q_{ijm} = q_{ikm}, q_{ijn} = q_{ikn}, q_{hjm} = q_{hkm}, q_{hjn} = q_{hkn}$)が成立することに留意して,4 人の小売業者の反応関数を連立して解けば,各小売業者の注文量は

$$q_{ijm} = q_{ikm} = \frac{(3 - 2b)a - 3w_i + 2bw_h}{D_L} \tag{11}$$

となる.ここで,$D_L = 9 - 4b^2 > 0$ である.また,このときの財 $i$ の小売価格と

小売業者 $ij$ の利潤は,

$$p_{im} = \frac{(3-2b)a + 2(3-2b^2)w_i + 2bw_h}{D_L} \tag{12-1}$$

$$y_{ij} = \frac{2\{(3-2b)a - 3w_i + 2bw_h\}^2}{(D_L)^2} \tag{12-2}$$

と計算される.

### 第1段階：生産者による出荷価格の設定

上述した小売業者の行動を予想する生産者 $i$ は，第1段階において，ライバル生産者の出荷価格 $w_h$ を所与として，自らの利潤 $\pi_i$ を最大にするように出荷価格 $w_i$ を設定する．いま，$q_i = q_{ijm} + q_{ijn} + q_{ikm} + q_{ikn}$ に留意すれば，生産者 $i$ の意思決定問題は

$$\max_{w_i} \pi_i = (w_i - c)q_i = \frac{4(w_i - c)\{(3-2b)a - 3w_i + 2bw_h\}}{D_L}$$

と定式化される．上記の最大化問題の極大化条件より，反応関数

$$w_i(w_h) = \frac{(3-2b)a + 3c + 2bw_h}{6}, \quad i, h = 1, 2, \text{ and } i \neq h \tag{13}$$

が導かれ，これを連立して解けば，出荷価格は

$$w_i^{L.L} = w_h^{L.L} = c + \frac{(3-2b)(a-c)}{2(3-b)} \tag{14}$$

となる．また，このときの諸変数の値は，図表9-2の第4列にまとめられる．

## 2-3　両生産者の選択が非対称の場合

この節の最後に，第0段階において，生産者 $i$ がテリトリー制を導入し，生産者 $h$ がテリトリー制を導入しない場合を検討する（図表9-4を参照のこと）．この場合，生産者 $i$ の小売業者は割り当てられたテリトリーにおいて生産者 $h$ の2人の小売業者と競争する．一方，生産者 $h$ の小売業者は，生産者 $i$ の1人

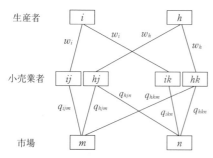

**図表 9-4** 両生産者の選択が非対称の場合

ここでは $i$ = テリトリーを導入する，$h$ = テリトリーを導入しない．

の小売業者および生産者 $h$ の他の小売業者と競争することになる．

以下では，生産者 $i$ が小売業者 $ij$ ($ik$) に市場 $m$ ($n$) をテリトリーとして与えるとする．このときの市場 $m$ における財 $i$ の逆需要関数は，

$$p_{im} = a - q_{ijm} - b(q_{hjm} + q_{hkm}) \quad (15)$$

で与えられる．

### 第2段階：小売業者による注文量の設定

テリトリー制を導入したチャネル $i$ の小売業者 $ij$ は，生産者 $i$ が設定した出荷価格 $w_i$ およびテリトリーである市場 $m$ において対峙する2人のライバル小売業者が設定する販売量 $q_{hjm}, q_{hkm}$ を所与として，自らの利潤 $y_{ij}$ を最大にするように販売量 $q_{ijm}$ を設定する．この小売業者 $ij$ の意思決定問題は

$$\max_{q_{ijm}} y_{ij} = \{a - q_{ijm} - b(q_{hjm} + q_{hkm}) - w_i\} q_{ijm}$$

と定式化される．上記の最大化問題の極大化条件より，反応関数

$$q_{ijm}(q_{hjm}, q_{hkm}) = \frac{a - b(q_{hjm} + q_{hkm}) - w_i}{2} \quad (16)$$

が導かれる．

一方，テリトリー制を採用しないチャネルの小売業者 $hj$ は，生産者 $h$ が設定した出荷価格 $w_h$ および他の小売業者が設定する販売量 $q_{ijm}, q_{hkm}, q_{ikn}, q_{hkn}$ を所与として，自己の利潤 $y_{hj}$ を最大にするように自らの各市場での販売量 $q_{hjm}$，および $q_{hjn}$ を設定する．この小売業者 $hj$ の意思決定問題は

$$\max_{q_{hjm}, q_{hjn}} y_{hj} = (p_{hm} - w_h) q_{hjm} + (p_{hn} - w_h) q_{hjn}$$
$$= \{a - (q_{hjm} + q_{hkm}) - bq_{ijm} - w_h\} q_{hjm} + \{a - (q_{hjn} + q_{hkn}) - bq_{ikn} - w_h\} q_{hjn}$$

と定式化される．上記の最大化問題の極大化条件より，反応関数

$$q_{hjm}(q_{ijm}, q_{hkm}) = \frac{a - q_{hkm} - bq_{ijm} - w_h}{2} \tag{17-1}$$

$$q_{hjn}(q_{ikn}, q_{hkn}) = \frac{a - q_{hkn} - bq_{ikn} - w_h}{2} \tag{17-2}$$

が導かれる．ここで，対称性（$q_{ijm} = q_{ikn}, q_{hjm} = q_{hkm}, q_{hjn} = q_{hkn}$）が成立することに留意して各小売業者の反応関数を連立して解けば，彼らの各市場での注文量は

$$q_{ijm} = q_{ikn} = \frac{(3-2b)a - 3w_i + 2bw_h}{D_{LA}} \tag{18-1}$$

$$q_{hjm} = q_{hkm} = q_{hjn} = q_{hkn} = \frac{(2-b)a + bw_i - 2w_h}{D_{LA}} \tag{18-2}$$

となる．ここで，$D_{LA} = 2(3-b^2) > 0$ である．また，このときの各財の小売価格，各小売業者の利潤は

$$p_{im} = p_{in} = \frac{(3-2b)a + (3-2b^2)w_i + 2bw_h}{D_{LA}} \tag{19-1}$$

$$p_{hm} = p_{hn} = \frac{(2-b)a + 2(2-b^2)w_h + bw_i}{D_{LA}} \tag{19-2}$$

$$y_{ij} = y_{ik} = \frac{\{(3-2b)a - 3w_i + 2bw_h\}^2}{(D_{LA})^2} \tag{19-3}$$

$$y_{hj} = y_{hk} = \frac{2\{(2-b)a - 2w_h + bw_i\}^2}{(D_{LA})^2} \tag{19-4}$$

と計算される．

### 第1段階：生産者による出荷価格の設定

上述した小売業者の行動を予想する生産者は，他の生産者の出荷価格を所与として，自らの利潤を最大にするように出荷価格を設定する．このとき，テリトリー制を採用する生産者 $i$ の意思決定問題は

$$\max_{w_i} \pi_i = (w_i - c)q_i = \frac{2(w_i - c)\{(3-2b)a - 3w_i + 2bw_h\}}{D_{LA}}$$

と定式化される．この極大化条件より，反応関数

$$w_i(w_h) = \frac{(3-2b)a + 3c + 2bw_h}{6} \tag{20}$$

を得る．一方，テリトリー制を採用しない生産者 $h$ の意思決定問題は

$$\max_{w_h} \pi_h = (w_h - c)q_h = \frac{4(w_h - c)\{(2-b)a - 2w_h + bw_i\}}{D_{LA}}$$

と定式化され，利潤極大化条件より，反応関数

$$w_h(w_i) = \frac{(2-b)a + 2c + bw_i}{4} \tag{21}$$

が導かれる．上式より，出荷価格が戦略的補完関係にあることが分かる．これらの反応関数を連立して解けば，出荷価格は

$$w_i^{LT,L} = c + \frac{(6-2b-b^2)(a-c)}{12-b^2} \tag{22-1}$$

$$w_h^{L,LT} = c + \frac{(12-3b-2b^2)(a-c)}{2(12-b^2)} \tag{22-2}$$

となる．また，この時の諸変数の値は，図表9-2の第2〜3列にまとめられる．

## 2-4 部分ゲーム完全均衡

これまでの議論を踏まえて，フランチャイズ料を徴収しない状況において，生産者がテリトリー制を選択するか否かを検討する．図表9-2より，各々の場合における生産者の利潤を比べれば

$$\pi^{LT,LT} < \pi^{L,LT}, \text{ and } \pi^{LT,L} < \pi^{L,L}$$

が成立する．すなわち，ライバル生産者の選択にかかわらず，各生産者の利潤はテリトリー制を導入しない方が多い．それゆえ，次の命題が導かれる．

**【命題1】**
　生産者がフランチャイズ料を徴収しない場合，各生産者にとってテリトリー制を導入しないことが支配戦略であり，どちらもテリトリーを選択しない状態が唯一の均衡となる．

　この命題は次のように説明される．両生産者がテリトリー制を導入しない均衡から，一方の生産者 $i$ がテリトリー制を導入するとしよう．このとき，テリトリーを割り当てられた小売業者は，当該生産者の財を当該市場で独占的に販売することになる．（出荷価格などの他の条件を一定とすれば）同じ生産者の財を販売するライバル小売業者がいなくなれば彼の供給量は増えるが，当該生産者の財の当該市場への供給量が少なくなる．一方，戦略的代替関係にあるライバルチャネル $h$ の供給量は多くなる．このことを予想する生産者 $i$ は，下方にシフトした派生需要のもとで出荷価格を下げる方向で調整し，派生需要が上方にシフトした生産者は，出荷価格を上げる方向で調整する．この出荷価格の調整幅は後者の方が大きく，出荷価格が戦略的補完関係にあるため，（戦略的相互依存関係の結果）両者の出荷価格は上昇する（$w_h^{L,LT} > w_i^{LT,L} > w^{L,L}$）．その結果，生産者 $i$ の出荷価格は元の均衡よりも高くなるが，供給量が大きく減るため（$q_i^{LT,L} < q_i^{L,L}$），彼の利潤（出荷価格×販売量）は減少する．これらのことを予想する生産者はテリトリー制を導入しないのである．

　Mycielski et al. (2000) は，価格―価格競争のもとで財が同質的な場合にはテリトリー制が導入されると論じているが，価格―数量競争のもとでは，財の差別化の程度にかかわらず，テリトリー制は導入されない．このことは次のように説明される．価格―価格競争の場合，テリトリー制を導入すれば，小売価格設定のタイミングに関してシュタッケルベルグの追随者になれるというメリット（後手の利）がある[4]．実際，テリトリー制を導入しなければ，各市場には同質財を供給する2人の小売業者が存在し，彼らの間でベルトラン競争が行われる．そのため，生産者が設定する出荷価格が小売価格となるから，テリトリー制を導入する場合よりも小売価格が早く設定されることになる．他方，テリトリー制を導入すれば二重マージンが生じるため，利潤が減るというデメリッ

---

[4] 補章および第7章を参照のこと．

トがある.財が同質的になるにともない,二重マージンにもとづくデメリットが小さくなるから,テリトリー制が導入されるのである.

## 3 フランチャイズ料を徴収する場合

この節では,生産者がフランチャイズ料を徴収する場合について検討し,均衡では両生産者がともにテリトリー制を導入することを明らかにする.これは2節の結果とは逆であり,テリトリー制の採否はフランチャイズ料を徴収するか否かに依存することになる.

### 3-1 両生産者がともにテリトリー制を導入する場合

まず,第0段階において両生産者がテリトリー制を導入する場合を検討する.2-1項と同様に,テリトリーとして市場 $m$ を与えられる小売業者を $ij$, $hj$, 市場 $n$ を与えられる小売業者を $ik$, $hk$ とする.このとき,市場 $m$ における財 $i$ の逆需要関数は(3)式で与えられる.

#### 第2段階:小売業者による注文量の設定

第2段階において小売業者 $ij$ は,生産者 $i$ が設定した出荷価格 $w_i$ とフランチャイズ料 $F_i$,および市場 $m$ でのライバル小売業者 $hj$ が設定する販売量 $q_{hjm}$ を所与として,自らの利潤 $y_{ij}$ を最大にするように販売量 $q_{ijm}$ を設定する.この小売業者の意思決定問題は

$$\max_{q_{ijm}} y_{ij} = (p_{im} - w_i)q_{ijm} - F_i = (a - q_{ijm} - bq_{hjm} - w_i)q_{ijm} - F_i$$

と定式化される.固定的なフランチャイズ料の有無は小売業者の意思決定に影響を及ぼさないから,彼の注文量はフランチャイズ料を徴収しない場合と同様に(6)式で与えられる.したがって,このときの財 $i$ の市場 $m$ における小売価格および小売業者 $ij$ の利潤は,それぞれ(7-1)および(7-2)式である.

|  | $FT$ vs $FT$ | $FT$ vs $F$ | | $F$ vs $F$ |
|---|---|---|---|---|
|  |  | $FT$ | $F$ |  |
| $w_i - c$ | $-\dfrac{b^2}{4+2b-b^2}$ | $-\dfrac{b^2(4-2b-b^2)}{12-10b^2+b^4}$ | $\dfrac{(1-b^2)(6-3b-2b^2)}{2(12-10b^2+b^4)}$ | $\dfrac{3-4b^2}{2(6+3b-2b^2)}$ |
| $q_{ijm}$ | $\dfrac{2}{4+2b-b^2}$ | $\dfrac{3(4-2b-b^2)}{2(12-10b^2+b^4)}$ | $\dfrac{6-3b-2b^2}{2(12-10b^2+b^4)}$ | $\dfrac{3}{2(6+3b-2b^2)}$ |
| $q_{ikn}$ |  |  | $\dfrac{6-3b-2b^2}{2(12-10b^2+b^4)}$ | $\dfrac{3}{2(6+3b-2b^2)}$ |
| $p_{im} - c$ | $\dfrac{2-b^2}{4+2b-b^2}$ | $\dfrac{(3-2b^2)(4-2b-b^2)}{2(12-10b^2+b^4)}$ | $\dfrac{(2-b^2)(6-3b-2b^2)}{2(12-10b^2+b^4)}$ | $\dfrac{3-2b^2}{6+3b-2b^2}$ |
| $F_i$ | $\dfrac{4}{(4+2b-b^2)^2}$ | $\dfrac{9(4-2b-b^2)^2}{4(12-10b^2+b^4)^2}$ | $\dfrac{(6-3b-2b^2)^2}{2(12-10b^2+b^4)^2}$ | $\dfrac{9}{4(6+3b-2b^2)^2}$ |
| $\pi_i(z_i)$ | $\dfrac{4(2-b^2)}{(4+2b-b^2)^2}$ | $\dfrac{3(3-2b^2)(4-2b-b^2)^2}{2(12-10b^2+b^4)^2}$ | $\dfrac{(2-b^2)(6-3b-2b^2)^2}{(12-10b^2+b^4)^2}$ | $\dfrac{6(3-2b^2)}{(6+3b-2b^2)^2}$ |
| $CS$ | $\dfrac{8(1+b)}{(4+2b-b^2)^2}$ | $\dfrac{288-384b^2-12b^3+109b^4+24b^5}{4(12-10b^2+b^4)^2}$ | | $\dfrac{18(1+b)}{(6+3b-2b^2)^2}$ |
| $SS$ | $\dfrac{8(3+b-b^2)}{(4+2b-b^2)^2}$ | $\dfrac{864-576b-912b^2+492b^3+267b^4-72b^5-28b^6}{4(12-10b^2+b^4)^2}$ | | $\dfrac{6(9+3b-4b^2)}{(6+3b-2b^2)^2}$ |

表中の値のうち，$w_i-c, q_{ijm}, q_{ikn}, p_{im}-c$ は $(a-c)$ の係数を表し，$F_i, \pi_i(z_i), CS, SS$ は $(a-c)^2$ の係数を表している．

**図表9-5** 両生産者がフランチャイズ料を徴収する場合の均衡解

## 第1段階：生産者による出荷価格とフランチャイズ料の設定

このような小売業者の行動を予想する生産者 $i$ は，第1段階において，ライバル生産者の出荷価格 $w_h$ を所与として，各小売業者 $ij$ に非負の利潤を与えるという制約のもとで，自らの利潤 $\pi_i$ を最大にするように出荷価格 $w_i$ とフランチャイズ料 $F_i$ を設定する．この生産者 $i$ の意思決定問題は

$$\max_{w_i, F_i} \pi_i = (w_i - c)(q_{ijm} + q_{ikn}) + 2F_i,$$
$$\text{s.t. } y_{ij} = (p_{im} - w_i)q_{ijm} - F_i \geq 0, \text{ and } y_{ik} = (p_{in} - w_i)q_{ikn} - F_i \geq 0$$

と定式化される．制約条件が等号で成立することに留意し，(6)，(7-1)および(7-2)式を考慮すれば，上式の制約条件付き最大化問題は，制約の付かない

$$\max_{w_i} z_i = \pi_i = (p_{im} - c)q_{ijm} + (p_{in} - c)q_{ikn}$$

$$= 2\left\{\frac{(2-b)a + (2-b^2)w_i + bw_h}{4-b^2} - c\right\}\frac{(2-b)a - 2w_i + bw_h}{4-b^2}$$

へと変換される．上記の最大化問題の極大化条件より，反応関数

$$w_i(w_h) = \frac{-b^2(2-b)a + 2(4-b^2)c - b^3 w_h}{4(2-b^2)}, \quad i,h = 1,2, \text{ and } i \neq h \tag{23}$$

が導かれる．上式を連立して解けば，各生産者が設定する出荷価格は

$$w_i^{FT.FT} = w_h^{FT.FT} = c - \frac{b^2(a-c)}{4 + 2b - b^2} < c \tag{24}$$

となる．ここで，上付き添え字の $F$ は二部料金制を示す．また，このときの諸変数の値は，図表9-5の第1列にまとめられている．

## 3-2　両生産者がともにテリトリー制を導入しない場合

次に，2人の生産者のいずれもがテリトリー制を導入しない場合を考える．この場合の各小売業者の逆需要関数は(1)式で与えられる．

### 第2段階：小売業者による注文量の設定

第2段階において小売業者 $ij$ は，生産者 $i$ が設定した出荷価格 $w_i$ とフランチャイズ料 $F_i$，および他の3人の小売業者の設定する販売量を所与として，自らの利潤を最大にするように注文量 $q_{ijm}, q_{ijn}$ を設定する．この場合における小売業者の注文量は(11)式と同じで，財 $i$ の小売価格および小売業者 $ij$ の利潤は，(12-1)および(12-2)式で与えられる．

### 第1段階：生産者による出荷価格とフランチャイズ料の設定

このような小売業者の行動を予想する生産者 $i$ は，第1段階において，ライバル生産者 $h$ の出荷価格 $w_h$ を所与として，2人の小売業者 $ij, ik$ に非負の利潤を与えるという制約のもとで，自らの利潤 $\pi_i$ を最大にするように出荷価格 $w_i$ とフランチャイズ料 $F_i$ を設定する．この生産者 $i$ の意思決定問題は，

$$\max_{w_i} z_i = \sum_j (p_i - c) q_{ij}$$
$$= 4\left\{\frac{(3-2b)a + 2(3-2b^2)w_i + 2bw_h}{9-4b^2} - c\right\} \frac{(3-2b)a - 3w_i + 2bw_h}{9-4b^2}$$

と定式化される．上記の最大化問題の極大化条件より，反応関数

$$w_i(w_h) = \frac{(3-2b)(3-4b^2)a + 3(9-4b^2)c + 2b(3-4b^2)w_h}{12(3-2b^2)} \quad (25)$$

が導かれる．各生産者の反応関数を連立して解けば，出荷価格は

$$w_i^{F,F} = c + \frac{(3-4b^2)(a-c)}{2(6+3b-2b^2)} \quad (26)$$

となる[5]．また，この時の諸変数の値は図表9-5の第4列にまとめられている．

### 3-3　両生産者の選択が非対称の場合

第0段階において，生産者 $i$ はテリトリー制を導入し，生産者 $h$ はテリトリー制を導入しないという非対称な状況を想定する．2-3項と同様に，生産者 $i$ は小売業者 $ij$ ($ik$) に市場 $m$ ($n$) をテリトリーとして与えるとする．このときの市場 $m$ における財 $i$ の逆需要関数は(15)式で与えられる．

**第2段階：小売業者による注文量の設定**

第2段階での各小売業者の注文量はフランチャイズ料を徴収しない場合と同じで，(18-1)式および(18-2)式で与えられる．また，このときの各財の小売価格，各小売業者の利潤は(19-1)～(19-4)式である．

**第1段階：生産者による出荷価格とフランチャイズ料の設定**

このような小売業者の行動を予想する生産者 $i$ は，第1段階において，生産

---

[5] 生産者がフランチャイズ料を徴収するにもかかわらず，$b < \sqrt{3}/2$ のときには，この出荷価格は限界生産費用 $c$ を上回る．

者 $h$ が設定する出荷価格 $w_h$ を所与として,小売業者 $ij$, $ik$ に非負の利潤を与えるという制約のもとで,自らの利潤 $\pi_i$ を最大にするように出荷価格 $w_i$ とフランチャイズ料 $F_i$ を設定する.テリトリー制を採用する生産者 $i$ およびそれを採用しない生産者 $h$ の意思決定問題は,それぞれ

$$\max_{w_i} z_i = (p_i - c) q_i$$
$$= \left\{ \frac{(3-2b)a + (3-2b^2)w_i + 2bw_h}{2(3-b^2)} - c \right\} \frac{(3-2b)a - 3w_i + 2bw_h}{3-b^2},$$

$$\max_{w_h} z_h = (p_h - c) q_h$$
$$= 2\left\{ \frac{(2-b)a + 2(2-b^2)w_h + bw_i}{2(3-b^2)} - c \right\} \frac{(2-b)a - 2w_h + bw_i}{3-b^2}$$

と定式化される.これらの極大化条件より,反応関数

$$w_i(w_h) = \frac{-b^2(3-2b)a + 3(3-b^2)c - 2b^3 w_h}{3(3-2b^2)} \tag{27-1}$$

$$w_h(w_i) = \frac{(1-b^2)(2-b)a + 2(3-b^2)c + b(1-b^2)w_i}{4(2-b^2)} \tag{27-2}$$

が導かれる.これらの反応関数を連立して解けば,出荷価格は

$$w_i^{FT,F} = c - \frac{b^2(4-2b-b^2)(a-c)}{12-10b^2+b^4} < c \tag{28-1}$$

$$w_h^{F,FT} = c + \frac{(1-b^2)(6-3b-2b^2)(a-c)}{2(12-10b^2+b^4)} \geq c \tag{28-2}$$

となる.また,この時の諸変数の値は,図表9-5の第2〜3列にまとめられる.

### 3-4 テリトリー制の優位性とフランチャイズ料の役割

これまでの議論を踏まえて,フランチャイズ料を徴収する状況において,生産者がテリトリー制を導入するか否かの選択について検討する.図表9-5に記された各々の場合における生産者の利潤を比べれば,

$$z^{FT,FT} > z^{F,FT}, \quad \text{and} \quad z^{FT,F} > z^{F,F}$$

が成立する．すなわち，ライバル生産者の選択にかかわらず，フランチャイズ料を徴収する状況では，自らはテリトリー制を導入した方が利潤は多くなる．その意味でテリトリー制の導入は強支配戦略であり，均衡では両生産者はともにテリトリー制を導入することになる．それゆえ，次の命題が導かれる．

### 【命題 2】

生産者がフランチャイズ料を徴収する状況では，各生産者にとってテリトリー制を導入することが強支配戦略であり，両生産者がテリトリー制を導入している状態が唯一の均衡となる．

この命題は次のように説明される．生産者が小売業者に生じた利益をフランチャイズ料によって回収できるのであれば，彼の利潤はチャネルの利潤と一致する．両生産者がテリトリー制を導入している均衡から，一方の生産者 $h$ が逸脱するとしよう．このとき，出荷価格などの他の条件を一定とすれば，小売業者が増えたチャネル $h$ の市場供給量は増える．このことを予想する生産者 $h$ は出荷価格を引き上げる．このことはチャネル $h$ の市場供給量を減らすと同時に，ライバル生産者 $i$ による出荷価格の引き下げを導く（(27-1)式）．そして，生産者間の戦略的相互依存関係の結果，生産者 $h$ の出荷価格は元の均衡よりも高くなり，チャネル $h$ の供給量は減少する．他方，ライバルの出荷価格は元の均衡よりも低くなり，その結果，ライバルチャネルの市場供給量が増えるため，財の小売価格は低下する．このようにして，逸脱した生産者の市場供給量が減ると同時に小売価格も下落するため，生産者（＝チャネル）の利潤（小売価格×市場供給量）が減る．これらのことを予想する生産者は均衡から逸脱しないのである．

また，両生産者がテリトリー制を導入するという結果は，価格―価格競争を分析した Rey and Stiglitz (1995) の結果と一致しているが，メカニズムは異なっている．価格―価格競争でテリトリー制が導入される理由は，2 節でも述べたように，テリトリー制を導入すれば小売価格設定のタイミングが遅くなり，後手の利を得ることができるからである．

## 4 フランチャイズ料の徴収とテリトリー制の導入の同時選択

前節まではフランチャイズ料を徴収するか否かは外生的に所与とされていた。この節では，第0段階において生産者がテリトリー制を導入するか否かと同時に，フランチャイズ料を徴収するか否かも選択するものとし，テリトリー制の導入について総合的に検討する．ここでの結論は，均衡では両生産者がフランチャイズ料を徴収してテリトリー制を導入するというものである．

第0段階における各生産者の選択肢は，フランチャイズ料を徴収してテリトリー制を導入する（$FT$），線形価格制のもとでテリトリー制を導入する（$LT$），フランチャイズ料を徴収してテリトリー制を導入しない（$F$），線形価格制のもとでテリトリー制を導入しない（$L$）の4つであり，これらを組み合わせた16通りの状況がある．そのうち8通りは前節までに検討しているので，この節では残り8通り（対称性を考慮すれば4通り）の状況について検討する．

### 4-1 $LT$ と $FT$ の場合

一方の生産者 $i$ が線形価格制のもとでテリトリー制を導入し（$LT$），他方の生産者 $h$ が二部料金制のもとでテリトリー制を導入する（$FT$）状況を想定する．この状況での第2段階における小売業者の注文量についての意思決定は，2-1項と同じである．したがって，この段階での小売業者の注文量は(6)式で与えられる．

第1段階での意思決定問題は，$LT$ の生産者 $i$ については2-1項の生産者と同じで，反応関数は(8)式で与えられる．$FT$ の生産者 $h$ については3-1項の生産者と同じで，反応関数は(23)式で与えられる．これら2つの反応関数を連立して解けば，出荷価格は

$$w_i^{LT,FT} = c + \frac{(4-b^2)(4-2b-b^2)(a-c)}{D_{LT,FT}} \tag{29-1}$$

$$w_h^{FT,LT} = c - \frac{b^2(2-b)(4+b)(a-c)}{D_{LT,FT}} < c \tag{29-2}$$

となる．ここで，$D_{LT,FT}=32-16b^2+b^4$ である．また，このときの各生産者の利潤は，

$$\pi_i^{LT,FT}=\frac{4(4-b^2)(4-2b-b^2)^2(a-c)^2}{(D_{LT,FT})^2} \tag{30-1}$$

$$z_h^{FT,LT}=\frac{4(2-b)^2(4+b)^2(2-b^2)(a-c)^2}{(D_{LT,FT})^2} \tag{30-2}$$

と計算される．

### 4-2　*LT* と *F* の場合

　一方の生産者 $i$ がテリトリー制を導入してフランチャイズ料を徴収せず（*LT*），他方の生産者 $h$ がテリトリー制を導入せずにフランチャイズ料を徴収する（*F*）状況を想定する．この状況での第2段階における小売業者の注文行動は2-3項と同じで，各小売業者の注文量は(18-1)式および(18-2)式で与えられる．

　第1段階での意思決定問題は，*LT* の生産者 $i$ については2-3項の生産者 $i$ と同じで，反応関数は(20)式である．*F* の生産者 $h$ については3-3項の生産者 $h$ と同じで，反応関数は(27-2)式である．これら2つの反応関数を連立して解けば，出荷価格は

$$w_i^{LT,F}=c+\frac{(3-b^2)(4-2b-b^2)(a-c)}{D_{LT,F}} \tag{31-1}$$

$$w_h^{F,LT}=c+\frac{(1-b^2)(12-3b-2b^2)(a-c)}{2D_{LT,F}} \tag{31-2}$$

となる．ここで $D_{LT,F}=24-13b^2+b^4$ である．また，このときの各生産者の利潤は，

$$\pi_i^{LT,F}=\frac{3(3-b^2)(4-2b-b^2)^2(a-c)^2}{(D_{LT,F})^2} \tag{32-1}$$

$$z_h^{F,LT}=\frac{(2-b^2)(12-3b-2b^2)^2(a-c)^2}{(D_{LT,F})^2} \tag{32-2}$$

と計算される.

## 4-3 $FT$ と $L$ の場合

一方の生産者 $i$ がテリトリー制を導入してフランチャイズ料を徴収し ($FT$), 他方の生産者 $h$ がテリトリー制を導入せずフランチャイズ料を徴収しない ($L$) 状況を考える. この状況での第2段階における小売業者の注文量は, (18-1)式および(18-2)式である.

第1段階での意思決定問題は, $FT$ の生産者 $i$ については3-3項の生産者 $i$ と同じで, 反応関数は(27-1)式である. $L$ の生産者 $h$ については2-3項の生産者 $h$ と同じで, 反応関数は(21)式である. したがって, 各生産者の出荷価格は

$$w_i^{FT,L} = c - \frac{b^2(6-2b-b^2)(a-c)}{D_{FT,L}} \tag{33-1}$$

$$w_h^{L,FT} = c + \frac{(3-b^2)(6-3b-2b^2)(a-c)}{2D_{FT,L}} \tag{33-2}$$

となる. ここで $D_{FT,L} = 18 - 12b^2 + b^4$ である. また, このときの各生産者の利潤は,

$$z_i^{FT,L} = \frac{3(3-2b^2)(6-2b-b^2)^2(a-c)^2}{2(D_{FT,L})^2} \tag{34-1}$$

$$\pi_h^{L,FT} = \frac{(3-b^2)(6-3b-2b^2)^2(a-c)^2}{(D_{FT,L})^2} \tag{34-2}$$

と計算される.

## 4-4 $L$ と $F$ の場合

一方の生産者 $i$ がテリトリー制を導入せずフランチャイズ料も徴収せず ($L$), 他方の生産者 $h$ がテリトリー制を導入せずフランチャイズ料を徴収する ($F$) 状況を考える. この状況での第2段階における小売業者の注文量は(11)式で与えられる.

第1段階での意思決定問題は，$L$ の生産者 $i$ については 2-2 項の生産者と同じで，反応関数は (13) 式である．$F$ の生産者 $h$ については 3-2 項の生産者と同じで，反応関数は (25) 式である．それゆえ出荷価格は

$$w_i^{L,F} = c + \frac{(3-2b)(3+2b)(6-3b-2b^2)(a-c)}{2D_{LF}} \tag{35-1}$$

$$w_h^{F,L} = c + \frac{(3-2b)(3+b)(3-4b^2)(a-c)}{2D_{LF}} \tag{35-2}$$

となる[6]．ここで $D_{LF} = 54 - 39b^2 + 4b^4$ である．また，このときの各生産者の利潤は，

$$\pi_i^{L,F} = \frac{3(9-4b^2)(6-3b-2b^2)^2(a-c)^2}{(D_{LF})^2} \tag{36-1}$$

$$z_h^{F,L} = \frac{6(3-2b)^2(3+b)^2(3-2b^2)(a-c)^2}{(D_{LF})^2} \tag{36-2}$$

と計算される．

## 4-5 部分ゲーム完全均衡

これまでの議論から，生産者の選択とそのもとでの利潤は図表 9-6 にまとめられる．この表より，第 0 段階の部分ゲームにおいては，フランチャイズ料を徴収した上でテリトリー制を選択することが生産者にとって強支配戦略であることが分かる．それゆえ，次の命題を得る．

【命題 3】
　フランチャイズ料の徴収とテリトリー制の導入について選択可能な状況では，フランチャイズ料を徴収した上でテリトリー制を導入する戦略が強支配戦略となり，両生産者がこの戦略を取ることが部分ゲーム完全均衡となる．

---

[6] 生産者がフランチャイズ料を徴収するにもかかわらず，$b < \sqrt{3}/2$ のときには，この出荷価格は限界生産費用 $c$ を上回る．

|    | $LT$ | $FT$ | $L$ | $F$ |
|----|------|------|-----|-----|
| $LT$ | $\dfrac{4(2-b)}{(4-b)^2(2+b)}$ | $\dfrac{4(4-b^2)(4-2b-b^2)^2}{(32-16b^2+b^4)^2}$ | $\dfrac{3(6-2b-b^2)^2}{(12-b^2)^2(3-b^2)}$ | $\dfrac{3(3-b^2)(4-2b-b^2)^2}{(24-13b^2+b^4)^2}$ |
| $FT$ | $\dfrac{4(2-b)^2(4+b)^2(2-b^2)}{(32-16b^2+b^4)^2}$ | $\dfrac{4(2-b^2)}{(4+2b-b^2)^2}$ | $\dfrac{3(3-2b^2)(6-2b-b^2)^2}{2(18-12b^2+b^4)^2}$ | $\dfrac{3(3-2b^2)(4-2b-b^2)^2}{2(12-10b^2+b^4)^2}$ |
| $L$ | $\dfrac{(12-3b-2b^2)^2}{(12-b^2)^2(3-b^2)}$ | $\dfrac{(3-b^2)(6-3b-2b^2)^2}{(18-12b^2+b^4)^2}$ | $\dfrac{3(3-2b)}{(3-b)^2(3+2b)}$ | $\dfrac{3(9-4b^2)(6-3b-2b^2)^2}{(54-39b^2+4b^4)^2}$ |
| $F$ | $\dfrac{(2-b^2)(12-3b-2b^2)^2}{(24-13b^2+b^4)^2}$ | $\dfrac{(2-b^2)(6-3b-2b^2)^2}{(12-10b^2+b^4)^2}$ | $\dfrac{6(3-2b^2)(3+b)^2(3-2b)^2}{(54-39b^2+4b^4)^2}$ | $\dfrac{6(3-2b^2)}{(6+3b-2b^2)^2}$ |

表中の値は $(a-c)^2$ の係数の形で左側の生産者の利潤を表している.

**図表 9-6** 生産者の利潤

　この命題は次のように説明される．フランチャイズ料を徴収するか否かについては，それを徴収することが支配戦略である．このことを前提とすれば，テリトリー制が導入されるのは命題2と同じ理由である．この状況を2節のフランチャイズ料もテリトリー制も導入しない場合と比べれば，小売業者に生じた利益を回収できるため生産者の利潤は多くなるし，（出荷価格や）小売価格が低く設定されるため消費者余剰や社会的余剰は向上する．ただし，小売業者の利潤やチャネルの利潤は減少する[7]．

## 5　結　び

　この章では，チャネル間で価格—数量競争が行われている状況において，生産者がテリトリー制を導入するか否かについて検討した．主な結論は，生産者が小売業者からフランチャイズ料を徴収する場合には両生産者はテリトリー制を導入し，フランチャイズ料を徴収しない場合には導入しないというものである．また，フランチャイズ料を徴収するか否かも同時に選択するのであれば，

---

[7] 鈴木・成生（近刊）は，価格—価格競争が行われる状況で，生産者によるテリトリー制とフランチャイズ料の同時選択を分析し，各生産者はフランチャイズ料を徴収してテリトリー制を導入するという結果を導いている．

両生産者はフランチャイズ料を徴収してテリトリー制を導入することになる．

　消費者余剰や社会的余剰については，フランチャイズ料を徴収するか否かにかかわらず，両生産者がテリトリー制を導入しない場合の方が大きい．というのは，テリトリー制を導入すれば二重マージンが生じ，小売価格が高くなるからである．したがって，フランチャイズ料を徴収しない状況では，テリトリー制を導入しないという生産者の選択は経済厚生の観点から望ましいが，フランチャイズ料を徴収する場合には，テリトリー制の導入は経済厚生を損なうことになる．確かに，フランチャイズ料の徴収を禁止すればテリトリー制は導入されないが，二重マージンゆえに小売価格が高くなるから，経済厚生が改善されるわけではない．

　この点に関連してMatsumura (2003) は，独占的生産者が円環に立地する2人の小売業者を介して財を販売し，小売業者が円環上の市場に出荷する際には輸送費用がかかる状況を想定し，テリトリー制の導入によって無駄な輸送が無くなるため，生産者利潤および消費者厚生が増加すると主張している[8]．本章では，輸送費用は考慮されておらず，小売価格が高く（低く）なれば，生産者の利潤は増加（減少）するが，消費者余剰や社会的余剰は減少（増加）する．その意味で，生産者利潤と社会的余剰は逆順関係にあり，生産者の選択は社会的に望ましくないことになる．しかしながら，輸送費用が存在する場合には，消費者余剰が増え，それゆえチャネルの利潤が減る状況でも，輸送費用が削減されることによってチャネルの利潤が増えるかも知れない．この点については，この章の補論で検討する．

---

[8] 小売価格と仕入価格の差が輸送費用よりも小さければ，小売業者は輸送費用をかけてまで財を販売しようとはしない．その意味で，生産者による上限価格規制もテリトリー制と類似した効果を持つ．この点については，成生 (2003, 2005) やNariu and Flath (2005) などを参照のこと．

240　第 III 部　垂直的取引制限と経路選択

# 第 9 章補論　輸送費用と経済厚生

## 補-1　はじめに

　第 9 章で論じたように，フランチャイズ料を徴収する状況で，生産者がテリトリー制を導入すれば，小売価格が高くなって彼の利潤は増加するが，消費者厚生や経済厚生は減少する．それゆえ経済厚生の観点からは，テリトリー制を禁止することが望ましい．これに対して Matsumura (2003) は，独占的生産者が円環に立地する 2 人の小売業者を介して財を販売し，小売業者が円環上の市場に出荷する際に輸送費用がかかる状況を想定し，テリトリー制の導入によって（市場から遠い地点に立地する小売業者の）無駄な輸送が無くなるため，生産者利潤および消費者厚生が増加すると論じている．

　この補論では，第 9 章のモデルに市場間輸送の費用を導入して分析する．主な結論は，フランチャイズ料を徴収する状況では，2 人の生産者がともにテリトリー制を導入し，無駄な市場間輸送を禁止することによって多くの利潤を得ることができるというものである．それと同時に，輸送費用がある程度高い場合には，小売価格が低く設定されるため，消費者厚生も改善される．その意味で，テリトリー制の導入はパレートの意味での改善となる．

　以下の構成は次のとおりである．まず次項では，モデルを提示した上で，両生産者がともにテリトリー制を採用する場合，両生産者がともに採用しない場合，一方の生産者のみが採用する場合を分析する．3 項では生産者によるテリトリー制の採否を検討し，部分ゲーム完全均衡では両生産者がテリトリー制を採用することを示した後に，テリトリー制が生産者余剰のみならず，消費者余剰をも増加させるという意味で，パレート改善となることを示す．4 項では，要約の後に，テリトリー制が経済厚生に及ぼす効果について議論する．

## 補-2　モデル

　単純化のために，同質財を生産する 2 人の生産者 ($i=1,2$) を想定する．彼らは限界（=平均）費用 $c$ で財を生産し，それを地理的に離れた 2 つの市場

($m=1,2$) に供給する．各市場の逆需要関数は対称的で，

$$p_m = a - q_m, \quad m = 1,2 \tag{A1}$$

で与えられる．ここで，$p_m$ は市場 $m$ での小売価格，$q_m$ は総供給量，$a$ はパラメータである．各生産者はそれぞれの市場に1人の系列小売業者を持ち，生産者 $i$ の市場 $j$ における小売業者を「小売業者 $ij(j=1,2)$」と呼ぶ．各小売業者は自らが立地する市場で財を販売するのみならず，他の市場へ財を輸送して販売することができる．その際，財の輸送には1単位あたり $t$ の費用がかかる．また各市場では，小売業者間で数量競争が行われるものとする．ここで，均衡での販売量や出荷価格が正となるために，

$$0 < c < a < 4c \tag{A2}$$

$$0 < t < \mathrm{Min}\left\{\frac{a-c}{5}, 4c - a\right\} \tag{A3}$$

を仮定する．ここで，$\mathrm{Min}\{X, Y\}$ は，$X$ と $Y$ を比べて小さい方を返す指示関数である．

生産者および小売業者の意思決定のタイミングは次のとおりである．まず第0段階において，各生産者がテリトリー制を採用するか否かを選択する．第1段階では，各生産者が出荷価格とフランチャイズ料を提示する．第2段階では各小売業者が注文量を設定する．以下では，この3段階ゲームの部分ゲーム完全均衡を後方帰納法によって求める．

**両生産者がテリトリー制を採用しない場合**

まずはじめに，第0段階において両生産者がテリトリー制を採用しない場合を検討する．この場合，小売業者は輸送費用を負担すれば，自らが立地していない市場でも財を販売することができる．このとき，小売業者 $ij$ が市場 $m$ で販売することからの（フランチャイズ料支払い前の）粗利益 $Y_{ijm}$ は

$$\begin{aligned} Y_{ijm} &= (p_m - w_i) q_{ijm}, \quad \text{if } j = m \\ &= (p_m - w_i - t) q_{ijm}, \quad \text{if } j \neq m \end{aligned}$$

で表される．ここで，$w_i$ は生産者 $i$ の出荷価格である．市場 $m$ の逆需要関数

$p_m = a - q_m = a - \sum_i \sum_j q_{ijm}$ のもとで，各小売業者は，他の小売業者の販売量を所与として，自らの利潤を最大にするように注文量を設定する．このとき，彼らの注文量および市場 $m$ における小売価格は

$$q_{ijm} = \frac{a - 3w_i + 2w_h + 2t}{5}, \quad \text{if } j = m$$

$$= \frac{a - 3w_i + 2w_h - 3t}{5}, \quad \text{if } j \neq m \tag{A4-1}$$

$$p_m = \frac{a + 2w_i + 2w_h + 2t}{5} \tag{A4-2}$$

で与えられる．ここで，$w_h$ はライバル生産者 $h$ の出荷価格である．

上述した小売業者の注文行動を予想する生産者 $i$ は，第1段階において，他の生産者 $h$ の提示する出荷価格 $w_h$ とフランチャイズ料 $F_h$ を所与として，系列の小売業者に非負の利潤を与えるという制約のもとで，自らの利潤 $\pi_i$ を最大にするように出荷価格 $w_i$ とフランチャイズ料 $F_i$ を設定する．制約条件が等号で成立することに留意し，(A4)式を考慮すれば，彼の意思決定問題は

$$\max_{w_i} z_i = \pi_i = (p_1 - c)q_{i11} + (p_1 - c - t)q_{i21} + (p_2 - c)q_{i22} + (p_2 - c - t)q_{i12}$$

$$= 2\left\{ \frac{(a + 2w_i + 2w_h + 2t - 5c)(a - 3w_i + 2w_h + 2t)}{25} \right.$$

$$\left. + \frac{(a + 2w_i + 2w_h + 2t - 5c)(a - 3w_i + 2w_h - 3t)}{25} \right\}$$

と定式化される．上記の最大化問題の極大化条件より，反応関数

$$w_i(w_h) = \frac{-2a - 4w_h + 30c + t}{24}, \quad i, h = 1, 2, \text{ and } i \neq h \tag{A5}$$

が導かれる．各生産者の反応関数を連立して解けば，出荷価格

$$w^{\overline{TT}} = \frac{-2a + 30c + t}{28} = c - \frac{2(a - c) - t}{28} < c \tag{A6-1}$$

を求めることができる[a]．ここで，上付き添え字 $\overline{TT}$ は両生産者がテリトリー制を採用しない状況を示している．また，このときの小売業者 $ij$ の市場 $m$ で

の販売量,小売価格および生産者利潤は

$$q_{ijm} = \frac{6a - 6c + 11t}{28}, \text{ if } j = m$$

$$= \frac{6a - 6c - 17t}{28}, \text{ if } j \neq m \tag{A6-2}$$

$$p^{\overline{TT}} = \frac{a + 6c + 3t}{7} \tag{A6-3}$$

$$z^{\overline{TT}} = \frac{12(a-c)^2 - 12(a-c)t + 101t^2}{98} \tag{A6-4}$$

と計算される.この際留意すべきことはまず第1に,(A5)式より,生産者の出荷価格は戦略的代替関係にあるということである.また(A6-1)式から明らかなように,出荷価格は限界生産費用以下に設定され,(パラメータ $a$ の上昇という意味で)需要が増えるとき,各生産者は出荷価格を引き下げる[b].

**両生産者がテリトリー制を採用する場合**

この項では,第0段階において両生産者がテリトリー制を採用する場合について検討する.このときには,各小売業者は自らが立地する市場でのみ財を販売することになる($q_{ijm} = 0$, if $j \neq m$).各々の市場において,そこに立地する2人の小売業者の間で数量競争が行われるとすれば,それは第1章で論じた基本モデルと同じであるから,部分ゲーム完全均衡における諸変数の値は,

$$w^{TT} = \frac{-a + 6c}{5} = c - \frac{a-c}{5} < c \tag{A7-1}$$

$$p^{TT} = \frac{a + 4c}{5} \tag{A7-2}$$

$$q_{ij} = \frac{2(a-c)}{5} \tag{A7-3}$$

$$z^{TT} = \frac{4(a-c)^2}{25} \tag{A7-4}$$

---

a) 仮定 $a < 4c$ および $t < (a-c)/5$ より,$0 < w^{\overline{TT}} < c$ である.
b) すなわち,第1章の基本モデルの命題1は,1つの市場に2人の小売業者数がいる場合でも成立するのである.

と計算される[c]. ここで，上付き添え字 $TT$ は両生産者がテリトリー制を採用していることを示している．

### 一方の生産者のみがテリトリー制を採用する場合

この項では，生産者 $h$ がテリトリー制を採用し，生産者 $i$ がテリトリー制を採用しないという非対称な状況を想定する．この状況における市場 $m$ では，生産者 $h$ の1人の小売業者と生産者 $i$ の2人の小売業者が競争する．このとき，各小売業者の注文量および小売価格は

$$q_{hjm} = \frac{a - 3w_h + 2w_i + t}{4}, \quad \text{if } j = m$$
$$= 0, \quad \text{if } j \neq m \tag{A8-1}$$

$$q_{ijm} = \frac{a - 2w_i + w_h + t}{4}, \quad \text{if } j = m$$
$$= \frac{a - 2w_i + w_h - 3t}{4}, \quad \text{if } j \neq m \tag{A8-2}$$

$$p_m = \frac{a + w_h + 2w_i + t}{4} \tag{A8-3}$$

となる．

上述の小売業者の注文行動を予想する各生産者は，第1段階において，他の生産者の行動を所与として，自らの財を販売する小売業者に非負の利潤を与えるという制約のもとで，自らの利潤を最大にするように出荷価格とフランチャイズ料を設定する．制約条件が等号で成立することに留意し，（A8）式を考慮すれば，この状況における生産者の意思決定問題は，それぞれ

$$\max_{w_h} z_i = \pi_h = (p_1 - c) q_{h11} + (p_2 - c) q_{h22}$$
$$= \frac{(a + w_h + 2w_i + t - 4c)(a - 3w_h + 2w_i + t)}{8},$$

$$\max_{w_i} z_h = \pi_i = (p_1 - c) q_{i11} + (p_1 - c - t) q_{i12} + (p_2 - c) q_{i22} + (p_2 - c - t) q_{i21}$$
$$= \frac{(a + w_h + 2w_i + t - 4c)(a - 2w_i + w_h + t)}{8}$$

---

c) 仮定 $a < 4c$ より，$w^{TT} > 0$ である．

$$+ \frac{(a+w_h+2w_i-3t-4c)(a-2w_i+w_h-3t)}{8}$$

と定式化される．上記の最大化問題の極大化条件より，反応関数

$$w_h = \frac{-a-2w_i+6c-t}{3} \qquad (\text{A9-1})$$

$$w_i = c \qquad (\text{A9-2})$$

が導かれる．これらを連立して解けば，出荷価格は

$$w^{\overline{T}T} = c \qquad (\text{A10-1})$$

$$w^{T\overline{T}} = \frac{-a+4c-t}{3} \qquad (\text{A10-2})$$

となる[d]．ここで，上付き添え字 $\overline{T}T$ は非対称な状況において生産者がテリトリー制を採用していないことを，$T\overline{T}$ はテリトリー制を採用していることを示している．また，このときの小売価格および両生産者の利潤は

$$p = \frac{a+5c+t}{6} \qquad (\text{A10-3})$$

$$z^{\overline{T}T} = \frac{(a-c)^2 + t\{13t-4(a-c)\}}{9} \qquad (\text{A10-4})$$

$$z^{T\overline{T}} = \frac{(a-c+t)^2}{6} \qquad (\text{A10-5})$$

と計算される．

## 補-3　テリトリー制と経済厚生

これまでの議論を踏まえて，第0段階において各生産者がテリトリー制を採用するか否かについて検討する．各生産者の選択肢はテリトリー制を選択する

---

d) 出荷価格 $w^{T\overline{T}}$ が非負となるためには，$t<4c-a$ が必要であり，そのためには $a<4c$ でなければならない．また，$q_{ijm}(j \neq m) = (a-c-5t)/6$ が非負となるためには，$t<(a-c)/5$ でなければならない．これらより，(A2)式および(A3)の仮定が導かれる．

($T$) か,しない ($\overline{T}$) かで,それぞれの選択のもとでの生産者の利潤を比べれば

$$z^{TT} > z^{\overline{T}T}, \text{ if } \frac{t}{a-c} < \frac{10+9\sqrt{3}}{65} \fallingdotseq 0.39$$

$$z^{T\overline{T}} > z^{\overline{T}\overline{T}}, \text{ if } \frac{t}{a-c} < \frac{67+7\sqrt{159}}{254} \fallingdotseq 0.61$$

である.(A2)〜(A3)式の仮定のもとでは,$z^{TT} > z^{\overline{T}T}$ および $z^{T\overline{T}} > z^{\overline{T}\overline{T}}$ が成立する.それゆえ,次の命題が成立する.

## 【命題 A1】

(A2)〜(A3)式の仮定のもとでは,第0段階において両生産者はともにテリトリー制を採用する.

次に,両生産者がともにテリトリー制を採用する場合としない場合とを比較する.2つの場合の出荷価格,小売価格および生産者の利潤を比べれば,

$$w^{\overline{T}\overline{T}} - w^{TT} = \frac{18(a-c)+5t}{140} > 0 \tag{A11-1}$$

$$p^{\overline{T}\overline{T}} > p^{TT}, \text{ if } \frac{2(a-c)}{15} < t \tag{A11-2}$$

$$z^{TT} > z^{\overline{T}\overline{T}}, \text{ if } \frac{t}{a-c} < \frac{2(15+14\sqrt{3})}{505} \fallingdotseq 0.26 \left[ > \frac{a-c}{2} \right] \tag{A11-3}$$

を得る.すなわち,まず第1に,両生産者がともにテリトリー制を採用しているときの方が出荷価格が低く設定される((A11-1)式).また第2に,(A3)式の仮定 $t/(a-c) < 1/5$ のもとでは,生産者がともにテリトリー制を採用しているときの方が生産者利潤は多くなる((A11-3)式).そして第3に,輸送費がある程度高ければ,両生産者がテリトリー制を選択するときの方が小売価格は低くなる((A11-2)式).それゆえ,次の命題が成立する.

## 【命題 A2】

輸送費用が $2(a-c)/15 < t < (a-c)/5$ を満たすのであれば,両生産者がテリトリー制を採用している時の方が,生産者利潤および消費者厚生は大きく

なる[e]．

　この命題は，次のように説明される．チャネルの利潤や経済厚生が減少しようとも，自らの利潤が増加するのであれば，小売業者は市場間輸送を行って財を販売する．とはいえ，このような財の輸送はチャネルにとっては無駄である．テリトリー制はこの種の無駄を省くことに他ならない．実際，テリトリー制によって（輸送費用を含む）限界費用の高い小売業者を排除すれば，限界費用の低い小売業者のみが競争するので小売市場の競争は激しくなる．一方，小売業者数の減少は競争を緩和する．命題A2の想定のもとでは，後者の効果が前者を上回る．この点を確認しよう．

　いま仮に，両生産者がテリトリー制を採用するか否かにかかわらず同じ出荷価格 $w$ を設定するとしよう．このとき，テリトリー制を採用する場合の小売価格は $p^T = (a+2w)/3$，採用しない場合の小売価格は $p^{\bar{T}} = (a+4w+2t)/5$ であるから，

$$p^{\bar{T}} < p^T, \text{ if } t < \frac{a-w}{3}$$

が導かれる．すなわち，テリトリー制によって限界費用の高い小売業者を排除することからの小売価格引き下げ効果は，輸送費用が高いときの方が大きいから，輸送費用がある程度低い場合には，小売業者が減るため，テリトリー制の導入によって小売価格が高くなるのである．命題A2の想定（$t<(a-c)/5$）のもとでは上式が成立するから，仮に出荷価格が同じならば，テリトリー制の導入によって小売価格は上昇することになる．

　その結果，小売価格が高くなり，各チャネルの販売量は減少する．このことは，ライバルチャネルの販売量の減少を意味するから，自らのチャネルの残余需要は増加する．したがって，生産者は出荷価格を引き下げる．このことが小売価格を引き下げ，消費者厚生を向上させるのである．それと同時に，小売価格の低下によってチャネルの利潤は減少する．そうであるにもかかわらず，テ

---

e) 輸送費用が高ければ（$t>(a-c)/5$），テリトリー制を導入しなくても，小売業者は財を輸送しない．

リトリー制の導入によって生産者の利潤が増えるのは,無駄な市場間輸送が排除されるからである.

## 補-4 結 び

この補論では,第9章のモデルに財の輸送費用を導入し,テリトリー制の採否およびそのことが消費者厚生や経済厚生に及ぼす効果を検討した.生産者がフランチャイズ料を徴収する場合,両生産者はともにテリトリー制を採用する.このときの生産者の利潤および小売価格は(A7-4)および(A7-2)式で与えられる.仮にテリトリー制が禁止されているならば,生産者の利潤および小売価格は(A6-4)および(A6-3)式で与えられる.これら2つの状況を比較すれば,まず第1に,生産者はテリトリー制を採用することによって多くの利潤を得ることができる.また,輸送費用が低いときには,小売価格はテリトリー制を採用しないときの方が低い(それゆえ消費者厚生や経済厚生は大きい)が,ある程度輸送費用が高い場合には,テリトリー制のもとでの小売価格の方が低くなる.このときには,テリトリー制の導入によって,生産者余剰も消費者余剰も増加するという意味でパレート改善がなされるのである.

これらのことは,次のように説明される.テリトリー制のもとでは,小売業者による市場間での財の輸送が禁止されるため,各々の市場で販売する小売業者数が減少する.その結果,この補論の想定のもとでは,小売市場の競争が緩和される.この状況で,(フランチャイズ料を徴収可能な)生産者は,チャネルの利潤を増やすために出荷価格を引き下げる.このことと限界費用の高い小売業者が排除されることが,小売価格を引き下げる要因である.他方,小売業者数の減少は小売価格を引き上げる効果を持つ.これら3つの効果が複合され,輸送費用がある程度高いときには,テリトリー制の下での小売価格が,テリトリー制を採用しない場合よりも低くなるのである.このことは,小売価格と逆順関係にある生産者(またはチャネル)の利潤を減らす.他方,市場間での無駄な輸送を禁止すれば,チャネルの利潤は増加する.そして,後者の効果が前者を上回るため,生産者の利潤が増えるのである.

また鈴木・成生(近刊)は,チャネル間で価格―価格競争が行われる状況で,生産者がフランチャイズ料を徴収するか否か,およびテリトリー制を導入する

か否かを選択する場合，彼らはフランチャイズ料を徴収してテリトリー制を導入するという結果を導いている．それと同時に，フランチャイズ料が徴収されるか否かにかかわらず，テリトリー制の導入によって経済厚生が悪化すると論じている[f]．また，第9章で論じたように，チャネル間で価格－数量競争が行われる場合でも，テリトリー制の導入によって小売市場の競争は緩和され，経済厚生は悪化する．したがって，チャネル間競争を活発にするという観点からは，テリトリー制は望ましくないことになる．

確かに，この補論のモデルでも，テリトリー制の導入によって小売市場の競争は緩和されるが，生産者が出荷価格を低く設定する（その意味で，チャネル間競争は激しくなっている）ため，輸送費用がある程度高い場合には小売価格も低くなるし，無駄な輸送が排除されるため生産者利潤は増加している．このように，輸送費用を考慮した場合には，無駄な輸送を排除する（単一チャネルの効率性の向上）という点で，テリトリー制は経済厚生を向上させる効果を持っている．新聞や乳酸飲料など，テリトリー制が導入されている商品分野では宅配コストが大きいことを考慮すれば，独占禁止法上，テリトリー制を禁止するか否かを判断する際には，チャネル間競争への影響と同時に，チャネルの効率的運営への効果を検討する必要がある．

---

f) Rey and Stiglitz（1995），Dobson and Waterson（1996）や Mycielski et al.（2000）なども，価格－価格競争のもとでは，テリトリー制の導入によって経済厚生が悪化すると論じている．この点については第7章を参照のこと．

# 第10章

# 経路選択

## 1 はじめに

　生産者が消費者に財を直接販売することは稀で，多くの場合，その過程には流通業者（小売業者）が介在する．ある場合には，生産者は特定の小売業者にのみ財の販売を委ねるし（閉鎖的流通経路：以下では「閉鎖経路」と略す），他の場合には，販売を希望するすべての小売業者を介して財を販売する（開放的流通経路：以下では「開放経路」と略す）．

　このような経路選択について丸山（1991, 1992）は，生産者間および小売業者間のいずれの段階においても価格競争が行われる状況を想定し，生産者がフランチャイズ料を徴収しない場合，財がある程度同質的であれば，閉鎖経路が優越戦略として選択されると主張している．また成生（1994）は，フランチャイズ料が徴収される状況では閉鎖経路が優越戦略となり，フランチャイズ料が徴収されない状況で財が十分に差別化されていれば，両生産者は開放経路を選択すると述べている．というのは，閉鎖経路のもとでは二重マージンが生じ，小売価格が高くなって販売量が大きく減少するからである．これにたいして開放経路のもとでは，複数の小売業者が同じ財を販売する結果，彼らの価格支配力はなくなり，二重マージンは生じない．もっとも，フランチャイズ料が徴収されない場合には，小売業者の利益を回収できないため，生産者の利益は少なくなる[1]．

---

[1] チャネル間で価格—価格競争が行われる状況での生産者による経路選択については，第7章の5節を参照のこと．

これらの先行研究を踏まえて，この章ではチャネル間で価格―数量競争が行われる状況における生産者による流通経路の選択について検討する．ここで考慮すべきことは，開放経路のもとで多数の小売業者が同じ生産者の財を販売するのであれば，彼らの間で数量競争が行われるとしても，小売価格は出荷価格に近似するということである（クールノーの極限定理）．この状況では，チャネル間で価格―価格競争が行われる場合との差異は無くなってしまう（いずれの競争においても，小売価格＝出荷価格の条件のもとで，各生産者は出荷価格を設定する）．この章では，価格―価格競争との違いを強調するために，小売業者がある程度の価格支配力を持つものとする．そのために，潜在的には多数の競争的小売業者が存在するが，財を販売するためには一定額の投資が必要で，市場に参入できる小売業者は2人のみであるとする[2]．もっとも，この種の固定的な投資は，小売業者による注文量の設定には影響を及ぼさないから，以下の分析では明示的に扱われない．

　この章の主な結論は，まず第1に，生産者が小売業者から（出荷代金に加えて）フランチャイズ料を徴収する場合には，両生産者は閉鎖経路を選択するというものである．またフランチャイズ料を徴収しない場合には，財がある程度差別化されていれば両生産者は開放経路を選択し，十分に同質的であれば閉鎖経路を選択する．さらに，フランチャイズ料を徴収するか否かを選択できるのであれば，両生産者はフランチャイズ料を徴収して閉鎖経路を選択する．

　以下の構成は次のとおりである．まず次節ではモデルを提示する．3節では生産者が小売業者からフランチャイズ料を徴収しない状況を，4節では生産者がフランチャイズ料を徴収する状況を分析する．5節では，フランチャイズ料を徴収するか否かを内生的に扱うことで，経路選択について総合的に検討する．6節は要約である．

---

[2] Mauleon et al. (2011) はチャネル間で価格―数量競争が行われる状況において，生産者と小売業者のネットワーク構築を論じているが，そこでは小売業者数が外生的に所与とされているため，小売業者が少ない場合には，彼らはある程度の交渉力を持ち，正の利潤を得ている．これにたいしてこの章では，小売市場は競争的であり，生産者が100％の交渉力を持っている．

## 2 経路選択分析のためのモデル

　差別化された財を供給する2人の生産者 ($i=1,2$) と2人の小売業者 ($j=1,2$) が存在し,生産者 $i$ によって生産された財 $i$ は小売業者を介して消費者に販売されるとする.財 $i$ にたいする市場の逆需要関数は

$$p_i = a - q_i - bq_h, \quad i, h = 1, 2, \text{ and } i \neq h \tag{1}$$

で与えられる[3].ここで,$p_i$ は財 $i$ の小売価格,$q_i$ はその販売量,$a\,(>0)$ および $b\,(\in [0,1])$ はパラメータである.また,両生産者の限界(=平均)費用を $c\,(>0)$ とする.その上で,諸変数が非負となるために,

$$c < a < \frac{(2-b)(2+b)(4+b)}{b(4+2b-b^2)} c \tag{2}$$

を仮定する[4].

　この章では次のようなゲームを検討する.まず第0段階において,生産者がフランチャイズ料を徴収するか否か,および開放経路または閉鎖経路のいずれを採用するかを決める.この際,生産者が特定の1人の小売業者のみを介して財を販売する場合を閉鎖経路,すべて(2人)の小売業者に財を出荷する場合を開放経路とする.第1段階において各生産者は,ライバルの出荷価格(およびフランチャイズ料を徴収する場合にはその金額)を所与として,利潤を最大にするように出荷価格(およびフランチャイズ料)を設定する.第2段階において各小売業者は,ライバルの注文量を所与として,自らの利潤を最大にするように注文量を設定する.以下では,この3段階ゲームの部分ゲーム完全均衡を後方帰納法によって求める.

　この際,まず(第0段階における)生産者によるフランチャイズ料徴収の有無および経路選択を所与とした上で,各々の状況における2段階の部分ゲーム

---

3) 以下では,誤解が生じない限り,$i, h$ についての但し書きを省略する.
4) この条件は(19-2)式での $w_h^{FC,FO} > 0$ の条件に相当する.また $c$ の係数を $f(b)$ とすると,$f'(b) < 0$ と $f(1) = 3$ より,$f(b) > 3$ である.

を検討する．その後に，生産者による経路選択，さらにはフランチャイズ料を徴収するか否かの選択を検討することによって，第0段階を含めた3段階ゲームの部分ゲーム完全均衡を導く．

## 3 フランチャイズ料を徴収しない場合

この節では，生産者がフランチャイズ料を徴収しない状況を検討する．生産者による経路選択には，①両生産者がともに閉鎖経路を選択する，②両生産者がともに開放経路を選択する，および③一方の生産者が閉鎖経路を選択し，他方の生産者が開放経路を選択する，という3種類の状況がある（図表10-1を参照のこと）．以下では，それぞれの状況を検討した後に，経路選択について検討する．

### 3-1 閉鎖経路

両生産者が閉鎖経路を採用している状況では，生産者 $i$ ($h$) によって生産された財 $i$ ($h$) は，小売業者 $j$ ($k$) を介して消費者に販売される（$i=j, h=k$）．財 $i$ にたいする市場の逆需要関数は，(1)式より，$p_i = a - q_{ij} - bq_{hk}$ ($j,k=1,2$, and $j \neq k$) で与えられる[5]．ここで，$q_{ij}$ は小売業者 $j$ が注文して販売する財 $i$ の量である．

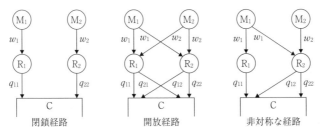

**図表 10-1** フランチャイズ料徴収なし（$(i,h)=(1,2), (j,k)=(1,2)$）の場合

---

5) 以下では，誤解が生じない限り，$j,k$ についての但し書きを省略する．

### 第2段階:小売業者による注文量の設定

第2段階において小売業者 $j$ は,生産者 $i$ が設定した出荷価格 $w_i$ およびライバル小売業者が設定する販売量 $q_{hk}$ を所与として,自らの利潤 $y_j$ を最大にするように注文量 $q_{ij}$ を設定する.このような1種類の財のみを販売する小売業者(専売業者)の意思決定問題は,

$$\max_{q_{ij}} y_j = (p_i - w_i) q_{ij} = (a - q_{ij} - bq_{hk} - w_i) q_{ij}$$

と定式化される.上記の最大化問題の極大化条件より,反応関数

$$q_{ij}(q_{hk}) = \frac{a - bq_{hk} - w_i}{2}, \quad i = j,\ h = k,\ i, h = 1, 2,\ \text{and}\ i \neq h \qquad (3)$$

が導かれる.これらを連立して解けば,小売業者 $j$ の注文量は

$$q_{ij}(\boldsymbol{w}) = \frac{(2-b)a - 2w_i + bw_h}{4 - b^2} \qquad (4\text{-}1)$$

で与えられる.ここで,$\boldsymbol{w} = (w_1, w_2)$ は出荷価格のベクトルである.また,このときの小売価格および小売業者 $j$ の利潤は,

$$p_i(\boldsymbol{w}) = a - q_{ij} - bq_{hk} = \frac{(2-b)a + (2-b^2)w_i + bw_h}{4 - b^2} \qquad (4\text{-}2)$$

$$y_j(\boldsymbol{w}) = (p - w_i) q_{ij} = \frac{\{(2-b)a - 2w_i + bw_h\}^2}{(4 - b^2)^2} \qquad (4\text{-}3)$$

と計算される.

### 第1段階:生産者による出荷価格の設定

このような小売業者の行動を予想する生産者 $i$ は,第1段階において,ライバル生産者の出荷価格 $w_h$ を所与として,自らの利潤 $\pi_i$ を最大にするように出荷価格 $w_i$ を設定する.この状況における彼の意思決定問題は,

$$\max_{w_i} \pi_i = (w_i - c) q_i = \frac{(w_i - c) \{(2-b)a - 2w_i + bw_h\}}{4 - b^2}$$

と定式化される．上記の最大化問題の極大化条件より，反応関数

$$w_i(w_h) = \frac{(2-b)a + 2c + bw_h}{4}, \quad i,h = 1,2, \text{ and } i \neq h \tag{5}$$

が導かれる．これらを連立して解けば，生産者 $i$ の出荷価格は

$$w_i^{LC,LC} = c + \frac{(2-b)(a-c)}{4-b} \tag{6}$$

で与えられる．ここで，上付き添え字のコンマの前（後）は自ら（ライバル）の取引様式で $L$ は線形価格制，$F$ は二部料金制，$C$ は閉鎖経路，$O$ は開放経路を示す．また，このときの財 $i$ の販売量，小売価格，小売業者 $j$ および生産者 $i$ の利潤などの諸変数の値は，図表 10-2 の第 1 列にまとめられる．

## 3-2 開放経路

両生産者が開放経路を採用する状況では，生産者 $i$ によって生産された財 $i$ は，小売業者 $j$ および $k$ を介して消費者に販売される．この状況における財 $i$ の逆需要関数は，(1) 式より，$p_i = a - (q_{ij} + q_{ik}) - b(q_{hj} + q_{hk})$ で与えられる $(j, k = 1, 2, \text{ and } j \neq k)$．

### 第 2 段階：小売業者による注文量の設定

第 2 段階において小売業者 $j$ は，各生産者が設定した出荷価格 $w_i, w_h$ およびライバル小売業者が設定する販売量 $q_{ik}, q_{hk}$ を所与として，自らの利潤 $y_j$ を最大にするように注文量 $q_{ij}, q_{hj}$ を設定する．このような 2 種類の財を併売する小売業者（併売業者）の意思決定問題は，

$$\max_{q_{ij}, q_{hj}} y_j = (p_i - w_i)q_{ij} + (p_h - w_h)q_{hj}$$

$$= \{a - (q_{ij} + q_{ik}) - b(q_{hj} + q_{hk}) - w_i\}q_{ij} + \{a - (q_{hj} + q_{hk}) - b(q_{ij} + q_{ik}) - w_h\}q_{hj}$$

と定式化される．ここで，同じ生産者の出荷価格は両小売業者にとって共通であるから，対称性 $(q_{ij} = q_{ik}, q_{hj} = q_{hk})$ が成立することに留意すれば，上記の最大化問題の極大化条件は

|  | $LC$ vs $LC$ | $LC$ vs $LO$ | | $LO$ vs $LO$ |
|---|---|---|---|---|
|  |  | $LC$ | $LO$ |  |
| $q_{ij}, q_{hj}$ | $\dfrac{2}{D_C}$ | $\dfrac{8+4b-b^2}{2(1+b)D_A}$ | $\dfrac{16-2b-10b^2-b^3}{6(1+b)D_A}$ | $\dfrac{2}{3(1+b)D_O}$ |
| $q_{hk}$ |  | $0$ | $\dfrac{8+3b-2b^2}{3D_A}$ |  |
| $p_i-c$ | $\dfrac{6-b^2}{D_C}$ | $\dfrac{72-20b-39b^2+5b^3}{6D_A}$ | $\dfrac{32-6b-17b^2}{3D_A}$ | $\dfrac{4-3b}{3D_O}$ |
| $y_{ij}, y_{hj}$ | $\dfrac{4}{D_C^2}$ | $\dfrac{(8+4b-b^2)(24+4b-9b^2-b^3)}{12(1+b)D_A^2}$ | $\dfrac{(8+3b-2b^2)(16-2b-10b^2-b^3)}{18(1+b)D_A^2}$ | $\dfrac{2}{9(1+b)D_O^2}$ |
| $y_{hk}$ |  | $0$ | $\dfrac{(8+3b-2b^2)^2}{9D_A^2}$ |  |
| $\pi_i$ | $\dfrac{2(2-b)}{(4-b)D_C}$ | $\dfrac{(1-b)(8+4b-b^2)^2}{2(1+b)D_A^2}$ | $\dfrac{(1-b)(2-b)(2+b)(8+5b)^2}{6(1+b)D_A^2}$ | $\dfrac{2(1-b)}{3(1+b)D_O^2}$ |
| $CS$ | $\dfrac{4(1+b)}{D_C^2}$ | $\dfrac{1600+1792b-176b^2-632b^3-47b^4+55b^5}{72(1+b)D_A^2}$ | | $\dfrac{4}{9(1+b)D_O^2}$ |
| $SS$ | $\dfrac{4(7+b-b^2)}{D_C^2}$ | $\dfrac{9152+4352b-6640b^2-3016b^3+971b^4+365b^5}{72(1+b)D_A^2}$ | | $\dfrac{4(5-3b)}{9(1+b)D_O^2}$ |

表中の値のうち,$q_i, p_i-c$ は $(a-c)$ の係数を表し,$y_i, \pi_i, CS, SS$ は $(a-c)^2$ の係数を表している.また $D_C \equiv (4-b)(2+b)$, $D_A \equiv 16-7b^2$, $D_O \equiv 2-b$ である.

**図表 10-2** 両生産者がフランチャイズ料を徴収しない場合の均衡解

$$\frac{\partial y_j}{\partial q_{ij}} = a - 3q_{ij} - 3bq_{hj} - w_i = 0$$

$$\frac{\partial y_j}{\partial q_{hj}} = a - 3q_{hj} - 3bq_{ij} - w_h = 0$$

である.これを連立して解けば,各小売業者の財 $i$ の注文量は

$$q_{ij}(\boldsymbol{w}) = q_{ik}(\boldsymbol{w}) = \frac{(1-b)a - w_i + bw_h}{3(1-b^2)} \tag{7-1}$$

で与えられる.また,このときの小売価格および小売業者 $j$ の利潤は,

$$p_i(\boldsymbol{w}) = \frac{a + 2w_i}{3} \tag{7-2}$$

$$y_j(\boldsymbol{w}) = \frac{2a(1-b)(a-w_i-w_h) + w_i^2 - 2bw_iw_h + w_h^2}{9(1-b^2)} \tag{7-3}$$

と計算される．

**第1段階：生産者による出荷価格の設定**

このような小売業者の行動を予想する生産者$i$は，第1段階において，ライバル生産者の出荷価格$w_h$を所与として，自らの利潤$\pi_i$を最大にするように出荷価格$w_i$を設定する．このときの彼の意思決定問題は

$$\max_{w_i} \pi_i = (w_i - c)(q_{ij} + q_{ik}) = \frac{2(w_i - c)\{(1-b)a - w_i + bw_h\}}{3(1-b^2)}$$

と定式化される．上記の最大化問題の極大化条件より，反応関数

$$w_i(w_h) = \frac{(1-b)a + c + bw_h}{2}, \quad i,h = 1,2, \text{ and } i \neq h \tag{8}$$

が導かれる．したがって，生産者$i$の出荷価格は

$$w_i^{LO,LO} = c + \frac{(1-b)(a-c)}{2-b} \tag{9}$$

で与えられる．この時の諸変数の値は図表10-2の第4列にまとめられる．

## 3-3 非対称な経路

この項では，生産者$i$が開放経路を，生産者$h$が閉鎖経路を選択する状況を想定する．この状況で，財$i$は両小売業者を介して消費者に販売され，財$h$は小売業者$k$のみを介して消費者に販売される．この場合，各財にたいする逆需要関数は，

$$p_i = a - q_i - bq_h = a - (q_{ij} + q_{ik}) - bq_{hk},$$
$$p_h = a - q_h - bq_i = a - q_{hk} - b(q_{ij} + q_{ik})$$

で与えられる（$h = k, j, k = 1, 2, \text{ and } j \neq k$）．

### 第2段階:小売業者による注文量の設定

第2段階において小売業者 $j$ は,各生産者が設定した出荷価格 $w_i, w_h$ およびライバル小売業者が設定する販売量 $q_{ik}, q_{hk}$ を所与として,自らの利潤 $y_j$ を最大にするように注文量 $q_{ij}$ を設定する.同様に小売業者 $k$ は,ライバル小売業者が設定する販売量 $q_{ij}$ を所与として,自らの利潤 $y_k$ を最大にするように注文量 $q_{ik}, q_{hk}$ を設定する.彼らの意思決定問題は,それぞれ

$$\max_{q_{ij}} y_j = \{a - (q_{ij} + q_{ik}) - bq_{hk} - w_i\} q_{ij},$$

$$\max_{q_{ik}, q_{hk}} y_k = \{a - (q_{ij} + q_{ik}) - bq_{hk} - w_i\} q_{ik} + \{a - q_{hk} - b(q_{ij} + q_{ik}) - w_h\} q_{hk}$$

と定式化される.これらの極大化条件より,反応関数

$$q_{ij}(q_{ik}, q_{hk}) = \frac{a - q_{ik} - bq_{hk} - w_i}{2} \tag{10-1}$$

$$q_{ik}(q_{ij}) = \frac{(1-b)a - (1-b^2)q_{ij} - w_i + bw_h}{2(1-b^2)} \tag{10-2}$$

$$q_{hk}(\boldsymbol{w}) = \frac{(1-b)a + bw_i - w_h}{2(1-b^2)} \tag{10-3}$$

が導かれる.そして,上式を連立して解けば,各小売業者の注文量は

$$q_{ij}(\boldsymbol{w}) = \frac{a - w_i}{3} \tag{11-1}$$

$$q_{ik}(\boldsymbol{w}) = \frac{(2+b^2)(a-w_i) - 3b(a-w_h)}{6(1-b^2)} \tag{11-2}$$

$$q_{hk}(\boldsymbol{w}) = \frac{a - w_h - b(a - w_i)}{2(1-b^2)} \tag{11-3}$$

で与えられる.また,このときの小売価格および小売業者の利潤は,

$$p_i = \frac{a + 2w_i}{3} \tag{11-4}$$

$$p_h = \frac{(3-b)a + bw_i + 3w_h}{6} \tag{11-5}$$

$$y_j = \frac{(a-w_i)^2}{9} \tag{11-6}$$

$$y_{ik} = \frac{(a-w_i)\{(2+b^2)(a-w_i) - 3b(a-w_h)\}}{18(1-b^2)} \tag{11-7}$$

$$y_{hk} = \frac{\{3(a-w_h) - b(a-w_i)\}\{a-w_h - b(a-w_i)\}}{12(1-b^2)} \tag{11-8}$$

と計算される．ここで，$y_{ik}$ は小売業者 $k$ が財 $i$ の販売から得る利潤である．

### 第1段階：生産者による出荷価格の設定

このような小売業者の行動を予想する生産者 $i$ は，第1段階において，ライバル生産者の出荷価格 $w_h$ を所与として，自らの利潤 $\pi_i$ を最大にするように出荷価格 $w_i$ を設定する．この場合の各生産者の意思決定問題は，それぞれ

$$\max_{w_i} \pi_i = \frac{(w_i-c)\{(4-b^2)(a-w_i) - 3b(a-w_h)\}}{6(1-b^2)},$$

$$\max_{w_h} \pi_h = \frac{(w_h-c)\{a-w_h - b(a-w_i)\}}{2(1-b^2)}$$

と定式化される．各生産者の利潤極大化条件より，反応関数

$$w_i(w_h) = \frac{a+c}{2} - \frac{3b(a-w_h)}{2(4-b^2)} \tag{12-1}$$

$$w_h(w_i) = \frac{a+c-b(a-w_i)}{2} \tag{12-2}$$

が導かれる．上式を連立して解けば，各生産者の出荷価格は

$$w_i^{LO,LC} = c + \frac{(1-b)(8+5b)(a-c)}{16-7b^2} \tag{13-1}$$

$$w_h^{LC,LO} = c + \frac{(1-b)(8+4b-b^2)(a-c)}{16-7b^2} \quad (<w_i^{LO,LC}) \tag{13-2}$$

で与えられる．また，このときの諸変数の値は図表10-2の第2列と第3列にまとめられている．

## 3-4 閉鎖経路と開放経路の選択

この項では，第0段階における生産者による経路選択を検討する．これまで，それぞれの経路選択の状況における生産者の利潤を求めてきたが，それらを比べてみよう．いま，

$$B_1^N \underset{\text{def}}{\equiv} \{b : \pi^{LO,LO}(b) = \pi^{LC,LO}(b)\} \fallingdotseq 0.909$$

$$B_2^N \underset{\text{def}}{\equiv} \{b : \pi^{LC,LC}(b) = \pi^{LO,LC}(b)\} \fallingdotseq 0.682$$

と定義すれば，

$$\pi^{LO,LO} \gtreqless \pi^{LC,LO}, \quad \text{iff} \quad b \lesseqgtr B_1^N$$

$$\pi^{LC,LC} \lesseqgtr \pi^{LO,LC}, \quad \text{iff} \quad b \lesseqgtr B_2^N$$

が成立する．したがって，生産者による経路選択は

$$0 < b < B_2^N \quad \Rightarrow \quad (開放，開放)$$
$$B_2^N < b < B_1^N \quad \Rightarrow \quad (開放，開放) \text{ or } (閉鎖，閉鎖)$$
$$B_1^N < b < 1 \quad \Rightarrow \quad (閉鎖，閉鎖)$$

となる[6]．それゆえ，次の命題1が導かれる．

### 【命題1】

複占チャネル間で価格―数量競争が行われる状況で，フランチャイズ料が徴収されない場合，財がある程度差別化されていれば両生産者は開放経路を選択し，財が十分に同質的であれば両生産者は閉鎖経路を選択する．その間の領域では，両生産者が開放経路を選択する状態と閉鎖経路を選択する状態のどちらも均衡として起こり得る．

---

[6] また，$B_3^N \underset{\text{def}}{\equiv} \{b : \pi^{LO,LO}(b) = \pi^{LC,LC}(b)\} \fallingdotseq 0.510$ と定義すれば，$\pi^{LO,LO} \gtreqless \pi^{LC,LC}$, iff $b \lesseqgtr B_3^N$ であるから，$B_3^N < b < B_2^N$ における（開放，開放）の均衡では囚人のディレンマが生じている．さらに，$\pi^{LC,LC} > \pi^{LC,LO}$ および $\pi^{LO,LO} < \pi^{LO,LC}$ であるから，一方の生産者が開放経路を選択すれば，他方の生産者の利潤は少なくなる．

この命題は，次のように説明される．いま，財が差別化されていない状況で，両生産者が閉鎖経路を選択している（均衡）状態から，生産者 $i$ が開放経路へと逸脱するとしよう．（出荷価格などの）他の条件を一定とすれば，このことによって小売業者 $k$ は，（財 $h$ とともに）新たに財 $i$ も販売する併売業者となる．このような財 $i$ を販売する小売業者の増加は，財 $i$ の市場への供給量を増やす（新販路効果）．もっとも，この小売業者 $k$ は併売業者であるから，高い価格で販売するために，各財の注文量を減らそうとする誘因を持っている（併売効果）[7]．実際，小売業者 $k$ が専売業者として財 $h$ のみを販売する場合には，その供給量を減らして財 $i$ の需要を上方へシフトさせても，その恩恵を受けるのは財 $i$ を販売する小売業者 $j$ のみである．小売業者 $k$ も併売業者として財 $i$ を販売する場合には，彼自身も財 $i$ の需要増の恩恵を享受することができる．この併売効果ゆえに，小売業者 $k$ のみが販売する財 $h$ の供給量は減少する．このことは財 $i$ の需要関数を上方へシフトさせる効果を持つから（代替効果），両小売業者による財 $i$ の供給を増やす効果を持つ．この効果は，財の差別化の程度に依存し，同質的であるほど大きい．逆に，完全に差別化されている場合には，一方の財の供給量の変化は他方の財の需要に影響を及ぼさない．さらに，財 $i$ のみを販売する小売業者 $j$ にとって，ライバル小売業者 $k$ による財 $i$ の供給は，自らの残余需要を減らすから，彼の供給量は減少する（ライバル出現効果）．以上のことを踏まえれば，財が完全に独立でなければ，併売効果ゆえに財 $h$ の供給量は減少する．一方，新販路効果とライバル出現効果を比べれば前者の方が大きく，さらに代替効果が加わるため，財 $i$ の供給量は増えることになる．

このことを予想する生産者 $i$ は，ライバルの出荷価格を一定とすれば，第 1 段階において自らの出荷価格を引き上げる方向で調整しようとする．一方，供給量が少なくなる生産者 $h$ は出荷価格を引き下げる方向で調整する．この調整幅は後者の方が大きい．

このようなライバル生産者 $h$ の出荷価格の引き下げを予想する生産者 $i$ は，戦略的補完関係にある自らの出荷価格を引き下げる．そして，戦略的相互依存

---

[7] このような併売効果については Bernheim and Whinston (1985) や Choi (1991) などを参照のこと．

関係（出荷価格の引き下げ競争）を介して，両者の出荷価格は（両者が閉鎖経路を選択する）均衡と比べて低くなる．フランチャイズ料が徴収されない場合，生産者の利潤は生産者マージン（＝出荷価格－限界費用）に供給量を乗じた額であり，生産者 $i$ の出荷価格の下落が供給量の増加を上回るため，彼の利潤は少なくなる．それゆえ，生産者 $i$ は均衡から逸脱しないのである．

逆に，財が十分に差別化されている状況で，両者が開放経路を選択している（均衡）状態から，生産者 $h$ が閉鎖経路へと逸脱するとしよう．（出荷価格などの）他の条件を一定とすれば，このことによって，（上述した議論と同様に）他の条件を一定とすれば，財 $i$ の供給量は増加し，財 $h$ の供給量は減少する．このことを予想する生産者 $i$ は，第1段階において，ライバルの出荷価格を一定とすれば，出荷価格を引き上げる方向で調整する．一方，供給量が少なくなる生産者 $h$ は出荷価格を引き下げる方向で調整する．この調整幅は前者の方が大きく，戦略的相互依存関係の結果，両者の出荷価格は（両者が開放経路を選択する均衡と比べて）高くなる．このことが，小売業者の財 $h$ の注文量を大きく減らし，出荷価格上昇の効果を相殺するため，生産者 $h$ の利潤は少なくなる．それゆえ，生産者 $h$ は均衡から逸脱しないのである．

最後に，第0段階における生産者の行動に触れておこう．両生産者はモデルの構造を知り，固定費用ゆえに高々2人の小売業者しか参入できないことを予想する．いま，彼らが開放経路を選択するのであれば，彼らは出荷価格 $w^{LO,LO}$ を記した販売契約を，競争的な小売業者にたいして take it or leave it の形で提示する．このときには，固定費用ゆえに，2人の小売業者のみがこの契約を結ぶことになる．また，各生産者が閉鎖経路を選択する場合には，出荷価格 $w^{LC,LC}$ と（自社製品を販売する場合には他社製品の販売を禁止するという）専売条項を記した契約を競争的な小売業者にたいして take it or leave it の形で提示すれば，彼らの各々は1人の小売業者と契約を結ぶことになる．

## 4 フランチャイズ料を徴収する場合

この節では，第1段階において生産者が，出荷価格のみならず，小売業者から徴収するフランチャイズ料をも設定する状況について検討する．

## 4-1 閉鎖経路

まずはじめに両生産者が閉鎖経路を選択している状況を検討する．第2段階における小売業者の意思決定は，固定的なフランチャイズ料には依存しないから，3-1項と同様，各小売業者の注文量は(4-1)式で与えられる．

### 第1段階：生産者による出荷価格とフランチャイズ料の設定

このような小売業者の行動を予想する生産者 $i$ は，第1段階において，ライバル生産者の出荷価格 $w_h$ を所与として，小売業者の利潤を非負にするという制約のもとで，自らの利潤 $\pi_i$ を最大にするように出荷価格 $w_i$ とフランチャイズ料 $F_i$ を設定する．この生産者の意思決定問題は

$$\max_{w_i, F_i} \pi_i = (w_i - c)q_i + F_i, \quad \text{s.t.} \quad y_j = \frac{\{(2-b)a - 2w_i + bw_h\}^2}{(4-b^2)^2} - F_i \geq 0$$

と定式化される．制約条件式が等号で成立することに留意すれば，上記の制約条件付き最大化問題は，制約条件の付かない

$$\max_{w_i} z_i = \pi_i = \frac{(w_i - c)\{(2-b)a - 2w_i + bw_h\}}{4 - b^2} + \frac{\{(2-b)a - 2w_i + bw_h\}^2}{(4-b^2)^2}$$

へと改められる．この極大化条件より，反応関数

$$w_i(w_h) = \frac{-b^2(2-b)a - b^3 w_h + 2(4-b^2)c}{4(2-b^2)}, \quad i = 1, 2, \text{ and } i \neq h \tag{14}$$

が導かれる．これらの反応関数を連立して解けば，生産者 $i$ の出荷価格は

$$w_i^{FC,FC} = c - \frac{b^2(a-c)}{4 + 2b - b^2} \tag{15}$$

で与えられる．このときの諸変数の値は図表10-3の第1列にまとめられる．

ここで留意すべきことは，まず第1に，(14)式より出荷価格が戦略的代替関係にあるということである．また(15)式より，出荷価格は限界生産費用以下に設定されている．さらに，（$a$ が大きくなるという意味で）需要が増えると，生

| | FC vs FC | FC vs FO | | FO vs FO |
| --- | --- | --- | --- | --- |
| | | FC | FO | |
| $w_i - c$ | $-\dfrac{b^2}{D_C}$ | $-\dfrac{b(4+2b-b^2)}{2D_A}$ | $\dfrac{4-6b-3b^2}{2D_A}$ | $\dfrac{1-2b}{2D_O}$ |
| $q_{ij}, q_{hj}$ | $\dfrac{2}{D_C}$ | $\dfrac{8+4b-b^2}{2(1+b)D_A}$ | $\dfrac{4-2b-3b^2}{2(1+b)D_A}$ | $\dfrac{1}{(1+b)D_O}$ |
| $q_{hk}$ | | $0$ | $\dfrac{4+2b-b^2}{2D_A}$ | |
| $p_i - c$ | $\dfrac{2-b^2}{D_C}$ | $\dfrac{(1-b)(8+4b-b^2)}{2D_A}$ | $\dfrac{2(2-b-b^2)}{D_A}$ | $\dfrac{1-b}{D_O}$ |
| $F_{ij}, F_{hj}$ | $\dfrac{4}{D_C^2}$ | $\dfrac{8+4b-b^2}{4(1+b)D_A}$ | $\dfrac{(4+2b-b^2)^2}{4D_A^2}$ | $0$ |
| $\pi_i(z_i)$ | $\dfrac{2(2-b^2)}{D_C^2}$ | $\dfrac{(1-b)(8+4b-b^2)^2}{4(1+b)D_A^2}$ | $\dfrac{(1-b)(2-b)(2+b)^3}{(1+b)D_A^2}$ | $\dfrac{1-b}{(1+b)D_O^2}$ |
| $CS$ | $\dfrac{4(1+b)}{D_C^2}$ | $\dfrac{128+128b-16b^2-40b^3-3b^4+3b^5}{8(1+b)D_A^2}$ | | $\dfrac{1}{(1+b)D_O^2}$ |
| $SS$ | $\dfrac{4(3+b-b^2)}{D_C^2}$ | $\dfrac{384+128b-272b^2-88b^3-39b^4+9b^5}{8(1+b)D_A^2}$ | | $\dfrac{3-2b}{(1+b)D_O^2}$ |

表中の値のうち,$w_i-c, q_i, p_i-c$ は $(a-c)$ の係数を表し,$F_i, \pi_i(z_i), CS, SS$ は $(a-c)^2$ の係数を表している.また $D_C \equiv 4+2b-b^2$, $D_A \equiv 8-3b^2$, $D_O \equiv 2-b$ である.ただし $B^F = 0.868 < b < 1$ の範囲では,$FC$ vs $FO$ の解は $FC$ vs $FC$ の解と一致する.

**図表 10-3** 両生産者がフランチャイズ料を徴収する場合の均衡解

産者は出荷価格を引き下げる[8].

### 4-2 開放経路

次に,両生産者が開放経路を選択しているとする.この状況における小売業者の意思決定は 3-2 項と同様であり,彼らの注文量は(7-1)式で与えられる.

**第1段階:生産者による出荷価格とフランチャイズ料の設定**

第1段階において生産者 $i$ は,ライバルの出荷価格を所与として,財 $i$ を販売することからの各小売業者の利潤を非負にするという制約のもとで,自らの

---

[8] この点については,第1章の命題1を参照のこと.

利潤を最大にするように出荷価格とフランチャイズ料を設定する．この意思決定問題は，制約条件式が等号で成立することに留意すれば，

$$\max_{w_i} z_i = (p_i - c)(q_{ij} + q_{ik}) = \frac{2(a - 3c + 2w_i)\{(1-b)a - w_i + bw_h\}}{9(1-b)(1+b)}$$

と定式化される．上記の最大化問題の極大化条件より，反応関数

$$w_i(w_h) = \frac{(1-2b)a + 3c + 2bw_h}{4}, \quad i = 1, 2, \text{ and } i \neq h \tag{16}$$

が導かれる．これらの反応関数を連立して解けば，生産者 $i$ の出荷価格は

$$w_i^{FO,FO} = c + \frac{(1-2b)(a-c)}{2(2-b)} \tag{17}$$

で与えられる[9]．このときの諸変数の値は図表10-3の第4列にまとめられている．

## 4-3 非対称な経路

この項では，生産者 $i$ が開放経路を，生産者 $h$ が閉鎖経路を選択している状況を検討する．この状況における小売業者の意思決定は3-3項と同様であり，彼らの注文量は(11)式で与えられる．

### 第1段階：生産者による出荷価格とフランチャイズ料の設定

第1段階において生産者 $i$ は，ライバル生産者の出荷価格 $w_h$ を所与として，小売業者 $j, k$ が財 $i$ を販売することからの利潤を非負にするという制約のもとで，自らの利潤 $\pi_i$ を最大にするように出荷価格 $w_i$ とフランチャイズ料 $F_{ij}, F_{ik}$ を設定する．ここでも，制約条件式が等号で成立することに留意すれば[10]，各

---

[9] $b > 1/2$ の場合には，需要が増えるとき，生産者は出荷価格を引き下げる．
[10] 小売業者の利益をすべて回収するために，生産者は専売業者と併売業者に異なるフランチャイズ料を設定する必要がある（$F_{ij} \neq F_{ik}$）．図表10-3ではこの2つの和を示している．

生産者の意思決定問題は

$$\max_{w_i} z_i = (p_i - c)(q_{ij} + q_{ik}) = \frac{(a - 3c + 2w_i)\{(1-b)(4+b)a - (4-b^2)w_i + 3bw_h\}}{18(1-b^2)},$$

$$\max_{w_h} z_h = (p_h - c)q_h = \frac{\{(3-b)a - 6c + bw_i + 3w_h\}\{(1-b)a + bw_i - w_h\}}{12(1-b^2)}$$

と定式化される．上記の最大化問題の極大化条件より，反応関数

$$w_i(w_h) = \frac{a + 3c}{4} - \frac{3b(a - w_h)}{2(4-b^2)} \tag{18-1}$$

$$w_h(w_i) = c - \frac{b(a - w_i)}{3} \tag{18-2}$$

が導かれる．これらの反応関数を連立して解けば，各生産者の出荷価格は

$$w_i^{FO,FC} = c + \frac{(4 - 6b - 3b^2)(a - c)}{2(8 - 3b^2)} \tag{19-1}$$

$$w_h^{FC,FO} = c - \frac{b(4 + 2b - b^2)(a - c)}{2(8 - 3b^2)} < c \tag{19-2}$$

で与えられる[11]．このときの諸変数の値は，図表10-3の第2列と第3列にまとめられている．

ただし，$q_{ik} \geq 0$ となるのは $0 < b < (-1 + \sqrt{13})/3 = B^F \fallingdotseq 0.868$ の範囲であり，$B^F < b$ の範囲では，併売業者が開放経路を採る生産者 $i$ の財の販売量をゼロにするため，生産者 $i$ は開放経路を選択しているが，実質的には閉鎖経路を採用していることになる．したがって，諸変数の値も，両生産者が閉鎖経路を選択する4-1項の値と一致する．

## 4-4 経路の選択

この項では，第0段階における生産者による経路選択を検討する．これまでに求めてきた，それぞれの経路選択の状況における生産者の利潤を比べてみよ

---

[11] $b > (-3 + \sqrt{21})/3 \fallingdotseq 0.528$ の場合，$w_i^{FO,FC}$（$> w_h^{FC,FO}$）は限界費用 $c$ を下回る．

う．いま，$b > B^F$ では，$z^{FO,FC} = z^{FC,FO} = z^{FC,FC}$ となることに留意すれば，

$z^{FC,FC} \geq z^{FO,FC}$, and $z^{FC,FO} \geq z^{FO,FO}$, if $0 < b < B^F$

$z^{FC,FC} = z^{FO,FC}$, and $z^{FC,FO}(= z^{FC,FC}) \geq z^{FO,FO}$, if $B^F < b < 1$

が成り立つ．それゆえ，次の命題が導かれる．

**【命題2】**

複占チャネル間で価格―数量競争が行われる状況で，フランチャイズ料が徴収される場合，両生産者は閉鎖経路を選択する．

この命題は，次のように説明される．いま，両生産者が閉鎖経路を選択している（均衡）状態から，生産者 $i$ が開放経路へと逸脱するとしよう．（出荷価格などの）他の条件を一定とすれば，このことは，（命題1の説明の前半部分と同様に）財 $h$ の供給量を減らし，財 $i$ の供給量を増やす効果を持つ．

このことを予想する生産者は，第1段階において出荷価格を設定するのであるが，その際留意すべきことは，フランチャイズ料を徴収する場合には，生産者の利潤はチャネルの利潤と一致するということである．そして，チャネルの利潤はチャネルのマージン（＝小売価格－限界費用）に供給量を乗じた額である．したがって生産者は，適切な小売価格（出荷価格の増加関数）が実現するように出荷価格を設定することになる．

この状況で，第2段階の供給量の増加を予想する生産者 $i$ は，高い小売価格を設定させるために出荷価格を引き上げる方向で調整する．逆に，生産者 $h$ は出荷価格を引き下げる方向で調整する．そして，戦略的相互依存関係を介して出荷価格が決まるのであるが，ここで留意すべきことは，出荷価格が戦略的補完関係にあるということである（(18)式）．そのため，財が十分に差別化されていれば，財 $i$ の出荷価格は（両者が閉鎖経路を選択する）均衡よりも高く設定されるが，同質的になると価格引き下げ競争が激しくなり，出荷価格は低くなる．一方，財 $h$ の出荷価格は，差別化の程度に依存せず，均衡よりも低く設定される．財が差別化されているときには，高い出荷価格とライバルの低い出荷価格が財 $i$ の注文量を減らすため，生産者 $i$ の利潤は均衡よりも少なくなる．また，財が同質的な場合には，出荷価格の下落が小売業者の注文量を増やすために，小売価格が下落する．その結果，両生産者（チャネル）の利潤が減

少する．それゆえ，生産者 $i$ は均衡から逸脱しないのである．

最後に，第 0 段階における生産者の行動に触れておこう．閉鎖経路を選択する各生産者は，出荷価格 $w^{FC,FC}$ とフランチャイズ料（$F^{FC,FC}$ から小売業者が負担する固定費用を減じた額）を記した契約を，競争的な小売業者に対して take it or leave it の形で提示すれば，彼らの各々は 1 人の小売業者と契約を結ぶことになる．

## 5 フランチャイズ料の徴収および経路の選択

これまでは生産者がフランチャイズ料を徴収するか否かは所与とされていたが，この節では，その選択も経路選択と同時に決定する状況を想定する．第 0 段階における生産者の選択肢は，①線形価格制のもとで閉鎖経路を選択する（$LC$），②線形価格制のもとで開放経路を選択してフランチャイズ料を徴収しない（$LO$），③二部料金制のもとで閉鎖経路を選択する（$FC$），④二部料金制のもとで開放経路を選択する（$FO$）の 4 通りがあり，両生産者による選択の組み合わせは 16 通りである．このうち 8 通りの状況における第 1 段階以降の部分ゲームの均衡は既に求めているので，この節では残りの 8 通り（対称性を考慮すれば 4 通り）の状況について検討した後に，第 0 段階における生産者の選択を議論する．

### 5-1 $LC$ と $FC$ の場合

生産者 $i$ がフランチャイズ料を徴収せずに閉鎖経路を選択し（$LC$），生産者 $h$ がフランチャイズ料を徴収して閉鎖経路を選択する（$FC$）状況を想定する．この状況では両者が閉鎖経路を選択しており，第 2 段階における各小売業者の意思決定は 3-1 項と同様で，彼らの注文量は(4-1)式で与えられる．

また，この状況における生産者 $i$（$LC$）の意思決定問題は 3-1 項と同じで，生産者 $h$（$FC$）の意思決定問題は 4-1 項と同じである．それゆえ，彼らの反応関数はそれぞれ(5)式および(14)式で与えられ，各生産者の出荷価格は

$$w_i{}^{LC,FC} = c + \frac{(4-b^2)(4-2b-b^2)(a-c)}{32-16b^2+b^4} > c \qquad (20\text{-}1)$$

$$w_h{}^{FC,LC} = c - \frac{b^2(2-b)(4+b)(a-c)}{32-16b^2+b^4} < c \qquad (20\text{-}2)$$

となる.このときの諸変数の値は図表10-4左の第1〜2列にまとめられる.

## 5-2 *FO* と *LC* の場合

 生産者 $i$ がフランチャイズ料を徴収して開放経路を選択し (*FO*),生産者 $h$ がフランチャイズ料を徴収せずに閉鎖経路を選択する (*LC*) 状況を想定する.この状況における各小売業者の意思決定は3-3項と同様であり,彼らの注文量は(11)式で与えられる.
 また,第1段階における生産者 $i$ (*FO*) の意思決定は4-3項の生産者 $i$ と同様であり,生産者 $h$ (*LC*) の意思決定は3-3項の生産者 $h$ と同様である.ただし,この場合は複占均衡における財 $h$ の販売量が

$$q_{hk}{}^{LC,FO} = \frac{(4-b)(4-2b-3b^2)(a-c)}{4(16-23b^2+7b^4)} \gtreqless 0, \text{ if } b \lesseqgtr B^F$$

であるから,均衡は両生産者による複占となる場合と,生産者 $i$ の独占となる場合の2つがあり得る.生産者 $h$ の反応関数は常に(12-2)式であるが,生産者 $i$ の反応関数は $b < B^F$ の範囲では(18-1)式となり,$B^F < b$ の範囲では

$$\begin{aligned}w_i(w_h) &= \frac{-(1-b)a + w_h}{b}, & \text{if } w_h < \frac{(5-4b)a + 3c}{4} \\ &= \frac{a+3c}{4b}, & \text{if } w_h > \frac{(5-4b)a + 3c}{4}\end{aligned} \qquad (21)$$

となる[12].したがって彼らの出荷価格は,$b < B^F$ の範囲では,(18-1)式および(12-2)式より

---

12) すなわち,彼は自らが独占となるための出荷価格の上限と,独占の場合の出荷価格の内点解のうち,低い方の値で反応するのである.

270　第 III 部　垂直的取引制限と経路選択

|  | LC vs FC | | LC vs FO | |
|---|---|---|---|---|
|  | LC | FC | LC | FO |
| $q_{ij}, q_{hj}$ | $\dfrac{2(4-2b-b^2)}{D_{CC}}$ | | $\dfrac{(4-b)(4-2b-3b^2)}{4(1-b^2)D_{CO}}$<br>$0$ | $\dfrac{16-12b-8b^2+6b^3+b^4}{4(1-b^2)D_{CO}}$<br>$\dfrac{1}{3b}$ |
| $q_{ik}, q_{hk}$ | | $\dfrac{2(2-b)(4+b)}{D_{CC}}$ | | $\dfrac{4+b-b^2}{D_{CO}}$<br>$\dfrac{1}{3b}$ |
| $p_i - c$ | $\dfrac{(6-b^2)(4-2b-b^2)}{D_{CC}}$ | $\dfrac{(2-b)(4+b)(2-b^2)}{D_{CC}}$ | $\dfrac{48-20b-26b^2+5b^3}{4D_{CO}}$<br>$\dfrac{1}{3}$ | $\dfrac{8-2b-5b^2}{D_{CO}}$<br>$\dfrac{3b-2}{3b}$ |
| $F_{ij}, F_{hj}$ | | | | $\dfrac{(4+b-b^2)(16-12b-8b^2+6b^3+b^4)}{4(1-b^2)D_{CO}^2}$<br>$\dfrac{1}{9b^2}$ |
| $F_{ik}, F_{hk}$ | | $\dfrac{4b(2-b)^2(4+b)(a-c)^2}{D_{CC}^2}$ | | $\dfrac{(4+b-b^2)^2}{D_{CO}^2}$<br>$\dfrac{1}{9b^2}$ |
| $\pi_i$ | $\dfrac{2(4-b^2)(4-2b-b^2)^2}{D_{CC}^2}$ | $\dfrac{2(2-b)^2(4+b)^2(2-b^2)}{D_{CC}^2}$ | $\dfrac{(4-b)^2(4-2b-3b^2)^2}{8(1-b^2)D_{CO}^2}$<br>$0$ | $\dfrac{(4-b^2)(8-2b-5b^2)^2}{4(1-b^2)D_{CO}^2}$<br>$\dfrac{2(3b-2)}{9b^2}$ |

表中の値のうち，$q_{ij}, p_i - c$ は $(a-c)$ の係数を表し，$F_i, \pi_i$ は $(a-c)^2$ の係数を表している．また $D_{CC} \equiv 32 - 16b^2 + b^4$，$D_{CO} \equiv 16 - 7b^2$ である．LC vs FO の各欄は，上段が $b < B^F = 0.868$ のケースを表し，下段が $b > B^F = 0.868$ のケースを表している．

図表 10-4　各生産者がフランチャイズ料

$$w_i^{FO.LC} = c + \frac{(4-3b-4b^2)(a-c)}{16-7b^2} \quad (22\text{-}1)$$

$$w_h^{LC.FO} = c + \frac{(4-b)(4-2b-3b^2)(a-c)}{2(16-7b^2)} \quad (22\text{-}2)$$

で与えられ，$B^F < b$ の範囲では，(21)式および(12-2)式より

$$w_i^{FO.LC} = c - \frac{(1-b)(a-c)}{b} < c \quad (23\text{-}1)$$

$$w_h^{LC.FO} = c \quad (23\text{-}2)$$

で与えられる．また，このときの諸変数の値は図表 10-4 左の第 3～4 列にまとめられている．

| | LO vs FC | | LO vs FO | |
|---|---|---|---|---|
| | LO | FC | LO | FO |
| $q_{ij}, q_{hj}$ | ① $\dfrac{(4-b)(1+b)}{3D_{OC}}$<br>②③ $\dfrac{2(4-2b-b^2)}{D_{CC}}$ | | ①② $\dfrac{4-3b-2b^2}{6(1-b^2)D_{OO}}$<br>③ $0$ | ①② $\dfrac{6-2b-3b^2}{6(1-b^2)D_{OO}}$<br>③ $\dfrac{1}{3b}$ |
| $q_{ik}, q_{hk}$ | ① $\dfrac{8-18b-2b^2+9b^3}{6(1-b^2)D_{OC}}$<br>②③ $0$ | $\dfrac{24-8b-15b^2+2b^3}{6(1-b^2)D_{OC}}$<br>②③ $\dfrac{2(2-b)(4+b)}{D_{CC}}$ | ①② $\dfrac{4-3b-2b^2}{6(1-b^2)D_{OO}}$<br>③ $0$ | ①② $\dfrac{6-2b-3b^2}{6(1-b^2)D_{OO}}$<br>③ $\dfrac{1}{3b}$ |
| $p_i - c$ | ① $\dfrac{(2+b)(8-7b)}{3D_{OC}}$<br>②③ $\dfrac{(6-b^2)(4-2b-b^2)}{D_{CC}}$ | $\dfrac{24-8b-15b^2+2b^3}{6D_{OC}}$<br>②③ $\dfrac{(2-b)(4+b)(2-b^2)}{D_{CC}}$ | ①② $\dfrac{8-3b-3b^2}{3D_{OO}}$<br>③ $\dfrac{1}{3}$ | ①② $\dfrac{6-2b-3b^2}{3D_{OO}}$<br>③ $\dfrac{3b-2}{3b}$ |
| $F_{ij}, F_{hj}$ | | | | ①② $\dfrac{(3+b)(6-2b-3b^2)}{18(1-b^2)D_{OO}^2}$<br>③ $\dfrac{1}{9b^2}$ |
| $F_{ik}, F_{hk}$ | | ① $\dfrac{(24-8b-15b^2+2b^3)}{12(1-b^2)D_{OC}}$<br>②③ $\dfrac{4b(2-b)^2(4+b)(a-c)}{D_{CC}^2}$ | | ①② $\dfrac{(3+b)(6-2b-3b^2)}{18(1-b^2)D_{OO}^2}$<br>③ $\dfrac{1}{9b^2}$ |
| $\pi_i$ | ① $\dfrac{(4-b^2)(4-3b-2b^2)^2}{6(1-b^2)D_{OC}^2}$<br>②③ $\dfrac{2(4-b^2)(4-2b-b^2)^2}{D_{CC}^2}$ | ① $\dfrac{(24-8b-15b^2+2b^3)^2}{36(1-b^2)D_{OC}^2}$<br>②③ $\dfrac{2(2-b)^2(4+b)(2-b^2)}{D_{CC}^2}$ | ①② $\dfrac{(4-3b-2b^2)^2}{6(1-b^2)D_{OO}^2}$<br>③ $0$ | ①② $\dfrac{(6-2b-3b^2)^2}{9(1-b^2)D_{OO}^2}$<br>③ $\dfrac{2(3b-2)}{9b^2}$ |

表中の値のうち,$q_{ij},p_i-c$ は $(a-c)$ の係数を表し,$F_i,\pi_i$ は $(a-c)^2$ の係数を表している.また $D_{CC}\equiv 32-16b^2+b^4$,$D_{OC}\equiv 8-3b^2$,$D_{OO}\equiv 4-b^2$ である.各欄の①,②,③は,それぞれ $0<b<0.472$,$0.472<b<0.851$,$0.851<b<1$ の各ケースを表している.

の徴収に関して非対称な場合の均衡解

## 5-3 *LO* と *FC* の場合

　生産者 $i$ が開放経路でフランチャイズ料を徴収せず (*LO*),生産者 $h$ が閉鎖経路でフランチャイズ料を徴収する (*FC*) 状況を想定する.この状況における各小売業者の意思決定は 3-3 項と同様であり,彼らの注文量は(11)式で与えられる.

　また,第 1 段階における生産者 $i$ (*LO*) の意思決定は 3-3 項の生産者 $i$ と同様であり,生産者 $h$ (*FC*) の意思決定は 4-3 項の生産者 $h$ と同様であるから,彼らの反応関数はそれぞれ(12-1)式および(18-2)式で与えられる.したがって,彼らの出荷価格は

$$w_i^{LO,FC} = c + \frac{(4-3b-2b^2)(a-c)}{8-3b^2} \tag{24-1}$$

$$w_h^{FC,LO} = c - \frac{b(4-b)(1+b)(a-c)}{3(8-3b^2)} < c \tag{24-2}$$

となる.このときの諸変数の値は図表 10-4 右の第 1~2 列にまとめられる.
　ただし

$$q_{ik}^{LO,FC} = \frac{(8-18b-2b^2+9b^3)(a-c)}{6(8-11b+3b^4)} \gtreqless 0, \quad \text{iff} \quad b \lesseqgtr 0.472$$

より,$0.472 < b < 1$ の範囲では,併売小売業者が開放経路を採る方の生産者の財の販売量をゼロにする.それゆえ,このときの均衡は,生産者 $i$ が $LC$,生産者 $h$ が $FC$ である 5-1 項の均衡と一致する.

## 5-4　*LO* と *FO* の場合

　生産者 $i$ が開放経路でフランチャイズ料を徴収せず($LO$),生産者 $h$ が開放経路でフランチャイズ料を徴収する($FO$)状況を想定する.この状況における各小売業者の意思決定は 3-2 項と同様であり,彼らの注文量は(7-1)式で与えられる.
　また,第 1 段階における生産者 $i$($LO$)の意思決定は 3-2 項の生産者 $i$ と同様であり,生産者 $h$($FO$)の意思決定は 4-2 項の生産者 $h$ と同様である.ただしこの場合は,複占均衡におけるチャネル $i$ の小売業者の注文量が

$$q_{ij}^{LO,FO} = q_{ik}^{LO,FO} = \frac{(4-3b-2b^2)(a-c)}{6(1-b^2)(4-b^2)} \gtreqless 0, \quad \text{iff} \quad b \lesseqgtr \frac{3-\sqrt{41}}{4} \fallingdotseq 0.851$$

であることから,均衡は複占となる場合と,生産者 $h$ の独占となる場合の 2 つがあり得る.生産者 $i$ の反応関数は常に(8)式であるが,生産者 $h$ の反応関数は $b < 0.851$ の範囲では(16)式となり,$0.851 < b$ の範囲では(21)式の $i$ と $h$ を入れ替えた

$$\begin{aligned} w_h(w_i) &= \frac{-(1-b)a+w_i}{b}, & \text{if} \quad w_i &< \frac{(5-4b)a+3c}{4} \\ &= \frac{a+3c}{4b}, & \text{if} \quad w_i &> \frac{(5-4b)a+3c}{4} \end{aligned} \tag{25}$$

となる．したがって，彼らの出荷価格は，$b<0.851$ の範囲では，(8)式および(16)式より

$$w_i^{LO,FO} = c + \frac{(4-3b-2b^2)(a-c)}{2(4-b^2)} \tag{26-1}$$

$$w_h^{FO,LO} = c + \frac{(1-b-b^2)(a-c)}{4-b^2} \tag{26-2}$$

で与えられ[13]，$0.851<b$ の範囲では，(8)式および(25)式より

$$w_i^{LO,FO} = c \tag{27-1}$$

$$w_h^{FO,LO} = c - \frac{(1-b)(a-c)}{b} < c \tag{27-2}$$

で与えられる．また，このときの諸変数の値は図表10-4右の第3～4列にまとめられる．

## 5-5 部分ゲーム完全均衡

　これまでの議論を踏まえて，第0段階における生産者の選択について検討する．16通りの状況における生産者の利潤は図表10-5にまとめられている．この表より，生産者にとっての第0段階における最適反応戦略は図表10-6にまとめられている．この図表より明らかなように，ライバル生産者がどのような選択をしようとも，自らの最適反応は，二重マージンを解消するために，フランチャイズ料を徴収することである．したがって，両者がフランチャイズ料を徴収しない状態は均衡ではない．そして，ライバルがフランチャイズ料を徴収するとき，自らの最適反応はフランチャイズ料を徴収して閉鎖経路を選択することである．したがって，次の命題が導かれる．

### 【命題3】

　複占チャネル間で価格―数量競争が行われる状況で，生産者がフランチャイズ料を徴収するか否か，および閉鎖経路か開放経路かを選択する場合，両

---

[13] $b > (-1+\sqrt{5})/2 \fallingdotseq 0.618$ の場合，$w_h^{FO,LO}$ は限界費用 $c$ を下回る．

|    | LC | FC | LO | FO |
|----|----|----|----|----|
| LC | $\dfrac{2(2-b)}{(4-b)^2(2+b)}$ | $\dfrac{2(4-b^2)(4-2b-b^2)^2}{(32-16b^2+b^4)^2}$ | $\dfrac{(1-b)(8+4b-b^2)^2}{2(1+b)(16-7b^2)^2}$ | ⑤ $\dfrac{(4-b)^2(4-2b-3b^2)^2}{8(1-b^2)(16-7b^2)^2}$<br>⑥ $0$ |
| FC | $\dfrac{2(2-b)^2(4+b)^2(2-b^2)}{(32-16b^2+b^4)^2}$ | $\dfrac{2(2-b^2)}{(4+2b-b^2)^2}$ | ① $\dfrac{(24-8b-15b^2+2b^3)^2}{36(1-b^2)(8-3b^2)^2}$<br>② $\dfrac{2(2-b)^2(4+b)^2(2-b^2)}{(32-16b^2+b^4)^2}$ | ⑤ $\dfrac{(1-b)(8+4b-b^2)^2}{4(1+b)(8-3b^2)^2}$<br>⑥ $\dfrac{2(2-b^2)}{(4+2b-b^2)^2}$ |
| LO | $\dfrac{(1-b)(2-b)(2+b)(8+5b)^2}{6(1+b)(16-7b^2)^2}$ | ① $\dfrac{(4-b^2)(4-3b-2b^2)^2}{6(1-b^2)(8-3b^2)^2}$<br>② $\dfrac{2(4-b^2)(4-2b-b^2)^2}{(32-16b^2+b^4)^2}$ | $\dfrac{2(1-b)}{3(2-b)^2(1+b)}$ | ③ $\dfrac{(4-3b-2b^2)^2}{6(1-b^2)(4-b^2)}$<br>④ $0$ |
| FO | ⑤ $\dfrac{(4-b^2)(8-2b-5b^2)^2}{4(1-b^2)(16-7b^2)^2}$<br>⑥ $\dfrac{2(3b-2)}{9b^2}$ | ⑤ $\dfrac{(1-b)(2-b)(2+b)^3}{(1+b)(8-3b^2)^2}$<br>⑥ $\dfrac{2(2-b^2)}{(4+2b-b^2)^2}$ | ③ $\dfrac{(6-2b-3b^2)^2}{9(1-b^2)(4-b^2)^2}$<br>④ $\dfrac{2(3b-2)}{9b^2}$ | $\dfrac{1-b}{(2-b)^2(1+b)}$ |

表中の値は $(a-c)^2$ の係数として左側の生産者の利潤を表している．各欄の①，②，③，④，⑤，⑥は，それぞれ $0<b<0.472$，$0.472<b<1$，$0<b<0.851$，$0.851<b<1$，$0<b<0.868$，$0.868<b<1$ の各ケースを表している．

**図表 10-5** 生産者の利潤

| 相手の戦略 | 相手の戦略に対する自身の最適反応戦略 |
|---|---|
| LC | FO if $0<b<0.601$<br>FC if $0.601<b<0.871$<br>FO if $0.871<b<1$ |
| LO | FC if $0<b<0.871$<br>FO if $0.871<b<1$ |
| FC | FC if $0<b<1$ |
| FO | FC if $0<b<1$ |

**図表 10-6** 生産者の第 0 段階での最適反応

生産者はフランチャイズ料を徴収して閉鎖経路を選択する．

# 6 結　び

　この章では，生産者と小売業者から構成されるチャネル間での価格―数量競争を想定し，その中で経路選択およびフランチャイズ料徴収の有無の選択がどのように行われるかについて検討した．フランチャイズ料を徴収しない状況で

は，生産者の経路選択は財の差別化の程度に応じて異なり，差別化の程度が大きければ両生産者が開放経路を選択している状態が均衡であり，小さければ閉鎖経路を選択している状態が均衡となる（命題1）．フランチャイズ料を徴収しない状況で小売業者が少なければ，開放経路のもとでも二重マージンが発生するから，開放経路が選択され難くなっている．またフランチャイズ料を徴収する状況では，財の差別化の程度によらず閉鎖経路の選択が支配戦略となる（命題2）．そして経路選択時にフランチャイズ料徴収の有無についても選択する状況では，財の差別化の程度によらず両生産者がフランチャイズ料を徴収した上で閉鎖経路を選択する状態が唯一の均衡となる（命題3）．

最後に，この章の価格―数量競争と第7章の価格―価格競争の結果を比べてみよう．フランチャイズ料を徴収する状況の結果（命題2）はほぼ同じ形である．フランチャイズ料を徴収しない状況の結果（命題1）は複数均衡の部分が異なり，価格―数量競争では対称均衡となるのに対して，価格―価格競争では非対称均衡となる．フランチャイズ料を徴収するか否かの選択も考慮する状況での結果（命題3）については，価格―価格競争では両生産者が $FC$ を選択する状況が支配戦略均衡だったのに対して，価格―数量競争ではそれが最適反応均衡となっている．

# 第IV部

## チャネル間競争の諸側面

## 第 11 章

# 販売協賛金と経済厚生

## 1 はじめに

　近年,(大手)小売業者によるプライベートブランド商品(以下では「PB商品」と略す)の販売額は増加の一途にある.多くの場合,小売業者はPB商品の生産を製造業者に委託するが,彼らの多くは零細で,経済法上の優越的地位の濫用規制が適用される事例も増えている[1].この章では,この種の行為の1つである小売業者による下請生産者に対する販売協賛金(以下では「協賛金」と略す)の要求について検討する.

　小売業者がメーカーに対してAllowance等の金銭支払いを求めることは欧米でも見られ,新製品を小売業者が販売する際の初期費用(在庫スペースの確保やカタログへの登録にかかる費用など)をメーカーに要求するSlotting Allowance,発売から一定期間が経過した後に,棚に継続して陳列してもらう際のPay To Stay Fee,さらに棚のより良い位置に陳列してもらうためのFacing Allowanceなど多岐にわたっている.しかし,これらは大手メーカーが小売業者へ支払うものであり,あるメーカーがこれらの費用を負担することで,販売促進上,ライバルメーカーよりも有利な状況を実現することができる[2].もっとも欧米ではAllowanceが優越的地位の濫用という観点から問題とされること

---

[1] 大手メーカーもまた,Ishibashi and Matsushima (2009) が論じたように,自社ブランドとの製品差別化によって価格差別を行うために,PB商品の製造を引き受けている.
[2] この点については,Shaffer (1991), Sudhir and Rao (2006), Sullivan (1997), Klein and Wright (2007) および土井 (2011) などを参照のこと.

は少なく，この観点からの経済分析もない．その理由の1つは，協賛金を支払う主体が大手メーカーで，小売業者が優越的地位にあるという状況にはなかったからであり，もう1つの理由は優越的地位の濫用規制が日本独自のもので，欧米ではあまり見られないからである．

この章では，小売業者と下請生産者から構成されるサプライチェーンの間で競争が行われる状況を想定し，優越的地位の濫用規制がしばしば適用されている大手小売業者による下請生産者に対する協賛金の要求について検討する．この種の協賛金の徴収によって，下請生産者に（一時的に）生じた利得を回収できるのであれば，小売業者はチェーン全体の利潤を最大にするように行動するため，チェーンの効率が向上する．その結果，小売業者（＝チェーン）の利潤が増えると同時に，消費者厚生や経済厚生も向上することになる．

以下の構成は次のとおりである．まず次節ではモデルを提示する．3節ではモデルの均衡を求め，そこでは小売業者が協賛金を徴収し，そうすることによって消費者厚生や経済厚生が向上することが示される．4節では事後的な協賛金について検討する．5節では，優越的地位の濫用規制の実状について検討した後に，運用上の問題点を指摘する．

## 2 販売協賛金分析のためのモデル

市場には2人の小売業者が存在し，自らが企画したPB商品を市場に供給する状況を想定する．単純化のために，財に対する（逆）需要関数を

$$p = a - Q \tag{1}$$

とする．ここで，$p$は小売価格，$Q$は市場供給量，$a$（$>0$）はパラメータである．小売業者は自ら生産を行わず，それを下請生産者に委託する．このような下請生産者との（排他的な）取引関係を構築する際に，小売業者は1件あたり$K_R$（$>0$）の固定的な費用を負担する[3]．

---

3) 新商品の企画や下請生産者との交渉費用の他にも，商品の在庫・陳列スペースの確保やカタログへ記載する費用も含まれる．

下請生産者は競争的で，単純化のために，彼らの外部機会での利得をゼロとする．また，彼らは同一の費用関数

$$C(q, K_M) = cq^2 + K_M, \quad \text{or} \quad C(q, 0) = c_0 q^2 \qquad (2)$$

のもとで生産を行う．ここで，$q$ は下請生産者の生産量，$K_M$ は PB 商品を生産するために下請業者が負担する固定費用（小売業者との取引関係に特定的な資源への投資額），$c$（$>0$）および $c_0$（$>c$）はパラメータである．この費用関数は，零細な下請生産者の技術を反映して，限界生産費用が逓増している[4]．また，固定費用 $K_M$ を負担しない場合には，多くの可変費用がかかるものとする．さらに，これらのパラメータについて，

$$a \gg 2(2\sqrt{2}-1)\sqrt{c_0 K_R} \Rightarrow r \equiv \frac{a}{\sqrt{c_0 K_R}} \gg 2(2\sqrt{2}-1) \fallingdotseq 3.657 \equiv \underline{r} \qquad (3\text{-}1)$$

$$c_0 > \frac{cK_R}{K_R - 2K_M} \qquad (3\text{-}2)$$

を仮定する．ここで「$x \gg y$」は，$x$ は $y$ に比べて十分大きいことを意味する．(3-1)式は各小売業者にとって協賛金を徴収することが有利となるための条件であると同時に，彼らが多数の下請業者に財の生産を委託するための条件である．また仮定(3-2)は，各下請生産者が関係特定的な投資 $K_M$ を行うことを保証するための条件である[5]．

　この章で検討するゲームのタイミングは次のとおりである．まず第 1 段階において，小売業者 $j$（$j=1,2$）が取引する下請生産者の数 $M_j$ を決め，彼らに財の仕入価格 $w_j$（および協賛金を徴収する場合にはその金額 $F_j$）を記した下請契約を提示する．この契約（$w_j, F_j$）は小売業者 $j$ と取引するすべての下請生産者に共通である．一方下請生産者は，この取引からの利潤が非負であれば契約を結

---

4) 下請生産者の限界費用が逓増的な状況で，取引関係の構築に費用がかからなければ，小売業者は取引する下請生産者の数を $\infty$ とし，それぞれに少量の財を生産させることになる．取引の構築に $K_R$ の費用がかかるのであれば，この可能性は排除される．

5) この仮定が成立するためには $K_M \ll K_R/2$ である必要がある．実際，零細な下請業者の関係特定的な投資の額は，小売業者の投資額と比べて十分に小さい．また，仮に $K_M = 0$ であれば，この仮定は $c_0 > c$ に還元される．

ぶ．第2段階では，小売業者 $j$ と契約を結んだ下請生産者が投資を行うか否かを決めて，生産量を設定する．生産された財はすべて小売業者 $j$ に納品され，小売業者はそれを市場に供給する．（逆）需要関数のもとで，2人の小売業者の供給量の合計 $Q$ によって小売価格 $p$ が決まり，契約どおりの金銭移転が行われ，小売業者と下請生産者の利潤が確定する．以下では，この2段階ゲームの部分ゲーム完全均衡を後方帰納法によって求める．

## 3　各状況での部分ゲーム均衡

　小売業者が協賛金を徴収するか否かについては，①両小売業者がともに徴収する，②一方のみが徴収する，③双方とも徴収しない，の3つがある．協賛金の徴収によって下請生産者に生じた利益を回収できる場合，小売業者の利潤はチェーン全体の利潤と一致する．その意味で，協賛金を徴収するか否かで，第1段階における小売業者の目的関数の形状が異なることになる．このことを踏まえて，以下では，まずそれぞれの場合の均衡を導出し，その後に，小売業者による協賛金を徴収するか否かの選択について検討する．

### 3-1　両小売業者が協賛金を徴収する場合

　まずはじめに，両小売業者が協賛金を徴収する場合を想定する．小売業者 $j$ と取引する $M_j$ 人の下請生産者は，第1段階において小売業者 $j$ が設定した仕入価格 $w_j$ と協賛金 $F_j$ を所与として，自らの利潤 $\Pi_j$ を最大にするように生産量 $q_j$ を設定する．この状況における下請生産者の意思決定問題は，仮に彼が投資 $K_M$ を行うとすれば

$$\max_{q_j} \Pi_j(q_j) = w_j q_j - c q_j^2 - F_j - K_M, \quad j=1,2$$

と定式化される．この利潤関数は，小売業者 $j$ と取引するすべての下請生産者で同じであり，下付き添え字 $j$ は下請生産者を区別するものではなく，下請生産者の取引相手が小売業者 $j$ であることを示している．

上記の問題の極大化条件 ($d\Pi_j/dq_j=0$) より，小売業者 $j$ と取引する各下請生産者の生産量は

$$q_j(w_j) = \frac{w_j}{2c}, \quad j=1,2 \tag{4-1}$$

で与えられる．ここで留意すべきことは，下請生産者の間には戦略的相互依存関係はなく，彼らの生産量は仕入価格のみに依存するということである．また，小売業者 $j$ の総仕入量 $Q_j$，小売価格および下請生産者の利潤 $\Pi_j$ は

$$Q_j(w_j, M_j) = M_j q_j(w_j) = \frac{M_j w_j}{2c}, \quad j=1,2 \tag{4-2}$$

$$p(w_j, w_k, M_j, M_k) = a - \frac{M_j w_j + M_k w_k}{2c}, \quad j,k=1,2, \text{ and } k \neq j \tag{4-3}$$

$$\Pi_j(w_j) = w_j q_j(w_j) - \frac{w_j^2}{4c} - F_j - K_M = \frac{w_j^2}{4c} - F_j - K_M, \quad j=1,2 \tag{4-4}$$

と計算される[6]．

### 第1段階：小売業者の意思決定

上述した下請生産者の行動を予想する小売業者 $j$ は，第1段階において，ライバル小売業者が設定する下請生産者数 $M_k$ と仕入価格 $w_k$ を所与として，自らの下請生産者の利潤 $\Pi_j$ を非負にするという制約のもとで，自らの利潤 $y_j$ を最大にするように下請生産者数 $M_j$，仕入価格 $w_j$ および協賛金の額 $F_j$ を設定する．この状況における彼の意思決定問題は

$$\max_{w_j, F_j, M_j} y_j = (p - w_j) M_j q_j + M_j F_j - M_j K_R, \quad \text{s.t.} \quad \Pi_j = w_j q_j - c q_j^2 - F_j - K_M \geq 0 \tag{5-1}$$

と定式化される．ここで，制約条件が等号で成立する（$F_j = w_j q_j - c q_j^2 - K_M$）ことに留意すれば，上記の制約条件付き最大化問題は，(4)式のもとで

$$\max_{w_j, M_j} z_j = y_j = M_j(p(w_j, w_k, M_j, M_k) q_j(w_j) - c q_j(w_j)^2 - K$$

---

6) 以下では，誤解のない限り，$j,k$ についての但し書きは省略する．

$$= M_j \left\{ \left( a - \frac{M_j w_j + M_k w_k}{2c} \right) \left( \frac{w_j}{2c} \right) - \frac{w_j^2}{4c} - K \right\} \tag{5-2}$$

へと変換される．ここで，$K = K_M + K_R$ は小売業者と1人の下請生産者の取引にかかる総固定費用である．上記の最大化問題の極大化条件（$\partial z_j/\partial w_j = \partial z_j/\partial M_j = 0$, $j = 1, 2$）を連立して解けば，均衡における仕入価格および下請生産者数は

$$w^{FF} = 2\sqrt{cK} \tag{6-1}$$

$$M^{FF} = \left( \frac{\sqrt{cK}}{3K} \right) (a - 2\sqrt{cK}) \tag{6-2}$$

で与えられる[7]．ここで，上付き添え字の1 (2) 文字目は自ら（ライバル）の協賛金の状況で，$F$ ($L$) はそれを徴収する（徴収しない）ことを示している．また，このときの協賛金の額は

$$F^{FF} = \frac{w_j^2}{4c} - K_M = K - K_M = K_R \tag{6-3}$$

である．すなわち，小売業者は下請生産者との取引関係を構築する際の固定費用 $K_R$ に相当する金額を協賛金として徴収するのである．このとき，各下請生産者の利潤はゼロとなるが，競争的な下請生産者が超過利潤を得ることができないのは当然のことである．さらに，各下請生産者の生産量 $q^{FF}$，市場価格 $p^{FF}$，小売業者の利潤 $z^{FF}$，および経済厚生 $SS^{FF}$ は，

$$q^{FF} = \sqrt{\frac{K}{c}} \tag{6-4}$$

$$p^{FF} = \frac{a + 4\sqrt{cK}}{3} \tag{6-5}$$

$$z^{FF} = \frac{(a - 2\sqrt{cK})^2}{9} \tag{6-6}$$

---

[7] 下請生産者数は整数であるが，ここでは議論を単純化するために，$M_j$ を実数とする．パラメータ $a$ の値が十分大きく，それゆえ下請生産者数が多ければ，この単純化の想定はそれほど有害ではない．

$$SS^{FF} = (a+p^{FF})q^{FF}M^{FF} - 2M^{FF}\{c(q^{FF})^2 + K_R + K_M\} = \frac{4(a-2\sqrt{cK})^2}{9} \quad (6\text{-}7)$$

と計算される.ここで留意すべきことは,この生産量 $q^{FF}=\sqrt{K/c}$ のもとで,(固定費用 $K$ を含む)チェーンの平均調達費用が最小になっているということである.実際,固定費用 $K$ を含む総費用は $cq^2+K$ であるから,平均費用は $AC=cq+K/q$ であり,その極小化条件 $dAC/dq=c-K/q^2=0$ より,平均費用を最小にする下請業者あたりの生産量は $q^{FF}=\sqrt{K/c}$ となる.また,この生産量のもとでの平均費用は $2\sqrt{cK}$ である.さらに,(3)式の仮定のもとでは $p^{FF}>2\sqrt{cK}$ である.

ここで,下請生産者が関係特定的な投資 $K_M$ を行うことを確認しよう.販売契約($w=2\sqrt{cK}$,$F=K_R$)のもとで下請生産者が投資を行わない場合,彼は $\hat{q}=w/2c_0=\sqrt{cK}/c_0$ を生産し,$\hat{\Pi}=w\hat{q}-c_0\hat{q}^2-F=cK/c_0-K_R$ の利潤を得る.この利潤は(3-2)式の仮定のもとでは負となるから,協賛金を徴収される下請生産者は投資を行うことになる[8].

### 3-2 一方の小売業者のみが協賛金を徴収する場合

次に,一方の小売業者 $j$ が協賛金を徴収し,他方の小売業者 $k$ は徴収しない状況を想定する.下請生産者による生産量の設定は固定的な協賛金の影響を受けないから,彼らの生産量は(4-1)式で与えられる.

このことを予想する小売業者 $j$ の意思決定問題は,前項と同様に(5)式で定式化される.一方小売業者 $k$ は,ライバル小売業者 $j$ が設定する下請生産者数と仕入価格を所与として,自らの利潤を最大にするように下請生産者数 $M_k$ および仕入価格 $w_k$ を設定する.この状況における彼の意思決定問題は

$$\max_{w_k, M_k} y_k = (p(w_j, w_k, M_j, M_k) - w_k) M_k q_k(w_k) - M_k K_R$$

$$= M_k\left\{\left(a - \frac{M_j w_j + M_k w_k}{2c} - w_k\right)\left(\frac{w_k}{2c}\right) - K_R\right\} \quad (7)$$

---

[8] (3-2)式より,$c_0 K_R - 2c_0 K_M > cK_R$ であり,両辺に $cK_M$ を加えれば $c_0 K_R - (2c_0-c)K_M > cK$ を得る.ここで $2c_0-c>0$ であるから,$c_0 K_R > cK$ が導かれる.

と定式化される．各小売業者の利潤極大化条件を連立して解けば，均衡における両小売業者の下請生産者数，仕入価格および小売業者 $j$ の協賛金は

$$M^{FL} = \left(\frac{\sqrt{cK}}{3K}\right)(a - 4\sqrt{cK} + 2\sqrt{2}\sqrt{cK_R}) \tag{8-1}$$

$$M^{LF} = \left(\frac{\sqrt{2cK_R}}{3K_R}\right)(a - 4\sqrt{2}\sqrt{cK_R} + 2\sqrt{cK}) \tag{8-2}$$

$$w^{FL} = 2\sqrt{cK} \tag{8-3}$$

$$w^{LF} = \sqrt{2}\sqrt{cK_R} \tag{8-4}$$

$$F^{FL} = K_R \tag{8-5}$$

となる[9]．すなわち，小売業者 $j$ が徴収する協賛金は $K_R$ であり，競争的下請生産者の（超過）利潤はゼロとなる．また，各下請生産者の生産量，小売価格，小売業者 $k$ と取引する下請生産者の利潤および各小売業者の利潤は，それぞれ

$$q^{FL} = \sqrt{\frac{K}{c}} \tag{8-6}$$

$$q^{LF} = \sqrt{\frac{K_R}{2c}} \tag{8-7}$$

$$p^A = \frac{a + 2(\sqrt{cK} + \sqrt{2}\sqrt{cK_R})}{3} \tag{8-8}$$

$$\Pi^{LF} = \frac{K_R}{2} - K_M \tag{8-9}$$

$$z^{FL} = y^{FL} = \frac{(a - 4\sqrt{cK} + 2\sqrt{2}\sqrt{cK_R})^2}{9} \tag{8-10}$$

$$y^{LF} = \frac{(a + 2\sqrt{cK} - 4\sqrt{2}\sqrt{cK_R})^2}{9} \tag{8-11}$$

と計算される．ここで，上付き添え字 $A$ は協賛金の徴収が非対称であることを示す．また，協賛金を徴収する小売業者の方が高い仕入価格を設定するため（$w^{FL} > w^{LF}$），下請生産者の生産量も多くなる（$q^{FL} > q^{LF}$）[10]．

---

9) (3)式の仮定のもとでは，$M^{LF} > 0$ である．
10) 協賛金を徴収するチェーン $j$ の平均調達費用（$2\sqrt{cK}$）は，徴収しないチェーン $k$ のそ

協賛金が徴収されない場合でも、下請生産者が投資 $K_M$ を行うことを確認しよう。販売契約 ($w=\sqrt{2cK_R}$) のもとで下請生産者が投資を行わない場合、彼は $\hat{q}=w/2c_0=\sqrt{2cK_R}/2c_0$ を生産し、$\hat{\Pi}=w\hat{q}-c_0\hat{q}^2=cK_R/2c_0$ の利潤を得る。一方、投資を行う場合には、彼は $\Pi_k=K_R/2-K_M$ の利潤を得る。ここで、(3-2)式の仮定のもとでは $\Pi_k-\hat{\Pi}=(c_0-c)K_R/2c_0-K_M>0$ となるから、協賛金を徴収されない下請生産者も投資を行うことになる。

### 3-3　両小売業者とも協賛金を徴収しない場合

この項では、両小売業者がともに協賛金を徴収しない場合を検討する。この場合でも、第2段階における小売業者による生産量の設定はこれまでと同様で、それは(4-1)式で与えられる。また、協賛金を徴収しない小売業者の意思決定問題は、前項と同様に(7)式（小売業者 $j$ については(7)式の下付き添え字 $j$ と $k$ を入れ換えた式）で定式化される。これらの極大化条件を連立して解けば、均衡における下請生産者数および仕入価格は

$$w^{LL}=\sqrt{2cK_R} \tag{9-1}$$

$$M^{LL}=\left(\frac{\sqrt{2cK_R}}{3K_R}\right)(a-\sqrt{2cK_R}) \tag{9-2}$$

で与えられる。また、このときの各下請生産者の生産量 $q^{LL}$、市場価格 $p^{LL}$、下請生産者および小売業者の利潤 $y^{LL}$ は

$$q^{LL}=\sqrt{\frac{K_R}{2c}} \tag{9-3}$$

$$p^{LL}=\frac{a+4\sqrt{2cK_R}}{3} \tag{9-4}$$

$$\Pi^{LL}=\frac{K_R}{2}-K_M \tag{9-5}$$

$$y^{LL}=\frac{(a-2\sqrt{2cK_R})^2}{9} \tag{9-6}$$

れ（$\{(3/2)K_R+K_M\}\sqrt{2c/K_R}$）よりも低い。また、$q^{FL}>q^{LF}$ ではあるが、市場への供給量がチェーン $j$ の方が多いため、$\underline{r}<r<4/(\sqrt{2}-1)$ であれば $M^{FL}>M^{LF}$ である。

と計算される.

## 3-4 協賛金を徴収するか否かの選択と経済厚生

この項では,小売業者による協賛金を徴収するか否かの選択について検討する.いま,それぞれの場合の小売業者の利潤を比べれば,

$$z^{FF} > y^{LF}, \text{ if } a > 2\sqrt{c}\,(2\sqrt{2}\sqrt{K_R} - \sqrt{K})$$
$$z^{FL} > y^{LL}, \text{ if } a > 2\sqrt{2}\sqrt{cK_R}$$

であり,(3)式の仮定のもとでは上式の条件が成立する[11].したがって,次の命題が導かれる.

**【命題1】**
　(3)式の仮定のもとでは,双方の小売業者にとって協賛金を徴収することが支配戦略であり,部分ゲーム完全均衡では双方の小売業者が協賛金を徴収する.

この命題は次のように説明される.この際留意すべきことは,小売業者と下請生産者の間での取引関係の構築には固定費用$K$がかかるということである.この費用を節約するためには下請生産者数を減らす必要があり,そのためには1人あたりの生産量を増やす必要がある.一方,利潤最大化を目的とする下請生産者は「仕入価格=限界生産費用」を満たす水準に生産量を設定するから,限界費用が逓増している状況では,生産量は仕入価格の増加関数となる.したがって,下請生産者あたりの生産量を増やすためには,小売業者は高い仕入価格を設定しなければならない.協賛金を徴収しない場合,仕入価格を高く設定すれば小売業者の利潤は減る.この状況では,小売業者が低い仕入価格を設定せざるを得ないため,下請生産者あたりの生産量は少なくなる.

これにたいして,協賛金によって下請生産者に生じた利益を回収できるので

---

11) (3-1)式の仮定より $a > 4\sqrt{2}\sqrt{c_0 K_R} - 2\sqrt{c_0 K_R} = A$ であり, $c_0 > c$ および $c_0 K_R > cK$ に留意すれば $A > 4\sqrt{2}\sqrt{cK_R} - 2\sqrt{cK}$ となるから, $a$ が(3-1)式を満たすのであれば $z^{FF} > y^{LF}$ の条件も満たされる.

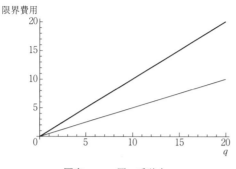

**図表 11-1 買い手独占**

細線は下請生産者の限界生産費用曲線である。太線は買い手独占である小売業者の限界調達費用曲線で，細線の上方に位置する。

あれば，小売業者の利潤はチェーン全体の利潤と一致し，仕入価格には依存しなくなる。この状況で小売業者は，下請生産者にチェーンの平均調達費用を最小にする水準の量を生産させる「適切な仕入価格」を設定することができるのである。実際，小売業者が協賛金を徴収するとき，財の平均調達費用が最小になっている。

いま，両小売業者が協賛金を徴収している状況から，一方の小売業者がそれを徴収しなくなれば，彼は低い仕入価格を設定するようになり，下請生産者あたりの生産量が減る。その結果，チェーンの平均調達費用が高くなると同時に，供給量が減るため，チェーン全体の利潤が減るのである[12]。その上，その一部は協賛金によって回収されずに下請生産者に残るため，小売業者の利潤が減る。このような理由から，各々の小売業者は（協賛金を徴収するという）均衡から逸脱しないのである。

### 消費者厚生と経済厚生

次に，各々の場合における小売価格を比べれば，(3)式の仮定のもとでは

$$p^{FF} < p^A < p^{LL}$$

となるから，小売業者による協賛金の徴収によって小売価格は低くなり，それと逆順関係にある消費者厚生は向上する。また，経済厚生は

$$SS = \int_0^Q p(x)\,dx - M_j(cq_j^2 + K) - M_k(cq_k^2 + K)$$

---

[12] 市場供給量が減って小売価格は高くなるが，平均調達費用の上昇とチェーンの供給量の減少によって利潤は少なくなる。

によって計算される．それぞれの場合における経済厚生 $SS$ は，

$$SS^{FF} = \frac{4(a-2\sqrt{cK})^2}{9}$$

$$SS^{A} = \frac{a^2 - (16+3\sqrt{2})a\sqrt{cK} - 2(54-25\sqrt{2})cK}{9}$$

$$SS^{LL} = \frac{8a^2 - 13\sqrt{2}a\sqrt{cK} - 20cK}{18}$$

と計算される．それらを比べれば，(3)式の仮定のもとで，

$$SS^{LL} < SS^{A} < SS^{FF}$$

が成立するので，次の命題が導かれる．

**【命題 2】**
　小売業者による協賛金の徴収によって，消費者厚生や経済厚生は向上する．

　この命題の成立は次のように説明される．前述したように，小売業者が協賛金を徴収するとき，平均調達費用が最小となるという意味で，チェーンの効率的運営が可能となる．パラメータ $a$ の値が大きく，それゆえ下請生産者数が多い場合には，この平均調達費用は限界調達費用に近似する[13]．その意味で，限界調達費用の低い小売業者が数量競争を行うわけであるから，供給量が増えて小売価格が下がる．これらの理由から，経済厚生が向上するのである．

## 4　事後的な協賛金

　この節では，小売業者と下請生産者の間の製造委託関係においてしばしば観察される（下請生産者による投資が行われた後という意味での）事後的な協賛金の要求について検討する．いま，下請生産者の関係特定的な投資の費用 $K_M$ が

---

[13] 固定費用があり，かつ限界費用が逓増する状況では，平均費用曲線の最小点を限界費用曲線が通る．

埋没した後に，両者の間で製造委託契約についての再交渉が行われるとしよう．この状況での第2段階における下請生産者の生産量の設定は，前節と同様であるから，(4-1)式 ($q(w)=w/2c$) で与えられる．このことを予想する小売業者は，埋没した固定費用 $K_M$ を除く下請生産者の利潤を非負にするという制約のもとで，自らの利潤を最大にするように仕入価格と協賛金を設定する．この意思決定問題は，下請生産者の参加制約条件式から既に埋没している $K_M$ を除けば，(5-1)式と同じである．そして，固定的な費用の存在は限界条件に影響を及ぼさないから，小売業者が設定する仕入価格および協賛金は

$$w=2\sqrt{cK}, \quad \text{and} \quad F=K>K_R$$

となる．この製造委託契約のもとでの下請生産者の（埋没した固定費用 $K_M$ を除く）利潤は非負であるから，彼はこの契約を受け入れる．

事前の交渉では，固定費用 $K_M$ を含む下請生産者の利潤を非負としなければならず，徴収可能な協賛金は $K_R$ であったのと比べると，（同じ仕入価格のもとで）協賛金を $K_M$ だけ多く徴収することができ，その分だけ小売業者の利潤は多くなる．それゆえ，事後的な協賛金の徴収が禁止されていなければ，小売業者は追加的に協賛金を徴収することになる．

このときの下請生産者の（固定費用を含む）利潤は $-K_M$ となるから，関係特定的な投資を行えば，その分だけの損失を被る．したがって，事後的に協賛金が追加徴収されると予想する下請生産者は，投資を行わないことになる．すなわち，ホールドアップ問題が生じるのである[14]．

投資が行われない場合の生産費用は $c_0q^2$ であるから，出荷価格 $w$ のもとでの下請生産者の生産量は $w/2c_0$ となる．このことを予想する（事前の協賛金を徴収する）小売業者の均衡における仕入価格，下請生産者数および協賛金は，前節と同様にして，

$$w_0 = 2\sqrt{c_0 K_R} \tag{10-1}$$

$$M_0 = \left(\frac{\sqrt{c_0 K_R}}{3K_R}\right)(a-2\sqrt{c_0 K_R}) \tag{10-2}$$

---

[14] ホールドアップ問題については，第4章の3-1項を参照のこと．

$$F_{0j} = K_R \qquad (10\text{-}3)$$

で与えられる（上式は(6)式の $c$ を $c_0$ に，$K$ を $K_R$ に置き換えたものである）．また，このときの各下請生産者の生産量，小売価格および各小売業者の利潤は

$$q_0 = \sqrt{\frac{K_R}{c_0}} \qquad (10\text{-}4)$$

$$p_0 = \frac{a + 4\sqrt{c_0 K_R}}{3} \qquad (10\text{-}5)$$

$$z_0 = \frac{(a - 2\sqrt{c_0 K_R})^2}{9} \qquad (10\text{-}6)$$

$$SS_0 = \frac{4(a - 2\sqrt{c_0 K_R})^2}{9} \qquad (10\text{-}7)$$

と計算される[15]．

また，下請生産者が投資を行わない状況で，一方の生産者が事前の協賛金を徴収し，他方は徴収しない場合の部分ゲームの均衡は，(8)式の $c$ を $c_0$ に，$K$ を $K_R$ に置き換えた式で与えられる．同様に，生産者が事前の協賛金を徴収しない場合の部分ゲームの均衡は，(9)式の $c$ を $c_0$ に置き換えた式で与えられる．これらの部分ゲームの均衡における小売業者の利潤を比べれば，(3-1)式の仮定のもとでは協賛金を徴収することが支配戦略であり，部分ゲーム完全均衡では，両生産者がともに協賛金を徴収することになる．

この部分ゲーム完全均衡（(10)式）と事後的な協賛金の徴収が禁止されている状況における均衡（(6)式）を比べれば，(3-2)式の仮定のもとでは

$$w^{FF} < w_0, \quad q^{FF} > q_0, \quad p^{FF} < p_0, \quad z^{FF} > z_0, \quad SS^{FF} > SS_0$$

である．したがって，次の命題が導かれる．

**【命題3】**

仮に事後的な協賛金の徴収が禁止されていなければ，小売業者はそれを徴

---

[15] 投資 $K_M$ が行われない状況では，この生産量 $q_0 = \sqrt{K_R/c_0}$ のもとで，(固定費用 $K_R$ を含む）チェーンの平均調達費用は最小になっている．

収する．一方，このことを予想する下請生産者は投資を行わず，ホールドアップ問題が生じる．その結果，消費者厚生や経済厚生は悪化する．

　下請生産者による関係特定的な投資に先立って，その費用を含む彼の利潤が非負になるように（事前に）協賛金が設定される場合，下請生産者が投資を行わなければ平均費用が高いために損失を被る．したがって，彼は投資を行う．一方，投資費用が埋没した後の利潤をゼロとするような（事後的な）協賛金の設定が予想される場合には，下請生産者は投資を行えばその費用分だけの損失を被るから，投資を行わない．その結果，チェーンの平均費用が高くなり，経済厚生を損ねるのである．この状況においても，1つのチェーンが事前の協賛金のもとで効率的な運営を行えば，当該のチェーンは多くの利潤を得ることができる．しかしながら，事後的な協賛金を徴収しないことにコミットできなければ，下請生産者は投資を行わない．このようなコミットメントが困難な場合，事後的な協賛金の徴収を法律によって禁止することには意味がある．

## 5　協賛金に関する法学的・経済学的議論

　この節では，大手小売業者による協賛金の徴収について，法学的・経済学的に検討する．協賛金に関連する法律として，①私的独占の禁止及び公正取引の確保に関する法律（以下では「独禁法」と略す）の「優越的地位の濫用」規制，②大規模小売業者による納入業者との取引における特定の不公正な取引方法（以下では「大規模小売特殊指定」）にもとづく規制，および③下請代金支払遅延等防止法（以下では「下請法」と略す）がある．まずはじめに，これらの規制について概述しよう．

　**優越的地位の濫用**：優越的地位の濫用は独禁法2条9項に定められた「不公正な取引方法」の一類型であり，その5号に定められている．大手小売業者が下請生産者に協賛金の支払いを求めることは，5号の(ロ)「継続して取引する相手方に対して，自己のために金銭，役務その他の経済上の利益を提供させること」に抵触する行為である．なお，優越的地位の濫用に該当すると認められる

行為を行った者に対して，国は独禁法 20 条の 6 にもとづいて課徴金の支払いを命ずることができる[16]．

「優越的地位の濫用」規制が適用されるのは，小売業者が「取引上の地位が相手方に優越している事業者」であり，かつ小売業者の当該行為が「正常な商慣習に照らして不当」である場合である．松風 (2011) によれば，前者については(1)乙（下請生産者）の甲（大手小売業者）に対する取引依存度，(2)甲の市場における地位，(3)乙にとっての取引先変更の可能性，(4)その他甲と取引することの必要性を示す具体的事実等によって認定される．また後者については，当該協賛金等の負担額およびその算出根拠，使途等について，当該取引の相手方との間で明確になっておらず，当該取引の相手方にあらかじめ計算できない不利益を与える場合や，当該取引の相手方が得る直接の利益等を勘案して合理的であると認められる範囲を超えた負担となり，当該取引の相手方に不利益を与える場合に問題とされる．

**大規模小売特殊指定**：独禁法は不公正な取引方法を 2 条 9 項 5 号の法定 5 行為に限っているわけではない．6 号に「前各号に掲げるもののほか，次のいずれかに該当する行為であって，公正な競争を阻害するおそれがあるもののうち，公正取引委員会（以下では「公取委」と略す）が指定するもの」という一文を用意し，公取委が別に指定する行為も不公正な取引方法とみなしている．協賛金に関しては，大規模小売業特殊指定（平成 17 年公正取引委員会告示 11 号）の 8 項を適用することができる．しかしながら，優越的地位の濫用規制が法定化され，課徴金賦課の対象となった以上，この特殊指定は適用されないものと理解されている．

**下請法**：大手小売業者による下請生産者への生産委託は，下請法における「物品の製造委託」に該当する．この場合，下請法は(1)親事業者（小売業者）

---

[16) 独禁法は平成 21 年に改正されたが，その際，不公正な取引方法の一部の行為類型が 2 条 9 項に法定化され，これらには課徴金が課されることになった．また，2 条 9 項の他の法定行為に対する課徴金の賦課は一定期間内（10 年間）に当該行為が繰り返されたときのみなされるが，優越的地位の濫用についてはそのような「繰り返し」を要件としていない．これら改正の経緯については，浦田 (2010) を参照のこと．

が資本金3億円超の法人事業者であり，下請事業者（生産者）が個人事業者かもしくは資本金3億円以下の法人事業者である場合，(2)親事業者が資本金1千万円超3億円以下の法人事業者であり，下請事業者が個人事業者かもしくは資本金1千万円以下の法人事業者である場合に適用される．協賛金については，納入業者に支払うべき代金から協賛金等の名目で差引く場合には下請法4条1項3号，別途支払わせるときは同条2項3号の問題となる[17]．

上述したように，協賛金については独禁法上の優越的地位の濫用規制または下請法上の規制が適用可能であるが，公取委の方針は，いわゆる「優越的地位の濫用」と見られる行為について，「まず下請法の適用を考える」というものである[18]．このことは，下請法が「独占禁止法の手続きでは迅速に対応できない場合もある」という問題意識のもとに制定された特別法であることを反映している．とくに，PB 商品の製造委託に係る事案にたいする下請法にもとづく勧告は近年増えており，2012年度に勧告された21件の事案のうち15件がPB商品等の製造委託に係るものとなっている[19]．

### 「協賛金等の納入」に関する経済学的検討

「優越的地位の濫用」規制は，行為者の市場支配力や競争に対する影響を鑑みることなく，当事者間における力関係のみに着目するものであり，その意味で，独禁法にもとづく他の規制には見られない特徴を持っている．また，村上(2012) が指摘するように，諸外国の経済法にはあまり見られない我が国独自の規制でもある．

もとより，どのような契約も取引当事者の自由で自主的な判断にもとづくものであり，その内容に介入するという意味で，優越的地位の濫用規制は「私的自治の原則」の例外となる．そのようなことから，我が国の経済法学においては，優越的な地位の濫用が当事者の自由で自主的な判断を阻害し（その意味で私的自治の原則を当てはめるにはあたらず），そのことによって市場における競争

---

17) 白石 (2012) を参照のこと．
18) 公正取引委員会 (2010) の別紙2を参照のこと．
19) 公正取引委員会取引部企業取引課・下請取引調査室 (2012) を参照のこと．

が円滑に機能しない状況に対処するという観点から，この規制の役割が認められてきたように思われる．

さらに近年では，伊藤・加賀見（1998）や柳川（2008）などによって，優越的地位の濫用規制には取引当事者間におけるホールドアップ問題を回避する役割があるという見解が示されている．命題3で述べたように，事後的な協賛金の徴収によって下請生産者が関係特定的な投資を行わなくなれば，可変費用が上昇し，消費者厚生や経済厚生は減少する．このことを避けるためには，優越的地位の濫用規制にもとづいて，事後的な協賛金を禁止する必要がある[20]．

しかし，ホールドアップ問題の観点から優越的地位の濫用にかかる諸規制の役割を認めることは，いくつかの理由から問題があるように思われる．まず，松村（2006）が指摘したように，たとえホールドアップ問題が存在したとしても，強行法規を用意する必要はない[21]．また，優越的地位の濫用については下請法が形式的に適用されることが多く，ホールドアップ問題の回避という観点から正当化できない適用例も見受けられる．とくに，命題2で論じたように，消費者厚生や経済厚生を向上させると思われる協賛金についても下請法が適用されている．

先に述べたように，協賛金について適用される下請法上の規制は第4条1項3号あるいは同条2項3号であるが，これらの規制の適用においては納期遅れや商品の瑕疵などの「下請事業者の責めに帰すべき理由」が存在するか否かが問題とされ，協賛金を要求するタイミングは問題とはされていない．下請法違反のほとんどの案件で小売業者と下請生産者との間の金銭の移転についての「事前の合意」は存在するが，ここでいう「事前の合意」は「金銭の移転に先立って書面を交わした」ことを意味しており，それがどの時点でなされたのかについて言及している勧告は少ない．実際，優越的地位の濫用については下請法が形式的に適用されることが多い[22]．とくに，3節で論じた協賛金のように，

---

20) 事後的な協賛金の事例については鳥居（2007）を参照のこと．
21) 事前の契約において，事後において協賛金を追加徴収しないことを決めておけばよい．この点については成生・李（近刊）を参照のこと．ただし，松村（2006）も述べているように，「第三者効果」が存在する場合には，強行法規が必要となるかも知れない．
22) 下請法の適用が形式的なものになっていることについては，例えば白石・長澤・伊永（2012）の長澤発言（pp. 22-23）を参照のこと．

消費者厚生や経済厚生を向上させると思われるものについても下請法が適用されている．日本生活協同組合連合会（以下では「日本生協連」と略す）に関する件（2012年9月25日公取委勧告）は，そのような事例の1つと思われる[23]．

日本生協連は，プライベートブランドの「コープ」マークの付いた商品を開発し，組合員に販売をする全国の生協に卸しており，その製造を下請生産者に委託していたが，その関係において日本生協連が行った行為のいくつかが下請法に違反するとされた．そのうちの以下のものは，取引関係を構築する際の費用を下請生産者と分担するための「協賛金」であると思われる．

　ア）食料品等の製造委託に関し，「生産支援情報」として，会員に対する納入数量を記載した書面のファクシミリによる送信枚数に一定額を乗じて得た額を下請代金の額から減じていた．
　イ）自ら（生協連）が作成する販促物の作成費用を確保するため，下請事業者に対し，「販促ツール作成費用」として，一定額を下請代金の額から減じていた．
　ウ）会員が実施する店舗間の売上高を競うコンテストの賞品費用を確保するため，「販促コンテスト協賛費用」として一定額を下請代金の額から減じていた．
　エ）自らの商品開発のために実施するテストの費用を確保するため，「商品の組合員テスト費用」として，一定額を提供させていた．

　上記のうちア）とイ）は，取引関係を構築するための費用の分担であり，またウ）やエ）も適切な商品企画や販売促進によって，チェーン全体の利益を増やそうとする活動費用の分担であると思われる．日本生協連は，この件について「書面を交わして業者に応じてもらったので，違反との認識はなかった．かなり以前からしていたと思う．深く反省し，再発防止に最大限努力する」とコメントしている[24]．このコメントから判断すれば，これらの金銭の要求は，「負担額およびその算出根拠，使途等が当該取引の相手方との間で明確になっていない」わけではなく，「当該取引の相手方にあらかじめ計算できない不利

---

23) 公正取引委員会（2012）を参照のこと．
24) 日本経済新聞（2012年9月25日朝刊）より引用．

益を与えることとなる場合や，当該取引の相手方が得る直接の利益等を勘案して合理的であると認められる範囲を超えた負担」であるわけでもない．それゆえ，「当該取引の相手方に不利益を与えることとなる場合」にはあたらず，独禁法上の優越的地位の濫用が適用される事案であるとは言い難い．

そうであるにもかかわらず下請法が適用されたのは，公取委が下請法の速やかな適用を目指して，事業者の規模に関する要件を形式的に用いていることによると思われる[25]．下請法には，その立法の趣旨から，速やかな適用が求められているとはいえ，より慎重な取り扱いが望まれる．

また，ホールドアップ問題の観点からは，協賛金の徴収についての合意のタイミングにも配慮すべきである．この章のモデルに即して言えば，取引当事者間で事前に合意された協賛金は，命題2で述べたように，チェーンの運営効率を高めて消費者厚生や経済厚生を向上させる．これにたいして，事後的な協賛金の徴収はホールドアップ問題を引き起こし，経済厚生を損ねる．このような（事後的な）協賛金のみを禁止することは，「私的自治の原則」にも適合すると思われる．

## 6 結　び

この章では，大規模小売業者と下請生産者の製造委託関係において見られる協賛金の機能を経済学的に検討し，小売業者が下請生産者に事前に協賛金の負担を求めることが消費者厚生や経済厚生を向上させることを明らかにした．確かに，協賛金の徴収によって下請生産者の利潤がゼロとなるため，協賛金はしばしば大手小売業者が下請生産者を「搾取」するための手段とみなされることがある．とはいえ，競争的（下請）生産者が超過利潤を得ることができないのは当然のことである．いま，仮に小売業者も競争的であるとしよう．このときには，彼らの利潤もゼロとなる[26]．この状況で，協賛金を徴収可能であれば，

---

25) 下請法が求めている事業者の規模に関する要件は，日本生協連と零細的な製造業者にあてはまっている．
26) 成生・後藤（2013）は，小売業者が競争的な状況で，この章と同様な結論を導いている．

3-1 項で論じたように，下請生産者の利潤もゼロとなり，小売価格は平均調達費用の最小値となる．すなわち，競争均衡が実現するのである．逆に，協賛金の徴収が禁じられる場合には，3-3 項で検討したように，下請生産者は正の利潤を得るが，平均調達費用が高くなるため小売価格も高くなり，消費者厚生および経済厚生は悪化する．このように，協賛金の徴収を禁止すれば，競争均衡が実現できなくなるのである．したがって，協賛金の事案については下請法を形式的に適用するのではなく，協賛金の経済効果を考慮する必要がある．

## 第12章
## 系列調達 vs. 内部調達
——トヨタ vs. GM——

## 1 はじめに

　自動車産業における部品の系列取引は，我が国自動車メーカーの競争力の重要な源泉である．トヨタの場合，部品の内製率は2～3割に過ぎず，その多くを系列のサプライヤーから調達している．両者は継続的な取引関係のもとで関係特定的な投資を行うことによって，効率的な生産システムの構築に努めている．他方，米国では内製率が高く，GMでは5割程度であり，このような部品調達方法の違いが日米の企業のパフォーマンスに影響を及ぼしていると議論されてきた[1]．しかしながら先行研究では，部品調達方法の相違が生産システムの効率にどのような影響を及ぼすかを分析しているが，2つのタイプの企業が同じ市場で競争した場合の比較優位を検討している研究はほとんど存在しない．この章では，内製企業と系列調達企業が競争する状況では，後者の方が利潤が多いという意味で，競争上優位に立つことを明らかにする．

　系列取引のもとで組み立て企業は，少数のサプライヤーとの間で継続的な取引関係を結び，ホールドアップ問題を避けながら，関係特定的な投資を促している．この投資とは，サプライヤーの多層的な能力を構築するためのものであり，メーカーからのさまざまな支援のもとで行われている．というのは，サプライヤーの能力がメーカーの競争力を左右するからであり，このことが「能力構築競争」（藤本（1997））といわれる所以である．

---

[1] Womack et al.（1990）などを参照のこと．

サプライヤーの能力とは，まず第1に生産段階で求められる能力で，部品の品質・納期・価格の点でメーカーの要求に応えるとともに，費用削減のための改善を行う能力である．第2に，それに先立つ開発段階で発揮される能力として，部品の企画・設計を自ら行う開発能力，および設計段階で費用削減の改善提案を行う能力がある．前者に加えて，後者の能力をもつ企業は承認図サプライヤーと呼ばれ，新規モデルの設計段階から開発に参加する．これにたいし，前者の能力だけを持つ企業は貸与図サプライヤーと呼ばれ，開発が完了した後の生産段階において，貸与された設計図にもとづいて部品を生産・供給する．系列取引ではとりわけ承認図サプライヤーが重要であり，部品取引の6割を占め（藤本 (1997)），その能力の高さがメーカーの競争力を支えている[2]．

部品供給においては，開発・量産段階を問わず，費用の削減が極めて重要であり，この章では，部品の生産に先立って行われる費用削減投資（以下では「投資」と略す）を取り上げる．

系列取引のもとでの中核メーカーとサプライヤーの関係は多面的である．部品の納入と代金の支払いで取引が完結するスポット取引とは異なり，中核メーカーは取引に先立って，サプライヤーの能力構築にさまざまな支援を行っている．それは生産技術・品質管理・納期管理の指導にとどまらず，費用削減のための技術支援をも含んでいる．メーカーは，事前にこのような支援を行うことによって，部品の調達価格を低く抑えることが可能となる．ただし，1956年に制定された下請代金支払遅延等防止法（以下では「下請法」と略す）によって，製造原価を大幅に下回るような部品価格の設定は禁止されており，この規制のもとでは，低い部品価格の設定が制約される可能性がある．

この状況で，部品を系列サプライヤーから調達するメーカーと，部品を内製する企業が製品市場において数量競争を行うとき，どちらの企業が優位となるか？　この章では，この点を簡単なモデルを用いて分析する．主な結論は，下請法の規制が厳格でなければ，部品を系列調達するメーカーは，利潤，生産量，投資のいずれの点でも多く，競争優位を持つということである．

この分野の先行研究は，大きく2つに分けられる．1つは不完備契約の理論

---

[2] 承認図方式と貸与図方式の相違については浅沼 (1997)，藤本 (1997) および藤本・西口・伊藤 (1998) などを参照のこと．

の立場から企業の境界の問題を扱う Williamson (1985), Grossman and Hart (1986), Hart and Moore (1990) などの流れである. これはサプライヤーを垂直統合するか否かという問題を扱うが, 単一チャネルの効率的運営という観点から論じており, 競争上の優位性という問題意識とは異なっている.

もう1つはチャネル間競争の観点から垂直的統合の問題を論じたものである. Bonanno and Vickers (1988) や Rey and Stiglitz (1988) は, ライバル関係にあるメーカーが, 自らが生産した財を販売する流通業者を統合するか分離するかという問題を扱っており, メーカーは流通業者を分離することでライバルチャネルとの競争を緩和することができると述べている. この分野では, 川下の流通部門の統合問題を扱った研究は多いが, 川上の部品生産部門の統合を扱ったものは比較的少ない. 先行研究の1つである Chen (2005) は, 部品生産に規模の経済が働く状況で, 部品部門を統合すべきか否かを分析している. 部品部門を統合する企業にとって, 部品を外販することが有利であり, このことを知るライバルメーカーは部品価格が十分低くなければ部品を購入しない. この状況では部品部門を統合するメリットは小さくなる. また Lin (2006) は, 製造企業が部品部門に進出すると, それだけ部品市場の競争が激しくなって部品価格が低下するため, ライバル企業をも利することになると論じている.

以下の構成は次のとおりである. まず次節ではモデルを提示する. 3節ではモデルの均衡 (内点解) を求め, そこでの系列調達企業と内部調達企業を比較する. 4節では端点解の均衡について検討し, 下請法の規制の在り方次第では系列調達企業の優位が損なわれることを明らかにする. 5節では, 要約の後に経験的含意を述べる.

## 2 組み立て企業分析のためのモデル

単純化のために, 同質的な製品を供給する2つの組み立て企業 $i$ および $h$ を想定する. 企業 $i$ は部品製造部門を統合しているのにたいし, 企業 $h$ は系列のサプライヤーから部品を調達しているものとする. これらの企業は製品市場において数量競争を行う. 市場の逆需要関数は

$$p = a - (q_i + q_h)$$

で与えられる．ここで，$p$ は製品の価格，$q_i$ および $q_h$ はそれぞれの組み立て企業の生産量（＝販売量），$a$ は正のパラメータである．

部品を内製する組み立て企業 $i$（以下では「企業 $i$」と略す）の部品の限界調達費用は限界生産費用 $c_i$ に等しい．一方，系列調達する組み立て企業 $h$（以下では「企業 $h$」と略す）が系列のサプライヤーから部品を購入する場合の限界調達費用は部品価格 $w$ である．また企業 $h$ は，部品の発注や投資水準の設定に先立って，固定的な金額 $F$ を系列サプライヤーに支出する．これは部品の生産費用を削減するための支援であり，サプライヤーを自らの系列として抱えるためのものである．

系列取引における部品価格 $w$ および固定的支出額 $F$ の設定に際しては，組み立て企業に100％の交渉力があるとする．本章では，企業 $h$ が部品購入契約 $(w, F)$ を系列サプライヤーに提示し，サプライヤーは自らの利潤が非負であればそれを受け入れるとする．

当初の部品生産の費用条件は企業 $i$ とサプライヤーで等しく，その限界（＝平均）生産費用を $c$ とする．ただし，部品生産に先立ち，投資を行うことによって限界生産費用を削減できるとする．すなわち，企業 $i$ が $tx_i^2$ の金額の投資を行えば，限界生産費用を $c_i = c - x_i$ へと削減することができるのである．サプライヤーについても同様である．ここで，$t$ は正のパラメータである．また以下では，この費用の削減幅 $x_i$ を「投資水準」と呼ぶ．内部調達企業は費用削減投資を自ら行うのに対して，系列調達の場合にはサプライヤーが投資を行う．このような投資主体の違いによって投資水準が異なるため，部品の限界生産費用も異なることになる．また単純化のために，1単位の最終財を生産するためには1単位の部品が必要で，最終財の生産には部品価格以外の追加的費用はかからないものとする．さらに，組み立て企業 $h$ は系列サプライヤーのみから部品を調達し，逆にサプライヤーは企業 $h$ にのみ部品を納入するものとする．

最後に，極大化の2階条件が満たされ，諸変数が非負となることを保証するために，

$$\frac{5+\sqrt{13}}{6} = T < t \tag{1}$$

$$\frac{9t^3 + 3t^2 - 9t + 2}{(45t^2 - 51t + 11)t} < \frac{c}{a} < \frac{1}{2} \tag{2}$$

を仮定する（パラメータの範囲については図表12-1を参照のこと）．

この章で検討するゲームの意思決定のタイミングは次の通りである．まず第1段階において，企業 $h$ がサプライヤーに部品購入契約（$w, F$）を提示する．サプライヤーは，当該契約を履行することからの利潤が非負であれば契約を結ぶ[3]．第2段階において，サプライヤーおよび内部調達企業 $i$ は投資水準を設定する．これらの投資の結果，それぞれ投資水準（$x_i$ または $x_h$）だけ限界生産費用が削減される．第3段階では，部品の限界調達費用を所与として，各組み立て企業が最終財の生産量を設定する．以下では，このゲームの部分ゲーム完全均衡を後方帰納法によって求める．

## 3 内点解の分析

第3段階において内部調達企業 $i$ は，ライバル企業の生産量 $q_h$ を所与として，自らの利潤を最大にするように生産量 $q_i$ を設定する．この状況における企業 $i$ の意思決定問題は

$$\max_{q_i} \pi_i = (p - c_i) q_i = \{a - (q_i + q_h) - c_i\} q_i$$

と定式化される．

同様に，系列サプライヤーから部品を調達する組み立て企業 $h$ は，ライバル企業の生産量 $q_i$ を所与として，自らの利潤を最大にするように生産量 $q_h$ を設定する．この状況における企業 $h$ の意思決定問題は

$$\max_{q_h} \pi_h = (p - w) q_h - F = \{a - (q_i + q_h) - w\} q_h - F$$

---

[3] モデルの構造を知るサプライヤーは，部品価格のもとで企業 $h$ の生産量（＝部品発注量）を正しく予想し，自らの利潤（$w - c + x_h$）$q_h - t x_h^2$ を計算することができる．

と定式化される.

両者の利潤極大化条件を連立して解けば，各企業の生産量は

$$q_i(c_i, w) = \frac{a - 2c_i + w}{3} \tag{3-1}$$

$$q_h(c_i, w) = \frac{a + c_i - 2w}{3} \tag{3-2}$$

で与えられる．また，このときの製品価格は

$$p(c_i, w) = \frac{a + c_i + w}{3} \tag{3-3}$$

と計算される．ここで(3-1)～(3-2)式より，自らの限界調達費用が低く，ライバルの限界調達費用が高くなるほど，自らの生産量が多くなることが分かる．また $q_h(c_i, w) \gtreqless q_i(c_i, w)$, iff $w \lesseqgtr c_i$ であるから，製品市場における優位性はどちらの限界調達費用が低いかに依存する．

ここで留意すべきことは，部品価格 $w$ は限界生産費用と一致する必要はなく，企業 $h$ によって操作できるということである．そして，$w$ が低いほど企業 $h$ は生産量を増やし，それと戦略的代替関係にある企業 $i$ は生産量を減らす．したがって，企業 $h$ は限界調達費用 $w$ を低く設定しようとする誘因をもつ．

### 第2段階：投資水準の設定

第3段階の部分ゲームの均衡を予想した上で，第2段階において企業 $i$ とサプライヤーは，それぞれの投資水準を設定する．企業 $i$ は，ライバル企業 $h$ の限界調達費用 $w$（およびサプライヤーの投資水準 $x_h$）を所与として，自らの利潤 $\pi_i$ を最大にするように投資水準 $x_i$ を設定する．この状況における企業 $i$ の意思決定問題は

$$\max_{x_i} \pi_i = \frac{\{a - 2(c - x_i) + w\}^2}{9} - tx_i^2$$

と定式化される．上記の最大化問題の極大化条件より，反応関数

$$x_i(w) = \frac{2(a - 2c + w)}{9t - 4} \tag{4-1}$$

が導かれる．

　一方サプライヤーは，部品価格 $w$ およびライバル企業の投資水準 $x_i$ を所与として，自らの利潤 $\Pi_h$ を最大にするように投資水準 $x_h$ を設定する．この状況におけるサプライヤーの意思決定問題は

$$\max_{x_h} \Pi_h = \frac{(w-c+x_h)(a+c-x_i-2w)}{3} - tx_h^2 + F$$

と定式化される．上記の最大化問題の極大化条件より，反応関数

$$x_h(x_i, w) = \frac{a+c-2w-x_i}{6t} \tag{4-2}$$

が導かれる．

　(4-1)～(4-2)式より，企業 $h$ は限界調達費用 $w$ を低く設定することによってサプライヤーの投資水準を高め（$\partial x_h/\partial w < 0$），ライバル企業 $i$ の投資水準を下げることができる（$\partial x_i/\partial w > 0$）．というのは，$w$ の低下が製品市場における自社の生産量を増やし，投資効果を増大させると同時に，ライバルの生産量を減らすことによって，彼の投資のメリットを低下させるからである．

　また，サプライヤーの投資水準が企業 $i$ の投資水準に直接影響を及ぼさないのにたいし，企業 $i$ の投資水準の低下による限界費用 $c_i$ の上昇は，彼の最終財の生産量を減らし，それと戦略的代替関係にある企業 $h$ の生産量を増やす．このようにして部品の発注量が増えれば，規模効果ゆえに，サプライヤーの投資水準が上昇する．すなわち，$w$ を低く設定することは，直接的に，限界調達費用を低下させて製品市場における競争を有利にするだけでなく，間接的に，費用削減のための投資競争を有利にし，それがさらなる製品市場における優位をもたらすのである．

　(4-1)～(4-2)式の反応関数を連立して解けば，各企業の投資水準は，

$$x_i(w) = \frac{2(a-2c+w)}{D_1} \tag{5-1}$$

$$x_h(w) = \frac{(3t-2)a + 3tc - 2(3t-1)w}{2tD_1} \tag{5-2}$$

で与えられる．ここで，極大化の2階条件より $D_1 = 9t - 4 > 0$ である．また，このときの各企業の生産量，製品価格および利潤は，

$$q_i(w) = \frac{3t(a - 2c + w)}{D_1} \tag{5-3}$$

$$q_h(w) = \frac{(3t-2)a + 3tc - 2(3t-1)w}{D_1} \tag{5-4}$$

$$p(w) = c + \frac{(3t-2)(a - 2c + w)}{D_1} \tag{5-5}$$

$$\pi_i(w) = \frac{t(a - 2c + w)^2}{D_1} \tag{5-6}$$

$$\pi_h(w) = \left\{\frac{(3t-2)a + 3tc - 2(3t-1)w}{D_1}\right\}^2 - F \tag{5-7}$$

と計算される．

### 第1段階：部品価格の設定

第2段階以降の部分ゲームの均衡を予想する企業 $h$ は，サプライヤーに非負の利潤を与えるという制約のもとで，自らの利潤を最大にするように部品価格 $w$ および固定的支出額 $F$ を設定する．ただし，下請法の規制により，企業 $h$ は部品の製造原価を大幅に下回るような部品価格 $w$ を設定することができず，それは製造原価のもとで適切とされる水準 $v$ 以上でなければならないとする．この状況における企業 $h$ の意思決定問題は

$$\max_{w,F} \pi_h = (p(w) - w)q_h(w) - F,$$
$$\text{s.t.} \quad \Pi_h = (w - c + x_h(w))q_h(w) - tx_h(w)^2 + F \geq 0, \quad \text{and} \quad w \geq v$$

と定式化される．ここで，最初の制約条件が等号で成立することに留意すれば，企業 $h$ の意思決定問題は

$$\max_{w} z_h = \pi_h = (p(w) - c + x_h(w))q_h(w) - tx_h(w)^2, \quad \text{s.t.} \quad w \geq v$$

へと改められる．(1)式の仮定のもとでは，極大化の2階条件

$$\frac{\partial^2 z_h}{\partial w^2} = -\frac{D(t)}{t(D_1)^2} < 0 \qquad (6)$$

は満たされている. ここで, $D(t) \equiv 2(6t-1)(3t-1)(t-1) > 0$ である. それゆえ, 仮に

$$\left.\frac{\partial z_h}{\partial w}\right|_{w=v} = \frac{t(45t^2 - 51t + 11)c - (9t^3 + 3t^2 - 9t + 2)a - D(t)v}{t(D_1)^2} > (<) 0 \qquad (7)$$

であれば, 部品価格は内点解 (端点解) となる.

ここで, $u \equiv v/a$ とおき,

$$f(t,u) \underset{\text{def}}{\equiv} \frac{(9t^3 + 3t^2 - 9t + 2) + D(t)u}{t(45t^2 - 51t + 11)} \qquad (8)$$

を定義する. いま $v=0$ とすれば, $f(t,0)$ は(2)式の左辺であり, その形状は図表 12-1 に示されている. また $D(t) > 0$ であるから, パラメータ $v$ (すなわち $u$) の値が大きくなれば $f(t,u)$ は上方にシフトする. ここで, 仮に $c/a > f(t,u)$ であれば, $\partial z_h/\partial w|_{w=v} > 0$ となるから, 内点解

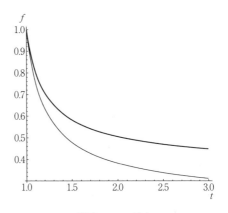

**図表 12-1** 仮定

細線は $f(t,0)$. 太線は $f(t,1/5)$ であり, 参考のために示した.

$$w^* = c - \frac{(9t^3 + 3t^2 - 9t + 2)(a-c)}{D(t)} \qquad (9\text{-}1)$$

$$F^* = \frac{t(6t^2 + 3t - 1)(3t-1)(3t-2)^2(a-c)^2}{(D(t))^2} \qquad (9\text{-}2)$$

を得る[4]. このときの各企業の投資水準, 生産量, 製品価格および利潤は

---

4) $c/a < f(t,0)$ の場合には, 部品価格は非正となる. この状況については成生・李・菊谷 (2008) および Lee (2009) を参照のこと.

$$x_i^* = \frac{2(3t^2 - 5t + 1)(a-c)}{D(t)} \qquad (9\text{-}3)$$

$$x_h^* = \frac{(3t-2)(3t-1)(a-c)}{D(t)} \qquad (9\text{-}4)$$

$$q_i^* = \frac{3t(3t^2 - 5t + 1)(a-c)}{D(t)} \qquad (9\text{-}5)$$

$$q_h^* = \frac{2t(3t-2)(3t-1)(a-c)}{D(t)} \qquad (9\text{-}6)$$

$$p^* = c + \frac{(9t^3 - 21t^2 + 13t - 2)(a-c)}{D(t)} \qquad (9\text{-}7)$$

$$z_i^* = \frac{t(9t-4)(3t^2 - 5t + 1)^2(a-c)^2}{(D(t))^2} \qquad (9\text{-}8)$$

$$z_h^* = \frac{t(3t-2)^2(a-c)^2}{2D(t)} \qquad (9\text{-}9)$$

と計算される．

ここで留意すべきことはまず第1に，仮に $t < T \equiv (5+\sqrt{13})/6$ であれば $q_i^* < 0$ となるから，企業 $i$ は参入しないということである．(1)式の仮定はこのことを排除するためのものである．また，$t > T$ および内点解の条件 $c/a > f(t,u) > f(t,0)$ のもとでは，部品の限界生産費用は正である（$c_i^* = c - x_i^* > 0$ かつ $c_h^* = c - x_h^* > 0$）[5]．さらに，

$$w^* - c_h^* = -\frac{3t^2(3t-2)(a-c)}{D(t)} < 0$$

であるから，部品の出荷価格は限界生産費用を下回ることになる[6]．

この均衡における各企業の投資水準，生産量および利潤を比べれば，

$$x_h^* - x_i^* = \frac{t(3t-1)(a-c)}{D(t)} > 0$$

---

[5] $c_h^* = [-(3t-2)a + t(12t-11)c]/2(t-1)(6t-1)$ であるから，$c_h^* > 0$, if $c/a > (3t-2)/t(12t-11)$ である．ここで，$f(t,0) > (3t-2)/t(12t-11)$ であるから，内点解の条件 $c/a > f(t,u)$ を満たせば $c_h^* > 0$ となる．また $x_i^* < x_h^*$ であるから，$c_i^* = c - x_i^* > c - x_h^* = c_h^* > 0$ となる．

[6] 第1章の基本モデルの命題1を参照のこと．

$$q_h^* - q_i^* = \frac{t(9t^2 - 3t + 1)(a-c)}{D(t)} > 0$$

$$z_h^* - z_i^* = \frac{t^2(81t^4 - 153t^3 + 87t^2 - 23t + 3)(a-c)^2}{(D(t))^2} > 0$$

であるから，企業 $i$ と比べて，企業 $h$ の方が生産量および利潤が多く，系列サプライヤーの方が投資水準が高い．したがって，次の命題が導かれる．

### 【命題 1】

系列調達企業と内部調達企業が同質財を供給する状況では，部品価格は限界生産費用以下に設定される．また，内部調達企業と比べて，系列調達企業の方が生産量および利潤が多く，系列サプライヤーの方が投資水準が高く，限界生産費用は低くなる．

### 比較静学分析

諸変数の均衡式をパラメータで偏微分した式の符号は図表 12-2 にまとめられる．この比較静学分析の結果は次のように説明される．まず第 1 に，($a$ の上昇という意味で）需要が増えるとき，企業 $h$ は自らの販売量を増やすために部品価格 $w$ を引き下げる[7]．このことは，直接的にはサプライヤーの投資水準を低める効果を持つが，生産量の増加という規模効果が働くため，投資水準は高

|   | $w$ | $x_i$ | $x_h$ | $q_i$ | $q_h$ | $p$ | $z_i$ | $z_h$ |
|---|---|---|---|---|---|---|---|---|
| $a$ | − | + | + | + | + | + | + | + |
| $c$ | + | − | − | − | − | + | − | − |
| $t$ | + | ± | − | + | + | + | + |   |

$x_i$ を $t$ で微分すれば
$$dx_i/dt = -4(54t^4 - 180t^3 + 159t^2 - 48t + 4)(a-c)/D(t)^2$$
であるから，この符号は $g(t) = -(54t^4 - 180t^3 + 159t^2 - 48t + 4)$ の符号と一致する．$g(t) = 0$ は $t < T$ の範囲で 1 つの根 $\tau \fallingdotseq 2.14394$ をもつ．したがって，
$$dx_i/dt \gtreqless 0, \text{iff } t \lesseqgtr \tau$$
である．

**図表 12-2** 比較静学分析

---

7) 第 1 章の基本モデルの命題 1 を参照のこと．

くなる．このことによって部品の限界生産費用が削減されるため，企業$h$の利潤は増える[8]．一方，企業$i$もまた生産量を増やすから，規模効果ゆえに投資水準も高くなり，部品の限界生産費用が削減されるため利潤が増えることになる．

　第2に，投資前の部品の限界生産費用$c$が上昇するとき，（他の条件を一定とすれば）サプライヤーの部品の限界生産費用が上昇するため，それを補塡するために，企業$h$は部品価格$w$を引き上げる．このことによって最終財の限界調達費用が上昇するため生産量が減り，規模効果が小さくなるため投資水準も低くなる．その結果，部品の限界生産費用が一層高くなるため利潤が減るのである．企業$i$についても同様で，両企業が生産量を減らすため，製品価格は高くなる．

　第3に，（$t$の上昇という意味で）投資効率が悪化するとき，（他の条件を一定とすれば）サプライヤーの投資水準が低下し，部品の限界生産費用が上昇するため，企業$h$は部品価格$w$を引き上げる．このことによって最終財の限界調達費用が上昇するため生産量が減り，規模効果が小さくなるため，サプライヤーの投資水準は一層低くなる．その結果，部品の限界生産費用が一層高くなるため利潤が減ることになる．

　他方，企業$i$の反応は注目に値する．投資効率の低下は，（直接効果のみを考慮すれば）投資水準，生産量および利潤を減らすが，企業$h$との戦略的相互依存関係ゆえに必ずしもそうはならない．上述したように，$t$が高くなれば，企業$h$の投資水準が低下して生産量が減る．その結果，企業$i$の残余需要が増えるのである．この効果は，$t$の値が低いときの方が大きい．というのは，投資効率が高いときほどライバルの生産量は多く，$t$の上昇による生産量の減少幅も大きいからである．したがって，$t$の値が小さいときには残余需要が大きく増えるため，規模効果が働き，投資水準が上昇するのである．$t$の値が大きくても，$t$の上昇はライバルの生産量を減らし，企業$i$の残余需要を増やす．そのため，企業$i$の生産量は，$t$の値にかかわらず増え，利潤もまた増加することになる[9]．この際，企業$h$の生産量の減少幅が企業$i$の生産量の増加幅より

---

[8] 企業$h$からサプライヤーへの固定的な支払額$F$について言えば，限界生産費用の削減はそれを減らす効果を持つが，$w$の引き下げと投資費用の増加によって$F$は増加する．

も大きいため,総供給量が減って製品価格は高くなる.

## 4 端点解と下請法

この節では,端点解の均衡を分析し,下請法による規制の効果を考察する.

仮に $c/a < f(t,u)$ であれば均衡は端点解となり,そこでの諸変数の値は第2段階の部分ゲームの均衡式((5)式)の $w$ を $v$ で置き換えた式,すなわち

$$w = v \tag{10-1}$$

$$x_i(v) = \frac{2(a-2c+v)}{D_1} \tag{10-2}$$

$$x_h(v) = \frac{(3t-2)a + 3tc - 2(3t-1)v}{2tD_1} \tag{10-3}$$

$$q_i(v) = \frac{3t(a-2c+v)}{D_1} \tag{10-4}$$

$$q_h(v) = \frac{(3t-2)a + 3tc - 2(3t-1)v}{D_1} \tag{10-5}$$

$$p(v) = c + \frac{(3t-2)(a-2c+v)}{D_1} \tag{10-6}$$

$$z_i(v) = \frac{t(a-2c+v)^2}{D_1} \tag{10-7}$$

$$z_h(v) = \frac{\{(3t-2)a + 3tc - 2(3t-1)v\}\{(4t+1)(3t-2)a - t(24t-19)c + 2(t-1)(6t-1)v\}}{4t(D_1)^2} \tag{10-8}$$

で与えられる.

この状況で,企業 $i$ または企業 $h$ のいずれが製品市場で優位となるかは $v$ の水準に依存しており,一概には言えない.実際,$v$ が高くなれば,企業 $h$ の生産量や利潤は減り($dq_h(v)/dv < 0$ および $dz_h(v)/dv < 0$),企業 $i$ の生産量および

---

9) $t$ の上昇によって投資水準 $x_i^*$ が低下する場合には,企業 $i$ の限界調達費用が上昇するが,企業 $h$ の限界調達費用 $w$ の上昇がそれを上回るので,企業 $i$ の生産量が増えるのである.

利潤は増える（$dq_i(v)/dv > 0$ および $dz_i(v)/dv > 0$）．その意味で，下請法による規制は系列調達企業に不利に働き，$v$ が低い（高い）ときには企業 $h$（$i$）が（製品市場でのシェアが多くなるという意味で）優位となる．また，$v$ が高くなれば，総供給量が減るため，製品価格は高くなる．

下請法による規制の効果を考察する際に留意すべきことは，$f(t,0) < c/a < f(t,u)$ を満たすパラメータの範囲（図表12-1の2つの線に挟まれた領域）では，下請法が無ければ均衡は内点解となり，その規制が有効であれば端点解となるということである．そして(6)式および(7)式のもとでは，端点解の場合には $v > w^*$ となる．すなわち，下請法による規制が有効な場合には，部品価格が高くなるのである．このことは，上述したように，系列調達企業（内部調達企業）に不利（有利）に働くと同時に，製品価格の上昇をもたらし消費者厚生を悪化させるのである．したがって，次の命題が導かれる．

【命題 2】
下請法による部品価格の下限制限は，系列調達企業の競争優位を損なうと同時に，消費者厚生を悪化させる．

いまベンチマークとして，部品価格 $v$ がその製造原価 $c_h$ 以上でなければならないとしよう．$v$ を所与としたときの均衡におけるサプライヤーの投資水準は $x_h(v)$ であるから，このときの製造原価は

$$c_h(v) = c - x_h(v) = \frac{-(3t-2)a + t(18t-11)c + 2(3t-1)v}{2t(9t-4)}$$

と計算される．規制当局が部品価格の下限 $v$ をこの水準に設定するとしよう．このことを予想する（モデルの構造を知る）各企業は，$c_h(V) = V$ より，規制当局が設定するであろう部品価格の下限

$$V = \frac{-(3t-2)a + t(18t-11)c}{2D_V}$$

を計算することができる．ここで，$D_V = 9t^2 - 7t + 1 > 0$ である．この状況における各企業の部品価格，投資水準，生産量，製品価格および利潤は，(10)式の $v$ を $V$ に置き換えた

$$w^V = V = \frac{-(3t-2)a + t(18t-11)c}{2D_V}$$

$$x_i^V = \frac{(2t-1)(a-c)}{D_V}$$

$$x_h^V = \frac{(3t-2)(a-c)}{2D_V}$$

$$q_i^V = \frac{3t(2t-1)(a-c)}{2D_V}$$

$$q_h^V = \frac{t(3t-2)(a-c)}{D_V}$$

$$p^V = c + \frac{(6t^2 - 7t + 2)(a-c)}{2D_V}$$

$$z_i^V = \frac{t(9t-4)(2t-1)^2(a-c)^2}{4D_V^2}$$

$$z_h^V = \frac{t(4t-1)(3t-2)^2(a-c)^2}{4D_V^2}$$

で与えられる[10].

上式より,各企業の投資水準,生産量および利潤を比べれば,

$$x_h^V - x_i^V = -\frac{t(a-c)}{2D_V} < 0$$

$$q_h^V - q_i^V = -\frac{t(a-c)}{2D_V} < 0$$

$$z_h^V - z_i^V = -\frac{(5t-3)t^2(a-c)^2}{4D_V^2} < 0$$

であるから,企業 $i$ の方が投資水準が高く,生産量および利潤も多い.したがって,次の系が導かれる.

---

[10] 当然のことではあるが,この状況におけるサプライヤーの部品の製造原価は $c_h^V = c - x_h^V = [-(3t-2)a + t(18t-11)c]/2D_V = V$ である.

## 【系3】

下請法によって部品価格の下限が製造原価の水準に設定されるとき, 内部調達企業の方が投資水準が高く, 生産量および利潤も多くなり, 系列調達企業の競争優位は失われる.

## 5 結 び

この章では, 部品生産に先立って費用削減投資が行われる場合, 部品を系列サプライヤーから調達する企業と内部調達する企業とでは, どちらが製品市場で競争優位となるかについて検討した. 主な結論は, 下請法のもとでの部品価格の下限規制が有効でなければ, 系列調達企業の方が投資水準, 生産量および利潤のいずれの点でも内部調達企業を上回り, 競争優位に立つということである. 系列調達企業は部品価格をその製造原価より低く設定する. このことは直接的にはサプライヤーの投資水準を低めるが, 最終財の限界調達費用が低くなるため生産量が増える. このことにもとづく部品発注量の増加がサプライヤーの投資水準を高め (規模効果), 限界生産費用が削減される結果, 共同利潤が増えるのである. その際サプライヤーに生じた損失は, 固定額の金銭的移転によって補填される.

内点解均衡の比較静学分析によれば, 投資効率が下がると, 系列調達企業は生産量を減らすが, 内部調達企業は生産量を増やす. 逆にいえば, 技術進歩によって投資の効率化が進むと, 系列調達企業の方が相対的に有利となる. 日本企業が得意とするロボットなどによるメカトロニクス化は $t$ の低下をもたらすから, 系列調達企業を有利にするのである.

また, 下請法による部品の下限価格規制は, そのことによって部品価格が高くなるのであれば, 系列調達企業に不利に働く. この規制が厳しく, 部品価格が十分高く設定される場合には, 内部調達企業の方が投資水準が高く, 生産量や利潤も多くなり, 系列調達企業の競争優位は損なわれることになる.

最後に, 部品のスポット取引についてふれておこう. 費用削減投資を考慮するとき, 部品の生産費用は $(c-x)q + tx^2$ であるから, その極小化条件より,

最適投資水準は $x = q/2t$ である．このときの総費用は $cq - q^2/4t$ で，限界費用は $c - q/2t$ である．したがって，競争的な部品供給市場（部品生産企業の利潤はゼロ）に直面する組み立て企業が $q$ 単位の部品を発注するときの仕入代金は $cq - q^2/4t$ であり，限界調達費用は $c - q/2t$ となる．これは内製企業の限界調達費用と等しく，その意味で，スポット市場取引と部品部門を垂直的に統合した場合の限界調達費用は同じである．

　生産システムの効率的な運営の観点からは，一方の極には直接的かつ包括的なコントロールを意味する垂直的統合が，他方の極にはコントロールをしないスポット取引がある．間接的かつ部分的なコントロールを意味する系列取引は，垂直的統合とスポット取引の中間形態として捉えられてきた．他面，組み立て企業間で数量競争が行われる場合，そこでの競争優位は限界調達費用に依存する．このような組み立て企業間の競争を念頭に置けば，内部調達（垂直的統合）とスポット取引は，限界調達費用が等しいという意味で同じであり，系列調達は両者の中間形態ではないことになる．

## 第13章

## 直接販売 vs. 間接販売
──生産者による小売企業の株の所有──

## 1 はじめに

　生産者は，自らが生産した財を消費者に直接販売するか，あるいは小売業者に販売を委ねるかを選択する．この種の選択について取引費用アプローチでは，仮に統合に費用がかからないのであれば，生産者による直接的かつ包括的なコントロールが可能な統合が選択されると論じている[1]．また，チャネル間で価格―価格競争が行われる状況では，第7章で論じたように，垂直的分離がチャネル間競争を緩和するため，たとえ統合に費用がかからなくても，生産者は小売部門を分離することがある．さらに，第1章で論じたように，チャネル間で価格―数量競争が行われる状況で，生産者がフランチャイズ料を徴収する場合，垂直的分離によってチャネル間競争が激しくなるにもかかわらず，彼らは小売部門を分離する[2]．

　生産者が小売業者を介して財を販売する状況において，彼は小売業者が発行する小売企業の株を取得するか？　取得するとしたら，どの程度の割合か？この章ではまずはじめに，一方の生産者が消費者に直接販売し，他方の生産者は独立した小売業者を介して販売（間接販売）するという非対称な構造を持つチャネルの間での競争を想定する．この状況では，間接販売を行う生産者は，

---

1) この分野の先行研究については第1章の4節を参照のこと．
2) フランチャイズ料を徴収しない場合には，両生産者は統合を選択する．この点については，第1章を参照のこと．

小売企業の株をすべて取得することによって，両生産者がともに消費者に直接販売する状況におけるシュタッケルベルグ競争の先導者のように振る舞うことができる．また，両生産者がともに間接販売を行う状況でも，彼らは小売企業の株をすべて取得する．この状況における均衡は，第1章で論じた基本モデルの均衡と一致する．

このような株の持ち合いについては，代替財を供給する寡占的生産者の間での株の持ち合いが利害の共通化を導き，カルテルに類似した効果（水平的統合効果）を持つと論じられている[3]．また Flath (1989) は，単一チャネルを想定した上で，垂直的取引関係にある企業間の株の持ち合いは垂直的統合と類似した効果を持つと指摘している．この章では，この性質がチャネル間競争を考慮したとしても維持されることを示す．

以下の構成は次のとおりである．まず次節では，非対称な構造を持つチャネル間の競争モデルを提示した後に，その均衡を導出して特性を検討する．3節では両生産者がともに間接販売を行う状況を検討する．4節は要約である．

## 2　株式取得検討のためのモデル

対称的な費用関数 $c(q_i)=cq_i$ のもとで同質財を生産する2人の生産者 ($i=1,2$) を想定する．ここで，$q_i$ は生産者 $i$ の生産量，$c$ は正のパラメータである．生産者1は小売業者を介して消費者に財を販売するのにたいして，生産者2は消費者に直接販売するものとする．市場では，生産者2と小売業者が数量競争を行う．市場における財にたいする逆需要関数は

$$p=p(Q), \quad p'<0 \tag{1}$$

で与えられる．ここで，$p$ は小売価格，$Q=q_1+q_2$ は総供給量，$p'=dp/dQ$ で

---

[3] 水平的競争関係にある企業の間での株の持ち合いについては Greenhat and Ohta (1979), Bresnahan and Salop (1986) や Reynolds and Snapp (1986) などを参照のこと．また，垂直的取引関係にある企業間の株の持ち合いが統合と類似した効果を持つ点については Flath (1989, 2000) などを参照のこと．

ある.

　直接販売を行うチャネル2では，生産者2が市場への販売量（＝生産量）を設定するのにたいし，間接販売を行うチャネル1では，生産者1が出荷価格 $w$ を設定し，小売業者が注文量（＝販売量）を設定する．いま，生産者1が小売企業の株を $s \in [0,1]$ の比率で所有しているとしよう．このとき，彼は小売企業の粗利益 $Y$ の $s$ の割合を配当として受け取ることになる．

　以下で検討するゲームの意思決定タイミングは次のとおりである．まず第1段階において，生産者1が小売企業の株の所有比率 $s$ を設定する．第2段階では，生産者1が出荷価格 $w$ を設定する．第3段階では，生産者2および小売業者が販売量を設定する．以下では，この3段階ゲームの部分ゲーム完全均衡を後方帰納法によって求める．

### 第3段階：販売量の設定

　第3段階において小売業者および生産者2は，ライバルの販売量を所与として，自らの利潤を最大にするように販売量を設定する．この状況における彼らの意思決定問題は，それぞれ，

$$\max_{q_1} Y = (p(Q) - w)q_1,$$
$$\max_{q_2} \pi_2 = (p(Q) - c)q_2$$

と定式化される．ここで，$w$ は小売業者の仕入価格（＝生産者の出荷価格），$s$ は生産者による小売企業の株の所有比率（以下では「株の所有比率」と略す），$Y$ は（配当支払い前の）粗利益である．また，小売業者（小売企業の株主）の利益は $y = (1-s)Y$ である．上記の最大化問題の極大化条件は，

$$\frac{\partial Y}{\partial q_1} = p + q_1 p' - w = 0 \tag{2-1}$$

$$p + q_2 p' - c = 0 \tag{2-2}$$

であり，これらを連立して解けば，生産者2および小売業者の販売量（$q_1(w)$ および $q_2(w)$）を求めることができる．上式より

$$q_1 - q_2 = \frac{w - c}{p'} \tag{2-3}$$

であるから，仕入価格 $w$ が限界生産費用 $c$ より低ければ，小売業者の販売量 $q_1$（＝生産者1の生産量）は生産者2の販売量 $q_2$ よりも多くなる．

また，(2)式を全微分すれば，

$$\begin{pmatrix} 2p' + q_1 p'' & p' + q_1 p'' \\ p' + q_2 p'' & 2p' + q_2 p'' \end{pmatrix} \begin{pmatrix} dq_1 \\ dq_2 \end{pmatrix} = \begin{pmatrix} dw \\ 0 \end{pmatrix}$$

を得る．ここで，$p'' = d^2 p / dQ^2$ である．いま，Hahn (1962) の安定条件 $p' + q_i p'' < 0$ を仮定すれば，

$$2p' + q_i p'' < p' + q_i p'' < 0 \tag{3}$$

となるから，均衡は安定的であると同時に，極大化の2階条件も満たされる．このとき，

$$\frac{dq_1}{dw} = \frac{2p' + q_2 p''}{D} < 0 \tag{4-1}$$

$$\frac{dq_2}{dw} = -\frac{p' + q_2 p''}{D} > 0 \tag{4-2}$$

$$\frac{dQ}{dw} = \frac{p'}{D} < 0 \tag{4-3}$$

が導かれる．ここで，安定条件より $D = p'(3p' + Qp'') > 0$ である．上式より，出荷価格 $w$ が高くなると生産者2の販売量 $q_2$ が多くなるのにたいして，小売業者の販売量 $q_1$ および総供給量 $Q$ は少なくなることが分かる．また，(2-1)式に留意すれば

$$\frac{dY}{dw} = \frac{\partial Y}{\partial q_1}\left(\frac{dq_1}{dw}\right) + \frac{\partial Y}{\partial q_2}\left(\frac{dq_2}{dw}\right)$$

$$= \frac{\partial Y}{\partial q_2}\left(\frac{dq_2}{dw}\right) = \left\{p'\left(\frac{dq_2}{dw}\right) - 1\right\} q_1 < 0 \tag{4-4}$$

であるから，小売企業の粗利益は $w$ が高いほど少なくなる．さらに，$q_1$ および $q_2$ は（直接的には）$s$ に依存しない[4]．

---

4) ただし，株の所有比率 $s$ は生産者1による出荷価格の設定に影響を与え，$q_1$ および $q_2$

**第2段階：出荷価格の設定**

第3段階の部分ゲームの均衡を予想する生産者1は，自らの利潤を最大にするように出荷価格 $w$ を設定する．このときの彼の意思決定問題は

$$\max_{w} \pi_1(w) = (w-c) q_1(w) + sY(w), \text{ for given } s$$

と定式化される．上記の最大化問題の極大化条件

$$\frac{d\pi_1}{dw} = (w-c)\left(\frac{dq_1}{dw}\right) + q_1(w) + s\left(\frac{dY}{dw}\right) = 0 \tag{5}$$

より，出荷価格 $w(s)$ を生産者による小売企業の株の所有比率 $s$ の関数として求めることができる．上式を全微分すれば，$(d^2\pi_1/dw^2)\,dw + (dY/dw)\,ds$ であるから，これをゼロとおき，2階条件 $(d^2\pi_1/dw^2 < 0)$ を考慮すれば，

$$\frac{dw}{ds} = -\left(\frac{dY}{dw}\right) \bigg/ \left(\frac{d^2\pi_1}{dw^2}\right) < 0 \tag{6}$$

を得る．すなわち，出荷価格 $w$ は $s$ が高いときには低くなる．ここで，仮に $s=0$ であれば，(5)式より $(w-c) = -q_1(w)/(dq_1/dw) > 0$ であるから，(2-3)式より，小売業者の販売量は生産者2の販売量よりも少ない[5]．また，仮に $s=1$ であれば，

$$w - c = -\left\{ q_1(w) + \left(\frac{dY}{dw}\right) \right\} \bigg/ \left(\frac{dq_1}{dw}\right)$$

$$= -\left[ q_1(w) + \left\{ p'\left(\frac{dq_2}{dw}\right) - 1 \right\} q_1(w) \right] \bigg/ \left(\frac{dq_1}{dw}\right)$$

$$= -p'\left(\frac{dq_2}{dw}\right) q_1(w) \bigg/ \left(\frac{dq_1}{dw}\right) < 0$$

であり，$w < c$ となるから，このときには $q_1 > q_2$ となる．それゆえ，株の所有比率 $s$ については，生産者2と小売業者の販売量が等しくなる $(q_1(w(S)) = q_2(w(S))$，すなわち $w(S) = c)$ 一意の値 $S \in (0,1)$ が存在することになる．そし

---

に間接的な影響を及ぼす．

5) 間接販売を行うチャネル1では二重マージンが生じている．

て，$s$ が $S$ より大きい（小さい）ときには，小売業者の販売量は生産者 2 の販売量より多く（少なく）なる．したがって，次の補題が導かれる．

**【補題 1】**
　生産者 1 による小売企業の株の所有比率については，ある $S$ ($\in [0,1]$) が存在し，$s \gtreqless S$ であれば $q_1 \gtreqless q_2$ となる．

　ここで，$s = S$ であれば $w = c$ であるから，(5)式より，$q_1 = -s(dY/dw)$ であり，それゆえ，(4-4)式および(4-1)式に留意すれば

$$S = -q_1 \Big/ \left(\frac{dY}{dw}\right) = -1 \Big/ \left\{ p'\left(\frac{dq_2}{dw}\right) - 1 \right\} = \frac{3p' + Qp''}{4p' + 2q_2 p'' + q_1 p''}$$

を得る．

　いま，仮に需要関数が線形であるとしよう．このときには $p'' = 0$ であるから，$S = 3/4$ となる．したがって，生産者 1 が小売企業の株をある程度大きな比率で持っていれば，小売業者の販売量が直接販売をしている生産者 2 の販売量を上回ることになる．このことは次のように説明される．株の所有比率 $s$ が高ければ，生産者 1 は小売企業の粗利益の多くを回収することができる．この状況で生産者 1 は，二重マージンを軽減するために出荷価格 $w$ を低く設定する．その結果，小売業者は販売量を増やし，多くの粗利益を得る．この粗利益の多くの割合 ($s$) を配当として受け取ることで，生産者 1 は多くの利潤を得ることができるのである（株式所有の垂直的統合効果）．

### 第 1 段階：株の所有比率の設定

　第 2 段階以降の部分ゲームの均衡を予想する生産者 1 は，第 1 段階において，自らの（株の取引からの利潤を含む）利潤を最大にするように株の所有比率 $s$ を設定する．生産者 1 が小売企業の株を取得しないときの小売企業の価値（＝小売企業の利潤）は $Y(w(0))$ であるから，この株の $s$ の比率を取得するための費用は $sY(w(0))$ である．したがって，生産者 1 の意思決定問題は

$$\max_{s} \pi_1(w, s) = (w(s) - c)q_1(w(s)) + s(Y(w(s)) - Y(w(0)))$$

と定式化される．この利潤を $s$ で微分すれば，(5)式のもとで

$$\frac{d\pi_1}{ds} = \frac{\partial \pi_1}{\partial w}\left(\frac{dw}{ds}\right) + \frac{\partial \pi_1}{\partial s} = \frac{\partial \pi_1}{\partial s} = Y(w(s)) - Y(w(0))$$

を得る．ここで留意すべきは，(6)式より $dw/ds<0$ かつ $dY/dw<0$ であるということである．すなわち，株の所有比率 $s$ が高くなれば出荷価格 $w$ が下がり，小売企業の粗利益が増えるのである．したがって，$Y(w(s))-Y(w(0))>0$ であるから，$d\pi_1/ds>0$ となる．それゆえ，次の命題を得る．

### 【命題2】
生産者1は小売企業の株をすべて取得する．すなわち，$s=1$ となる．

この均衡では，$s=1 \geq S$ であるから，$w \leq c$，$q_1 \geq q_2$，さらには $\pi_1 \geq \pi_2$ となる．このことは次のように説明される．生産者1は出荷価格を限界生産費用以下に設定することで，小売業者から多くの注文を引き出すことができる．このことを予想する生産者2は，戦略的代替関係にある自らの販売量 $q_2$ を減らすから（したがって，小売価格はそれほど下がらない），生産者1と小売業者から構成されるチャネル1の残余需要が増える．その結果，チャネル1はライバルチャネル2よりも多くの量を生産・販売することができると同時に，多くの利潤を得ることができるのである．この際，小売企業に生じた粗利益は配当によって生産者に回収されるから，生産者1の利潤はチャネルの利潤と一致し，それはライバル生産者の利潤よりも多くなる．

この点を別の角度から見てみよう．いま，2人の生産者が財を消費者に直接販売する状況で，生産者1(2)が先導者（追随者）であるとしよう．このようなシュタッケルベルグ競争における追随者である生産者2は，生産者1の生産量 $q_1$ を所与として，自らの利潤を最大にするように生産量 $q_2$ を設定する．この状況における彼の意思決定問題は

$$\max_{q_2} \pi_2 = (p(Q) - c)q_2$$

と定式化される．この極大化条件は(2-2)式より，彼の反応関数 $q_2 = R(q_1)$ が導かれる．ここで，

$$R' = \frac{dq_2}{dq_1} = -\frac{p' + q_2 p''}{2p' + q_2 p''} \tag{7}$$

である[6].

一方,先導者である生産者1の意思決定問題は

$$\max_{q_1} \pi_1 = [p(q_1 + R(q_1)) - c] q_1$$

と定式化される.この極大化条件は,(7)式を考慮すれば,

$$\begin{aligned}\frac{d\pi_1}{dq_1} &= p(Q) + q_1 p' - c + q_1 p' \left(\frac{dq_2}{dq_1}\right) \\ &= p(Q) + q_1 p' - c - q_1 p' \frac{p' + q_2 p''}{2p' + q_2 p''} = 0\end{aligned} \tag{8}$$

で与えられる.

一方,この節のモデルにおける生産者1の利潤極大化条件((5)式)および(4-4)式より

$$-(w - c)\left(\frac{dq_1}{dw}\right) = q_1(w) + s\left(\frac{dY}{dw}\right) = q_1(w) + s\left\{p'\left(\frac{dq_2}{dw}\right) - 1\right\} q_1(w)$$

を得る.ここで $s=1$ とすれば,上式は

$$-(w - c)\left(\frac{dq_1}{dw}\right) = q_1(w) p'\left(\frac{dq_2}{dw}\right) \Rightarrow w = c - q_1(w) p'\left(\frac{dq_2}{dw}\right) / \left(\frac{dq_1}{dw}\right)$$

となる.上式に(4-1)〜(4-2)式を代入すれば,生産者1の利潤極大化条件は

$$w = c + \left(\frac{p' + q_2 p''}{2p' + q_2 p''}\right) q_1 p'$$

となるから,これを(2-1)式に代入すれば,生産者1の利潤極大化条件は(8)式と一致することになる.また,生産者2の利潤極大化条件は(2-2)式と一致し

---

6) 生産者2の利潤極大化条件 $p - c + q_2 p' = 0$ を全微分してゼロとおけば
$$(p' + q_2 p'') dq_1 + (2p' + q_2 p'') dq_2 = 0$$
であるから,$dq_2/dq_1 = -(p' + q_2 p'')/(2p' + q_2 p'')$ を得る.

ている．したがって，生産者1（2）はシュタッケルベルグ競争の先導者（追随者）のように行動していることになる．以上の議論は次の命題にまとめられる．

**【命題3】**
　生産者1（2）は，生産者間でシュタッケルベルグ競争が行われる時の先導者（追随者）のように行動する．

　このことは次のように説明される[7]．間接販売を行う生産者1は，小売企業の株をすべて取得することで，チャネルの利潤を最大にするように行動する．そして彼は，ライバル生産者2の反応曲線に影響を与えることなく，小売企業の反応曲線をシフトすることができる．すなわち，出荷価格を引き下げれば，小売企業の注文量（＝販売量）を増やすことができるのである．この状況で彼は，ライバル生産者2の反応関数を所与として，小売業者がチャネルの利潤を最大にする点（シュタッケルベルグ均衡）を選択するように，出荷価格を操作して小売業者の反応関数をシフトするのである．

　ここで留意すべきことは，仮に生産者1が（株を取得するのみならず）小売企業を垂直的に統合してしまうと，彼は小売部門を直接的かつ包括的にコントロールすることができるようになる．とはいえ，この状況ではクールノー均衡が実現し，生産者1の利潤は少なくなる．その意味で，生産者1がライバルよりも多くの利潤を得るためには，小売業者が独立した意思決定主体として注文量を設定することが肝要である．

　この節の最後に，生産者による小売企業の株の所有が経済厚生に及ぼす効果を見ておこう．経済厚生 $SS$ を消費者余剰と生産者余剰の和

$$SS(s) = \int_0^{Q(s)} p(x)\,dx - cQ(s)$$

で定義する．上式を $s$ で微分して，(2-2)式に留意すれば

$$\frac{dSS}{ds} = (p(Q(s)) - c)\left(\frac{dQ}{ds}\right) = -q_2 p'\left(\frac{dQ}{dw}\right)\left(\frac{dw}{ds}\right) > 0$$

---

[7] ここでのロジックは，第1章の補題4と同じである．

を得る．したがって，経済厚生は $s$ の増加関数である．実際，生産者1が小売企業の株を多く所有するほど，出荷価格が低くなり，総供給量が増えて小売価格も低くなる．その結果，経済厚生が改善されるのである．

## 3 両生産者が間接販売を行う場合

この節では，2人の生産者の各々が小売業者を介して販売する状況を検討する．生産者 $i$ は小売企業 $i$ の株を $s_i$ の比率だけ所有し，それを介して消費者に財を販売し，その粗利益 $Y_i$ の割合 $s_i$ を配当として受け取るものとする．また，意思決定のタイミングは前節のモデルと同様で，第1段階において生産者 $i$ が $s_i$ を決め，第2段階で生産者 $i$ が出荷価格 $w_i$ を設定し，第3段階で小売業者 $i$ が販売量 $q_i$ を設定する．以下では，このゲームの部分ゲーム完全均衡を後方帰納法によって求める．この際，単純化のために，線形の逆需要関数

$$p = a - Q = a - q_1 - q_2$$

を想定する[8]．

### 第3段階：販売量の設定

第3段階において小売業者 $i$ は，生産者による株の所有比率 $\boldsymbol{s} = (s_1, s_2)$，出荷価格 $\boldsymbol{w} = (w_1, w_2)$ およびライバル小売業者の販売量 $q_h$ を所与として，自らの（配当支払い前の）粗利益を最大にするように販売量 $q_i$ を設定する．この状況における彼の意思決定問題は，

$$\max_{q_i} Y_i = (p - w_i) q_i = (a - q_i - q_h - w_i) q_i$$

と定式化される．各小売業者の利潤極大化条件より，彼らの販売量

---

8) Okamura, Nariu and Ikeda (2011) では，一般的な需要関数のもとで，追加的な仮定を加えることで，この章と同じ結果を導いている．

$$q_i(\boldsymbol{w}) = \frac{a - 2w_i + w_h}{3} \tag{9-1}$$

を求めることができる．また，このときの小売価格および小売企業の粗利益は

$$p(\boldsymbol{w}) = \frac{a + w_i + w_h}{3} \tag{9-2}$$

$$Y_i(\boldsymbol{w}) = \frac{(a - 2w_i + w_h)^2}{9} \tag{9-3}$$

と計算される．ここで，$\partial q_i / \partial w_i < 0$ および $\partial q_h / \partial w_i > 0$ であるから，各小売業者は，自らの仕入価格が低く，かつライバルの仕入価格が高いほど，自らの注文量を増やすことになる．また，いずれか一方の仕入価格が高くなれば，総供給量は少なくなり，小売価格は高くなる（$\partial Q / \partial w_i < 0$ および $\partial p / \partial w_i > 0$）．さらに，$\partial Y_i / \partial w_i < 0$ および $\partial Y_h / \partial w_i > 0$ であるから，自らの仕入価格が高くなれば，自らの粗利益は減り，ライバルの粗利益は増えることになる．

### 第2段階：出荷価格の設定

上述した小売業者の行動を予想する生産者 $i$ は，第2段階において，ライバル生産者の出荷価格 $w_h$ を所与として，自らの利潤を最大にするように出荷価格 $w_i$ を設定する．この状況における彼の意思決定問題は

$$\max_{w_i} \Pi_i = (w_i - c) q_i(\boldsymbol{w}) + s_i Y_i(\boldsymbol{w})$$

と定式化される．この極大化条件より，反応関数

$$w_i(w_h) = \frac{(3 - 4s_i)(a + w_h) + 6c}{4(3 - 2s_i)}, \quad i, h = 1, 2, \text{ and } i \neq h \tag{10}$$

が導かれる．ここで留意すべきことは，$s_i > 3/4$ のときには，需要が増えると，生産者 $i$ は出荷価格を引き下げる方向で反応するということである．またこのときには，両生産者の出荷価格は戦略的代替関係にある．上記の反応関数を連立して解けば，各生産者の出荷価格

$$w_i(\boldsymbol{s}) = \frac{(3 - 4s_i)(5 - 4s_h) a + 2(15 - 4s_i - 8s_h) c}{D'} \tag{11-1}$$

を求めることができる．ここで，安定条件より $D' = 45 - 28(s_i + s_h) + 16 s_i > 0$ である．また，このときの各チャネルの販売量，小売価格，各小売企業の粗利益および各生産者の利潤は，それぞれ

$$q_i(\boldsymbol{s}) = \frac{2(5-4s_h)(a-c)}{D'} \tag{11-2}$$

$$p(\boldsymbol{s}) = c + \frac{(5-4s_i)(5-4s_h)(a-c)}{D'} \tag{11-3}$$

$$Y_i(\boldsymbol{s}) = \frac{4(5-4s_h)^2(a-c)^2}{(D')^2} \tag{11-4}$$

$$\Pi_i(\boldsymbol{s}) = \frac{2(3-2s_i)(5-4s_h)^2(a-c)^2}{(D')^2} \tag{11-5}$$

と計算される．

ここで比較静学分析を行えば，まず第1に

$$\frac{\partial w_i}{\partial s_i} < 0,$$

$$\frac{\partial w_h}{\partial s_i} \gtreqless 0, \text{ iff } s_h \gtreqless \frac{3}{4}$$

であるから，生産者 $i$ による株の所有比率 $s_i$ が上昇するとき，彼は出荷価格 $w_i$ を引き下げる．一方生産者 $h$ は，$s_h > 3/4$ のときには出荷価格を引き上げ，$s_h < 3/4$ のときには引き下げる．また，$\partial q_i/\partial s_i > 0$, $\partial q_h/\partial s_i < 0$, $\partial Y_i/\partial s_i > 0$ および $\partial Y_h/\partial s_i < 0$ であるから，生産者 $i$ による株の所有比率 $s_i$ の上昇は，チャネル $i$ の生産量 $q_i$ および小売企業の粗利益 $Y_i$ を増やし，ライバルチャネルの $q_h$ および $Y_h$ を減らすことになる．最後に，生産者の利潤 $\Pi_i(\boldsymbol{s})$ の $s_i$ についての1階および2階の偏導関数は

$$\frac{\partial \Pi_i}{\partial s_i} = \frac{4\{39 - 28s_i - 4s_h(5-4s_i)\}(5-4s_h)^2(a-c)^2}{(D')^2}$$

$$\sim 39 - 28s_i - 4s_h(5-4s_i) = f_1(s_i, s_h),$$

$$\frac{\partial^2 \Pi_i}{\partial s_i^2} = \frac{128(7-4s_h)(5-4s_h)^2\{9-4s_i-4s_h(1-s_i)\}(a-c)^2}{(D')^4}$$

$$\sim 9 - 4s_i - 4s_h(1-s_i) = f_2(s_i, s_h)$$

である．ここで，〜は同符号を意味する．また $s_i \in [0,1]$ であるから，$f_1(\boldsymbol{s})$ は $s_h$ の減少関数であり，$f_1(s_i, s_h) > f_1(s_i, 1) = 19 - 12s_i > 0$ である．さらに，$f_2(\boldsymbol{s})$ もまた $s_h$ の減少関数であり，$f_2(s_i, s_h) > f_2(s_i, 1) = 5 > 0$ である．それゆえ，$\Pi_i(\boldsymbol{s})$ は $s_i$ の増加かつ凸関数である．

### 第1段階：株の所有比率の設定

第2段階以降の部分ゲームの均衡を予想する生産者 $i$ は，第1段階において，ライバルによる小売企業の株の所有比率 $s_h$ を所与として，自らの利潤を最大にするように株の所有比率 $s_i$ を設定する．この意思決定問題は，

$$\max_{s_i} \pi_i(\boldsymbol{s}) = (w_i(\boldsymbol{s}) - c)q_i(\boldsymbol{s}) + s_i(Y_i(\boldsymbol{s}) - V_i)$$

と定式化される．ここで，$V_i$ は小売企業の企業価値で，生産者 $i$ が小売企業の株の $s_i$ の比率を取得する際には，$s_i V_i$ を支払うことになる．

ライバル生産者による株の所有比率 $s_h$ を所与とすれば，生産者 $i$ の所有比率がゼロのときの小売企業の利潤（＝企業価値）は，(11-4)式より，

$$Y_i(0, s_h) = \frac{4(5 - 4s_h)^2(a - c)^2}{(45 - 28s_h)^2}$$

と計算される．いま，$V_i = Y_i(0, s_h)$ とすれば，第1段階における生産者 $i$ の意思決定問題は，

$$\max_{s_i} \pi_i(\boldsymbol{s}) = \Pi_i(\boldsymbol{s}) - s_i Y_i(0, s_h)$$

と定式化される．上式の第2項は，株の取得費用である．ここで留意すべきことは，$Y_i(0, s_h)$ は $s_i$ から独立であるということである[9]．したがって，株の取得費用 $s_i Y_i(0, s_h)$ は $s_i$ の1次関数であるから，$\partial^2 \pi_i(\boldsymbol{s})/\partial s_i^2 = \partial^2 \Pi_i(\boldsymbol{s})/\partial s_i^2 > 0$ である．すなわち，株の取得費用を考慮した生産者 $i$ の利潤 $\pi_i(s_i, s_h)$ は $s_i$ の凸関

---

9) $Y_i(0, s_h)$ は $s_h$ の減少関数で，$s_h$ が高いほど生産者 $i$ による株の取得費用は低くなる．

数である[10]．この場合，生産者 $i$ の最適所有比率はゼロまたは1のいずれかになる．ここで，

$$\pi_i(0, s_h) = \frac{4(5-4s_h)^2(a-c)^2}{(45-28s_h)^2},$$

$$\pi_i(1, s_h) = 2(5-4s_h)^2 \left\{ \frac{1}{(17-12s_h)^2} - \frac{2}{(45-28s_h)^2} \right\}(a-c)^2,$$

$$\pi_i(1, s_h) - \pi_i(0, s_h) = \frac{8\{145 - 8s_h(15 - 2s_h)\}(5-4s_h)^2(a-c)^2}{(765 - 1016s_h + 336s_h^2)^2} > 0$$

であるから，ライバル生産者の株の所有比率 $s_h$ にかかわらず，生産者 $i$ はすべての株を取得することになる．それゆえ，次の命題が成立する．

**【命題4】**
両生産者が間接販売を行う状況では，両生産者はともに小売企業の株をすべて取得する．

均衡において $s_i^* = 1$ ($i=1,2$) が成立するとき，各生産者の出荷価格，生産量，利潤および小売価格は

$$w^* = c - \frac{a-c}{5} \tag{12-1}$$

$$q^* = \frac{2(a-c)}{5} \tag{12-2}$$

$$z^* = \frac{2(a-c)^2}{25} \tag{12-3}$$

$$p^* = c + \frac{a-c}{5} \tag{12-4}$$

と計算される．この値は，第1章で論じた基本モデルの均衡と同じであり，出荷価格は限界生産費用以下に設定され，需要が増えるとき生産者は出荷価格を引き下げる．また $s_i^* = 1$ のもとで，(10)式の反応関数は

---

10) $\pi_i(s)$ は必ずしも $s_i$ の増加関数ではない．実際，$s_i = s_h = 0$ のときには $\partial \pi_i(s)/\partial s_i = -8/1215 < 0$ である．すなわち，$s_h = 0$ のときには $Y_i$ が大きく，株の取得に多くの費用がかかるため，限界的な株の取得は得にはならないのである．

$$w_i(w_h) = \frac{-(a+w_h)+6c}{4} \tag{12-5}$$

となるから,出荷価格は戦略的に代替的である.

第2段階の均衡の比較静学分析に拠れば,各生産者による株の所有比率が高くなると出荷価格や小売価格は低くなって総供給量が増える.したがって,株の所有比率の上昇は経済厚生上望ましい.

前節では,一方の生産者のみが間接販売を行い,他方は直接販売する状況を検討したが,そこでは,間接販売を行う生産者が,小売企業の株をすべて取得することでシュタッケルベルグ競争の先導者のように振る舞い,多くの利潤を得ていた.それとの関連で言えば,両生産者が間接販売を行う状況では,両生産者が小売企業の株をすべて取得することでチャネル間競争が激しくなり,各生産者はクールノー均衡におけるよりも多くの財を供給する.その結果,両生産者が直接販売を行う状況と比べて利潤が少なくなっている.その意味で,直接販売か間接販売かの選択においては,囚人のディレンマが生じることになる.

## 4　結　び

生産者と販売業者が分離したチャネルでは,フランチャイズ料が徴収されなければ二重マージンが発生する.単一チャネルの効率的運営の観点からこの問題を解消するための手段として,序章で論じたように,フランチャイズ料の徴収や再販売価格維持制度の導入がある.この章で検討した生産者による小売企業の株の所有もまた,Flath (1989) が論じたように,二重マージンを解消する方策である.また,チャネル間で価格―価格競争が行われる状況では,第7章で論じたように,二重マージンによってチャネル間競争が緩和されるため,それを相殺するような再販制は選択されない.ただしこの状況でも,小売業者に生じた粗利益を回収するために,生産者はフランチャイズ料を徴収する.さらに,チャネル間で価格―数量競争が行われる状況でも,第2章の4節で論じたように,両生産者は二部料金制を選択する.

何らかの理由から,生産者がフランチャイズ料を徴収しない状況では,代替

策として，生産者による小売企業の株の所有がある．この章で論じたように，ライバル生産者が販売部門を統合している（直接販売）場合には，間接販売を行う生産者は，すべての株を取得することでシュタッケルベルグ競争の先導者のように振る舞い，多くの利潤を得ることができる．また，両生産者が間接販売を行う場合でも，両生産者は小売企業の株をすべて所有する．実際，第4章で論じたメーカーの子会社である「販社」の場合，メーカーがほとんどの株を所有している．そして均衡では，両生産者は小売部門を分離するから，間接販売が選択されることになる．この均衡は第1章で論じた基本モデルの均衡と一致し，その意味で，生産者による小売企業の株の取得は，フランチャイズ料の徴収と同等の効果を持つことになる[11]．そして，株を所有することによる「疑似統合効果」は，チャネル間競争が行われる状況でも機能しているのである．

---

[11] ただし，生産者の利潤は，両者が統合を選択したときの方が多い．その意味では，囚人のディレンマが生じている．

## 第 14 章
## 小売企業の資本構成
―― 有限責任効果と統合効果 ――

## 1 はじめに

　小売業者は,しばしば,投資資金を調達するために債券を発行する.このことは,小売企業の資本構成が100％自己資本ではなく,負債を含んでいることを意味する.このような資本構成の相違は,生産者や小売業者の行動,さらには生産企業や小売企業の価値にいかなる影響を及ぼすだろうか[1].

　産業組織論やマーケティングの分野には,垂直的取引関係にある生産者と小売業者の不確実性下における行動についての多くの先行研究があるが,そこでの小売業者は資金を自己資本で調達しており[2],債券を発行する状況は,筆者の知る限りほとんど検討されていない.また企業金融の分野では,Brander and Lewis (1986) が需要が不確実な状況で数量競争を行う寡占企業による資本構成の選択を検討し,各企業は(ある確率で債券の額面が返済されないという意味で)リスクのある債券を発行すると論じている[3].というのは,有限責任制のもとでは,リスクのある債券の発行は生産物市場における企業の行動をアグレッシブにし,戦略的な優位をもたらすからである.とはいえ,そこで分析されているのは寡占企業間の水平的な競争であり,垂直的な取引関係は考慮され

---

1) 小売業者は小売企業の経営者であり,株主の利益を最大にするように意思決定を行う.
2) 不確実性下における生産者と小売業者の行動を分析した先行研究として,Rey and Tirole (1986a,b), Tirole (1988), Deneckere, Marvel and Peck (1997), Nariu, Flath and Utaka (2012), Nariu and Lee (2013) などがある.
3) 企業金融については,小宮・岩田 (1973) および Tirole (2006) などを参照のこと.

ていない.

　垂直的な取引関係を想定した上で小売企業の資本構成を論じた研究として,成生・倉澤（近刊）および倉澤・成生（2014）がある．前者では，継起的独占の状態にある生産企業と小売企業を想定し，Brander and Lewis (1986) とは対照的に，小売企業はリスクのある債券を発行しないと指摘している．リスクのある債券の発行は，Brander and Lewis (1986) と同様に，有限責任制のもとでの小売業者の行動をアグレッシブにし，彼の注文量を増やす．このことによって生産者の派生需要は増えるから，彼は出荷価格を引き上げる．そして，このことが小売業者の利潤を減らすため，彼はリスクのある債券を発行しないのである．また倉澤・成生（2014）では，独占的生産者と2人の小売企業から構成されるチャネルを想定し，需要の不確実性が小さいときには両小売業者はリスクのある債券を発行するが，不確実性が中程度のときには一方のみが発行し，大きいときにはいずれの小売業者も発行しないと論じている.

　この章では，チャネル間で価格－数量競争が行われる状況において，小売企業の資本構成が彼らや生産者の行動，さらには生産企業や小売業者の価値にいかなる影響を及ぼすかについて検討する．この点についての結論は，小売業者がリスクのある債券を発行するか否かで彼らや生産者の行動が変化し，生産企業や小売企業の価値も影響を受けるというものである．それでは，小売業者はリスクのある債券を発行するのか？　この点についての結論は，小売業者は自らリスクのある債券を発行しないが，生産者から利得が移転される状況では発行する可能性があるというものである.

　以下の構成は次のとおりである．まず次節ではモデルを提示する．3節では，各々の小売業者がリスクのある債券を発行するか否かで場合分けをした上で，そのもとでの部分ゲームの均衡を分析する．4節では，3節の議論を踏まえて，小売業者がリスクのある債券を発行するか否かを検討する．5節は要約である.

## 2　債券発行のモデル

　同質財を供給する2つのチャネルを想定し，各々のチャネルでは生産者によって（費用ゼロで）生産された財が，小売業者を介して消費者に販売されるも

のとする[4]．また，生産者と小売業者は有限責任制のもとで行動し，この経済の（投資家を含む）主体はすべてリスク中立的で割引率をゼロとする[5]．

需要は不確実で，単純化のために，通常時と低需要時（状態$L$）の2つの状態のみがあり，各々の状態が生じる確率を$1-x$および$x$とする．各状態における市場の（逆）需要は

$$p = 1 - Q \tag{1-1}$$
$$p_L = 1 - L - Q \tag{1-2}$$

で与えられる．ここで，$p$（$p_L$）は通常時（低需要時）の小売価格，$Q$（$= q_1 + q_2$）は総供給量，$q_i$は小売業者$i$の販売量，$L$（$0 < L < 1$）は正のパラメータである．また，下付き添え字$L$は状態$L$を示す．

小売業者$i$の販売量を$q_i$とすれば，各々の状態が生じたときの小売業者$i$の販売利益は，

$$y_i = (p - w_i) q_i \tag{2-1}$$
$$y_{iL} = (p_L - w_i) q_i \tag{2-2}$$

である．ここで，$y_i$（$y_{iL}$）は通常の状態（状態$L$）が生じたときの小売業者$i$の販売利益，$w_i$は小売業者$i$の仕入価格（=生産者$i$の出荷価格）である．一方，生産者$i$の販売利益は

$$\pi_i = w_i q_i \tag{3}$$

で与えられる．

この章では次のようなゲームについて検討する．まず第0段階において各小売業者は，投資$I$（$> 0$）を行って有限責任会社（小売企業）を設立する．投資資金の調達方法には，自己資金，株式や債券の発行などがあるが，いずれの方法でも資金を調達できるとする．資金を債券で調達する場合，小売業者$i$は額

---

[4] 本章のモデルでは生産者と小売業者を想定しているが，メーカーとサプライヤーという垂直的取引関係にも適用することができる．

[5] 本章ではリスク中立的な経済主体を想定するが，確率$x$をいわゆる「リスク中立確率」と解釈すれば，何ら変更を加えることなく，さまざまなリスク回避度を持つ市場参加者のモデルとなる．

面 $d_i$ の割引債券を発行する．この額面が $d_i \leq y_{iL} < y_i$ であれば，いずれの状態が生じたとしても額面金額 $d_i$ が返済される．他方 $y_{iL} < d_i < y_i$ であれば，状態 $L$ が生じたときには額面金額が返済されないという意味で「リスクのある」債券である．また，金融市場は完全で，投資家はリスク中立的であるから，この債券を発行することによって，小売業者 $i$ は外部の投資家から $(1-x)d_i + xy_{iL}$ を借り入れることができる．一方，リスクのない債券を発行するときの借入額は $d_i$ である．

第1段階において，小売業者 $i$ の資本構成を観察した生産者 $i$ が出荷価格 $w_i$ を設定する．これを受けて第2段階では，小売業者 $i$ が注文量 $q_i$ を設定する．第3段階になって需要の状態が判明した後に，小売業者は市場価格で財を販売し，仕入代金 $w_i q_i$ を支払った後に債務を返済する．この際，リスクのある債券を発行した小売業者は，通常時には $d_i$，状態 $L$ が生じたときには（有限責任制のもとで）$y_{iL}$（$< d_i$）を返済する．以下では，この4段階ゲームの部分ゲーム完全均衡を後方帰納法によって求める．

## 3 部分ゲーム完全均衡

第0段階における小売業者の選択には，①両小売業者がリスクのある債券を金融市場で発行する，②一方の小売業者のみがリスクのある債券を発行する，③いずれの小売業者もリスクのある債券を発行しない，の3つがある．この節では，第0段階における各々の小売業者の選択を所与とした上で，第1段階以降の部分ゲームの均衡を検討する．第0段階の選択は4節で検討される．

### 第3段階：財の販売と債務の返済

第3段階において小売業者 $i$ は，第2段階で設定した注文量 $\boldsymbol{q} = (q_1, q_2)$ を所与として，通常時には，小売価格 $p = 1 - Q$ で財を販売し，$y_i = (p - w_i)q_i$ の販売利益を得る．ここから債券の額面 $d_i$（$< y_i$）を返済すれば，純利益は $y_i = (p - w_i)q_i - d_i$ となる．一方，低需要時には，小売価格 $p_L = 1 - L - Q$ で財を販売し，$y_{iL} = (p_L - w_i)q_i$ の販売利益を得る．この際，彼がリスクのある債券を発行しているのであれば，この販売利益は債券の額面を下回るから，有限責任

制のもとで $y_{iL}$ を返済することになる．このときの小売業者 $i$ の純利益はゼロである（$y_{iL}=0$）[6]．以下では，第 0 段階における小売業者による選択を所与として，第 1〜2 段階の部分ゲームを分析する．

### 3-1 両小売業者がリスクのある債券を発行しない場合

小売業者が債券を発行しない場合には，第 3 段階で債務を返済する必要はなく，第 2 段階において小売業者 $i$ は，生産者 $i$ が設定した出荷価格（=自らの仕入価格）$w_i$ およびライバル小売業者の販売量 $q_h$ を所与として，自らの期待利潤（=期待販売利益）$Ey_i$ を最大にするように注文量 $q_i$ を設定する．この意思決定問題は

$$\max_{q_i} \ Ey_i = (1-x)y_i + xy_{iL} = \{1 - xL - (q_i + q_h) - w_i\} q_i$$

と定式化される．ここで，E は期待値オペレータである．この極大化条件より，反応関数

$$q_i(q_h, w_i) = \frac{1 - xL - q_h - w_i}{2}, \quad i, h = 1, 2, \text{ and } i \neq h$$

が導かれる[7]．これを連立して解けば，各小売業者の注文量

$$q_i(\boldsymbol{w}) = \frac{1 - xL - 2w_i + w_h}{3} \tag{4}$$

を求めることができる．ここで，$\boldsymbol{w} = (w_1, w_2)$ は出荷価格のベクトルである．

また，第 3 段階で債務不履行に陥らないようなリスクのない債券（$d_i \leq y_{iL}$）を発行する場合，小売業者 $i$ の目的関数は $Ey_i - d_i$ であり，固定的な返済額 $d_i$ は注文量の設定に影響を及ぼさないから，彼の注文量は債券を発行しない場合と同様に(4)式で与えられる．さらに，投資資金を株式で調達する場合，株主の利益は小売業者のそれと一致するから，小売業者の注文量は(4)式で与えら

---

[6] 本章では，単純化のために，倒産費用をゼロとする．
[7] 以下では $i, h$ についての注記は，誤解のない限り省略する．

れる．その意味で，リスクのある債券を発行していない3つの状況における小売業者の行動に差異はない．

上述した小売業者の行動を予想する生産者 $i$ は，第1段階において，ライバル生産者の出荷価格 $w_h$ を所与として，自らの利潤（＝販売利益）を最大にするように出荷価格 $w_i$ を設定する．彼の意思決定問題は

$$\max_{w_i} \pi_i = w_i q_i(\boldsymbol{w}) = \frac{w_i(1 - xL - 2w_i + w_h)}{3}$$

と定式化され，上記の最大化問題の極大化条件より，反応関数

$$w_i(w_h) = \frac{1 - xL + w_h}{4}, \quad i = 1, 2, \text{ and } i \neq h$$

が導かれる．これを連立して解けば，各生産者の出荷価格は

$$w_i^{EE} = \frac{1 - xL}{3} \tag{5-1}$$

となる．ここで，上付き添え字の1（2）文字目は自ら（ライバル）のチャネルの小売業者がリスクのある債券を発行しているか否かで，$E$ は発行していないことを，$D$ は発行していることを示す．また，このときの注文量，期待小売価格，小売業者の期待利潤および生産者の利潤は，それぞれ

$$q_i^{EE} = \frac{2(1 - xL)}{9} \tag{5-2}$$

$$Q^{EE} = \frac{4(1 - xL)}{9} \tag{5-3}$$

$$\mathrm{E}p^{EE} = \frac{5(1 - xL)}{9} \tag{5-4}$$

$$\mathrm{E}y_i^{EE} = \frac{4(1 - xL)^2}{81} \tag{5-5}$$

$$\pi^{EE} = \frac{2(1 - xL)^2}{27} \tag{5-6}$$

と計算される[8]．

ここで留意すべきことは，低需要時の小売価格は $p_L^{EE} = \{5 - (9 - 4x)L\}/9$ で

あるから,仮に $L>2/(9-7x)$ であれば $p_L^{EE}-w^{EE}=\{2-(9-7x)L\}/9<0$ となり,各生産者は出荷代金を回収することができないということである.この場合には,第1段階における生産者の目的(期待利潤)は $\{(1-x)w_i+xp_L\}q_i$ となる[9].以下では単純化のために,それぞれの小売業者の資本構成にかかわらず,生産者による出荷代金の回収を可能にするために,

$$L<\frac{2}{9} \tag{6}$$

を仮定する.

　この項の結果をまとめておこう.第0段階において各小売業者は,リスクのある債券を発行することなく(例えば自己資金で)投資 $I$ を行い,有限責任の小売企業を設立する.このことを観察した各生産者は,第1段階において出荷価格 $w^{EE}$ を設定し,これを受けて各小売業者は,第2段階において注文量 $q^{EE}$ を設定する.第3段階で通常の需要状態が生じたときには,各小売業者は小売価格 $p^{EE}=(5+4xL)/9$ で財を販売し,$y^{EE}=(p^{EE}-w^{EE})q^{EE}$ の利潤を得る.一方,状態 $L$ が生じたときの小売価格は $p_L^{EE}=p^{EE}-L$ であり,彼らは $y_L^{EE}=(p_L^{EE}-w^{EE})q^{EE}$ の利潤を得る.したがって,小売業者の第3段階での期待利潤は $Ey^{EE}$ で,ゲーム全体での期待利得は $Ey^{EE}-I$ である.一方,生産者の利得は $\pi^{EE}$ である[10].

　また,両小売業者が株式で資金を調達する場合には,完全な金融市場における株価は $Ey^{EE}$ であり,第0段階において各小売業者はこの金額を得る.これから投資費用を引いた $Ey^{EE}-I$ が小売業者の(起業家)利得である[11].一方,株主は第0段階に $Ey^{EE}$ を払って株を購入し,第3段階において通常の需要状態が生じたときには $y^{EE}$,状態 $L$ が生じたときには $y_L^{EE}$ の配当を受けるから,

---

8) 額面が $d\leq y_L$ を満たすリスクのない債券を発行する状況での部分ゲームの均衡における諸変数の値は,すべて(5)式で与えられる.
9) 生産者が出荷代金を回収できるか否かに応じて場合分けをし,異なる目的関数のもとで出荷価格の設定を検討することは可能である.この場合でも,本章の主張は成立する.
10) ゲーム全体での経済主体の利益を「利得」とする.
11) この利得は,第0段階において,小売業者によって消費される.または,小売企業の株主に配当として分配される.

彼のゲーム全体における期待利得はゼロである[12]．

さらに，小売業者 $i$ がリスクのない債券を完全な金融市場で発行する場合には，第0段階において額面 $d_i$ の資金を調達することができる．この段階での小売業者の利得は，これから投資費用を引いた $d_i - I$ である．また彼は，第3段階において通常の需要状態が生じたときには $y^{EE} - d_i$，状態 $L$ が生じたときには $y_L^{EE} - d_i$ の（債務返済後の）利益を得るから，ゲーム全体での小売業者の期待利得は $\mathrm{E}y^{EE} - I$ となる．一方債権者は，第0段階に $d_i$ を支払い，第3段階で $d_i$ の返済を受けるから，彼の利得はゼロである．

### 3-2　一方の小売業者のみがリスクのある債券を発行する場合

小売業者 $i$ のみがリスクのある債券を発行する場合，状態 $L$ が生じた時の彼の純利益はゼロであるから，第2段階において彼は，生産者 $i$ が設定した出荷価格 $w_i$ およびライバル小売業者の販売量 $q_h$ を所与として，自らの期待純利益 $\mathrm{E}y_i$ を最大にするように注文量 $q_i$ を設定する．このときの彼の意思決定問題は

$$\max_{q_i} \mathrm{E}y_i = (1-x)(y_i - d_i) = (1-x)[\{1-(q_i+q_h)-w_i\}q_i - d_i]$$

と定式化される．

一方，リスクのある債券を発行しない小売業者 $h$ の意思決定問題は前項と同様である．各小売業者の期待利潤極大化条件を連立して解けば，彼らの注文量は

$$q_i(\boldsymbol{w}) = \frac{1 + xL - 2w_i + w_h}{3} \tag{7-1}$$

$$q_h(\boldsymbol{w}) = \frac{1 - 2xL - 2w_h + w_i}{3} \tag{7-2}$$

で与えられる．

このような小売業者の行動を予想する各生産者は，第1段階において，ライ

---

[12] 小売業者が株式の一部を所有する場合でも，小売業者と株主の利害は一致するから，同じ結果が導かれる．

バル生産者の出荷価格を所与として,自らの期待利潤を最大にするように出荷価格を設定する.彼らの意思決定問題は,それぞれ

$$\max_{w_i} \pi_i = w_i q_i(\boldsymbol{w}) = \frac{w_i(1+xL-2w_i+w_h)}{3},$$

$$\max_{w_h} \pi_h = w_h q_h(\boldsymbol{w}) = \frac{w_h(1-2xL-2w_h+w_i)}{3}$$

と定式化される.ここで,各生産者の期待利潤極大化条件を連立して解けば,彼らの出荷価格は

$$w^{DE} = \frac{5+2xL}{15} \tag{8-1}$$

$$w^{ED} = \frac{5-7xL}{15} \tag{8-2}$$

となる.また,このときの諸変数の値は

$$q^{DE} = \frac{2(5+2xL)}{45} \tag{8-3}$$

$$q^{ED} = \frac{2(5-7xL)}{45} \tag{8-4}$$

$$Q^A = \frac{2(2-xL)}{9} \tag{8-5}$$

$$Ep^A = \frac{5-7xL}{9} \tag{8-6}$$

$$Ey^{DE} = \frac{2(5+2xL)(10-41xL)}{2025} \tag{8-7}$$

$$Ey^{ED} = \frac{4(5-7xL)^2}{2025} \tag{8-8}$$

$$\pi^{DE} = \frac{2(5+2xL)^2}{675} \tag{8-9}$$

$$\pi^{ED} = \frac{2(5-7xL)^2}{675} \tag{8-10}$$

と計算される[13].ここで,上付き添え字 $A$ は,第0段階における小売業者の選択が非対称であることを示す.また $p_L^A = \{5-(9-2x)L\}/9$ であるから,(6)

式の仮定のもとでは $p_L^A > w^{DE}$ かつ $p_L^A > w^{ED}$ であり，状態 $L$ が生じたとしても，各生産者は出荷代金を回収することができる．

　この項の結果をまとめておこう．小売業者がリスクのある債券を完全な金融市場で発行する場合には，第0段階において期待返済額に一致する資金を調達できる．小売業者 $i$ の利得は，これから投資費用を引いた金額である．第1段階において生産者 $i$（$h$）は出荷価格 $w^{DE}$（$w^{ED}$）を設定し，これを受けて小売業者 $i$（$h$）は，第2段階において注文量 $q^{DE}$（$q^{ED}$）を設定する．第3段階で通常の需要状態が生じたときの小売価格は $p^A = (5 + 2xL)/9$ であり，このときの小売業者 $h$ の利潤（＝販売利益）は $y^{ED} = (p^A - w^{ED}) q^{ED}$ である．一方，リスクのある債券を発行した小売業者 $i$ は，$y^{DE} = (p^A - w^{DE}) q^{DE}$ の販売利益を得て，そこから債務 $d_i$ を返済する．また，状態 $L$ が生じたときの小売価格は $p_L^A = p^A - L$ であり，小売業者 $h$ の利潤は $y_L^{ED} = (p_L^A - w^{ED}) q^{ED}$ である．一方，小売業者 $i$ は $y_L^{DE} = (p_L^A - w^{DE}) q^{DE}$ の販売利益を得るが，この全額を返済するため，純利益はゼロとなる．それゆえ，第3段階における小売業者 $h$ の期待販売利益は $\mathrm{E} y^{ED}$ で，小売業者 $i$ の期待販売利益は $(1-x)(y^{DE} - d_i)$ である．

　他方債権者は，第3段階で通常の需要状態が生じたときには額面 $d_i$ の返済を受け，状態 $L$ が生じたときには（有限責任制のもとで）$y_L^{DE}$ の返済を受ける．彼は，第0段階において期待返済額 $(1-x) d_i + x y_L^{DE}$ を支払って債券を購入しているから，彼のゲーム全体での期待利得はゼロである．これにたいして小売業者 $i$ は，第0段階において $(1-x) d_i + x y_L^{DE}$ の資金を調達して投資 $I$ を行い，第3段階で通常の需要状態が生じたときには $y^{DE} - d_i$ の（債務返済後）利益を得る．したがって，小売業者のゲーム全体での期待利得は $\mathrm{E} y^{DE} - I$ となる．最後に，生産者 $i$（$h$）の利得は $\pi^{DE} = w^{DE} q^{DE}$（$\pi^{ED} = w^{ED} q^{ED}$）である．

### 3-3　両小売業者がリスクのある債券を発行する場合

　両小売業者がリスクのある債券を発行する場合，第2段階における彼らの意

---

13) 小売業者 $i$ が額面が $y_L < d < y$ を満たすリスクのある債券を発行する状況での部分ゲームの均衡における諸変数の値は，すべて(8)式で与えられる．

思決定問題は前項と同様に定式化され，それらの極大化条件を連立して解けば，彼らの注文量は

$$q_i(\boldsymbol{w}) = \frac{1 - 2w_i + w_h}{3}$$

となる．

このような小売業者の行動を予想する生産者 $i$ は，第1段階において，ライバルの出荷価格 $w_h$ を所与として，自らの期待利潤を最大にするように出荷価格 $w_i$ を設定する．この意思決定問題は

$$\max_{w_i} \pi_i = w_i q_i(\boldsymbol{w}) = \frac{w_i(1 - 2w_i + w_h)}{3}$$

と定式化される．各生産者の期待利潤極大化条件より，彼らの出荷価格は

$$w^{DD} = \frac{1}{3}$$

で与えられる．また，このときの諸変数の値は

$$q^{DD} = \frac{2}{9},$$

$$Q^{DD} = \frac{4}{9},$$

$$\mathrm{E}p^{DD} = \frac{5}{9} - xL,$$

$$\mathrm{E}y^{DD} = \frac{4 - 18xL}{81},$$

$$\pi^{DD} = \frac{2}{27}$$

と計算される．この場合には $p_L^{DD} = 5/9 - L$ であり，(6)式の仮定のもとでは $p_L^{DD} - w^{DD} = 2/9 - L > 0$ となるから，生産者は出荷代金を回収することができる．

この項の結果をまとめておこう．小売業者がリスクのある債券を発行する場合，第0段階において，期待返済額に一致する資金を調達できる．各小売業者

のこの段階における利得は，これから投資費用を引いた金額である．第1段階において各生産者は出荷価格 $w^{DD}$ を設定し，これを受けて各小売業者は，第2段階において注文量 $q^{DD}$ を設定する．第3段階で通常の需要状態が生じたときの小売価格は $p^{DD}=5/9$ である．このとき，リスクのある債券を発行した各小売業者は，$y^{DD} = (p^{DD} - w^{DD})q^{DD}$ の販売利益を得て，そこから債務 $d_i$ を返済する．また，状態 $L$ が生じたときの小売価格は $p_L^{DD} = p^{DD} - L$ であり，各小売業者は $y_L^{DD} = (p_L^{DD} - w^{DD})q^{DD}$ の販売利益を得るが，この全額を返済するため，純利益はゼロとなる．それゆえ，第3段階における小売業者の期待販売利益は $\mathrm{E}y^{DD}$ で，期待利潤は $(1-x)(y^{DD} - d_i)$ である．彼は第0段階において $(1-x)d_i + xy_L^{DD}$ の資金を調達して投資 $I$ を行い，第3段階において通常の需要状態が生じたときには $y^{DD} - d_i$ の（債務返済後）利益を得る．したがって，小売業者のゲーム全体での期待利得は $\mathrm{E}y^{DD} - I$ となる．

他方債権者は，第3段階で通常の需要状態が生じたときには額面 $d_i$ の返済を受け，状態 $L$ が生じたときには（有限責任制のもとで）$y_L^{DD}$ の返済を受ける．彼は，第0段階において期待返済額 $(1-x)d_i + xy_L^{DD}$ を支払って債券を購入しているから，彼のゲーム全体での期待利得はゼロである．最後に，生産者の利得は $\pi^{DD} = w^{DD}q^{DD}$ である．

### 3-4 出荷価格，注文量および小売価格の比較

(6)式の仮定のもとで，3つの状況における出荷価格，注文量および期待小売価格を比べれば，

$$w^{DE} > w^{DD} > w^{EE} > w^{ED},$$
$$q^{DE} > q^{DD} > q^{EE} > q^{ED},$$
$$\mathrm{E}p^{DD} < \mathrm{E}p^{A} < \mathrm{E}p^{EE}$$

である．したがって，次の命題が導かれる．

**【命題1】**
(6)式の仮定のもとでは，生産者の出荷価格は，自らの小売業者がリスクのある債券を発行し，ライバルの小売業者が発行していない時が最も高く，

両小売業者が発行している時,両小売業者が発行していない時の順で,自らの小売業者が発行せずに,ライバルの小売業者のみが発行している時が最も低い.また,小売業者の注文量も同じ順序である.さらに小売価格は,両小売業者がリスクのある債券を発行している時が最も低く,発行していないときが最も高く,非対称な時はその中間である.

この命題は次のように説明される.小売業者がリスクのある債券を発行する状況では,状態 $L$ が生じたときには販売利益をすべて返済に回すため,有限責任制のもとでは状態 $L$ の販売利益には無関心になる.すなわち,小売業者は通常時の利潤にのみ関心を持つため,彼の注文が増える(有限責任効果).このことによって,生産者の派生需要関数は上方へシフトするから,生産者は出荷価格を引き上げる方向で調整する($w^{DE}>w^{EE}$ および $w^{DD}>w^{ED}$).このことは小売業者の注文量を減らす効果を持つが,2つの効果全体としては,彼の注文量は増える.そしてこのことは,戦略的代替関係にあるライバル小売業者の注文を減らす.それゆえ,ライバル生産者の派生需要は下方へシフトするから,彼は出荷価格を引き下げる($w^{ED}<w^{EE}$ および $w^{DD}<w^{DE}$).さらに,生産者の派生需要はライバルチャネルの販売量にも依存する.すなわち,ライバル小売業者もまたリスクのある債券を発行してアグレッシブに行動するときには,自らのチャネルの残余需要が減り,小売業者の注文が少なくなる結果,生産者の派生需要は下方にシフトする.このときには,生産者は出荷価格を低く設定することになる($w^{ED}<w^{EE}$ および $w^{DD}<w^{DE}$).

各小売業者の販売量が仕入価格と正順関係にあるということは,一見すると不思議であるが,生産者による出荷価格の設定を考慮すれば,当然のことである.すなわち,高い派生需要に直面する生産者は,自らの利潤を最大にするために,出荷価格を引き上げると同時に販売量をも増やすのである.

リスクのある債券を発行する小売業者の注文量は,有限責任効果が生産者による出荷価格の引き上げ効果を上回るために増加する.このことはライバル小売業者の注文量を減らすという戦略効果を持つが,全体としての供給量は増える.その結果,小売価格は低くなる.その意味で,リスクのある債券の発行は小売業者間の競争を激しくするのである.

## 4　小売業者の資本構成：第0段階における選択

この節では，第0段階における生産者および小売業者の選択を検討し，小売業者の資本構成についての命題を導く．

### 4-1　小売業者の選択

これまでの議論から明らかなように，各小売業者がリスクのある債券を発行するか否かで，彼らの行動さらには生産者の行動も変化する．その結果，生産企業や小売企業の価値も異なってくる．もっとも，リスクのある債券を発行しないのであれば，Modigliani and Miller (1958) が論じたように，小売業者が投資資金を株式またはリスクのない債券の発行で調達しても企業価値は同じである．

第0段階において小売業者は，自らの企業価値（＝期待利潤）を最大にする資本構成を選択する．ここで，企業の価値は自己資本（株式）の価値と負債額の合計である．小売業者がリスクのある債券を発行する状況では，前者が $(1-x)(y-d)$，後者が $(1-x)d+xy_L$ であるから，企業価値 $(1-x)y+xy_L$ は期待利潤と一致する．いま，(6)式の仮定のもとで，3つの状況における小売企業の価値を比べれば，

$$y^{DD}<y^{ED}, \quad y^{DE}<y^{EE}, \quad \text{and} \quad y^{DD}<y^{EE}$$

を得る．それゆえ，次の命題が導かれる．

【命題2】
　小売企業および生産企業の価値は各々の小売業者がリスクのある債券を発行するか否かで異なる．また部分ゲーム完全均衡では，両小売業者はリスクのある債券を発行しない（囚人のディレンマも生じていない）．

この命題は次のように説明される．命題1で述べたように，小売業者がリスクのある債券を発行すれば，生産者は出荷価格を引き上げる．このことによっ

て小売業者の期待利潤は少なくなる．したがって，リスクのある債券を発行するか否かの選択では，小売業者は債券を発行しないことになる．

## 4-2　生産企業の価値とチャネルの共同利潤

次に，(6)式の仮定の下で，3つの状況における生産企業の価値を比べれば，

$$\pi^{DE} > \pi^{EE}, \quad \pi^{DD} > \pi^{ED}, \quad \text{and} \quad \pi^{DD} > \pi^{EE}$$

を得る．上式より，生産企業の価値は，小売業者がリスクのある債券を発行するときの方が多くなることが分かる．その意味で，生産者にとっては，小売業者によるリスクのある債券の発行は望ましい．このことは次のように説明される．リスクのある債券の発行によって，小売業者の注文が増え，生産者の派生需要が上方シフトする．この状況で生産者は，出荷価格を引き上げるが，小売業者の注文量も増えるために，生産者の利潤（＝出荷価格×注文量）が増えるのである．また，両小売業者がリスクのある債券を発行するときの方が，両小売業者が発行しないときよりも，生産者の利潤は多くなっている（$\pi^{DD} > \pi^{EE}$）．

この節の最後に，チャネルの期待共同利潤について見ておこう．期待共同利潤は生産者と小売業者の期待利潤の和であり（$Ez = Ey + \pi$），

$$Ez^{EE} = \frac{10(1-xL)^2}{81},$$

$$Ez^{DE} = \frac{2(5-7xL)(5+2xL)}{405},$$

$$Ez^{ED} = \frac{2(5-7xL)^2}{405},$$

$$Ez^{DD} = \frac{2(5-9xL)}{81}$$

と計算される．ここで，(6)式の仮定のもとで，3つの状況におけるチャネルの共同利潤を比べれば，

$$z^{DE} > z^{EE}, \quad \text{and} \quad z^{DD} > z^{ED}$$

を得る．すなわち，ライバルチャネルの小売業者の資本構成にかかわらず，チャネルの共同利潤は，自らの小売業者がリスクのある債券を発行したときの方が多い．というのは，リスクのある債券を発行することによって，小売業者の注文量（＝チャネルの販売量）が増え，それと戦略的代替関係にあるライバルチャネルの販売量が減るからである．ただし，

$$z^{DD} - z^{EE} = \frac{2xL(1-5xL)}{81} \gtreqless 0, \quad \text{iff} \quad xL \lesseqgtr \frac{1}{5}$$

であるから，$xL < 1/5$ であれば両小売業者がリスクのある債券を発行する時の方がチャネルの共同利潤は多いが，$1/5 < xL < 2/9$ の範囲では，共に発行しないときの方が共同利潤は多くなる（囚人のディレンマ）．というのは，$xL$ が大きいという意味で不確実性が大きいときには，リスクのある債券を発行することによる有限責任効果も大きく，各小売業者が販売量を大きく増やす結果，小売価格が低くなるからである．

これまでの議論から明らかなように，小売業者がリスクのある債券を発行しない状況では，チャネルの利潤が最大となっていないという意味で，「チャネルの調整」が失敗している[14]．ここで留意すべきことは，生産者と小売業者の間では，チャネルの共同利潤の再分配が可能だということである．すなわち，生産者が第0段階において一定の金額を小売業者に譲渡し，小売業者にリスクのある債券を発行させることによって，チャネルの期待利潤が増加し，当該チャネルの生産企業および小売企業の価値も高くなる．このような共同利潤の再分配によって，チャネルの調整問題を解決することができるのである．以上の議論は，次の命題にまとめられる．

【命題3】
　生産企業の企業価値およびチャネルの共同利潤は，小売業者がリスクのある債券を発行するときの方が多い．したがって生産者は，小売業者へ利益を譲渡して，彼にリスクのある債券を発行させることによって，自らの企業価値を高めることができる．

---

14）チャネルの調整問題についてはCachon（2003）などを参照のこと．

## 5 結 び

　この章では，チャネル間で価格―数量競争が行われる状況において，小売業者の資本構成が彼ら自身および生産者の行動や企業価値にいかなる影響を及ぼすかについて検討した．生産者と小売業者の間で利得の再分配が行われない状況では，小売業者はリスクのある債券を発行しない．この結論は，Brannder and Lewis (1986) の主張と対照的である．逆に，チャネルの共同利潤の再分配が可能な場合には，生産者が一定の金額を小売業者に与え，彼にリスクのある債券を発行させることによって，自らの企業価値を高めることができる．その意味で，生産者による利益の譲渡はチャネルの調整問題を解決する手段の1つである．また，小売業者がリスクのある債券を発行する場合には，チャネルの販売量が増えて小売価格が低くなるから，消費者厚生や経済厚生は向上する．

　実際，小売業者が債券を発行している例は枚挙に暇がないし，家庭用電気製品や医薬品の生産者は系列の卸や小売業者に多額の融資を行っている．このような小売業者による債券の発行は，小売業者の注文行動や生産者の出荷価格の設定に影響を及ぼすのである．従来のチャネル研究では，チャネルを構成する企業が資金を株式で調達していると想定されている．このことを鑑みれば，今後，小売業者がリスクのある債券を発行している状況におけるチャネルの行動を検討する必要がある．

## 終　章
## チャネル間競争のメカニズム
――総括と展望――

　本書では，チャネル間における価格―数量競争について検討した．第Ⅰ部では価格―数量競争のもとでの生産者による取引様式の選択を分析し，均衡では各生産者が小売業者を分離し，フランチャイズ料を徴収して1人の小売業者に販売を委ねることを明らかにした．この均衡では，出荷価格が限界生産費用以下に設定されるなど，価格―数量競争に特有なメカニズムが働いている．第Ⅱ部では生産者および流通業者による費用削減投資を，第Ⅲ部では生産者による垂直的取引制限の採否を検討した．そこでも，均衡では各生産者が小売業者を分離し，フランチャイズ料を徴収して1人の小売業者に販売を委ねるし，価格―数量競争に特有なメカニズムも機能している．このメカニズムは下流の流通チャネルに限定されるものではなく，上流のサプライチェーンにおいても機能する．第Ⅳ部では，上流のサプライチェーンについて論じるとともに，垂直的取引関係における株の取得や債券の発行について検討した．この章では，本書の議論を要約し，今後の研究課題について議論する．

## 1　チャネル間における価格―数量競争

　差別化された代替財を供給する2つのチャネルの間で価格―数量競争が行われる状況を想定する．この状況で各生産者が，二部料金制，線形価格制または垂直的統合のいずれかの取引様式を選択するとき，彼らはともに小売業者を分離して二部料金制を選択する．この部分ゲーム完全均衡では，出荷価格は限界

生産費用以下に設定され，需要が増えるとき生産者は出荷価格を引き下げるし，出荷価格は戦略的に代替的である（均衡の特性).

　このことは次のように説明される．まずはじめに取引様式の選択であるが，第2章の4節で論じたように，二重マージンが生じる線形価格制は垂直的統合に強支配される．強支配される戦略がナッシュ均衡戦略として選択されることはないから，線形価格制を選択肢から除く．この状況で，両生産者が二部料金制を選択している均衡から，一方の生産者が垂直的統合へと逸脱すれば，彼は両生産者が数量を戦略変数として消費者に直接販売するシュタッケルベルグ競争における追随者に甘んじることになる．その結果，チャネル間競争は緩和されるが，逸脱した生産者の利潤は減る．したがって，各生産者は均衡から逸脱しないのである．

　出荷価格が限界生産費用以下に設定されることは次のように説明される．いま仮に，各生産者が独立財を供給しているとしよう．このとき彼らは，二重マージンを回避するために，出荷価格を限界生産費用の水準に設定する．これにたいして，差別化された代替財を供給する状況では，一方の生産者が出荷価格を下げれば，系列の小売業者は注文量を増やす．そして，このことを予想するライバル小売業者が注文量を減らすから[1]，自らのチャネルの残余需要が増えるという正の戦略効果が生じる．その結果，独立財を供給する状況と比べて，出荷価格の引き下げが有利となり，各生産者は限界生産費用を下回る出荷価格を設定するのである[2]．また，需要曲線が上方へシフトするとき，フランチャイズ料を徴収する生産者は，自ら（またはチャネル）の利潤を最大にするために販売量を増やそうとする．この販売量は小売業者の注文行動に規定される．ここで，注文量が出荷価格の減少関数であることに留意すれば，生産者は小売

---

[1] したがって，小売価格の下落は（独立財を供給する状況と比べて）小幅なものとなる．このことは，出荷価格を限界生産費用の水準に設定したときの供給量のもとでのチャネルの限界収入が，独立財を供給する状況よりも高いことを意味しており，限界収入が限界費用を上回っているから，チャネルの利潤を最大にする生産者は，販売量（＝小売業者の注文量）を増やすため出荷価格を限界費用以下に設定するのである．

[2] 独占財が独立であれば，需要の増加によって販売量は増えるが，限界費用の水準に設定される出荷価格は変わらない．その意味で，この結果は寡占的生産者間の戦略的相互依存関係にもとづいている．

業者から多くの注文を引き出すために出荷価格を引き下げる．そして，このことによって増加した小売業者の利益をフランチャイズ料として回収すれば，生産者は多くの利潤を得ることができるのである．さらに，ライバル生産者が出荷価格を引き上げれば，ライバルの系列小売業者は注文量を減らすから，自らのチャネルの残余需要は上方にシフトする．このことは需要曲線の上方シフトと同様の効果を持つから，生産者は小売業者からの注文を増やすために出荷価格を引き下げる．それゆえ，出荷価格は戦略的に代替的となる．

　この均衡の特性は，生産者がフランチャイズ料を徴収することに依存している．生産者がフランチャイズ料を徴収しない場合には，出荷価格は限界生産費用以上に設定され，需要が増えると生産者は出荷価格を引き上げるし，出荷価格は戦略的に補完的である．このことはチャネル間で価格—価格競争が行われる状況でも同様であり，上述した均衡の特性は，チャネル間で価格—数量競争が行われ，かつ生産者がフランチャイズ料を徴収する場合に特有なものである．

　ここで，価格—数量競争のもとで，両生産者がともに二部料金制，線形価格制および垂直的統合を選択する場合の部分ゲームの均衡を比較してみよう．この際留意すべきことは，生産者が二部料金制を選択する場合には，彼らは限界生産費用を下回る水準に出荷価格を設定するのにたいし，線形価格制を選択する場合には，出荷価格は限界生産費用よりも高く設定されるということである（そうでなければ，生産者は正の利潤を得ることができない）．また，垂直的統合を選択した生産者の限界調達費用（財を追加的に1単位調達するための費用）は限界生産費用である．さらに，小売業者の限界調達費用は仕入価格（＝出荷価格）であるから，線形価格制のもとでの小売業者の限界調達費用が最も高く，次いで垂直的統合を選択した生産者，二部料金制のもとでの小売業者のそれが最も低い．このように限界調達費用の異なる経済主体が数量競争を行うとき，クールノー均衡では，限界調達費用が低い時の方が販売量が多くなり，それと逆順関係にある小売価格が低くなると同時に，販売量と正順関係にある消費者余剰や総余剰は多くなる．したがって，消費者厚生や経済厚生の観点からは二部料金制が望ましい．

　一方，チャネルの利潤はフランチャイズ料を徴収しない場合が最も多い．この場合には，生産者は限界生産費用を上回る水準に出荷価格を設定し，小売業者もまた自らのマージンを上乗せするという二重マージンが発生する．その結

果，小売価格が高くなり，チャネルの利潤も増えるのである．しかしながら，小売業者に生じた利益をフランチャイズ料によって回収できないため，生産者の利潤は必ずしも多くはない．実際，生産者の利潤は垂直的統合時に最も多い．その意味で，両生産者が二部料金制を選択するという部分ゲーム完全均衡では，囚人のディレンマが生じている．また，小売業者を垂直的に分離することによってチャネル間の競争は激しくなっている．逆に，フランチャイズ料を徴収しない場合には，垂直的分離はチャネル間競争を緩和することになる．

　価格―数量競争のもとで各生産者が二部料金制を選択し，そこで均衡の特性が成立することには，ある程度の頑強性がある．チャネルが生産者⇒卸⇒小売業者という3層であったとしても均衡の特性は成立するし，需要関数が非線形の場合でも，需要が増えると各企業の限界収入曲線が上方にシフトするのであれば，均衡の特性は成立する（第2章の3節）．さらに，生産者と小売業者の間に系列関係がない場合（第2章の補論）や，多数の生産者の各々が多数の小売業者を介して財を販売する状況（第3章）でも，均衡の特性は成立する．ただし，各生産者が多数の系列小売業者を介して財を販売する状況では，統合によって小売市場におけるプレーヤーの数が減るためにチャネル間競争は緩和されることになる．

　このような価格―数量競争の均衡の特性に関する含意には次のようなものがある．仮に，同質財を直接消費者に販売する生産者の間で価格競争が行われる場合には，たとえ生産者が2人であっても小売価格は限界費用と一致し，彼らの利潤はゼロになるとされている．しかしながら現実には，価格を戦略変数として行動する寡占的生産者は，多くの場合，正の利潤を得ている．価格―数量競争モデルのように，生産者が（ある程度の価格支配力を持つ）系列の小売業者を介して財を販売している状況では，生産者間で価格競争が行われたとしても，彼らは正の利潤を得ることができるのである[3]．

　また，（小売業者を統合した）生産者の間で価格競争が行われる場合や，チャネル間で価格―価格競争が行われる場合，価格は戦略的に補完的である．この状況での費用削減投資は激しい価格競争を導くため，Fudenberg and Tirole

---

[3] Kreps and Scheinkman (1983) は，生産能力の制約にもとづいて，ベルトラン均衡でも生産者が正の利潤を獲得できることを示している．

(1984) が論じたように，生産者は生産費用を削減するための投資に消極的になる（Puppy dog 戦略）．しかしながら，価格―数量競争のもとでは出荷価格は戦略的に代替的となる．この状況では，費用削減による出荷価格の引き下げは，ライバルの出荷価格の引き上げを導き，ライバルの販売量を減らすことによって，自らの販売量を増加させるという正の戦略効果を持つ．したがって，生産者は費用削減投資を積極的に行うことになる（Top dog 戦略）．

さらに，上述した多くの場合には，需要が増加するとき生産者は出荷価格を引き上げる．しかしながら，価格―数量競争のもとでは，需要の拡大にともない生産者は出荷価格を引き下げる．実際，製品ライフサイクルの成長期において，生産者は需要の拡大にともない出荷価格を引き下げ，小売業者から多くの注文を引き出そうとする．このことは小売価格を引き下げる効果を持つが，需要の拡大は小売価格を引き上げる効果を持つから，小売価格は上昇する．

最後に，第3章で論じたように，寡占的生産者の各々が複数の小売業者を介して同質財を販売するという状況では，市場の競争の程度は生産者数のみに依存するものではなく，生産者が少ない場合でも，小売業者が十分多ければ生産者のマージンは少なくなる．すなわち，小売段階の競争が激しくなれば，生産者間の競争も激しくなるのである．このことは次のように説明される．小売市場で数量競争が行われる場合，小売業者数が増えれば，彼らの間での競争の結果，小売価格が低下してチャネルの利潤は減少する．したがって，生産者がフランチャイズ料を徴収する場合には，フランチャイズ料を含む生産者の利潤（＝チャネルの利潤）も減少することになる．一方，生産者がフランチャイズ料を徴収しない場合でも，小売業者が多くなれば，彼ら1人あたりの注文量は減少する．この状況で，自らの系列小売業者数が大きく増えなければ，生産者の派生需要は下方にシフトする．このとき生産者は，自らの利潤を最大にするように出荷価格を引き下げるため，利潤が減るのである．このことは，小売業者の数が多い「最寄り品」の分野における生産者の粗利益率が，「買い回り品」の分野と比べて低くなっていることを説明する．

## 2 費用削減投資

　第II部では，チャネル間で価格—数量競争が行われる状況における生産者や流通業者による費用削減投資について検討した．

　まず第4章では，独占的生産者と流通業者からなるチャネルを想定し，販売契約の種類（線形価格制か二部料金制か）および契約を提示するタイミング（流通業者による投資の前か後か）の異なる4種類のモデルの均衡を比較検討した．主な結論は，生産者が契約の種類と提示のタイミングを選択できるのであれば，彼は二部料金制を選択し，流通業者による投資に先立って契約を提示するというものである．この場合には，流通業者の数が増えると彼ら1人あたりの取扱量が少なくなり，投資水準が低下して限界流通費用が上昇するため，生産者（＝チャネル）の利潤が減少する．それゆえ，生産者は1人の流通業者に財の販売を委ねることになる．また，限界流通費用の上昇によって小売価格が高くなるため，消費者余剰は減少する．その意味で，流通業者数を減らすことがパレートの意味での改善となり，競争的な流通市場は必ずしも効率的ではないことになる．

　この主張の経験的含意の1つは総代理店制である．輸出企業は，しばしば，輸出先の国や地域での販売を1人の流通業者に委託するという「総代理店制」を採用する．その理由の1つは，成生・フラス (2004) や Flath and Nariu (2008) が論じたように，独占的流通業者の方が費用削減投資を積極的に行うため，輸出企業の利潤が増えるからである．実際，輸出品は輸出先には密接な代替財が無いことが多く，輸出企業は輸出先の市場においてある程度の価格支配力を持っている．この状況で生産者は，出荷価格によって販売量を調整することができるから，独占的流通業者に委託することが得策となる．その際，独占的販売権と引き換えにフランチャイズ料を徴収するのである．

　このような総代理店は，独占的地位を脅かす並行輸入を妨害している．輸入国の公正取引委員会は，流通市場の競争を確保するために，この種の妨害行為を摘発している．しかしながら，流通業者数を増やすことは，輸出企業の利潤のみならず，輸入国の経済厚生をも低める．したがって，少なくとも流通費用削減投資の効果が大きい発売当初は，公正取引委員会による摘発は，輸入国の

経済厚生を損なう可能性がある.

　また，大規模な生産者の多くは自らが販社を設立したり，系列の卸売業者を介して財を販売している．第4章の図表4-5から分かるように，すべての業種において，生産者の規模が大きくなるほど販売会社比率が高くなっている．生産者の規模が小さい場合には，販社を設立したとしても，取扱量が少ないために規模効果は働かない．この状況では，規模の経済性を持つ外部の流通業者の方が多くの投資を行うため流通費用が低く，したがって生産者は，彼らに任せた方が多くの利潤を得ることができる．これにたいして，生産者の規模が大きくなると，自らの（100％出資の）販売子会社も規模の経済を発揮できるから，投資水準も高くなる．その結果，外部の流通業者に販売を委託するよりも多くの利潤を得ることができるようになる．それと同時に，分社化によってインフルエンスコストの弊害も回避できるのである．

　第5章では，「需要が多いときに小売価格が低くなる」という，少なからぬ種類の財で観察される現象について検討した．市場需要曲線が右上にシフトするとき，市場供給曲線が右下に大きくシフトしなければ小売価格は下がらない．そしてそのためには，各流通企業の供給曲線（＝限界費用曲線）が右下にシフトする必要がある．ここで，流通企業の限界費用は財の仕入価格（＝限界調達費用）と限界流通費用の和である．チャネル間で価格一数量競争が行われる状況では，需要が増えると各生産者は出荷価格を引き下げる（限界調達費用曲線の下方シフト）．このことと需要の増加によって，各流通業者は販売量を増やす．そして，販売量の増加が投資を促進し（規模効果），投資効率がある程度高ければ，流通費用が大きく削減されるのである（限界流通費用曲線の下方シフト）．これら2つの効果が流通企業の限界費用曲線，さらには市場供給曲線を大きく下方へシフトさせるため，小売価格が下がるのである[4]．

　周知のように，製品ライフサイクルの成長期から成熟期において，需要の拡大にともなって出荷価格や小売価格は低下する．前述したように，費用削減投資を考慮しない場合には出荷価格は下がるが，小売価格は必ずしも下がらなか

---

4) 需要の増加によって小売価格が下がるメカニズムの根幹は費用削減投資の規模効果であり，チャネル間での価格一数量競争のもとでのフランチャイズ料の徴収による出荷価格の低下は，投資を増幅させる役割を果たしてはいるが，必ずしも本質的なものではない．

った．費用削減投資を考慮すれば，投資効率が高い場合には，流通業者は投資を積極的に行い，限界流通費用は大きく削減される．確かに，限界流通費用が下がれば生産者は出荷価格を引き上げる方向で調整するが，需要の増加にもとづく引き下げ効果の方が大きいため，出荷価格は低くなる．これらの結果，需要の拡大にともなって小売価格が下がるのである．

　第6章では，生産者によるチャネル構造の選択と費用削減投資について検討した．この状況でも，チャネル間競争が激しくなって利潤が減るにもかかわらず，各生産者は二部料金制のもとで流通業者を分離し，費用削減のための投資を積極的に行うことになる．このことは次のように説明される．生産者は流通業者を分離することによって，出荷価格とフランチャイズ料という2つのチャネルの運営手段を手に入れる．この状況で，（チャネルの利潤を最大にする）生産者は，出荷価格を限界生産費用以下に設定し，流通業者から多くの注文を引き出すことができる．ここでも，出荷価格は戦略的代替関係にあり，需要が増えると生産者は出荷価格を引き下げる．この際に流通業者に生じた利潤をフランチャイズ料によって回収すれば，彼は多くの利潤を得ることができる．そして，このような販売量の増加が費用削減投資を促すのである（規模効果）．このことによって限界生産費用が低下すれば，生産者は出荷価格を一層引き下げる．その結果，流通業者の注文量が増加し，ある場合には小売価格が低下する．このことによって生産者の利潤は減少するが，消費者厚生や経済厚生は増加することになる．

　実際，多くの生産者は独立した意思決定主体である流通業者を介して財を販売しているし，また販売子会社を設立してそこから財を出荷している．このように，生産者が独立した意思決定主体である流通業者に財の販売を委ねれば，流通業者の流通費用削減投資を促すと同時に，販売量（＝生産量）の増加によって生産者自身も生産費用を削減するための投資を積極的に行うようになるという相乗効果が生じるのである．

## 3　垂直的取引制限

　第Ⅲ部では，チャネル間で価格―数量競争が行われる状況における垂直的取

引制限について検討した.

　まず第7章では，チャネル間で価格―価格競争が行われる状況を想定し，この状況で複占生産者が線形価格制，二部料金制または垂直的統合のいずれかを選択するのであれば，彼らはともに二部料金制を選択することを示した．このことは次のように説明される．垂直的統合の場合には，生産者は直接的な競争を強いられるのにたいし，価格支配力を持つ小売業者を分離した場合には，生産者間の競争は小売業者を介した間接的なものになる．その結果，小売価格は二重マージンゆえに垂直的統合の場合よりも高くなり，チャネルの利潤が増えるのである．逆に小売市場が競争的な場合には，小売価格は出荷価格と一致するから，分離は競争緩和効果を持たない．その意味で，分離が効果を持つためには，小売業者が価格支配力を持つ必要がある．

　また垂直的分離を前提として経路選択について言えば，各生産者はフランチャイズ料を伴う閉鎖経路を選択し，開放経路は選択されない．というのは，開放経路のもとでは同じ生産者の財を複数の小売業者が販売するから，小売価格は出荷価格と一致し，小売業者は価格支配力を喪失する．その結果，チャネル間競争が激しくなるからである．

　これにたいして，テリトリー制のもとでは，小売業者は独占的な売手として価格支配力を持ち，チャネル間競争が緩和されるがゆえに導入される．逆に，生産者間の競争を直接的なものにする再販制は採用されないことになる．

　第8章では，チャネル間で価格―数量競争が行われる状況において，生産者が再販制（上限価格規制）を選択するか否かを検討した．価格―価格競争の場合には，再販制のもとでは生産者が小売価格を設定するから，小売業者は何の役割も果たさないが，価格―数量競争のもとでは，上限価格が規制されているとはいえ，注文量を設定するという役割を演じている．もっとも，価格―数量競争の場合でも，価格―価格競争の場合と同様に，両生産者は二部料金制を選択し，再販制は選択されない．

　経済厚生の観点から見れば，両生産者が再販制を選択することが望ましい．この状況で，規制当局が二部料金制を禁止するとき，財がある程度差別化されていれば，両生産者が再販制を選択するから経済厚生は向上する．しかし，財が十分に同質的であれば，一方が再販制を選択し，他方は（激しい価格競争を回避するために）線形価格制を選択する状態が均衡となる．この均衡での経済

厚生は，両生産者が二部料金制を選択する均衡よりも悪化している．このことは，経済厚生の観点から劣る取引様式を禁止しても，経済厚生が改善されるとは限らないことを意味している．

また，生産者が小売部門を統合し，小売市場で数量を設定する取引様式を選択肢に含めれば，両生産者が二部料金制を選択する状態の他に，一方は再販制，他方が垂直的統合を選択する状態も均衡となる．ここで留意すべきことは，再販制が二部料金制に弱支配されているということであり，弱支配される戦略（取引様式）が均衡戦略として選択されることになる．

第9章ではテリトリー制について検討した．主な結論は，生産者がフランチャイズ料を徴収する場合には両生産者はテリトリー制を導入し，フランチャイズ料を徴収しない場合には導入しないということである．また，フランチャイズ料とテリトリー制の採否を同時に選択する場合には，両生産者はともにフランチャイズ料を徴収してテリトリー制を導入する．このことは次のように説明される．テリトリー制のもとで小売業者は，独占的な売手として大きな価格支配力を付与される．その結果，チャネル間競争は緩和され，チャネルの利潤は多くなる．二部料金制のもとで，生産者はこの利潤をすべて回収することができる．これにたいして線形価格制のもとでは，二重マージンが生じてチャネルの利潤は増えるが，小売業者に生じた利潤を回収することはできない．テリトリー制を導入しなければ，同じ生産者の財を複数の小売業者が販売するため，二重マージンが軽減され，販売量が多くなるため生産者の利潤も多くなるのである．

また経済厚生の観点から見れば，テリトリー制の導入によって小売段階の競争が排除されるため，小売価格は高くなる．その結果，二部料金制のもとでは生産者の利潤は多くなるが，消費者厚生や経済厚生は悪化する．その意味で，生産者の利潤と経済厚生はトレードオフの関係にある．

第9章の補論では，このトレードオフを解消する要因として，財の輸送費用を9章のモデルに導入し，テリトリー制の採否およびそのことが消費者厚生や経済厚生に及ぼす効果を検討した．この状況でも，両生産者はともにフランチャイズ料を徴収してテリトリー制を採用する．そして，輸送費用がある程度高い場合には，テリトリー制の導入によって小売価格が低くなる．このことは次のように説明される．テリトリー制のもとでは，小売業者による市場間での財

の輸送が禁止されるため，各々の市場で販売する小売業者数が減少し，小売市場の競争が緩和される．この状況で，フランチャイズ料を徴収する生産者は，チャネルの利潤を増やすために出荷価格を引き下げる．このことと（輸送費用ゆえに）限界費用の高い小売業者が排除されることが，小売価格を引き下げる要因である．他方，小売業者数の減少は小売価格を引き上げる効果を持つ．これら3つの効果が複合され，輸送費用がある程度高いときには，テリトリー制のもとでの小売価格が，テリトリー制を採用しない場合よりも低くなるのである．このことは，小売価格と逆順関係にある生産者（またはチャネル）の利潤を減らす．他方，市場間での無駄な輸送を禁止すれば，チャネルの利潤は増加する．そして，後者の効果が前者の効果を上回るため，生産者の利潤が増えるのである．このときには，テリトリー制の導入はパレートの意味での改善となる．

第10章では，チャネル間で価格―数量競争が行われる状況における生産者による経路選択について検討した．この際考慮すべきことは，仮に多数の小売業者が参入するのであれば，開放経路のもとでは小売価格＝出荷価格となるから，価格―価格競争に還元されるということである．そのため，モデルでは高々2人の小売業者のみが参入できるとした．主な結果は，均衡では両生産者がともにフランチャイズ料を徴収して閉鎖経路を選択するということである．

第Ⅲ部では生産者による取引様式の選択について検討したが，ここでの結論は，多様な垂直的取引制限を導入できるとしても，各生産者はフランチャイズ料を徴収した上で，1つの市場に1人の小売業者を配するということである[5]．換言すれば，チャネル間競争を緩和するという観点からは，テリトリー制や閉鎖経路は選択されるが，再販制は導入されないのである．この状況は，第1章の基本モデルの均衡と同じであり，この均衡の特性も成立している．

チャネル間で競争が行われる状況では再販制が選択されないにもかかわらず，現実には再販制が導入されている．その理由の1つは，序章で論じたように，チャネルの効率的運営のためであり，その効果がチャネル間競争を激しくするマイナス効果を上回るからである．その意味で，再販制はこのマイナス効果が小さい差別化された財に多く観察されることになる．また，再販制の導入が経

---

[5] 市場に1人の小売業者のみを配するという結果は，需要が小売業者数に依存しないことにもとづいている．多数の店舗での販売が重要な場合には，開放経路が選択されよう．

済厚生を悪化させるとは限らず，再販制のもとで提供されるサービスや（多くの小売店舗での販売にもとづく）利便性の販売促進効果が大きければ，経済厚生は向上するのである．このような再販制は独占禁止法によって（一部の財を除き）禁止されているが，この点については再考する必要があろう．というのは，再販制はブランド内競争を緩和するかも知れないが，ブランド（チャネル）間競争を激しくするから，小売価格が高くなるとは一概には言えないからである．また，消費者厚生は財に付随するサービスや利便性にも依存し，ある消費者は高価格・高サービスを，他の消費者は低価格・低サービスを望むというように，多様な消費者が存在する状況では，再販制を禁止すれば後者の財のみとなり，消費者の選択肢が狭くなる結果，消費者厚生が悪化するからである[6]．

また，テリトリー制はチャネル間競争を緩和し，経済厚生を悪化させるが，第9章の補論で論じたように，財の輸送費用が高い場合には，経済厚生を向上させる可能性がある．新聞や乳酸飲料など，テリトリー制が導入されている商品分野では宅配コストが大きいことを考慮すれば，独占禁止法上，テリトリー制を禁止するか否かを判断する際には，チャネル間競争への影響と同時に，（輸送費用の削減など）チャネルの効率的運営への効果をも考慮する必要がある．

## 4 チャネル間競争の諸側面

第Ⅳ部では，サプライチェーンや垂直的取引関係のもとでの株式の取得や債券の発行など，関連するトピックスについて検討した．

第11章では，大規模小売業者と下請生産者の製造委託関係において見られる協賛金の機能を経済学的に検討し，小売業者が下請生産者に協賛金の負担を求めることが消費者厚生や経済厚生を向上させることを明らかにした．確かに，協賛金の徴収によって下請生産者の利潤がゼロとなるため，協賛金はしばしば大手小売業者が下請生産者を「搾取」するための手段とみなされることがある．とはいえ，競争的（下請）生産者が超過利潤を得ることができないのは当然のことである[7]．

---

6) この点については成生・鳥居 (1996a) を参照のこと．

協賛金の徴収が経済厚生を改善するメカニズムは，下請業者の限界生産費用が逓増し，小売業者が下請業者にたいして買い手独占として振る舞う状況で機能する．この状況で協賛金を徴収すれば，小売業者はサプライチェーン全体の利潤を最大にするように行動する．このときにはチェーンの限界調達費用は下請業者の限界生産費用である．これにたいして協賛金を徴収しない場合には，小売業者は自らの利潤を最大にする．このとき，買い手独占である彼の限界調達費用曲線は下請生産者の限界生産費用曲線の上方に位置するから，同じ限界収入のもとでの調達量が少なくなり，平均調達費用が高くなるという意味で，チェーンの効率的な運営に失敗するのである．

　第12章では，部品生産に先立って費用削減投資が行われる場合，部品を系列サプライヤーから調達する企業と内部調達する企業とでは，どちらが製品市場で競争優位となるかについて検討した．主な結論は，下請法のもとでの部品価格の下限規制が有効でなければ，系列調達企業の方が投資水準，生産量および利潤のいずれの点でも内部調達企業を上回り，競争優位に立つということである．系列調達企業は部品価格をその製造原価より低く設定する．このことは直接的にはサプライヤーの投資水準を低めるが，最終財の限界調達費用が低くなるため生産量が増える．このことにもとづく部品発注量の増加がサプライヤーの投資水準を高め（規模効果），限界生産費用が削減される結果，共同利潤が増えるのである．この際にサプライヤーに生じた損失は，固定額の金銭的移転によって補塡される．また，下請法による部品の下限価格規制は，そのことによって部品価格が高くなるのであれば系列調達企業に不利に働き，彼の競争優位は損なわれる．

　生産システムの効率的な運営の観点からは，一方の極には直接的かつ包括的なコントロールを意味する垂直的統合が，他方の極にはコントロールをしないスポット取引がある．間接的かつ部分的なコントロールを意味する系列取引は，垂直的統合とスポット取引の中間形態として捉えられてきた．他面，組み立て企業間で数量競争が行われる場合，そこでの競争優位は限界調達費用に依存する．このような組み立て企業間の競争を念頭に置けば，内部調達（垂直的統合）

---

7) 成生・後藤（2013）では，小売業者が競争的な状況においても，協賛金の徴収によって経済厚生を改善するという結論を導いている．

とスポット取引は，限界調達費用が等しいという意味で同じであり，系列調達は両者の中間形態ではないことになる．

　生産者と流通業者が分離したチャネルでは二重マージンが発生する．単一チャネルの効率的運営の観点からこの問題を解消するための手段として，序章で論じたように，フランチャイズ料の徴収や再販制の導入がある．ここで留意すべきことは，チャネル間で競争が行われる状況では再販制は選択されないということである．その上，何らかの理由から生産者がフランチャイズ料を徴収できない状況では，二重マージンを解消するための代替策として，第13章で論じた生産者による小売企業の株の所有がある．そこで論じたように，ライバル生産者が販売部門を統合している（直接販売）場合には，間接販売を行う生産者は，すべての株を取得することでシュタッケルベルグ競争の先導者のように振る舞い，多くの利潤を得ることができる．また，両生産者が間接販売を行う場合でも，両生産者は小売企業の株をすべて所有する．実際，第4章で論じたメーカーの子会社である「販社」の場合，メーカーがほとんどの株を所有している．そして，両生産者が間接販売を行う均衡は第1章で論じた基本モデルの均衡と一致するから，生産者による小売企業の株の取得は，フランチャイズ料の徴収と同等の効果を持つことになる．そして，株を取得することによる「疑似統合効果」は，チャネル間競争が行われる状況でも機能しているのである．

　第14章では，チャネル間で価格─数量競争が行われる状況において，小売業者の資本構成が彼ら自身および生産者の行動や企業価値にいかなる影響を及ぼすかについて検討した．主な結果は，小売業者によるリスクのある債券の発行によって彼らや生産者の行動が変わり，企業価値も変化するということである．また，生産者と小売業者の間で利得の再分配が行われない状況では，小売業者はリスクのある債券を発行しない．この結論は，Brander and Lewis (1986) の主張と対照的である．逆に，チャネルの共同利潤の再分配が可能な場合には，生産者が一定の金額を小売業者に与え，彼にリスクのある債券を発行させることによって，自らの企業価値を高めることができる．その意味で，生産者による利益の譲渡はチャネルの調整問題を解決する手段の1つである．さらに，小売業者がリスクのある債券を発行する場合には，チャネルの販売量が増えて小売価格が低くなるから，消費者厚生や経済厚生は向上する．

## 5　今後の研究課題

　この節では，今後の研究課題として①小売業者数の内生化，②不確実性や情報の非対称性の導入，③数量一数量競争，④資本構成について議論する．

　まず第1に小売業者数の内生化であるが，購入頻度の高い最寄り品の場合には，買い物費用を節約するために，消費者は最寄りの店舗を利用する．したがって，多くの店舗で財を販売することが販売を促進する上で重要である．この状況では，財にたいする需要はそれを販売する小売店舗数に依存する．この点に関連して第2章の2節では，生産者が複数の小売業者を介して財を販売できる状況を検討したが，需要が小売業者数には依存しないため，各生産者は1人の小売業者のみに販売を委ねるという結論が導かれた．また第3章では，各生産者が複数の小売業者を介して財を販売する状況を分析したが，そこでは小売業者数は外生的に与えられている．その意味で，財に対する需要がそれを販売する小売業者数に依存する状況において，小売業者数を内生的に決めるチャネル間競争のモデルは本書では検討されておらず，今後の研究課題の1つとして残されている．

　第2に，14章を除く本書の各章は確実性下のモデルであり，不確実な状況や情報の非対称が顕著な場合についてはほとんど検討されていない．この方向での研究として長谷川・成生（2006）やNariu and Lee（2013）などがあり，そこでは小売業者は需要の状態を知っているが，生産者はそれを知らないという情報の非対称性が想定されている．この状況では，小売価格の設定を小売業者に委ねることによって，需要の状態に応じた価格設定ができるようになるため，チャネルの期待利潤が多くなる．このことは，家電製品をはじめとする多くの財で，（建値制ではなく）オープン価格制が採用されていることを説明する．

　また，第Ⅲ部で検討した費用削減投資においても，投資額に応じて限界費用が確実に下がるものと想定されている．しかしながら現実の多くの場合には，投資の効果には不確実性が伴っている．すなわち，一定額の投資を行うとき，限界費用の削減幅は確率変数として与えられるのである．この状況では，投資後に限界流通費用が明らかになるまで，出荷価格の設定は延期されることになろう．そして，投資費用が埋没した後には，生産者は投資後の小売業者の利潤

を非負とするようなフランチャイズ料を設定するかも知れない．このことを予想する小売業者は，投資をすればその分だけ損をするから，投資を行わない．すなわち，ホールドアップ問題が生じるのである．そしてこのときには，小売業者への投資誘因の提供と二重マージンの解消との間にトレードオフが存在することになる．成生・李（近刊）では，この状況において投資効率が高い場合には，投資後にフランチャイズ料を徴収しないことに事前にコミットすることによって，生産者が多くの利潤を得ると論じている．すなわち，フランチャイズ料を徴収可能であったとしても，生産者はそれを徴収しないのである．このように，不確実性への拡張については多くの研究課題が残されている．

第3に，本書ではチャネル間における価格―数量競争を検討したが，数量―数量競争を想定した先行研究は極めて少ない．この点に関連してSingh and Vives (1984) は，同じ需要の状況のもとで，両企業が価格を戦略変数として行動する状況，数量を戦略変数とする状況，さらには，一方の企業が価格を設定し，他方の企業が数量を設定するという戦略変数が非対称な状況を分析した上で，これら3種類の競争の均衡を比較することによって，仮に供給される財が代替財（補完財）であれば，両企業は数量（価格）を選択するという結論を導いている．このような戦略変数の選択について成生・王 (2013) は，2人の生産者の各々が1人の系列小売業者を介して財を販売する状況においても，両生産者および両小売業者が戦略変数として数量を選択するという結果を導いている．確かに生産者は，小売業者にたいして出荷価格を提示するが，このことは生産者が価格を戦略変数として行動することを意味するわけではない．というのは，数量を決めた（モデルの構造を知る）生産者にとって，当該の量を丁度販売する出荷価格を計算することは容易であり，計算した出荷価格を小売業者に提示すればよいからである．このように，生産者が戦略変数として価格を選択するという理論的根拠は必ずしも頑強ではなく，数量―数量競争を分析することで新しい知見を得ることができるかも知れない．

最後に，垂直的取引関係のもとでの企業の資本構成について言えば，産業組織論やマーケティングの分野には垂直的取引関係における企業行動に関する多くの研究があるが，そこでの企業は株式によって資金を調達していると想定されており，債券の発行は想定されていない．また企業金融の分野では，寡占的生産者が債券を発行するか否かの選択が検討されているが，そこで想定されて

いるのは生産者間の水平的競争であり，垂直的な取引関係は想定されていない．

　実際，小売業者が債券を発行している例は枚挙に暇がない．このような小売業者による債券の発行は，小売業者の注文行動や生産者の出荷価格の設定に影響を及ぼすのである．この方向での研究として成生・倉澤 (2015) は，継起的独占にある生産者と小売業者を想定し，小売業者がリスクのある債券を発行しないが，生産者による融資なら受け入れると論じている．また倉澤・成生 (2014) は，独占的生産者と複占小売業者から構成されるチャネルを想定し，需要の不確実性が小さいときには両小売業者はリスクのある債券を発行するが，不確実性が中程度のときには一方のみが発行し，大きいときにはいずれの小売業者も発行しないと論じている．この分野の研究は始まったばかりであり，今後，小売業者がリスクのある債券を発行している状況におけるチャネルの行動について，詳細に検討する必要がある．

# 参考文献

著者名,発行年([ ]内は利用した版の発行年)に続き,著書の場合には書名,(出版場所),出版社,論文の場合にはタイトル,掲載誌名(巻,発行月・季節,号,ページ)が記載されている.当該の論文が論文集に収録されている場合,重複を避けるため,論文集の編集者(再録の場合には論文集の発行年)とページのみを記載した.読者は編集者名によって論文集の書名を知ることができる.


浅沼萬里 (1997),『日本の企業組織――革新的適応のメカニズム』東洋経済新報社.
荒川祐吉 (1960 [1979]),『現代配給論』千倉書房.[第8版,1979.]
石原武政 (1982),『マーケティング競争の構造』千倉書房.
泉田成美・船越誠・高橋佳久 (2004),動態的競争が企業利潤率に与える影響に関する実証分析,公正取引委員会競争政策研究センター.
伊藤元重・加賀見一彰 (1998),企業間取引と優越的地位の濫用,三輪・神田・柳川 (編),pp. 393-423.
伊藤秀史 (編) (1996),『日本の企業システム』東京大学出版会.
――・林田修 (1996),「企業の境界」,伊藤 (編),pp. 153-181.
――・林田修・湯本祐司 (1992),中間組織と内部組織――効率の取引形態への契約論的アプローチ,ビジネス・レビュー,Vol. 39, No. 4, pp. 34-48.
植草益 (1982),『産業組織論』筑摩書房.
上田薫 (1990),垂直的制限行為と経済厚生,南山経済研究,第4巻,第3号,pp. 395-414.
浦田修志 (2010),一問一答 下請法・下請取引 10 納入業者に対する協賛金等の要請と独禁法・下請法,NBL, No. 928, pp. 68-71.
岡田章 (1996),『ゲーム理論』有斐閣.
小田切宏之 (1988),市場集中度・マーケットシェアと企業利潤率:実証分析,公正取引,第450巻,pp. 39-45.
―― (1992),『日本の企業戦略と組織』東洋経済新報社.
川濱昇・瀬領真悟・泉水文雄・和久井理子 (2012),『ベーシック経済法――独占禁止法入門(第3版)』有斐閣.
倉澤資成 (1991),流通の多段階性と返品制,三輪・西村 (編),pp. 189-223.
―― (編) (2005),『市場競争と市場価格』日本評論社.
――・鳥居昭夫・成生達彦 (2002),繊維・アパレルの流通――卸の多段階制と返品制,日本経済研究,No. 45, pp. 147-175.[本書序章]
――・成生達彦 (2014),複占市場と企業の資本構成――株式発行の役割,日本ファイナンス学会報告論文.
公正取引委員会 (1991),『優通・取引慣行に関する独占禁止法上の指針』.
―― (編) (1980),『公正取引委員会審決集』第25巻,pp. 32-35.
―― (2008),下請法違反行為を自発的に申し出た親事業者の取扱いについて,平成20年12月17日報道資料.
―― (2010),「優越的地位の濫用に関する独占禁止法上の考え方」(原案) に対する意見の概要とこれに対する考え方,平成22年11月30日報道資料.
―― (2012),日本生活協同組合連合会に対する勧告等について,平成24年9月25日報道

資料.
――下請取引調査室 (2012), 平成 24 年度上半期における下請法の運用状況等及び今後の取組について, 公正取引, No. 745, pp. 8-12.
小宮隆太郎・岩田規久男 (1973),『企業金融の理論』日本経済新聞社.
新宅純二郎・淺羽茂 (編) (2001),『競争戦略のダイナミズム』日本経済新聞社.
白石忠志 (2012), 優越的地位濫用規制の概要, ジュリスト, No. 1442, pp. 12-15.
――・長澤哲也・伊永大輔 (2012), 鼎談 優越的地位濫用をめぐる実務的課題, ジュリスト, No. 1442, pp. 16-32.
杉浦市郎 (2006), 優越的地位の濫用規制――大規模小売業とフランチャイズを中心にして, 日本経済法学会年報第 27 号, pp. 59-72.
鈴木浩孝 (2009), 垂直的取引関係とチャネル間競争, 学位請求論文 (京都大学).
――・成生達彦 (2003), 建値制と経済厚生, 国民経済雑誌, 第 188 巻, 第 1 号, pp. 27-48.
――・―― (2013), チャネル間競争と販売費用削減投資, 静岡文化芸術大学研究紀要, 第 13 巻, pp. 53-64.
――・―― (近刊), チャネル間における価格―価格競争のもとでのテリトリー制, 静岡文化芸術大学研究紀要.
瀬戸廣明 (1991),『販売会社流通の基礎』千倉書房.
高橋岩和 (2006), 優越的地位の濫用と独禁法, 日本経済法学会年報第 27 号, pp. 1-20.
田村正紀 (1971),『マーケティング行動体系論』千倉書房.
土井教之 (1986),『寡占と公共政策』有斐閣.
―― (2011), 優越的地位と下請, 公正取引, No. 732, pp. 101-105.
鳥居昭夫 (2007), 下からのフランチャイズ, 横浜経営研究, 第 28 巻, 第 1 号, pp. 31-37.
中里和浩 (2011), 優越的地位の濫用規制の現状及び今後の課題――フランチャイズ・システムの問題を中心として, 経済科学研究, No. 8, pp. 141-153.
成生達彦 (1994),『流通の経済理論――情報・系列・戦略』名古屋大学出版会.［本書序・第 7 章］
―― (2001), チャネルの競争優位と製版提携, 新宅・淺羽 (編), 第 6 章, pp. 141-168.［本書序章］
―― (2003), 空間的数量競争と上限価格規制, 流通研究, 第 6 巻, 第 1 号, pp. 1-11.
―― (2005), 上限価格制と経済厚生, 倉澤 (編), 第 7 章, pp. 139-176.
――・池田剛士・岡村誠 (2009), チャネル間競争の下でのテリトリー制と経済厚生, 経済研究, 第 60 巻, 第 2 号, pp. 156-162.［本書第 9 章補論］
――・王海燕 (2013), 価格 vs. 数量：チャネル間競争のもとでの戦略変数の選択, 日本経済学会報告論文.
――・倉澤資成 (2015), 垂直的取引のもとでの小売企業の資本構成, 流通研究. 17 巻, 3 号, pp. 1-12.
――・後藤剛史 (2013), 販売協賛金と経済厚生, 応用経済学会報告論文.
――・鈴木浩孝 (2006), チャネル間における価格―数量競争, 経済研究, 第 57 巻, 第 3 号, pp. 236-244.［本書第 1 章・第 2 章補論］
――・―― (2008), チャネル間競争と市場の競争性, 流通研究, 第 10 巻, 第 1-2 号, pp. 17-27.［本書第 3 章］
――・――・南里晃徳 (近刊), チャネル間における価格―数量競争のもとでのテリトリー制, 経済学雑誌.［本書第 9・10 章］
――・鳥居昭夫 (1996a), 垂直的取引制限：再販制, テリトリー制および専売店制, マーケティング・サイエンス, Vol. 4, No. 1-2, pp. 44-65.

──・──（1996b），流通における継続的取引関係，伊藤（編），第6章，pp.183-214.
──・新田有規・岡村誠・王海燕（2011），チャネル間での価格・数量競争と流通費用削減投資，流通研究，第15巻，第1号，pp.39-47．[本書第5章]
──・ディビッド・フラス（2004），並行輸入と経済厚生，国民経済雑誌，第189巻，第5号，pp.1-16.
──・──（2011），競争的流通市場は効率的か？ 流通費用削減投資と総代理店制，流通研究，第13巻，第3号，pp.39-47.
──・──・王海燕・賈蕾（2014），流通業者による費用削減投資──規模効果，契約のタイミングとフランチャイズ料，経済論叢，第188巻，第2号，pp.31-46．[本書第4章]
──・行本雅（2005），小売店舗数と市場の競争性，京都大学21世紀COE working paper, No.78．[本書第3章補論]
──・湯本祐司（2013），チャネル間における価格―数量競争と再販制，応用経済学会報告論文．[本書第8章]
──・李東俊（近刊），不完備情報のもとでの流通費用削減投資，応用経済学研究.
──・──・菊谷達弥（2008），部品の系列調達は内部調達に比べて競争優位をもつか，経済論叢，第186巻，第5・6号，pp.1-19．[本書第12章]
西村多嘉子（2009），「優越的地位の濫用」規制の今日的意義？ 「ICN」を手がかりに，大阪商業大学論集，No.151・152，pp.1-15.
日本経済新聞（2012），「生協連，支払い不当減額39億円 下請法違反で最大額」，2012年9月25日朝刊.
根岸哲（2006），優越的地位の濫用規制に係る諸論点，日本経済法学会年報第27号，pp.21-33.
長谷川誠・成生達彦（2006），不確実性下における戦略的分離とオープン価格制，マーケティングサイエンス，Vol.12, No.1-2, pp.44-61.
藤本隆宏（1997），『生産システムの進化論』有斐閣.
──・西口敏宏・伊藤秀史（1998），『サプライヤー・システム』有斐閣.
松風宏幸（2011），『優越的地位の濫用に関する独占禁止法上の考え方』の解説，NBL, No.947, pp.16-24.
松村敏弘（2006），優越的地位の濫用の経済分析，日本経済法学会年報第27号，pp.90-102.
丸山雅祥（1991），流通チャネルとブランド間競争，国民経済雑誌，第164巻，第6号，pp.79-96.
──（1992），『日本市場の競争構造』創文社.
──・成生達彦（1997），『現代のミクロ経済学』，創文社.
三輪芳郎・神田秀樹・柳川範之（編）（1998），『会社法の経済学』東京大学出版会.
──・西村清彦（編）（1991），『日本の流通』東京大学出版会.
村上政博（2012），優越的地位の濫用の禁止，判例タイムス，No.1379, pp.56-69.
柳川隆（2008），取引費用経済学と優越的地位の濫用，公正取引，No.697, pp.8-13.
行本雅（2008），京阪神の小売店舗密度について，学位請求論文（京都大学）.
湯本祐司（1992），垂直的統合と専売店制，南山経営研究，第7巻，第2号，pp.199-216.

『わが国企業の経営分析 業種別統計編』，通商産業省企業局編，各年度版.
『商業統計表』，通商産業大臣官房調査統計部編，各年度版.
『東洋経済統計月報』，東洋経済新報社，各年度版.
『国民経済計算』，経済企画庁編，各年度版

Akerlof, G. (1970), The Market for Lemons : Qualitative Uncertainty and Market Mechanism, *Quarterly Journal of Economics*, Vol. 84, pp. 488-500.

Alderson, W. (1957), *Marketing Behavior and Exective Action : A Functionalist Approach to Marketing Theory*, Richard D. Irwin. 石原武政（他訳），『マーケティング行動と経営者行為』千倉書房，1984.

―― (1965), *Dynamic Marketing Behavior*, Richard D. Irwin. 田村正紀（他訳），『動態的マーケティング行動』千倉書房，1981.

Alles, M. and S. Datar (1988), Strategic Transfer Pricing, *Management Science*, Vol. 44, No. 4, pp. 451-461.

Anderson, S. P., A. de Palma, and J.-F. Thisse (1992), *Discrete Choice Theory of Product Differenciation*, MIT Press.

Aoki, M. and R. Dore, eds. (1991), *The Japanese Firm : The Sources of Comparative Strength*, : Oxford University Press.

Arrow, K. J. (1962), Economic Welfare and the Allocation of Resources for Invention, in Nelson, ed., pp. 609-625.

Asanuma, B. (1989), Manufacturer-Supplier Relationships in Japan and the Concept of Relation-Specific Skill, *Journal of Japanese and International Economies*, Vol. 3, No. 1, pp. 1-30.

―― (1991), Coodination Between Production and Distribution in a Globalized Network of Firms : Assessing Flexibility Achieved in the Japanese Automobile Industry, in *Aoki and Dore*, eds., chap. 9.

―― and T. Kikutani (1992), Risk Absorption in Japanese Subcontracting : A Microeconomic Study of the Automobile Industry, *Journal of Japanese and International Economies*, Vol. 6, No. 1, pp. 1-29.

Bain, J. S. (1951), Relation of Profit Rate to Industry Concentration : American Manufacturing, 1936-1940, *Quarterly Journal of Economics*, Vol. 65, pp. 293-324.

Banerjee, S. and P. Lin (2003), Downstream R&D, Raising Rivals' Costs, and Input Price Contracts, *International Journal of Industrial Organization*, Vol. 21, pp. 79-96.

Beath, J. and Y. Katsoulacos (1991), *The Economic Theory of Product Differentiation*, Cambridge University Press.

Bergen, M., S. Dutta and O. C. Walker (1992), Agency Relationships in Marketing : A Review of the Implications and Applications of Agency and Related Theories, *Journal of Marketing*, Vol. 56, No. 3, pp. 1-24.

Bernheim, B. D. and M. D. Whinston (1985), Common Marketing Agency as a Device for Facilitating collusion, *Rand Journal of Economics*, Vol. 16, No. 2, pp. 269-281.

Bettignies, J. E. (2006), Product Market Competition and Boundaries of the Firm, *Canadian Journal of Economics*, Vol. 39, pp. 948-970.

Bittlingmayer, G. (1983), A Model of Vertical Restrictions and Equilibrium in Retailing, *Journal of Business*, Vol. 56, No. 4, pp. 477-491.

Bolton, P. and G. Bonanno (1988), Vertical Restraints in a Model of Vertical Differentiation, *Quarterly Journal of Economics*, Vol. 103, pp. 555-570.

Bonanno, G. and D. Brandoloni, eds. (1990), *Industrial Structure in the New Industrial Economics*, Oxford University Press.

―― and J. Vickers (1988), Vertical Separation, *Journal of Industrial Economics*, Vol. 36, No. 3, pp. 257-265.

Brander, J. A. and T. Lewis (1986), Oligopoly and Financial Stracture : The Limited Liability

Effect, *American Economic Review*, Vol. 76, No. 5, pp. 956-970.

Bresnahan, T. and S. C. Salop (1986), Quantifying the Competitive Effects of Production Joint Ventures, *International Journal of Industrial Organization*, Vol. 4, pp. 155-175.

Buehler, S. and A. Schmutzler (2008), Intimidating Competitors — Endogenous Vertical Integration and Downstream Investment in Successive Oligopoly, *International Journal of Industrial Organization*, Vol. 26, pp. 247-265.

Cachon, G. P. (2003), Supply Chain Coordination with Contracts, in *Kok and Graves*, eds., Chapter 6, pp. 229-339.

Chard, J. S. (1986), Economic Effects of Exclusive Purchasing Arrangements in the Distribution of Goods, in *Pellegrini and Reddy*, eds., pp. 39-57.

Chen, Y. (2005), Vertical Disintegration, *Journal of Economics & Management Strategy*, Vol. 14, pp. 209-229.

—— and D. E. M. Sappington (2010), Innovation in Vertically Related Markets, *The Journal of Industrial Economics*, LVIII-2, pp. 373-401.

Chevalier, J., A. Kashyap and P. Rossi (2003), Why Don't Prices Rise During Periods of Peak Demand? : Evidence from Scanner Data, *American Economic Review*, Vol. 93, pp. 15-37.

Choi, S. C. (1991), Price Competition in a Channel Structure with a Common Retailer, *Marketing Science*, Vol. 10, No. 4, pp. 271-296.

Clark, K. B. and T. Fujimoto (1991), *Product Development Performance : Strategy, Organization and Management in the World Auto Industry*, Harvard Business School Press.

Coase, R. H. (1937), The Nature of the Firm, *Economica*, Vol. 4, No. 16, pp. 386-405. Also in *Williamson*, ed. (1990), pp. 3-22.

Comanor, W. S. and H. E. Frech (1985), The Competitive Effects of Vertical Agreements, *American Economic Review*, Vol. 75, No. 3, pp. 539-546.

Coughlan, A. T. (1985), Competition and Cooperation in Marketing Channel Choice : Theory and Application, *Marketing Science*, Vol. 4, No. 2, pp. 110-129.

—— (1987), Distribution Channel Choice in a Market with Complementry Goods, *International Journal of Research in Marketing*, Vol. 4, No. 1, pp. 85-97.

Czinkota, M. and M. Kotabe, eds. (2000), *The Japanese Distribution Strategy*, Business Press.

Demsetz, H. (1969), Information and Efficiency : Another Viewpoint, *Journal of Law and Economics*, Vol. 12-1, pp. 1-22.

—— (1973), Industry Structure, Market Rivalry, and Public Policy, *Journal of Law and Economics*, Vol. 16, pp. 1-9.

Deneckere, R., H. P. Marvel and J. Peck (1997), Demand Uncertainty and Price Maintenance : Markdown as Destructive Competition, *American Economic Review*, Vol. 87, pp. 619-640.

Dixit, A. (1979), A Model of Duopoly Suggesting a Theory of Entry Barriers, *Bell Journal of Economics*, Vol. 10, pp. 20-32.

Dixon, D. and I. Wilkinson (1986), Toward a Theory of Channel Structure, in *Sheth, Bucklin and Carman*, eds., pp. 27-70.

Dobson, P. and M. Waterson (1996), Exclusive Trading Contracts in Successive Differentiated Duopoly, *Southern Economic Journal*, Vol. 63, pp. 361-377.

Eaton, B. C. and R. G. Lipsey (1989), Product Differentiation, in *Schmalensee and Willing*, eds., Vol. 1, pp. 723-768.

Flath, D. (1989), Vertical Restraints in Japan, *Japan and the World Economy*, Vol. 1, No. 2, pp. 187-203.

―― (1989), Vertical Integration by Means of Shareholding Interlocks, *International Journal of Industrial Organization*, Vol. 7, pp. 369-380.
―― (2000), *The Japanese Economy*, Oxford University Press.
―― and T. Nariu (1989), Returns Policy in the Japanese Marketing System, *Journal of Japanese and International Economies*, Vol. 3, No. 1, pp. 49-63.
―― and ―― (2000), More on Demand Uncertainty and Price Maintenance, *Contemporaly Economic Problem*, Vol. 18, No. 4, pp. 397-403.
―― and ―― (2008), Parallel Imports and the Japan Fair Trade Commission, *The Japanese Economy*, Vol. 35-1, pp. 3-28.
Frazier, G. L., ed. (1992), *Advance in Distribution Channel Research*, Vol. 1, JAI Press.
Fudenberg, D. and J. Tirole (1984), The Fat-Cat Effect, the Puppy Dog Ploy and the Lean and Hungry Look, *American Economic Review*, Vol. 74, No. 2, pp. 361-368.
―― and ―― (1991), *Game Theory*, MIT Press.
Gal-Or, E. (1991), Duopolistic Vertical Restraints, *Europian Economic Review*, Vol. 35, pp. 1237-1253.
―― (1999), Vertical Integration and Separation of the Sales Function as Implied by Competitive Forces, *International Journal of Industrial Organization*, Vol. 17, pp. 641-662.
Gautschi, D., ed. (1983), *Productivity and Efficiency in Distribution Systems*, North-Holland.
Gibbons, R. (1992), *Game Theory for Applied Economists*, Princeton University Press.
Gould, J. P. and L. E. Preston (1965), Resale Price Maintenance and Retail Outlet, *Economica*, Vol. 33, No. 127, pp. 302-312.
Green, J. (1986), Vertical Integration and Assurance of Market, in *Stiglitz and Mathewson*, eds., pp. 177-207.
Greenhat, M. L. and H. Ohta (1979), Vertical Integration of Successive Oligopolists, *American Economic Review*, Vol. 69, pp. 137-141.
Groff, R. and M. Perry (1985), Resale Price Maintenance and Forward Integration into a Monopolistically Competitive Industry, *Quarterly Journal of Economics*, Vol. 100, Issue 4, pp. 1293-1312.
Grossman, S. and O. D. Hart (1986), The Costs and Benefits of Ownership: A Theory of Vertical and Lateral Integration, *Journal of Political Economy*, Vol. 94, No. 4, pp. 691-719. Also in *Williamson*, ed. (1990), pp. 252-280.
Hahn, F. (1962), The Stability of the Cournot Oligopoly Solution, *Review of Economic Studies*, Vol. 29, pp. 329-333.
Hall, M. (1948), *Distributive Trading: An Economic Analysis*, Hutchinson's University Library.
Hamilton, J. and S. Slutsky (1990), Endogenous Timing in Duopoly Games: Stackelberg or Cournot Equilibria, *Games and Economic Behavior*, Vol. 2, pp. 29-46.
Harsanyi, J. and R. Selten (1988), *A General Theory of Equilibrium Selection in Games*, MIT Press.
Hart, O. D. and J. Moore (1990), Property Rights and the Nature of the Firm, *Journal of Political Economy*, Vol. 98, No. 6, pp. 1119-1158.
―― and ―― (1999), Foundations of Incomplete Contracts, *Review of Economic Studies*, Vol. 66, pp. 115-138.
Hermalin, B. E. and M. L. Katz (2009), Information and the Hold-up Problem, *Rand Journal of Economics*, Vol. 40, pp. 405-423.
Holahan, W. (1979), A Theoretical Analysis of Resale Price Maintenance, *Journal of Economic*

*Theory*, Vol. 21, No. 3, pp. 411-420.

Irmen, A. (1997), Note on duopolistic vertical restraints, *European Economic Review*, Vol. 41, pp. 1559-1567.

Ishibashi, I. and N. Matsushima (2009), The Existence of Low-end Firms may help High-End Firms, *Marketing Science*, Vol. 28, pp. 136-147.

Jeuland, A. P. and S. M. Shugan (1983), Coordination in Marketing Channels, in *Gautschi*, ed., pp. 17-34.

Katz, M. L. (1989), Vertical Contractual Relations, in *Schmalensee and Willig*, eds., Vol. 1, pp. 655-721.

―――― (1991), Game-Playing Agents : Unobservable Contracts as Precommitments, *Rand Journal of Economics*, Vol. 22, Autumn, No. 3, pp. 307-328.

Klein, B., R. Crawford and A. Alchian (1978), Vertical Integration, Appropriable Rents, and the Competitive Contracting Process, *Journal of Law and Economics*, Vol. 21, No. 2, pp. 297-326.

―――― and K. Leffler (1981), The Role of Market Forces in Assuring Contractual Performance, *Journal of Political Economy*, Vol. 89, No. 4, pp. 615-641. Also in *Williamson*, ed. (1990), pp. 329-355.

―――― and K. Murphy (1988), Vertical Restraints as Contract Enforcement Mechanism, *Journal of Law and Economics*, Vol. 31, No. 2, pp. 265-297.

―――― and J. D. Wright (2007), The Economics of Slotting Contracts, *Journal of Law and Economics*, Vol. 50, No. 3, pp. 421-454.

Kok A.G., and S.C. Graves, eds., (2003), *Handbooks in Operations Researchand Management Science Volume 11. Supply Chain Management : Design, Coordination and Operation*, North Holland.

Krattenmaker, T. and S. C. Salop (1986), Anticompetitive Exclusion : Raising Rivals' Costs to Achieve Power Over Price, *Yale Law Journal*, Vol. 96, November, No. 2, pp. 209-293.

Kreps, D. (1990), *A Course in Microeconomic Theory*, Princeton University Press.

―――― and J. Scheinkman (1983), Quantity Pre-Commitment and Bertrand Competition Yield Cournot Outcomes, *Bell Journal Economics*, Vol. 14, pp. 326-337.

Kurasawa, M., T. Nariu and A. Torii (2002), The Marketing Channels for Textiles and Apparels, *The Kyoto University Economic Review*, Vol. LXXi, No. 1/2, pp. 1-29. ［本書序章］

Lafontaine, F. (1992), Agency Theory and Franchaising : Some Empirical Results, *Rand Journal of Economics*, Vol. 23, No. 2, pp. 145-165.

Lal, R. and C. Matutes (1994), Retail Pricing and Advertising Strategy, *Journal of Business*, Vol. 67, pp. 345-370.

Lee, D. (2009), The Effects of the Boundaries of the Firm on Competition, Ph. D. Theses, Kyoto University.

Lin, C. C. (2010), Divisionalization, Franchising, or Mixing : A Market Competition Perspective, *Journal of Economics and Management*, Vol. 6, No. 2, pp. 157-174.

Lin, P. (2006), Strategic Spin-offs of Input Divisions, *European Economic Review*, Vol. 50, pp. 977-993.

Marvel, H. P. .(1982), Exclusive Dealing, *Journal of Law and Economics*, Vol. 25, No. 1, pp. 1-25.

―――― and S. McCafferty (1984), Resale Price Maintenance and Quality Certification, *Rand Journal of Economics*, Vol. 15, No. 3, pp. 346-359.

Mathewson, F. and R. Winter (1983a), Vertical Integration by Contractual Restraint in a Spatial Model, *Journal of Business*, Vol. 56, No. 4, pp. 497-517.

―― and ―― (1983b), The Incentive for Resale Price Maintenance under Imperfect Information, *Economic Inquiry*, Vol. 21, No. 3, pp. 337-348.
―― and ―― (1984), An Economic Theory of Vertical Restraints, *Rand Journal of Economics*, Vol. 15, No. 1, pp. 28-37.
―― and ―― (1985), The Economics of Franchise Contracts, *Journal of Law and Economics*, Vol. 28, No. 3, pp. 503-526.
―― and ―― (1986), The Economics of Vertical Restraintss in Distribution, in *Stiglitz and Mathewson*, eds., pp. 211-236.
Matsumura, T. (2003), Consumer-benefiting Exclusive Territories, *Canadian Journal of Economics*, Vol. 36, No. 4, pp. 1007-1025.
Mauleon, A., J. J. Sempere-Monerris and V. J. Vannetelbosch, (2011), Networks of Manufacturers and Retailers, *Journal of Economic Behavior & Organization*, Vol. 77, pp. 351-367.
McAlister, L. (1983), Distribution Channels: A Decision Theoretic Model with Efficiency Considerations, in *Gautschi*, ed., pp. 47-56.
MacDonald, J. (2000), Demand, Information, and Competition: Why Do Food Prices Fall at Seasonal Demand Peaks?, *Journal of Industrial Economics*, Vol. 48, pp. 27-45.
McGuire, T. and R. Staelin (1983a), An Industry Equilibrium Analysis of Downstream Vertical Integration, *Marketing Science*, Vol. 2, No. 2, pp. 161-192.
―― and ―― (1983b), Effect of Channel Member Efficiency on Channel Structure, in *Gautschi*, ed., pp. 1-15.
―― and ―― (1986), Channel Efficiency, Incentive Compatibility, Transfer Pricing, and Market Structure: An Equilibrium Analysis of Channel Relationship, in *Sheth, Bucklin and Carman* eds., pp. 181-223.
Meyer, M. A., P. Milgrom, and J. Roberts (1992), Organizational Prospects, Influence Costs and Ownership Changes, *Journal of Economics & Management Strategy*, Vol. 1, pp. 9-35.
Milgrom, P. (1988), Employment Contracts, Influence Activities and Efficient Organization Design, *Journal of Political Economy*, Vol. 96, No. 1, pp. 42-60.
―― and J. Roberts (1988), An Economic Approach to Influence Activities in Organizations, *American Journal of Sociology*, Vol. 94, No. 1, Supplement, pp. 154-179.
―― and ―― (1992), *Economics, Organization and Management*, Prentice-Hall.
Miller, N. H. and A. I. Pazgal (2001), The Equivalence of Price and Quantity Competition with Delegation, *Rand Journal of Economics*, Vol. 32, No. 2, pp. 284-301.
Milliou, C. (2004), Vertical Integration and R&D Information Flow: Is There a Need for 'Firewalls'?, *International Journal of International Economics*, Vol. 22, pp. 25-43.
Modigliani, F. and M. H. Miller (1958), The Cost of Capital, Corporation Finance, and the Theory of Investment, *American Economic Review*, Vol. 48, No. 3, pp. 261-297.
Moorthy, K. S. (1988), Strategic Decentralization in Channel, *Marketing Science*, Vol. 6, No. 4, pp. 335-355.
―― and P. Fader (1989), Strategic Interaction Within a Channel, in *Pellegrini and Reddy*, eds., pp. 84-99.
Motta, M. (2004), *Competition Policy Theory and Practice*, Cambridge University Press.
Mycielski, J., Y. E. Riyanto and F. Wuyts (2000), Inter- and Intrabrand Competition and the Manufacturer-Retailer Relationship, *Journal of Institutional and Theoretical Economics*, Vol. 156, pp. 599-624.
Nariu, T. (1996), Manufacture Acceptance of Returns, *Japanese Economic Review*, Vol. 47, No. 4,

pp. 426-431.
—— and A. Torii (2000), Long-term Manufacturer-Distributor Relationships, in *Czinkota and Kotabe*, eds., Chapter 10, pp. 135-153.
—— and D. Flath (2005), Vertical Control of Cournot Wholesalers in Spatial Competition: Exclusive Territories? Or Maximum Retail Price Stipulations?, *Review of Marketing Science*, Vol. 3, Article 3.
——, —— and A. Utaka (2012), Returns Policy with Rebate, *Internatiomal Economics Review*, Vol. 53, No. 4, pp. 1243-1256.
—— and D. Lee (2013), Resale Price Maintenanse versus Delegation Under Asymmetric Information, *The Manchester School*, Vol. 81, No. 3, pp. 401-419.
——, M. Okamura and T. Ikeda (forthcoming), Competing Manufactures Separate Their Retailers, *Kyoto Economic Review*.
Okamura, M., T. Nariu and T. Ikeda (2011), Direct Sale or Indirect Sale, *The Manchester School*, Vol. 79, No. 3, pp. 542-549. [本書第13章]
Ornstein, S. I. (1989), Exclusive Dealing and Antitrust, *Antitrust Bulletin*, Vol. 34, Spring, No. 1, pp. 65-98.
Overstreet, T. R. (1983), Resale Price Maintenance, FTC Bureau of Economics Staff Report.
Park, E. S. (2002), Vertical Externality and Strategic Delegation, *Managerial and Decision Economics*, Vol. 23, pp. 137-141.
Pelligrini, L. (1986), Sales or Return Agreements versus Outright Sales, in *Pelligrini and Reddy*, eds., pp. 59-72.
—— and K. Reddy, eds. (1986), *Marketing Channels : Relationships and Performance*, Lexington Books.
—— and ——, eds. (1989), *Retail and Marketing Channel : Economic and Marketing Perspectives on Producer-Distributor Relationship*, Routledge.
Perry, M. (1989), Vertical Integration: Determinants and Effects, in *Schmalensee and Willig*, eds., pp. 183-255.
Piccolo, S., and M. Reisinger (2011), Exclusive Territories and Manufacturers' Collusion, *Manegement Science*, Vol. 57, No. 7, pp. 1250-1266.
Rasmusen, E. (1989), *Game and Information : An Introduction to Game Theory*, Oxford : Basil Blackwell.
Rasmusen, E., J. M. Ramseyer and J. S. Wiley Jr. (1991), Naked Exclusion, *American Economic Review*, Vol. 82, No. 5, pp. 1137-1145.
Rey, P. and J. Stiglitz (1988), Vertical Restraints and Producers' Competition, *European Economic Journal*, Vol. 32, No. 2-3, pp. 561-568.
—— and —— (1995), The Role of Exclusive Territories in Producers' Competition, *Rand Journal of Economics*, Vol. 26, pp. 431-451.
—— and J. Tirole (1986a), Vertical Restraints from a Principal-Agent Viewpoint, in *Pellegrini and Reddy*, eds., pp. 1-30.
—— and —— (1986b), The Logic of Vertical Restraints, *American Economic Review*, Vol. 76, No. 5, pp. 921-939.
Reynolds, R. J. and B. R. Snapp (1986), The Competitive Effects of Partial Equity Interests and Joint Venture, *International Journal of Industrial Organization*, Vol. 4, pp. 141-154.
Saggi, K. and N. Vettas (2002), On Intrabrand and Interbrand Competition : the Strategic Role of Fees and Loyalties, *European Economic Review*, Vol. 46, pp. 189-200.

Salop, S. and D. Scheffman (1983), Raising Rival's Cost, *American Economic Review*, Vol. 73, No. 2, pp. 267-271.
—— and —— (1987), Cost-Raising Strategies, *Journal of Industrial Economics*, Vol. 36, No. 1, pp. 19-34.
Scherer, F. (1983), The Economics of Vertical Restraints, *Antitrust Law Journal*, Vol. 52, Issue 3, pp. 687-714.
Schmalensee, R. and R. Willig, eds. (1989), *Handbook of Industrial Organization*, Vol. 1-2, North-Holland.
Schmitz, P. W. (2001), A Holdup Problem and Incomplete Contract : A Survey of Recent Topics in Contract Theory, *Bulletin of Economic Research*, Vol. 53, pp. 1-17.
Shaffer, G. (1991), Slotting Allowances and Resale Price Maintenance : A Comparison of Facilitating Practices, *Rand Journal of Economics*, Vol. 22, pp. 120-135.
Shaked, A. and J. Sutton (1982), Relaxing Price Competition through Product Differenciation, *Review of Economic Studies*, Vol. 49, No. 1, pp. 3-13.
Shapiro, C. (1982), Consumer Information, Product Quality and Seller Reputation, *Bell Journal of Economics*, Vol. 13, No. 1, pp. 20-35.
—— (1983), Premiums for High Quality Products as Rent to Reputation, *Quarterly Journal of Economics*, Vol. 88, Issue 4, pp. 659-679.
—— (1989), Theories of Olygopoly Behavior, in *Schmalensee and Willig*, eds., pp. 329-414.
Sheth, J., L. P. Bucklin and J. M. Carman, eds. (1986), *Distribution Channels and Institutions*, (Research in Marketing, Vol. 8.), JAI Press.
Shumpeter, J. A. (1942), *Capitalism, Socialism and Democracy*, Harper and Row.
Simon, H. A. (1951), A Formal Theory of the Employment Relationship, *Econometrica*, Vol. 19, No. 2, pp. 293-305.
Singh, N. and X. Vives (1984), Price and Quantity Competition in a Differentiated Duopoly, *Rand Journal of Economics*, Vol. 15, pp. 546-554.
Spengler, R. (1950), Vertical Integration and Anti-Trust Policy, *Journal of Political Economy*, Vol. 58, No. 4, pp. 347-352.
Springer, R. and H. Frech (1986), Deterring Fraud, *Journal of Business*, Vol. 59, No. 3, pp. 433-449.
Stern, L. W. and A. I. El-Ansary (1977 [1992]), *Marketing Channels*, Prentice-Hall, 4th edition.
Steuer, R. M. (1983), Exclusive Dealing in Distribution, *Cornell Law Review*, Vol. 69, pp. 101-135.
Stigler, G. (1964), Theory of Oligopoly, *Journal of Political Economy*, Vol. 72, No. 1, pp. 44-61. Also in *Stigler*(1968 [1983]), chap. 5.
—— (1968 [1983]), *The Organization of Industry*, The University of Chicago Press. 神谷傳蔵（他訳），『産業組織論』東洋経済新報社, 1975.
Stiglitz, J. and F. Mathewson, eds. (1986), *New Developments in the Analysis of Market Structure*, MIT Press.
Sudhir, K. and Rao, V. R. (2006), Do Slotting Allowances Enhance Efficiency or Hinder Competition?, *Journal of Marketing Research*, Vol. 43, pp. 137-155.
Sullivan, M. W. (1997), Slotting Allowances and the Market for New Products, *Journal of Law and Economics*, Vol. 40, pp. 461-493.
Sutton, J. (1991), *Sunk Costs and Market Structure*, MIT Press.
Tanaka, Y. (2001a), Profitability of Price and Quantity Strategies in an Oligopoly, *Journal of Mathematical Economics*, Vol. 35, pp. 409-418.

―― (2001b), Profitability of Price and Quantity Strategies in a Duopoly with Vertical Product Differentiation, *Economic Theory*, Vol. 17, pp. 693-700.
Tasnadi, A. (2006), Price vs. Quantity in Oligopoly Games, *International Journal of Industrial Organization*, Vol. 24, pp. 541-554.
Telser, L. (1960), Why Should Manufacturer Want Fair Trade?, *Journal of Law & Economics*, Vol. 3, pp. 86-105.
Tirole, J. (1988), *The Theory of Industrial Organization*, MIT Press.
―― (1990), Competition-Reducing Vertical Restraints, in *Bonanno and Brandoloni*, eds., pp. 94-111.
―― (1999), Incomplete Contract : Where Do We Stand?, *Econometrica*, Vol. 67, pp. 741-781.
―― (2006), *The Theory of Corporate Finanse*, Princeton University Press.
Trivedi, M. (1998), Distribution Channels : An Extension of Exclusive Retailership", *Management Science*, Vol. 44, No. 7, pp. 896-909.
Wang, L. F. S. and Y. C. Wang (2008), Brand Proliferation and Inter-Brand Competition : The Strategic Role of Transfer Pricing, *Journal of Economic Studies*, Vol. 35, pp. 278-292.
Wang, X. H. (2008), Price and Quantity Competition Revisited, *Economics Bulletin*, Vol. 4, No. 8, pp. 1-7.
Warner, E. and R. Barsky (1995), The Timing and Magnitude and Retail Store Markdowns ; Evidence from Weekends and Holidays, *Quarterly Journal of Economics*, Vol. 110, pp. 321-352.
Williamson, O. (1975), *Markets and Hierarchies : Analysis and Antitrust Implications : A Study in Economics of Internal Organization*, The Free Press. 浅沼萬里（他訳），『市場と企業組織』日本評論社, 1980.
―― (1985), *The Economic Institutions of Capitalism : Firms, Markets, Relational Contracting*, The Free Press.
―― (1986), *Economic Organization : Firms, Markets and Policy Control*, New York University Press.
―― (1989), Transaction Cost Economics, in *Schmalensee and Willig*, eds., Vol. 1, pp. 136-182.
―― ed. (1990), *Industrial Organization*, Edward Elgar Publishing LTD..
Womack, J. P., D. Jones and D. Roos (1990), *The Machine that Change the World*, Rawson Associates.
Zhao. L. (2000), Decentralization and Transfer Pricing Under Oligopoly, *Southern Economic Journal*, Vol. 67, No. 2, pp. 414-426.
Zikos, V. and D. Kesavayuth (2010), Downstream R&D, Raising Rival's Costs, and Input-price Contracts : a Comment on the Role of Spillovers, *Economics Bulletin*, Vol. 30-4, pp. 3018-3025.
Zusman, P. and M. Etgar (1981), The Marketing Channel as an Equilibrium Set of Contracts, *Management Science*, Vol. 27, No. 3, pp. 284-302.

# 索引

定義の記述など，特に重要な個所のみ拾った．

## ア 行

インフルエンスコスト　41
売上高広告費比率　108
売上高総利益率　107
売上高利益率　104, 105

## カ 行

回帰係数　113
回帰分析　111
開設費用　12
外部機会　12
開放経路　170, 184, 250
開放的流通経路　250
買回り品　6
価格一価格競争　i, 170, 183
価格効果　22
価格一数量競争　i, 30, 183
額面　334
株　316
株の取得費用　328
株の所有比率　318
カルテル　171
カルテル仮説　18, 19
関係特定的な投資　280, 299
間接販売　316
完全な金融市場　338
機会主義的行動　4
企業価値　328, 345
期待小売価格　337
期待値オペレータ　336
期待返済額　341
期待利潤　337
期待利得　341
規模効果　118, 161, 166, 305
規模の経済性　2
逆順関係　98
協賛金　278
強支配　74
強支配戦略　233

極大化の2階条件　161
クールノー均衡　55
クールノーの極限定理　251
継続的取引　128
系列　30
系列関係　83
系列小売業者　30
系列調達企業　299
経路選択　184, 250
限界調達費用　40
限界調達費用曲線　152
限界流通費用　120
限界流通費用曲線　152
広告投資　142
公正取引委員会　137, 293
後方帰納法　10
小売店舗仮説　18, 20
5社集中度　108
後手の利　187
コミットメント　176, 292

## サ 行

債券　332
財の取引　6
再販制　18, 193, 197
再販制とテリトリー制の同等性　195
再販売価格維持制度　18, 330
サプライチェーン　279
サプライヤー　299
参加制約　13
産業利潤率　104
残余需要　35, 37, 206
自己資本　332
事後的な協賛金　279, 289
指示関数　201
市場間輸送　247
下請生産者　279
下請法　292, 300
品揃え　3
資本回転率　109

索引　379

資本構成　332
自由参入均衡　21
囚人のディレンマ　48
集中度　104
シュタッケルベルグ競争　55, 322
シュタッケルベルグ均衡　46, 56, 324
社会的余剰　34
需要状況　183
需要の価格弾力性　23, 108, 139
上限価格　199
上限価格規制　18, 197
承認図サプライヤー　300
消費者余剰　34
新販路効果　261
垂直的外部効果　25
垂直的統合　9, 42, 99
垂直的取引制限　18, 170
垂直的な戦略効果　131
垂直的分離　100, 170
水平的外部性　22
スペシャルサービス仮説　18, 22
スポット取引　128, 170, 300, 314
正順関係　98
製造原価　306
製品差別化　52, 75
製品ライフサイクル　50, 153, 168
線形価格制　11
先手の不利　185
先手の利　165
専売業者　186
専売条項　262
専売店制　18, 25
専門化の利益　2
戦略効果　35, 131
戦略的相互依存関係　227
戦略的代替関係　i
戦略的補完関係　i
戦略変数　i
総資産利益率　105
総代理店制　137
粗代替財　53
粗補完財　54
粗マージン　95

## タ 行

対称性　222
代替効果　261

貸与図サプライヤー　300
チャネル　1
チャネルの効率的運営　17, 197, 330
チャネルの調整問題　17
チャネルリーダー　17
仲介　2
超過供給　199, 200
超過需要　199, 200
調整済み決定係数　113
直接効果　94
直接販売　316
低水準均衡　182
t 値　113
テリトリー制　18, 23, 217
投資効率　120, 156
投資水準　120, 156, 302
同質財　31
独占禁止法　292
独占的販売権　195
独立財　54
凸関数　328
取引価格　208
取引数単純化の原理　8
取引費用アプローチ　41, 316
取引様式の選択　48, 195
トレードオフ　135

## ナ 行

内製企業　299
内点解　145, 303
ナッシュ（最適反応）均衡　48
二重マージン　8, 330
二重マージン仮説　18
二部料金制　14

## ハ 行

ハーフィンダール指数　107, 108
Hahn の安定条件　68, 319
派生需要　39, 40
パネル分析　111
パレート　125
パレート改善　240
反応関数　10
販売協賛金　278
販売子会社　138, 154, 331
販売促進効果　22

p値　113
比較静学分析　164, 166, 309
被説明変数　105
費用削減投資　118
評判　6
*pooled OLS*　111
不確実性　333
不公正な取引方法　293
部分ゲーム完全均衡　9, 237
プライス・コスト・マージン　105
プライベートブランド商品　278
フランチャイズ料　12
ブランド内競争　217
平均調達費用　284
並行輸入　137
閉鎖経路　170, 184, 250
閉鎖的流通経路　250
併売業者　184
併売効果　261
併売店制　26
ベルトラン均衡　57

ホールドアップ問題　119, 290, 295, 299

## マ・ヤ行

マーケット・シェア　105
最寄り品　7, 89
優越的地位の濫用　278
有限責任効果　344
有限責任制　332, 336
輸出売上高比率　109
輸送費用　240

## ラ・ワ行

Larnerの独占度　107
ライバル出現効果　261
ラグランジェの未定乗数　201
リスク中立的　334
リスクのある債券　332, 342
累積集中度　107, 108
ロスリーダー　26, 139
割引率　334

《著者紹介》

成生達彦（なりう たつひこ）

- 1952年　東京都に生まれる
- 1981年　京都大学大学院経済学研究科博士後期課程修学
  　　　　南山大学経営学部助手，82年講師，86年助教授
- 1989年　米国ノースカロライナ州立大学大学院卒業：Ph. D.
- 1994年　京都大学博士（経済学），南山大学経営学部教授
- 1998年　京都大学大学院経済学研究科教授
- 2006年　京都大学大学院経営管理研究部教授（現在に至る）
- 主　著　『流通の経済理論』（名古屋大学出版会，1994年，
  　　　　日本商業学会優秀賞・経営科学文献賞）
  　　　　『現代のミクロ経済学』（共著，創文社，1997年）
  　　　　『ミクロ経済学入門』（有斐閣，2004年）

---

チャネル間競争の経済分析

2015年2月28日　初版第1刷発行

定価はカバーに
表示しています

著　者　成　生　達　彦

発行者　石　井　三　記

発行所　一般財団法人　名古屋大学出版会
〒464-0814　名古屋市千種区不老町1 名古屋大学構内
電話(052)781-5027/FAX(052)781-0697

© Tatsuhiko Nariu, 2015　　　　Printed in Japan
印刷・製本 ㈱太洋社　　　　ISBN978-4-8158-0797-9
乱丁・落丁はお取替えいたします。

Ⓡ〈日本複製権センター委託出版物〉
本書の全部または一部を無断で複写複製（コピー）することは，著作権法
上の例外を除き，禁じられています．本書からの複写を希望される場合は，
必ず事前に日本複製権センター（03-3401-2382）の許諾を受けてください．

| | |
|---|---|
| A・C・ピグー著　八木紀一郎監訳　本郷亮訳<br>**ピグー 富と厚生** | 菊判・472頁<br>本体6,800円 |
| 本郷亮著<br>**ピグーの思想と経済学**<br>―ケンブリッジの知的展開のなかで― | A5・350頁<br>本体5,700円 |
| 植村博恭／磯谷明徳／海老塚明著<br>**新版 社会経済システムの制度分析**<br>―マルクスとケインズを超えて― | A5判・468頁<br>本体3,600円 |
| 八木紀一郎著<br>**社会経済学**<br>―資本主義を知る― | A5判・256頁<br>本体2,800円 |
| 吉田博之著<br>**景気循環の理論**<br>―非線型動学アプローチ― | A5判・236頁<br>本体4,800円 |
| 塚田弘志著<br>**デリバティブの基礎理論**<br>―金融市場への数学的アプローチ― | A5判・314頁<br>本体6,000円 |
| 粕谷誠著<br>**ものづくり日本経営史**<br>―江戸時代から現代まで― | A5判・502頁<br>本体3,800円 |
| 和田一夫著<br>**ものづくりを超えて**<br>―模倣からトヨタの独自性構築へ― | A5判・542頁<br>本体5,700円 |